江苏九三论坛

科技创新与经济结构调整 促进经济自主协调发展

九三学社江苏省委员会　编

东 南 大 学 出 版 社
·南京·

图书在版编目(CIP)数据

科技创新与经济结构调整　促进经济自主协调发展/九三学社江苏省委员会编.—南京:东南大学出版社,2012.6

ISBN 978-7-5641-3585-0

Ⅰ.①科…　Ⅱ.①九…　Ⅲ.①区域经济发展-研究-江苏省　Ⅳ.①F127.53

中国版本图书馆CIP数据核字(2012)第119246号

科技创新与经济结构调整　促进经济自主协调发展

出版发行:东南大学出版社
社　　址:南京市四牌楼2号　邮编:210096
出 版 人:江建中
网　　址:http://www.seupress.com
经　　销:全国各地新华书店
印　　刷:南京新洲印刷有限公司
开　　本:700mm×1000mm　1/16
印　　张:19.75
字　　数:420千字
版　　次:2012年6月第1版
印　　次:2012年6月第1次印刷
书　　号:ISBN 978-7-5641-3585-0
定　　价:40.00元

本社图书若有印装质量问题,请直接与营销部联系。电话:025-83791830

前　　言

当前世界经济形势总体上仍十分严峻复杂，世界经济复苏的不稳定性、不确定性在增加。加快经济结构调整，促进经济自主协调发展是党中央应对复杂多变的国际政治经济环境，适应国内经济运行新情况的重要举措之一。为了充分发挥我社人才荟萃、智力密集的优势，更好地围绕中心，服务大局，促进江苏经济又好又快地发展，九三学社江苏省委决定2012年举办以“科技创新与经济结构调整，促进经济自主协调发展”为主题的第五届江苏九三论坛。

征文通知发出后，全省各级社组织充分挖掘社内资源潜力，广泛发动专家学者认真调研，积极撰稿，为本次论坛的成功举办打下了坚实的基础。本次论坛共收到论文94篇，我们从中挑选了55篇，编辑了《科技创新与经济结构调整，促进经济自主协调发展》论文集。文集内容涵盖科技创新体系建设，科技成果转化，产业结构优化升级，节能减排、区域协调发展等诸多方面。

江苏九三论坛是一次集全社集体智慧对江苏经济社会发展热点、难点问题的集中探索，所收论文都具有极高的参政议政价值。我们将对所收集的论文进一步加工成为政协会议发言材料、信息和提案等，为我省的经济社会发展贡献力量。

由于能力和水平所限，对文集可能存在的错误和不当之处，敬请读者提出宝贵意见。也有一些文章由于篇幅所限未能编入，对此深表歉意，并对所有向本次论坛投稿的同志表示衷心的感谢。

编　者

2012年5月

目　录

关于科技创新与产业结构调整的思考

俞　申

摘　要　产业结构的优化升级，是国民经济又好又快发展的内在要求，是提高经济增长质量和效益的重要途径。笔者通过调研发现，科技创新是促进产业结构调整的必经之路。本文指出了推进产业结构调整过程中需引起注意的五个问题，并探讨了产业结构调整过程中需把握的六个重点。

关键词　产业结构　调整　优化　科技创新

今年“两会”上，温家宝总理的政府工作报告把“大力推进科技创新，加强国家创新体系建设”、“促进产业结构优化升级，推动战略性新产业健康发展”作为今年的主要工作，实际上科技创新与产业结构调整这个问题，已是多年来政府关注推动的重点。我们九三学社江苏省委把今年的论坛主题定为科技创新与产业结构调整是抓住了重点，值得我们共同来思考与研究。纵观全世界近百年的产业发展历史可以看到，科技进步是推进产业结构调整的火车头，科技进步推进了产业结构的调整，产业提升推进了科技进步的步伐；经济发展越是困难，越要重视科技进步，要在科技发展中寻找新产业、新产品，寻找产品发展的方向、引导市场消费、引导市场发育成熟；在市场的需求中发现商机，实现产业结构调整。

一、推进产业结构调整过程中需引起注意的五个问题

1. 政府与企业的交流互动问题。各级政府部门由于掌握有的资源较多，获取信息能力较强，所以在指导企业进行产业结构调整方面具有较强的权威性；但同时，由于信息传递的方法和工作人员水平等多种原因，政府发出的指导产业结构调整的政策往往有较大的滞后性；而相对于企业来讲，绝大部分企业由于迫于生存，企业高层对眼前利益关注得较多，而对科技进步的信息反应不灵敏，他们很少能看出科技进步中的商机；而目前，政府与企业又缺乏有效的互动机制，有时政府花了很大精力召开一个重要的专业性会议，向企业传递一些有关产业结构调整的重要文件精神、重要科技信息，要求企业的主要领导参加，往往有些企业的主要领导会

派手下无关紧要的人参加，因而错失获得重要信息的良机。所以有些重要信息的传递过程较为缓慢，信息的交流对象往往不对称。

2. 政府在宏观引导中的把握力度问题。当前，各级政府都十分重视地区经济的发展，产业结构调整等重大问题是政府工作的重中之重。在产业结构调整中，我们有时会看到，政府的引导力度过大，有时会形成大跃进式的产业结构调整，形成后遗症；如钢铁业、水泥行业、光伏产业等都遇到了大跃进式的发展，一些优势产业在短短的几年就很快会形成重复建设，产品供大于求，利润率大幅下降的残酷竞争的局面，并由国内竞争发展到在国际市场上的残酷竞争。但是，政府的引导力度过小，企业又很难有所感觉，往往会错失发展良机。

3. 大专院校、科研院所与企业的互动问题。这方面的互动是推动产业结构调整的最有效的动力，但是现行体制下的科研院所的一些科研人员追求的往往是论文、著作的多少，很少有人会关注自己的论文著作对经济发展、产业结构有多少指导作用，他们追求的大多是论文、科研成果在职称晋升中的作用。另外，由于体制的原因，目前已很少有从产业一线基层打拼出来的高水平研究人员，从学校到科研院所，缺少对基层的了解，许多科研人员对如何进行科研成果转化、科研成果因什么原因导致无法转化等不甚了解。而绝大部分企业中的技术人员往往局限于对企业短期需求的思考，生产过程中缺什么补什么、学什么，而且大部分科技人员又缺少用理论指导实践的科研能力，由于这些问题造成了科研成果的形成与转化的困难。有的企业家准备拿出几个亿搞成果转化，但很难找到企业所需要的成果和企业与科研部门合作的切入点。在有关部门的调研中发现，某个省科研单位改革中，没有一个省属科研单位想进入企业，也没有一个企业愿意整体吸纳某个研究所，科技与产业“两张皮”的问题十分明显，科技成果转化对产业结构调整的推动显得很难找到互动目标和着力点。

据统计资料，我国每年有3万多项重大科技成果，但能转化为现实生产力的不到10%，大量科研“成果”束之高阁。究其原因，一是我们的研究成果与市场需求脱节，二是企业对“成果”认识不足、时机把握不准，导致“早了没有市场，晚了市场没了”。

4. 企业之间的深层次交流互动问题。由于我国目前对知识产权保护不力，相当部分企业都很忌讳同行企业之间的深层次交流合作，因此很难达成真正的产业联盟；即使成立所谓的产业联盟也仅是面上的事，联盟成员之间的合作一般也在面上，无法进行深层次的合作；企业之间互偷技术的情况大有存在，一遇好的项目大家挖人才、挖技术、挖市场，很快在市场上激烈竞争，这也造成了企业不愿进行同行之间的交流和带头去研究新技术的产业化。

5. 产业结构调整中的资金问题。产业结构调整主要有三大元素：技术、市场、资金。目前我国民间的高新技术创业投资基金发展比较快，对推进科研成果转化、产业结构调整、企业转型升级起到了很好的推动作用。但是以政府为主导的高新技术风险投资基金发展得较慢，并且在选择项目的过程中太稳，怕冒风险。如某市的一家民营企业在转型新能源产业的时候，由于产品还没形成销售，研发的时间较长，从产品生产设备的设计生产，再到产品产出需3～5年的时间。在这过程中，一些有政府背景的风投公司一直在场外关注，没有一个公司愿意投入。但是另一家上海的风险投资公司在考察了这个项目的前景、主要参与的工程技术人员、企业的背景等因素后，一期果断投入了2 500万元人民币，并且承诺二期再投入1亿元人民币，如果资金还有问题，他们承诺可以由他们担保向银行借款。而有政府背景的几家风投公司至今还是在观望。在民营风投资金的加入下，该企业基本解决了资金问题，可以一门心思搞研发，一门心思出产品，现在该企业已经突破了技术瓶颈。回顾这个项目的推进过程，如果没有民间风投公司加入，那么项目就可能失败，这样就增加了一个产业结构调整的失败例子，由于有了民营风投资金的加入，初步成就了一个产业结构调整的成功范例。

二、推进产业结构调整的过程中要把握的六个重点

1. 以全球产业发展的趋势为导向。因为中国的经济已融入世界经济大格局，所以我们正在进行的产业结构调整是要经过全世界的市场来检验的。一般来讲，全世界需要的就是大市场，就是产业发展的大方向。我国发达地区的产业结构调整要瞄准世界市场，特别是发达国家市场。如果产品在发达国家市场取得一席之地，那么，我们的产业结构调整就取得了成功，经济发展水平就会上一个新台阶。

2. 要以国家的产业政策为导向。要认真解读国家的产业政策，从国家产业政策中，发现国家在鼓励什么，在限制什么，鼓励的要大力发展。比如，现在国家在大力鼓励企业节能减排，那么循环经济包括工业、农业中的循环经济模式都要大力探索，都可大力发展；国家在限制高耗能高污染的产业，那么，如小水泥、小钢铁、小电镀等都不要去碰。总之，应顺应国家产业政策导向，就能使产业结构调整取得好的成效。

3. 要以消化吸收新技术为导向。政府有关部门和企业要化较多的功夫了解世界上的科技发展最新成果，只有在了解最新科技成果的情况下，才能及时、有效地消化吸收这些新的科技成果，并利用新技术开发新产品。现在的科技发展日新月异，行业与产品的生命周期很短，但是，利用最新的科技成果生产出来的产品、增加新的科技元素的产品，总能在市场处于领先地位，引领产业发展，在一定时间内取得高额回报。

4. 要以政府的高水平服务推动产业结构调整。一是各地政府要形成自己的智库，特别是经济较为发达地区的地级市，可根据本地产业特点，与大专院校、科研院所成立相关经济社会发展、产业发展的研究院所，他们的科研成果一般对本地的经济社会发展、产业结构调整有较强的针对性；二是着力研究出适合本地实

际的产业体系，并用以长久指导本地的产业结构调整方向，这种指导最切合本地实际；三是政府有关部门要瞄准世界的科技发展路径，尽早指导企业做好有关新技术的产业化应用的准备工作；四是政府要细分行业、企业状况，提出分类指导意见，有的是一业一策，有的是一企一策，用比较精确的方法指导产业结构调整，一省、一市、一区的政策，统一的指导意见很难适用于所有行业、企业；五是对于代表性行业，典型性企业，政府有关部门，要用理论指导与实际指导相结合的办法进行，进行点对点的研究指导，以增强指导的有效性。

5. 要以领军性人物带动产业结构调整。许多产业结构调整的成功案例证明：新兴产业、优势企业的形成需要领军性人物，领军性人物包括科学家和企业家，高新技术不能与产业资本有效对接，那么新技术就会变成老技术，企业资本不能与新技术有效对接，那么，资本会贬值，会错过发展时机；只有科学家与企业家的有效结合才能使新技术有效利用，顺利进行产业结构调整，有科学家和企业家引领的产业结构调整才是有效的。因此，政府有关部门要高度重视科学家与企业家中的领军人物的发掘，要把领军专家和企业家的发掘放到十分重要的位置上来认识。

6. 要以市场为导向推动产业结构调整。任何产业结构调整的成果，首先必须要得到市场认可，市场需求是产业结构调整的方向，因此对于新的科研成果，我们要加以分析，用新技术改造传统产品，用新技术开发出新产品，用新技术创造新的产业；要重视重大科技成果的应用性开发，科技成果向市场转化，应用性开发要先行，在获得市场认可的前提下，形成的产业、产品发展方向才是成功的探索。

用科技创新推进产业结构调整是一个受党委政府、大专院校、科研院所、广大企业关注的大事。目前来看，如何把这项工作做得更好，仍是一个值得我们长期关注思考的问题，其中关注认真，思考得法，推动及时的地区、企业就能在用新科技成果推进产业结构调整中取得先机，赢得发展优势。

（作者单位：九三学社常州市委员会）

江苏省自主创新体系建设策略研究

乔维德

摘　要　如何建立具有本地特色的区域创新体系，有效提升自主创新能力，已成为实现区域产业结构战略性调整和优化升级的必要条件。在简要分析江苏省自主创新能力不足和自主创新体系中存在问题基础上，根据江苏省自主创新体系建设的指导思想，提出自主创新体系建设的基本原则和建设重点，并对加快江苏省自主创新体系建设提出思考和对策，以期推进和完善江苏省自主创新体系建设。

关键词　江苏省　自主创新体系　建设

随着国民经济的快速发展，江苏省面临着区域经济结构战略性调整、大力发展区域特色经济和促进社会可持续发展的紧迫任务，对自主创新提出了更高和更为迫切的要求。然而，江苏省目前的科技工作还没有完全适应这些要求，主要表现在：科技对江苏区域尤其是苏北地区发展的支撑能力还比较薄弱，科技人员的工作积极性没有得到充分和有效发挥；制约地方科技与经济协调发展的体制和机制问题仍然较为明显；地方科技体制改革还有待深入推进，一些地区的科技项目投入与建设项目投入不够匹配、不够平衡，地方之间尤其是县级城市中的科技项目低水平重复问题还比较突出；一些地方的科技工作缺乏系统性和整体性，难以集成现有资源形成强大的技术创新能力，等等。因此，江苏省必须进一步重视和加强科技工作的开展，大力推进自主创新体系建设，使自主创新体系建设成为江苏省政府工作的一项重要任务，通过自主创新体系的建设，促进各种资源的优化配置。

一、江苏省自主创新体系建设的指导思想

江苏省自主创新体系建设是提高江苏区域创新能力的基础，是推进江苏区域经济社会全面、协调和可持续发展的重要举措。江苏自主创新体系建设必须坚持正确的指导思想，培育与激发江苏地区的自主创新欲望和创新机制，建立良好的

区域创新环境，优化江苏地区科技资源配置，促进江苏产业结构转型升级，推动江苏经济社会全面、协调和可持续发展。

(一)有利于培育区域自主创新的环境

江苏区域自主创新能力不仅来自于企业和研究机构的内在活力，更来自于良好的创新环境，以及有利于高新技术企业创新发展的社会环境。培育和建设完善的创新环境，要以市场为导向，充分发挥地方政府的引导和调控作用，发挥地方政府贴近企业、贴近市场的优势，把江苏地区有限的人力、物力、财力集中起来，形成一个局部优化的产业化环境。要重视科技体制创新，紧紧围绕培育和发展高新技术企业的创业与成长，制定企业创新创业等政策措施。积极开拓科技创新的投资渠道，健全和完善以企业投入为主体、政府投入为引导、金融机构和社会广泛参与的科技创新投入体系。

(二) 有利于激活企业的自主创新活力

目前，江苏省的产业技术发展仍有很多是以跟踪模仿为主，并在一定程度上形成了技术依赖。从总体状况看，江苏省相当一部分企业尤其是中小民营企业的技术创新层次与世界先进水平相比还较低，技术开发能力有待加强；企业技术引进以硬技术的引进为主，引进与消化吸收经费比例偏低；企业虽然普遍建立研发机构，但研发机构规模不大，人员层次不高，研发能力不强；绝大多数中小企业的产品模仿国内外大企业，原创性、自主性产品比较少。因此，激活企业自主创新活力应该成为构建江苏省自主创新体系的重要指导思想。

(三) 有利于推进高新技术产业的发展

高新技术是一种新兴和尖端技术，是当代科学技术的最前沿技术。一个地区如果没有高新技术及其产业的支撑，经济长期持续增长的基础和后劲将十分脆弱。因此，在江苏省自主创新体系建设中，必须加快高新技术发展步伐，把推动高新技术产业发展作为重要的指导思想。

二、江苏区域自主创新体系建设的基本原则

(一) 系统开放原则

江苏省区域自主创新系统是开放的、国际化的系统，只有加强系统间的区际和国际合作，吸引和促进国内外创新资源的快速流动，才能迅速提高江苏区域自主创新能力。江苏区域自主创新体系建设，需要在江苏省外寻找更多的创新合作伙伴，通过人才、技术和资金的合理流动，以获得信息、知识和技术等互补性资源，应用系统工程的思维规划并推进自主创新体系建设，从而创造出良好的创新发展环境。

(二) 共享协作原则

在科学技术迅猛发展时代，一些重大创新活动特别是高新技术产业的创新活

动是单个企业难以胜任的，只有通过众多创新主体的集成和合作，形成协作共享机制，才能真正实现创新。因此，在构建江苏区域自主创新体系时，必须重视各个创新行为主体之间的联系与协作，加强创新主体之间的互动，正确处理好企业与企业之间、企业与大学和科研机构间的产学研合作关系，充分发挥政府在创新中的政策引导作用。

（三）激励竞争原则

要提高区域创新效率，增强区域创新能力，就必须构建科学合理的创新激励机制。创新激励机制主要由两部分构成：一是市场对创新的激励。市场是形成创新动力的外部条件，对创新产生重要的刺激作用，市场可以从消除不确定性、利益刺激、创新标准及创新主体优化等方面激励创新。二是政府对创新的激励。政府在推动创新方面具有不可或缺的作用，可以在加强科技投入、增加技术供给、扩大创新对技术的选择性、降低科技产品价格等方面提供帮助与支持。激励竞争原则是区域创新体系建设中应遵循的最基本原则，离开了激励竞争机制，区域创新体系就无法高效、有序运行。

（四）市场导向与政府推动相结合原则

发达国家的创新体系均是以企业为主体、以市场机制为资源配置基础的，而我国长期以来主要是以研究机构为主体、以政府财政投入为主导的计划机制为资源配置基础的，江苏省也不例外。目前，这种科技体制的弊端已普遍被人们所认识。所以，江苏区域自主创新体系建设应该以企业为创新投入的主体，让市场作为自主创新体系的资源配置基础，充分发挥企业的创新主动性和市场的创新导向性。同时，充分利用江苏各地方政府在创新体系建设中引导和整合作用。政府出台的创新政策和市场的力量在创新体系建设中是相辅相成、相得益彰的。

三、加快江苏省自主创新体系建设的对策

（一）构建以高校、科研机构为重点的技术源生产体系

高校和科研机构在科技创新和人才培养中具有不可替代的作用。在江苏区域自主创新体系建设中，要发挥高校和科研机构的骨干和引领作用。首先，要加强科研型大学的建设力度。江苏应进一步深化高校教学和科研管理体制改革，创新人才培养模式，加快大众化、国际化、现代化步伐，建设一批高水平的创新人才培养基地，同时促进高校和企业实现产学研的有效衔接，推动高校与企业间人才、信息和资源的开放互动与友好合作。其次，要推进各类重点实验室、工程技术研究中心、博士后流动站等基地建设，加强前瞻性技术研究，抢占产业技术的制高点。再次，要充分发挥驻地江苏的科研院所的重要作用，加强驻苏科研院所与江苏区域企业的技术合作与交流，加速实现高新技术向江苏区域产业的辐射与转化。

（二）构建以科技中介机构为核心的科技服务体系

科技中介机构是推动科技与经济发展的桥梁与纽带，是江苏自主创新体系的重要组成部分。要积极推进专业化、特色化的科技中介服务，培育一批信誉度高、专业服务水平好、开拓能力强的骨干科技中介服务机构，重点发展技术集成、产品设计、工艺配套等公共技术服务以及高新技术企业孵化等科技中介服务业务，不断打造科技中介机构服务品牌和精品服务项目，增强市场核心竞争力。以科技创业服务中心、大学科技园等为依托，建设国内一流的科技创新创业公共服务平台，形成科技资源的共建共享机制。

（三）构建以企业为主体的技术创新体系

江苏自主创新体系建设的关键在于企业自主创新的主体地位建设。政府要为企业的技术创新活动提供政策支持和资源支持，不断引导企业加大自主创新力度，提高自主创新和参与国际市场竞争的能力。要发挥民营科技企业生力军的作用，提升企业技术装备的水平，提高产品技术含量，鼓励有条件的民营科技企业更多地承担国家、省、市各类科技项目，创造有利于民营企业发展的公平竞争的市场环境；鼓励科技人员创办民营科技企业，支持民营科技企业更好更快地发展。

（四）构建以政府为导向的宏观管理体系

一是转变政府的职能：政府由过去的直接组织创新活动为主转向以宏观导向、优化环境、提供服务为主，强化服务意识，建设高效服务型政府。二是完善创新制度的建设与设计：主要包括产业政策、产业和科技发展规划的制定等。三是制定促进创新的政策法规：政府应根据江苏省产业的发展需求，制定地方性促进技术创新的一系列财政、税收和金融政策，促进知识产权保护、构筑创新人才高地、加大科技奖励等政策措施。

（五）构建多元化创新资源投入体系

一是强化科技投入，建立多元化融资体系。目前，江苏中小企业尤其是民营企业创新的资金来源明显不足，普遍存在融资难问题。中小企业的自主创新不仅需要政府的宏观财政投入，更需要持续规范的金融支持，我们必须努力完善企业创新的金融保障机制，加大金融对中小企业创新的资金支持力度。银行要与科技型中小企业建立稳定的银企关系，对创新活力强的企业给予重点扶持。加快建设企业和个人征信体系，促进征信机构的发展，为银行改善对科技型中小企业的金融服务提供支持。政府利用基金、贴息、担保等方式，引导各类商业金融机构支持企业自主创新与产业化。各商业银行建立完善的服务机制和信贷管理体制，不断简化贷款手续，支持企业研发活动，积极解决企业流动资金不足的困难。二是加快科技创新人才队伍建设。鼓励以技术入股的形式吸引人才，以项目带动培养创新型人才。大力吸收和引进海外高层次人才和高水平创新团队，制定并实施吸引优秀人才归国的相关政策与办法；积极引进博士到企业的博士后工作站从事研发和自主创新等工作，加快科研成果转化；采取“刚性引进”和“柔性引进”相结合的方式，吸引高等院校、科研机构等的各类人才去企业工作。政府应通过设立各种奖项，奖励有自主创新重大成果的杰出人才，促进我省大批紧缺人才、创新人才和拔尖人才脱颖而出，从而全面提升江苏企业的科技竞争力。

（作者单位：无锡市广播电视大学社会教育研究中心）

参考文献：

[1] 张于葫，张义梁. 国家自主创新能力的评价指标体系研究. 经济与管理研究，2007(5)

[2] 戴德锋，殷旭东，李宗植. 江苏省区域自主创新能力研究. 南京航空航天大学学报(社会科学版)，2007(2)

[3] 赵喜仓，诸葛秀山，李冉. 城市创新体系构建的一点思考. 江苏商论，2007(11)

[4] 谭跃湘. 提高自主创新能力观点综述[J]. 学习导报，2006(6)

[5] 刘培亭，元邵东. 浅谈我国科技中介机构的发展[J]. 泰山学院学报，2006(2)

[6] 李振京. 加强国家创新体系建设　提高我国自主创新能力[J]. 宏观经济管理，2006(2)

[7] 戴德锋. 江苏省区域自主创新能力影响因素与对策[J]. 甘肃政法成人教育学院学报，2007(4)

[8] 贺赛龙. 基于区域的城市创新体系研究[J]. 对策与战略，2007(1)

[9] 徐冬青. 世界主要创新型国家的成功经验与江苏自主创新[J]. 世界经济与政治论坛，2006(5)

[10] 查英青. 自主创新能力与福建区域创新体系建设[J]. 中共福建省委党校学报，2006(4)

江苏省科技投入和产出绩效分析与对策建议

余海鹏

摘　要　对江苏省科技投入和产出绩效的现状、问题进行分析，提出了进一步提高科技投入和产出绩效的对策建议，为推进江苏省实施创新驱动战略，建设创新型省份提供科学依据。

关键词　科技投入　产出绩效　对策建议　江苏省

随着经济全球化的进一步推进、知识经济时代的到来，社会和经济日新月异的变化，科技对社会、经济的发展越来越重要。科教兴国战略在我国社会、经济的发展过程中起到了越来越大的作用，对科技投入产出的效率进行研究、分析具有重要的意义。应充分利用有限的资源，力求产出的最大化，以提高科技投入产出的效率，发挥科技在社会、经济发展中的重要作用。

江苏省经济发展正处于由资本驱动向科技驱动、由技术引进向自主创新转换的关键时期，科技创新是必不可少的重要基础工程。科技投入是科技创新的前提条件，科技产出是科技创新的绩效体现。通过分析江苏省科技投入和产出绩效，明晰科技投入和产出环节中存在的主要问题，是江苏省实施科教兴市战略，获取科技创新优势，增强知识竞争力，最大限度地释放“第一生产力”和“第一资源”能量所面临的重要实践任务。

一、江苏省科技投入要素分析

近年来，江苏省 R&D 经费投入呈递增趋势，且增长速度很快，每年的增长幅度都超过 20%。研究与发展活动经费占全省生产总值的比重不断增长，从 2005 年的 1.48%上升至 2010 年的 2.10%(见表 1)，政府科技拨款从 2005 年的 35.67 亿元上升至 2010 年的 150.35 亿元，年均增幅超过 30%，政府科技拨款占地方财政支出比重不断增长，从 2005 年的 2.13%上升至 2010 年的 3.10%。

表 1　R&D 经费投入

	2005	2006	2007	2008	2009	2010
研究与发展活动经费支出(亿元)	270.3	348.25	430.2	584.57	701.95	857.59
研究与发展活动经费占全省生产总值比例	1.48%	1.61%	1.70%	1.92%	2.04%	2.10%
政府科技拨款(亿元)	35.67	51.25	68.73	91.52	117.02	150.35
占地方财政支出比例	2.13%	2.54%	2.70%	2.80%	2.90%	3.10%

科技发展的人力支撑得到加强。2010 年,全省专业技术人员 810 万人。全省从事科技活动人员 73.31 万人,其中研究与发展活动(R&D)人员 40.62 万人,占从事科技活动人员的 55.41%。按实际工作时间计算的 R&D 人员全时当量 31.53 万人年,比上年增长 15.37%。从表 2 可以看出近年来我省科技活动人员及研发活动人员数都有明显增长

表 2　2005～2010 年科技活动人员及研发活动人员变化情况

	2005	2006	2007	2008	2009	2010
科技活动人员(万人)	35.5	38.43	43.79	53.59	64.99	73.31
其中研究与发展活动人员(万人)	10.05	13.77	15.83	20.25	36.94	40.62
占比	28.31%	35.83%	36.15%	37.78%	56.84%	55.41%

企业研发投入大幅增加。全省工业企业 2010 年科技活动经费支出 949.60 亿元,研究与发展活动经费支出 699.18 亿元,分别占工业销售收入的 1.04%和 0.78%。从表 3 可以看到工业企业科技活动经费支出研究与发展活动经费支出近年来都有明显增长。

表 3　2005～2010 年工业企业科技活动经费支出情况

	2005	2006	2007	2008	2009	2010
工业企业科技活动经费支出(亿元)	502.58	603.84	757.9	973.46	919.37	949.6
占工业销售收入的	1.56%	1.48%	2.05%	1.55%	1.28%	1.04%
研究与发展活动经费支出(亿元)	209.97	282.80	347.2	488.43	570.72	699.18
占工业销售收入的	0.65%	0.67%	1.02%	0.78%	0.79%	0.78%

二、江苏省科技创新活动产出水平分析

科技创新成效显著,自主创新能力不断增强。2010 年万名 R&D 活动人员科

技论文数 1 536.61 篇，万名就业人员发明专利拥有量 4.16 项。2010 年全省有 46 项重大成果获国家科技奖，其中：国家自然科学奖 4 项，国家技术发明奖 1 项，国家科技进步奖 41 项。199 项成果获省科技进步奖。

表 4　2005～2010 年科技成果情况

	2005	2006	2007	2008	2009	2010
国家科技奖	33	35	51	47	51	46
其中：国家自然科学奖	2	3	7	2	4	4
国家技术发明奖	3	3	5	6	4	1
国家科技进步奖	28	29	39	39	43	41
省科技进步奖	185	185	180	180	195	199

专利申请与授权数持续增长，2010 年共申请专利 235 873 件，授权专利 138 382 件，分别比上年增长 35.3%和 58.5%，专利申请量和授权量均位居全国第一。

表 5　2005～2010 年申请专利及授权专利情况

	2005	2006	2007	2008	2009	2010
全年共申请专利	34 811	53 267	88 950	128 002	174 329	235 873
比上年增长	47.93%	53.01%	66.99%	43.90%	36.20%	35.30%
授权专利	13 580	19 352	31 770	44 595	87 286	138 382
比上年增长	19.86%	42.50%	64.17%	40.37%	95.70%	58.50%

科技服务业快速发展。2010 年实现收入 332 亿元，比上年增加 70.82 亿元，增长 27.12%。技术市场活跃，2010 年共签订各类技术合同 2.05 万项，技术合同成交额 317.05 亿元，成交额比上年增长 12.4%。

表 6　2005～2010 年申请专利及授权专利情况

	2005	2006	2007	2008	2009	2010
全年共签订各类技术合同	26 178	11 200	18 000	15 000	14 700	20 500
技术贸易成交额/亿	100.83	119.53	152.32	244.92	282.1	317.05
比上年增长	12.29%	18.50%	27.40%	60.79%	15.20%	12.40%

高新技术产品的竞争力进一步增强，2010 年全省高新技术产品出口额达 1259 亿美元，比上年增长 35.3%，占全省出口总额的比重达 46.5%。

表 7　2005～2010 年高新技术产品出口情况

	2005	2006	2007	2008	2009	2010
高新技术产品出口额(亿美元)	525.3	699.65	831.38	1 040.5	930	1 259
占全省出口总额的比例	42.70%	43.60%	40.80%	43.70%	46.70%	46.50%

高新技术产业化进程加快，产业规模不断扩大。2010 年高新技术产业实现产值 30 354.84 亿元，比上年增长 38.1%，占规模以上工业企业总产值的 33%，比上年提高 2.9 个百分点。全省经认定的高新技术企业 3 093 家，全年认定国家重点新产品 201 项，省级高新技术产品 4 923 项，省自主创新产品 516 项。

表 8　2005～2010 年高新技术产业实现产值情况

	2005	2006	2007	2008	2009	2010
高新技术产业实现产值(亿元)	7 928.17	10 370	14 689.96	18 402.19	21 987.2	30 354.84
比上年增长	34.38%	30.80%	41.66%	25.27%	19.90%	38.10%
占规模以上工业企业总产值	24.24%	25.04%	27.50%	28.53%	30.10%	33%

R&D 的比重快速增长，科技与经济发展潜力得到提高，有效地带动了科技进步贡献率的上升幅度(见表 9)。

表 9　科技进步贡献率

	2007	2008	2009	2010
科技进步贡献率	49%	50.68%	52.30%	54.12%

三、江苏省科技投入和产出方面存在的主要问题

1. 科技经费投入力度不够，与发达国家及国内部分科技强省(市)仍存在差距。江苏省市科技活动经费和 R&D 经费投入与发达国家及国内部分科技强省(市)的差距还较大。2010 年江苏省 R&D 经费支出与 GDP 比例为 2.07%，列全国第 5 位。

2. 地方财政科技拨款力度还有待继续加大。地方财政科技支出占地方财政支出比重为 3.06%，列全国第 6 位。

3. 企业的科技投入还需进一步提高。企业 R&D 经费支出占主营业务收入比重为 1.06%，列全国第 6 位，企业技术引进和消化吸收经费支出占主营业务收入比重为 0.14%，列全国第 18 位。

4. 高新技术产业的投入方向尚有待进一步优化。

5. 企业的科技投入产出绩效还较低。

四、进一步提高江苏省科技投入和产出绩效的对策建议

1. 进一步拓宽科技投入渠道，提高资本市场与技术市场的融合度。要继续加大江苏省科技活动经费和R&D经费的投入强度。着力提高江苏省R&D经费中基础研究经费的投入强度。重视提高江苏省地方财政科技拨款占地方财政支出的比例，进一步引导企业科技创新潜力的释放。要继续加大对科技成果转化的投入力度。推动风险投资介入科技成果的转化，鼓励外资和民间资本进人风险投资领域，进一步提高资本市场与技术市场的融合度。

2. 不断优化科技投入结构，推动江苏省技术引进主导型模式向自主创新主导型模式转变。要逐步调整和优化科技投入的结构。注意增加R&D经费中基础研究费用的比例。要增加政府对高科技含量、高附加值行业的科技拨款资助率，不断优化江苏省工业企业科技经费投入的行业结构。要增加对促进科技创新和技术成果转化的投入力度，注重提高科技创新资源对经济增长的贡献率。着力提高本土企业的自主开发能力。

3. 构建支持原始创新的激励机制，增强原始创新的动力。原始创新在科技创新活动中起着举足轻重的作用，江苏省要抢占科技创新制高点，必须通过政策创新来支持和激励原始创新。要转变政府传统的科技资助方式，由项目投入为主转向重视对科技创新领军人物的资助。要制定和实施对原始创新产品的税收优惠政策。要构建对原始创新成果的财政补偿机制。

4. 推进企业制度创新、管理创新与技术创新相结合，构筑良好的科技创新环境。要运用政策手段，促进优秀科技人员向企业流动，增强企业研究开发和技术创新的能力，打造更多的R&D驱动型企业。制定鼓励自主创新的科技税收政策，着重对企业研发环节的税收激励，以便进一步促进企业提升自主创新能力和产业技术水平。

5. 进一步完善科技投入和产出绩效的评估机制。

（作者单位：扬州大学学报编辑部）

参考文献：

[1] 江苏省统计局. 江苏统计年鉴[M]. 北京：中国统计出版社，各相关年份

[2] 国家统计局和科学技术部. 中国科技统计年鉴[M]. 北京：中国统计出版社，各相关年份

[3] 石忆邵. 进一步完善我国科技创新评价指标体系的几点建议[J]. 中国科技论坛，2005(5)

加快区域创新体系建设
促进经济自主协调发展

林　艺

摘　要　作者通过对区域创新体系建设中存在的问题从产学研合作、创新体系的功能定位、体系结构、人才结构和中介服务机构等几个方面进行了分析，围绕产业结构、产业链、人才结构、产学研结合、创新平台建设以及发挥中介服务机构的作用，提出了加快区域创新的建议。

主题词　区域创新　体系建设　协调发展

创业创新是富民之本、强省之源。目前我省正处在从投资驱动向创新驱动转变的重要时期，在解决资源环境制约，促进产业优化升级的关键环节上，必须依靠区域自主创新。只有具备了极强的区域创新能力，我省才会具有可持续的竞争力，经济才能自主协调发展。

一、存在的问题

（一）产学研合作机制尚待完善，企业尚未真正成为技术创新的主体，在产业集群中的核心作用未能发挥

1. 产学研合作机制尚待完善。近年来，我省产学研结合工作取得了令人瞩目的成绩，尤其是各地的科技园区产学研结合出现了令人欣喜的现象。但是，我们的产学研合作仍然存在着诸多问题。如：产学研合作层次不高、深度不够、资金不足、动力不够以及产学研脱节等现象仍然存在。

2. 企业尚未真正成为技术创新的主体。企业创新经费投入与国际上同类企业相比还有较大差距，政策依赖性过强，在市场体系还不是特别健全的情况下，企业的生存不是建立在技术创新的基础上，而是依赖于获取政府的资源，目前企业并未在技术创新链条中起主导作用，起主导作用的仍然是政府。

3. 企业在产业集群中的核心作用未能发挥。目前企业的聚集并未形成有效的网络关系，真正的创新型产业集群没有形成。创新型产业集群是以创新型企业

和人才为主体，以知识或技术密集型产业和品牌产品为主要内容，以创新组织网络和商业模式等为依托，以有利于创新的制度和文化为环境的产业集群，只有当企业真正成为技术创新的主体之后，产学研合作关系、产业链上下游企业之间的关系、大小企业之间的分工协作关系才会真正理顺，才会有真正的产学研协同创新。

（二）创新体系的功能定位不明确、体系结构不合理

1. 区域创新体系功能定位不明确。在市场经济大环境下，只有以区域创新平台为依托，对基于区域内创新主体的关联机制、协作与竞争机制、创新要素的整合机制、创新成果的转化机制等有效整合，才能大大提升区域整体投入产出效益。

2. 区域创新体系结构不合理。创新体系结构不合理，实际上指的是有效制度和机制的缺失而导致的各个创新主体的各自为政和一盘散沙的状况。表现为知识创新体系、技术创新体系、技术转移体系、制度创新体系之间的协同与配合的缺失；各体系内部各创新主体之间的协同与配合的缺失；各创新要素之间的协同与配合的缺失。

（三）人才结构和数量跟不上区域发展的要求

1. 人才结构素质与发展方式转变要求差距较大。在人才队伍结构上，我省一般性人才较多，能够突破重大关键技术、攻克重大技术难题的高层次创新创业人才偏少，特别是领军型人才和团队更少，人才国际化程度仍偏低。从区域分布上，苏南人才相对较多，苏中苏北人才较少。从行业分布上，高校院所人才较多，全省60％以上的科技人才集中在高校和科研机构等事业单位，而企业中高层次人才则较为缺乏。

2. 新兴产业、现代服务业人才规模与产业发展要求差距较大。就服务业来说，我省服务业从业人员比重仅为35％左右，不到美国、英国、法国和加拿大的一半，与日本、德国和韩国相差30％以上。

3. 企业人才开发的主体作用与转型升级要求差距较大。全省企业还没有真正成为自主创新和人才开发的主体，企业拥有的科技创新人才数量、素质还不能满足转型升级的需要，企业仍存在重眼前轻长远，重设备购买轻人才投入，重使用轻培养的现象。

4. 人才创新活力与创新型经济发展要求存在差距。目前高校和科研院所主要侧重论文发表等，导致科研人员忙于申报课题、发表论文、鉴定成果。虽然科技成果很多，但成果的转化率不到1/10。

（四）中介服务机构跟不上区域创新的步伐

1. 法制环境不完善不健全。虽然我国已经制定和实施了《科技进步法》、《促进科技成果转化法》、《合同法》、《专利法》等，但科技中介服务机构的专门法律法规仍是空白，远没有满足科技中介服务机构正常市场化运作的需要，政府管理部门目前尚缺乏适应各类科技中介机构健康发展的行之有效的管理机制和监督机

制，从而存在着无序竞争和不正当竞争。

2. 缺乏素质高、经验丰富的从业人员。由于没有建立中介服务机构从业人员的培训制度和资格认定制度，现有的科技中介从业人员中，人才储备不足，素质不高，知识背景单一，缺乏既懂科技、又懂市场和经营的服务队伍。在实际工作中，对行业的市场发展趋势缺乏较强的洞察力，无法为企业的科技成果转化和推广提供深层次的服务。

3. 供需结构不平衡。一方面，科研机构面向市场的研发能力不强，切合市场需求的成果不多。科技成果的成熟度不高，许多成果停留在论文发表、实验室成功等阶段，存在"中试空白"，无法被企业立即应用；另一方面，科技中介服务机构的发展程度远未满足企业对创新服务的需求，对区域创新系统的作用也极其有限。

4. 区域发展不平衡。以生产力促进中心为例，我省共有 64 家，其中国家级示范中心 19 家，从业人员 943 人。在区域布局上，苏南苏中相对完善，苏北相对薄弱；在经费投入上，省市科技计划中均无专项经费支持，已有的支持项目强度也普遍较小；在队伍建设上，缺乏系统的业务技能培训，能力水平难以满足科技创新不断提升的工作要求，缺乏核心和品牌业务。

二、政策建议

（一）围绕产业结构产业链，加快区域创新和协调发展

1. 优化产业结构，发展高科技产业。不能仅仅局限于某几类产业，而是要进行广泛深入的社会创新及创新成果产业化，拉长产业链条，使其规模化、集聚化、效益化。大力开发新产品、新技术、新工艺、新设备、新材料，发展高科技含量、高附加值、高市场占有率的产品，培育多元化产业结构，推进产业结构升级换代，提高产业效益。

2. 选准切入点，集中资金重点突破。制约我省高新技术产业发展的重要因素是资金短缺和人才缺乏，所以要在高新技术产业中选准主攻方向，把有限的资金和人力集中投入、重点突破。

3. 提高辐射效应，建立产业集群，发展产业链。优先发展具有辐射力度大、对周边环境促进作用大的高技术产业，如电子信息、节能环保、新能源、新材料、精细化工及生物工程等，通过辐射效应，形成以主导产业为中心的生产、运输、金融、科技网络化的经济联合体，促进资源的闭合循环、高效利用。结合产业结构调整，建立产业集聚区域的本地创新网络，促使大量企业空间上相互靠近，营造一种集聚气氛、公平发展环境，使老企业成长壮大、新企业入驻扎根，企业在信息交流中创新、衍生、裂变，逐步形成供应与辅助生产的关系，形成向外扩张态势。政府通过重点扶持，挽留和吸引更多企业的 R&D 机构、总部和市场营销部门落户，发展成

为本地强势产业，形成企业群、产业链，提高区域自主创新和协调发展能力。

（二）围绕人才结构，加快区域创新和协调发展

1. 优化环境，集聚人才。优化产业发展硬环境和软环境：在硬环境上，建设良好的公共设施和完善的配套服务；在软环境上，从创新文化环境、创新融资渠道、知识产权保护体系、创新服务体系、政策等方面全方位创造良好的环境。以高新技术产业集群为核心，形成科技人才的聚集地，把我省建设成为全国重要的人才集聚中心，集聚一批与产业、经济发展相适应，能够有效推动产业发展的具有较强竞争力、创新能力强的科技人才，为产业集群发展提供强有力的智力支持。营造保护知识产权环境，健全科技活动的组织与管理、科技成果流通、专利、版权、知识产权等方面法律、法规，建立一套有效的知识产权保护体系。这样，才能保护、留用、吸聚那些具有创造性的人才，更好地提升产业持续竞争力。

2. 加快新兴产业领域急需紧缺人才培养。围绕新兴产业发展需求，鼓励高校进一步优化专业设置、层次结构和区域布局，扶持与战略性新兴产业紧密相关的学科专业建设，加快增设或创办创意学院、光伏学院、物联网学院等新院系，为新兴产业发展培养和储备大量人才。建立学校教育和实践锻炼相结合、国内培养与国际交流合作相衔接的开放式培养体系。依托重大科研和工程项目、重点学科和科研基地、国际学术交流和合作项目，培养造就产业发展的高端人才。

3. 构建多层次人才培训体系，全面提高人才资源素质。注重对现有人才队伍的挖掘和创新能力的升级，培养一批不同类型、不同层次的科技人才。一是有效开发本土人才，重视对现有人才队伍的挖潜。在重视外来人才引进的同时，注重留住本地人才，对于有发展前景的项目给予充足的政策支持，努力推进高新技术重点产业集群的发展与高校学科建设联动，培养一批本土高技术人才。二是重视多层次科技人才培养，坚持高等教育、职业技术教育、高层次人才培养并重，全面整合教育资源，加快发展和壮大一批高、中、低相协调的各层次，切实为我省经济发展提供充足的人才资源保障。

4. 建立多元化的人才引进机制，改善人才结构性矛盾。一要引进和培养高层次人才，提升人才队伍创新能力。二要联合高等院校、科研机构，有针对性地引进和培养一批科技创新各方面的领军人物，充分发挥我省高等院校和科研所人才密集的优势，加快重点学科、重点实验室、重点工程项目、博士后流动站等高层次人才载体的建设，为人才创造施展才华的空间，培养一批站在世界科技前沿、勇于创新和创业的学科技术带头人。

（三）围绕产学研结合，加快区域创新和协调发展

1. 突出政府引导作用，加强环境建设。进一步强化政府在推动产学研工作中统筹规划、组织引导、政策倾斜、公共服务方面的功能，加大公共创新环境建设，为产学研合作提供良好的发展环境。

2. 突出企业主体地位。在科技部和省科技厅的领导下，尽快组建以企业为主

体的产业技术创新战略联盟，推进产业技术创新战略联盟试点工作，为进一步做大做强我省优势产业，提供研发保障和技术支持。

3. 加大产学研合作基地建设力度。选择具有产业基础、研发潜力、市场前景的若干领域，通过整体引进、与国家部委共建、与研究机构共建、与企业共建或有关部门自建等多种形式，发挥政府、企业、高校、科研机构、行业组织的积极性，建成具有国内领先水平的产学研合作基地，在先进集成制造技术、电子信息技术、基因工程、生物医药、航空航天等领域开展高水平的产学研合作。

（四）围绕创新平台建设，加快区域创新和协调发展

1. 以政府为核心的区域创新服务平台。以政府部门为核心来负责平台构建和运行。平台的建立主要是针对企业不愿提供的、具有完全公共服务功能的领域。平台是非盈利性的。平台可以充分补充市场调控的不足，完善政府公共服务功能。

2. 以科技中介服务机构为核心的区域创新服务平台。该平台主要以科技中介服务机构为核心，联合高等院校、科研机构等组成。平台的建立可以为区域内中小企业提供优质、低成本的技术创新服务。平台的运行可以充分利用原有科技中介服务机构的技术服务能力和推广网络以及市场基础，避免重复建设。

3. 以企业为核心的区域创新服务平台。该平台主要以企业为核心，联合高等院校和科研机构等组成。在平台的建设中政府给予一定的支持。平台具有运行效率高，在技术的选择上符合市场需求的优点。

4. 以科研院所为核心的区域创新服务平台。该平台主要以区域内的院所为核心，联合区域外高等院校和科研机构等组成。产业专业化程度高，平台的建立可以充分利用高等院校或科研机构的研发能力，但是平台的运行要注重解决好贴近市场、贴近产业和贴近企业的问题。

（五）发挥中介服务机构的作用，加快区域创新

1. 吸引更多的高素质人才投入中介服务机构。政府要制定向中介服务专业人才倾斜的政策措施，鼓励高层次的海外留学人员回国从事中介服务工作或创办各类中介服务机构。通过政府多边、双边及民间合作等多种途径，鼓励和组织与国内外知名中介机构开展人才交流与项目合作，促进中介服务机构尽快与国际服务规范接轨。鼓励中介服务机构内部的员工培训，组织从业人员参加岗位职业培训，资助中介服务机构选派优秀的从业人员出国培训和交流，提高业务能力和服务水平。

2. 建立中介服务机构的资质和服务标准，规范服务主体的市场行为。建议对中介服务机构的管理人员和专业技术人员实行职业资格证书制度，建立中介服务业职业资格标准体系。编制《中介服务人员从业资格评定管理办法》、《中介服务从业人员职业道德准则》、《中介服务机构资格等级评定办法》、《中介服务机构信誉评审办法》、《中介服务质量标准及定价规范》和《中介合同示范文本》等文本，使

中介服务进入规范有序发展轨道。

3. 加大扶持力度，为中介服务机构营造优良的政策环境。研究制定对中介服务机构的财政扶持措施和中介服务机构行业协会的发展措施，使行业协会成为连接政府与中介服务机构的真正具有行业自律管理机制的行为主体，扩大政府对中介服务服务的采购，扶持中介服务机构为中小企业提供服务。随着政府职能转变的逐步到位，中介服务机构在区域创新网络中的作用将越来越重要。只有扎扎实实地做好中介服务工作，不断拓展自身业务，完善自身建设，才能进一步的提高整个区域的创新能力。

（作者单位：张家港市生产力促进中心）

参考文献：

[1] 杨美成，宋卫红.技术创新机制转变与科技中介服务机构功能研究[J].江苏科技大学学报(社会科学版)，2007(3)

[2] 苗成斌.人才发展与发展方式转变研究[J].北京行政学院学报，2011(5)

发展新兴产业　促进产业升级

——关于科学推进经济发展方式转变的思考

丁俊荣

摘　要　实现经济又好又快发展，关键在转变经济发展方式、完善社会主义市场经济体制方面取得进展。如何科学推进经济发展方式转变，作者认为必须以科技创新为先导，继续加快经济结构调整，从而实现经济自主协调发展。对我省大部分地区而言，建议仍然以发展新兴产业为抓手，在探索和把握新时期经济发展规律的基础上推动产业结构优化升级。

从总体上看，当前江苏省大多数地区已进入全面小康向基本实现现代化迈进的新阶段。在这样的新形势下，如何把握机遇，抢占先机，继续在新的层面上推进经济发展方式转变，对于增创新优势，在科学发展道路上铸造新的辉煌无疑具有特别重要的意义。

一、科学推进经济发展方式转变成为全局工作的重中之重

近年来，我国经济发展呈现稳中趋好的良好态势，但结构发展中的一些深层次问题也日益凸显，制约了经济在高平台上快速健康发展，科学推进经济发展方式转变亟待进行。以江苏省南通市通州区为例，近年来通州经济社会呈现出农业生产总体平稳、工业经济发展向好、固定资产投资提速、消费市场相对活跃、三外发展趋于平缓、财政收入快速增长、金融存贷平稳运行、城乡居民收支双增的良好态势。但也面临着工业企业生产经营压力加大、第三产业发展深层次矛盾突出等问题。一是由于融资成本增加、人工成本上升等诸多原因，部分工业企业生产经营压力加大。二是服务业发展后劲不足，服务业总量占比偏低，传统服务业占比偏高。2011 年全区服务业增加值占 GDP 比重仅为 34.0%，分别比省、市平均水平低 6.2 个和 3.7 个百分点。在新兴服务业成为新一轮现代服务业竞争的制高点的趋势下，通州商贸、零售等传统服务业仍然占据主体地位，新兴服务业目前还处于培育初期阶段，既影响了服务业整体水平的提高，也制约了经济的转型升级。三是工业经济主辅分离较慢，服务业市场化、产业化程度较低，制造业企业中销

售、运输等服务资源还未真正向社会开放，工业企业主辅分离推进速度较慢。

要解决经济社会发展中的深层次矛盾和问题，靠以往传统办法很难奏效，必须把科学推进经济发展方式转变作为当前和今后一个时期紧迫的任务，从全局考虑，从长远谋划，从实际出发，从眼前最要紧的事入手，解放思想，不断开拓，谋求大的发展。

二、科学推进经济发展方式转变必须大力发展新兴产业

笔者认为，发展新兴产业，是当前我们科学推进经济发展方式转变的一个现实举措。发展新兴产业，也是江苏省委、省政府为推动科技进步、创新经济发展方式、实现产业升级而采取的重要举措之一。经过几年的发展，我省各地围绕新材料、新能源、节能环保、电子信息与物联网等新兴产业大做文章，取得了明显的效果。新兴产业的发展为经济发展提供了新的增长点，也成为我省的经济发展新动力。

（一）解决新兴产业发展中的问题就是解决科学推进经济发展方式转变中存在的问题

目前新兴产业发展中仍然存在着不容忽视的问题：

一是新兴产业发展所需的服务还不到位。当前的制度环境与新兴产业的发展要求还不甚吻合，相关部门为新兴产业的认证、审批、帮扶打开通道的创新举措不多，综合协调力度不大，企业获得实惠和方便不多。

二是新兴产业发展主体创新能力仍然不强。企业研发资金的投入普遍不足，创新机制不完备，政府对新兴产业的包括税收在内的各项奖励还不够，科技部门对企业创新成果转化的引导和帮助不多等，导致企业缺乏创新的动力和有利条件。

三是部分新兴产业规模小、布局散亟待解决。集聚区主导作用不强是个通病。不难发现，我省各地为加速新兴产业发展，在推进集聚区建设方面花了不少精力。但从总体上看，规模较小，特色不明，层次不高，配套不完善，特别是对地方主导产业带动作用还需加强。大多数特色产业过于分散，没有形成规模的特色区域，布局也不合理，不利于抓大放小，统筹规划，容易造成产能过剩，这样就会直接导致整个新兴产业的综合竞争力低下，成套能力薄弱，服务水平落后，规模难以提升。

四是土地、融资等瓶颈期待早日破解。资金问题现在仍是企业发展的瓶颈，特别是新建企业，资金不够，信誉不够，难以得到融资支持，造成融资一步不到位，生产、研发步步受牵制的不良循环。

（二）发展新兴产业需要有务实的举措

一要优化产业布局，提高新兴产业聚集度。以“园”、“区”为平台，走集群化发

展道路。要打造地区新兴产业的特色产业区，发挥新兴产业基地发展规划的约束功能，找准切入点，明确产业定位，在此基础上加大对外招商的力度，积极引进配套企业，大力延伸新兴产业的产业链，推进新兴产业向园区聚集，项目向园区集中，凸显区域特色竞争优势。

二要强化政策的引导作用。结合实际情况，制定和完善促进新兴产业发展的具体政策，鼓励企业用合股、抱团的形式由传统产业向新兴产业进军，加大科技、税收、金融、进出口等部门的联动，为新兴产业的审批、认证、服务开辟绿色通道，帮助搭建融资大平台，引导、扶持、奖励新兴产业的生产和研发，同时加大对淘汰落后产能企业的政策约束，宣传指导企业走品牌发展道路，争创知名、著名、驰名商标，培育拥有自主品牌的产业集群品牌，放大示范效应。

三要以高新技术推动新兴产业。树立科技就是生产力，科技就是经济效益的发展理念，掌握关键核心技术。一方面以高新技术来淘汰落后工艺、技术和设备，推广资源节约和替代技术、延长产业链；另一方面把信息技术应用于产品的设计、制造、管理、营销、服务等全过程，提高企业的竞争力和市场应变能力。

四要体现以人为本。无论科技创新还是产业转型都要依靠人才，所以要充分释放和利用人才资源，给予引进人才在生活上的帮助和工作上的奖励，使其转变为地区的创新优势，真正使地区成为人才创新创业的一方热土。同时还要搭建企业创新平台和技术服务中心，让产学研项目尽快形成规模和效益。

三、科学推进经济发展方式转变与实现产业升级相得益彰

发展新兴产业只是转变经济发展方式的内容之一，所起的作用是调整和优化产业结构，并不能完全替代和涵盖转变经济发展方式。要科学推进经济发展方式的转变，必须将其与实现产业升级有机结合起来，二者相互融合、相互促进、相互提高。科学推进经济发展方式的转变，不仅仅是如何把要素动员起来，如何引进要素，解决要素不足的问题，更重要的是如何更加科学合理有效配置资源。

（一）要着力化解产业升级的制约因素

一是适应社会主义市场经济的需求，适当减少不合理的宏观调控。由于近年来我国宏观经济运行的波动幅度较大，导致企业面临的不确定性因素增多，影响了由企业自身创新所带来的产品更新、工艺完善等产业升级动力的形成。城乡居民收入增长较慢，民营经济活跃程度不够，创新升级的意识不强。政策不稳，现行财政管理体制仍需健全，特别是频繁波动的货币政策，使得一些企业忙中难进。尽管这些调控从大的方面看是为了抑制通胀，稳定经济发展，但过于频繁的调控会给市场微观主体在产业升级方面带来不利的影响。

二是长远谋划发展战略。前若干年，我国大部分地区充分利用丰富的人力资源，吸引和利用外资，创办合资、合作、独资等企业，使我国成为世界“制造大国”。

但由于这些产业和产品往往处于产业链的低端，不仅技术含量低，而且进入壁垒低，众多发展中国家或地区纷纷加入，非常容易形成产业同构和恶性竞争，制约经济的持续发展。因此我们要谋划产业升级的发展战略。

（二）要突出企业在产业升级中的主体地位和政府部门的主导地位

一是市场机制与政府导向相结合。产业升级必须坚持以企业为主体，市场需求为导向，充分发挥市场在配置资源中的基础性作用，提高资源的综合利用效应。同时政府要充分发挥导向作用，借鉴其他地区在产业升级方面的成功做法或经验，发挥地方政府在区域产业政策制定和导向方面的积极作用，整合区域范围内的企业和产业资源，克服和避免市场的自发生和盲目性的弊端，加快推进产业升级。

二是龙头带动和自主创新相结合。由于资源的差异和发展基础的差别，不同地方都有各自的龙头企业，这是地方经济发展的标志性、主导性的企业，因此，在产业升级过程中，应通过龙头企业的衍生、裂变和被模仿与凝聚，吸引一批相同、相近或相关企业加快集聚和集群发展，以拉长产业链，为产业升级奠定坚实的基础。同时要加强自主创新。企业不断研发拥有自主的知识产权或独特核心技术是加快产业升级的关键，要在引进先进设备和适用技术的基础上，大力推动引进消化吸收再创新和集成创新，注重整合现有技术，以重点实现由单一技术突破为主向与多技术集成相结合转变。地区要着力选择创新能力强，成长空间大，发展后劲足的企业作为产业升级的重点。

（三）要不断创新产业升级的途径和方法。

一要稳定优势产业，大力发展战略性产业。要实现产业升级，构造起现代产业体系，需要稳步发展传统的优势产业。这是由我国现阶段的经济发展水平和劳动力总量状况所决定。我国是一个发展中国家，是一个经济大国、人口大国、消费大国，一方面要保持经济增长，满足人民群众不断增长的物质和文化生活需求；另一方面，要保证充分就业，社会和谐稳定，因此，在将来较长一段时间内，低端产品的生产与产业仍是不可缺少的。当然，强调稳定传统优势产业，重在强化对它的技术改造，注重内涵的提高，不铺新摊子，不上新项目，尤其是地方之间同构性强的项目。还要按照产业内部升级的要求，通过兼并重组等方式，淘汰耗能大、污染重的那些属于资源和环境约束型的产能，实行规模化、集约化的发展。

二要大力发展战略性行业，提升产业竞争力。在经济全球化这一国际背景下的产业升级，必须充分利用对外开放，引进技术的机遇，在参与经济全球化中促进产业升级。要注重全球产业链的关键环节，着力引进能弥补地方产业链缺失环节的技术，以提升地方产业的竞争力。要注重通过消化吸收和集成等方式创新，提高本地产业竞争能力。

三要强化创新激励。建议依据本地产业结构的现状和产业升级的目标，制定和出台具有针对性、可操作性的政策和措施。同时，加大人、财、物的投入，重点加强相关技术、品牌、人才等公共服务平台的建设，为企业产品升级，本地区产业升级提供服务和保障。

四要打破市场分割，优化产业升级空间布局。要通过体制改革打破由行政区划造成的地方保护主义，强化经济区划的作用，鼓励企业按地区间的比较优势进行布局，加强地区之间产业协调发展，提高地区间的产业互补性，形成一个结构多元、布局合理、流动顺畅的新型产业体系，保持产业升级的持续性。

结束语

发展新兴产业，实现产业升级是一项系统工程，需要政府、企业、社会合力推进。在科学推进经济发展方式转变的工作中，必须切实增强主动性、紧迫感、责任感，加快调整产业结构，推动产业优化升级，在发展中促转变，在转变中谋发展，才能够使我们的发展质量越来越高、发展空间越来越大、发展道路越来越宽。

（作者单位：江苏省南通市通州区人大常委会办公室）

高校与企业科技创新面临的问题及对策

于力革

摘 要 高校是我国培养高层次创新人才的主要基地，是提升地方经济、实现技术转移、成果转化的重要力量。提升高校科技创新能力，一方面要从体制、政策、制度等方面营建有利于技术创新为导向的环境与氛围，另一方面要在正确把握时代背景、适应区域经济社会发展趋势和遵循高等教育规律基础上，围绕人才培养、科学研究、服务社会三大功能，紧密结合学科发展和地方经济建设的需要，促进高校的可持续发展，推动“科教兴国”战略的实施。

关键词 高校 企业 科技创新 能力

当代科学技术突飞猛进，科学技术成为经济发展的不竭动力，新技术革命极其深刻地影响着社会经济发展的进程。世界各国之间综合国力的竞争，实际上是科技实力的竞争，是科技创新的广度和深度的竞争。因此，加快科技创新的步伐是提升我国企业竞争优势、强国富民的前提，而科技创新的关键是人才，尤其是科技创新人才，培养和造就一大批掌握现代科技知识并具有创新能力的科技创新人才是经济发展和社会进步的关键。

科学与技术，总称为科学技术。在许多情况下习惯于把“科学技术”联在一起使用，这说明科学与技术之间存在非常密切的内在联系，但是本质上科学与技术是两个既有区别又有联系的概念。科学是客观本质和规律的揭示，是如实地反映事物本质和规律的理论体系；技术是人类在认识自然和改造自然的过程中积累起来的，它是人类改造自然的劳动手段、工艺流程和方式方法的总和。因此科学创新和技术创新是两个内涵不同的概念，科学创新以认识自然规律为主要目标，其创新成果可能对人类生活产生革命性的重大作用。技术创新则以利用已有规律改造世界，其创造成果可直接提高人类生活质量和认知能力。按照美国国会图书馆研究部所提出的定义，技术创新是一个从新产品或新工艺的设想和产生市场应用的完整过程，它包括设想的产生、研发、商业化到扩散的一系列的活动。在科学创新与技术创新的关系上，科学创新为技术创新奠定着理论的基础和依据，或提供着理论的指导和前提；技术创新则是科学创新成果的应用或沿着应用方向的延伸，同时，技术创新也为科学创新提供了更高水平的手段或工具。

江苏省作为一个经济大省、科技大省，在科技创新的很多方面有着显著的优势，取得了巨大的成绩，例如在科技创新人员的绝对数、科研机构的绝对数、科技投入的绝对数、科技产出的绝对数等上都有着明显的领先的优势。这主要表现在：(1) 高层次人才多。在江苏的“两院”院士总数仅次于北京、上海，列全国第三位。(2) 高校和科研院所多。现有普通高校近八十所，高校在校生近四十万人，均列全国第一；国家级重点学科近五十个，国家级重点实验室近二十个，均占全国高校的1/10。博士后科研流动站有八十多个，企业博士后科研流动站二十多个，在全国均位居第一。这些实实在在的人才优势为江苏省科技创新的发展提供了坚实的基础。

江苏又是我国的经济大省、强省，基础设施完善，投资环境优良。科技创新要想很好的运作与执行，没有强大的经济实力做基础是不行的，在这方面江苏特别是苏南地区优势明显。以苏锡常为代表的苏南地区在人均收入方面更是名列全国前茅，属于传统的发达地区。路、房、水、电、气、通讯等基础设施也相对完善，生活条件相对较高。另外，从投资环境来说，政府行为相对规范，各种中介服务机构和金融保险机构的服务也完善，这些都保证了江苏省科技创新的健康发展。

高等学校的科技创新平台建设的目的是希望通过科技创新平台的建设，提高科技创新平台所在高校的创新能力和解决国民经济建设中的重大科技问题的能力，在国家创新体系建设中发挥重要作用，同时更好地为经济建设服务。

一、企业和高校在科技创新中存在的问题

企业是技术创新主体。现阶段我国企业的自主创新能力整体水平不高，尤其是中小型企业的自主创新能力普遍较低，企业的技术创新主体地位还不牢固，创新过程诸多环节还需要来自其他组织的关照和帮助。这些组织的支持和帮助内容广泛，项目繁多，如，技术引进、技术评价、技术信息、技术咨询、技术孵化、法律咨询、会计咨询、专利代理、公关策划、产权交易、人才引进等等。

从国家实施“科教兴国”战略以来，我国高校在科技创新的基地建设、科研成就以及科技成果的产业化等方面都取得了令人羡慕的成就。然而由于高校在创新认识、创新体制以及创新组织机构等方面还存在着束缚高校科技创新活力的某些因素，使高校科技创新能力还没有得到充分发挥，甚至停滞不前，难以适应国家科技创新和科技发展的形势需要，同时对企业的技术支持得不到加强，甚至在某些技术领域没有企业发展迅速。近几年学校扩招、扩建，一直忙于教学，实验设备所增无几，几乎没时间搞新项目；新增加的人员实践经验少，又无法直接承担项目。高校在知识传授上，也不能把本专业的新技术、新知识、新工艺及时充实到教学中去，学生就了解不到本专业的最新研究、发展方向，就不能把新的技术带到企

业中去，必然会影响企业今后的发展。

高校对基础学科和技术科学探索情有独钟，对应用技术和科技开发缺乏研究热情；创新方式缺乏，高校科技创新人员缺乏对企业深层次的接触和了解，形成了对于科技创新过于简单的思想认识；创新目标认识上的缺失，也就是“只重视理论研究，轻视实际应用”；科技创新体制不完善，高校科技创新制度不健全，没有一套完善的约束、激励机制；科技创新上的投入缺乏，如果没有国家的支持，很难想象有哪一所高校能主动拿出几千万元搞自己的实验室，而在搞基本建设上却不惜任何代价；创新组织机构缺失，很多高校没有自己专门的研究机构，大部分有了项目临时组织一些人参与，没有长远的科技创新规划；科技创新目标不明确，他们认为科技创新就是企业必须主动找高校合作，请高校为他们研制新产品，而没有摆正自己的位置，科技创新是高校为企业服务，企业是高校的客户。

目前，我国高校科技创新团队建设中存在“四多四少”现象。一是“虚”多“实”少；二是“短命”团队多、“长寿”团队少；三是自下而上形成的团队多、自上而下形成的团队少；四是单学科、单部门的团队多，跨学科、跨部门的团队少。由于各科研院所与高校间存在着资源竞争。在基础设施方面，许多实验室和工程研究中心依赖于单一部门和学科而建立，设施的共享度低，未能发挥出学科和人员的汇聚平台作用。在激励目标上，竞争与合作的失衡是另一个不容忽视的原因。资源投入上“单、小、断、散、硬”更是对高校科技创新团队建设形成影响。

二、提升高校科技创新的建议与对策

（一）建立健全有利于科技创新的激励机制，充分调动科技人员的积极性和创造性。进一步打破平均主义，对那些具有科技创新能力的人才，要在政治上多关心，工作上多支持，待遇上适当倾斜。要改进人才考核办法，完善人才评价机制，把勇于探索、开拓创新的人才选拔到重要岗位上来。

（二）实现多学科的有机结合。要真正意义上组建科研创新团队，必须打破高校内部传统的按学科分类的院系建制以及长期存在的学科壁垒，建立人员流动平台，形成柔性的组织结构，充分挖掘各个学科人员优势，促进多学科、多方向、多维度的交叉融合，发挥高校科研创新团队的最大效能。应该避免为了拿到项目，获得经费，在功利主义思想的支配下，临时拼凑和包装“阵容强大”的团队。

（三）完善职称评价机制，注重政策引导，提高对科技创新的认识，高校科研人员普遍重视与其待遇紧密相连的职称问题，而职称评定主要考核论文发表数量、科研成果获奖数量，对科技成果能否转化成生产力、能否产生经济效益则没有科学合理的衡量标准。在这一政策引导下，科研人员将主要精力放在发表论文上而很少去考虑搞科研。所以政策要积极引导，提高高校科研人员对科技创新的兴趣和热情。

（四）加大科技创新资金投入，科研经费不足是造成高校科技创新能力弱、成果少的一个重要原因。一些科研人员有研究项目，但苦于没有经费而被迫放弃。现在，大部分高校都在搞扩建、搞扩招，把大量资金都用在基本建设上，而忽略了科研经费的投入，势必影响教研结合，共同发展。

（五）确立以市场为导向、产品为主线的研究开发模式创新观念，转变思维方式，主动出击，深入市场调研，了解市场需要什么，从“先科研，出了成果再找主顾”转变为以“产品为主线”的研发模式。这样才能带动学科发展，始终走在企业的前列，对企业的发展起到指导作用。

（六）大胆改革我国传统教育体制，创建有利于创新人才培养的教育体制和教育方法。在我国传统的“应试教育”中，以“注入式”的教学方法为主，注重知识的掌握，忽视了知识的能力以及创造力、想象力和创新能力的培养，因此必须改革传统教育体制，改革教学方法，变“注入式”为“双向式”、“交流式”和“启发式”。坚持知识传授与能力培养相结合、逻辑思维与非逻辑思维训练相结合的教育方法，注重强化创新思维和提高创新能力。进一步拓宽专业基础，调整和改革课程体系，进一步优化培养方案，在保证培养方案的基础上，要加大学生自由选课的自由度，提倡学生跨学科专业选修课程，以进一步优化学生的知识结构，拓展知识面，提高他们从事学科专业间交叉、渗透研究的能力和水平。

（七）加强科研队伍建设，实现高校科技创新的核心没有一流的队伍，不可能建设一流的学科，培养一流的人才，开展高水平的科技创新，出一流的科研成果。实现科技创新的核心是人、是队伍。没有人、没有队伍、没有学科带头人和骨干人员组成富有创新精神和能力的科研梯队，要想实现科技创新是不可能的。

（八）强化高校科技创新为企业服务的意识，实现真正意义上的“政、产、学、研”结合。

三、结语

当今高校大力提倡“政、产、学、研”结合，有效整合与企业的资源优势，最终实现“双赢”，双方必须做到：一是政府通过制定政策，增加科技创新的投入，对科技创新主体给予税收优惠和财政补贴，以弥补创新主体由于科技创新外部性带来的收益减少；通过制定完善的知识产权保护制度，保护创新主体获得更多的收益。通过完善资本市场和金融体制，以利于创新主体在更广阔的范围融资，支持创新主体开展科技创新活动。通过完善科技创新平台内创新主体准入、种类、竞争体系，创新机制等方面的政策引导创新平台实现有效集聚，错位竞争，差异化发展。二是当企业对科技成果的需求不能被满足或在日益激烈的竞争中挣扎的时候，这时高校要急企业之所急，想企业之所想，把企业的利益放在第一位，主动帮助企业摆脱困境；三是当科技成果资源缺乏的时候，高校应主动深入企业，深入市场，把企业作为自己的客户，牢固树立为企业服务的思想意识，主动研发新产品帮助企业更好更快的发展，同时也提高了自己的科研能力；四是企业要加大投入，主动吸纳高校的科技成果，高校成果才能及时转化为企业产品，投放市场，满足人们需求。只有这样才能互相促进，共同发展，实现真正意义上的“政、产、学、研”结合。

中外历史事实证明：科技创新是一国兴衰成败的关键，经济增长是一国可持续发展的基础，现代国家与地区之间的竞争是基于知识经济的竞争，科技创新在一国的经济增长中都有着举足轻重的地位和作用。高校要真正成为国家技术创新的生力军，就要把自身的科技优势与企业的科技需求相结合。建设高校科技创新平台需要国家有关部门的高度重视和大力支持！还需要教育部门与行业主管部门、协会、学会加强沟通与协调！需要进一步加强高校与行业、企业的沟通和联系！争取得到更多更大的支持和互动！

（作者单位：江南大学）

参考文献：

[1] 刘霁堂，陈丽莉. 高校与企业合作技术创新模式选择[J]. 科技管理研究，2007(6)
[2] 宋秀兰，齐昕. 高校科技创新团队建设政策措施研究[J]. 高教与经济，2010，23(4)
[3] 王欣. 高校科技创新团队建设的研究[J]. 华北电力大学学报（社会科学版），2010(4)

苏南地区(苏州)产学研结合发展的研究与思考

张东驰

摘　要　加快建立以企业为主体、市场为导向、产学研相结合的技术创新体系是我国实施自主创新战略、建设创新型国家的重要战略部署。当前,苏南地区正加快转型升级,如何进一步深化产学研合作,加快提升自主创新能力和水平,是苏南地区新时期发展的一项十分重要和紧迫的任务。论文以苏州市为主要研究对象,研究苏南地区产学研合作模式,同时借鉴国内外先进地区产学研合作的做法和经验,探索苏南地区产学研合作的存在的不足,并提出建议思路。

关键词　苏南地区　苏州　产学研结合　研究与思考

一、苏南地区(苏州)产学研合作模式分析

近年来,苏南地区在外向型经济跨越赶超的同时,大力推进创新型经济领跑示范,积极探索产学研合作新机制、研究新举措,推动了创新要素加速聚集。综合分析苏南地区特别是苏州产学研合作项目案例,主要有以下五种典型合作模式:

(一) 聘请专业管理团队市场化运作模式。院校科研人员携带科研成果,联合上下游产业链关联企业以及风险投资机构实施成果转化,关联企业提供大部分资金、负责市场、管理等,高校提供技术以及少量资金,如苏州苏大维格等。该模式在苏州发展较好,产学研一体化发展效应较明显。

(二) 委托研发与自主创新相结合模式。具有较强集成创新能力和营销能力的企业,将高校技术作为嵌入式单元集成到创新产品,企业提供资金,负责市场、管理以及技术集成,高校提供局部技术,如苏州神彩科技与省环科院(环保技术)、清华软件学院(软件开发)、中科院南京宽带无线移动通信研发中心(传感及无线传输技术)等。该模式创新性高,未来潜力较大。

(三) 运用新技术改造传统企业模式。规模型民营企业为提升企业核心竞争力和产品附加值,围绕企业需求开展与院校技术改造、技术升级乃至共建工程中

心等合作，企业出资金，院校出技术、人才，但由于区内企业技术承接能力不强，风险较高，如江苏苏净集团与苏州纳米所、和顺电气与清华大学、江南嘉捷与西安交大等。该模式在苏州数量不断增多，企业需求强烈，产学研合作对企业发展意义较大。

（四）合作承担上级科技计划项目模式。中小创新型企业与院校在前瞻性预研工作或与企业形成互补技术（一般并非核心技术）等方面开展合作，经费大多以各自投入或联合申报上级课题为主，双方约束力不强，缺乏长效合作机制，如吉玛基因与中科院、浩辰与清华大学等。该模式在苏州最普遍，企业数量和合作项目最多。

（五）企业脱离母体、市场化孵化模式。企业与高校、科研院所联合成立新企业实施成果转化项目，企业出资金、高校出技术，双方各自入股，如波司登与中科院化学所合作成立中科纳米波司登服装等。该模式在苏州数量不多，目前的合作进展不太顺利。

二、国内外产学研一体化发展的趋势与经验

（一）从世界发达国家和地区看，尤其在美、英、日等发达国家，产学研一体化建设都是通过政府行为加以扶持和引导，从而有效促进了这些国家的高新技术产业化进程。美国产学研合作实践强调以项目、资金为纽带，促进若干大学机构与企业、科研院所组成新的研究实体，通过扶持、培育形成坚实的研发能力，在竞争环境下进入良性循环，进而走上独立自主的发展道路。其政策天平更多向大学机构倾斜，培育研发实体的竞争力是其最终目标。此外，为加快科研成果向企业界转移，美国还建立了一批全国性的技术转让机构，通过专利许可和技术转让促进产学研合作，已成为美国加快科研成果产业化的重要手段之一。与美国相比，英国产学研合作实践中政府参与力度更大，主要表现为制定专门的产学研合作计划，通过政府研发基金来调节科研机构和企业的研发行为；同时强调对产学研合作计划的实施绩效进行总体评价，并以此为依据对计划进行调整和改进。正在实施的“联系计划”，由政府12个部门及各个研究理事会参与和支持，“联系计划”的项目要由科研机构和企业共同申请，合作承担，政府可提供上限为50%的研究和开发费用。日本强调产学研合作中的制度建设，表现为建立完备的法制环境，并致力于各项法律规定的修订与完善，为大学科技成果转化，促进企业科技进步提供前提和保证，同时政府的政策意图往往由诸如“研究开发专门委员会”、“科技信息中心”等中介机构加以贯彻。此外，日本从20世纪60年代开始，建立一种“新技术开发事业团”的投资模式，“事业团”是由政府出资作为基本金、吸收民间资本参加、集技术中介和投资于一身的财团法人，每年定期向大学及科研机构征集愿意产业化的成果，介绍给愿意开发的企业，由“事业团”提供大部分开发资金（一般为

70%），让企业与成果发明者协作开发，成功后获得的利益三方按一定比例分享。

（二）从国内先进地区情况看，北京中关村为推进产学研协同创新，引导和支持创新要素向企业集聚，专门制定产学研合作专项激励政策，对于由企业牵头进行的产学研合作行为（技术转让、委托研发、共建产学研合作基地、共建研发中心、科技成果产业化、产业联盟等）给予贴息、奖励、补贴等不同程度的资金支持。同时还通过举办一年一度的"中关村产学研合作展"，集中展示中关村有关重点实验室、高等院校和中央在京科研院所的科研能力、科技资源、待转化的成熟科技成果，对接园区企业的合作需求，促进区内企业与国家科技资源之间的产学研合作。广东省通过建立产学研合作促进会，积极为高校、科研院所和企业牵线搭桥，已成为产学研合作各方紧密联系的桥梁纽带和政府及相关部门的得力助手。2006 年以来，广东省有一万多家企业与 600 多所高校、科研院所开展产学研合作，研发出具有自主知识产权的新产品 6 000 多个，形成专利超过 2 万项，实现产值 7 000 多亿元人民币。

三、存在的不足与问题

近年来，苏南地区（苏州）涌现出一批产学研合作典型案例，搭建了一批产学研合作载体，但仍有一些问题制约着产学研合作的深化，具体为：

（一）企业承接院校科研成果的能力还不强。院校科研成果与产业、市场结合度不高，往往需要二次开发才能进入中试阶段，但二次开发过程需要投入大量资金，仅靠政府扶持和企业自有资金还远远不够，需要更多社会资金介入；此外，科技企业尤其是民营科技企业技术承接能力不强也延缓了院校成果本地转化的步伐。

（二）企业与院校产学研合作的动力还不足。寻找能解决企业实际问题的产学研合作伙伴难，使产学研合作失败风险提高；部分企业院校产学研合作对责、权、利未事先界定或缺乏明确可操作的约定，导致合作各方在共同投入、利益分享、风险分担等方面可能出现纠纷，但纠纷很难通过法律手段妥善解决；此外，企业也希望通过参与产学研活动得到政府奖励性政策或资金资助。

（三）企业院校间产学研合作长效机制还有待建立健全。目前苏南地区（苏州）大多数产学研合作都以短期内解决局部技术问题为主，合作组织形式松散，部分合作缺乏院校持续跟进支持，技术成果较难产业化或商品化；企业和院校双方信息不对称，沟通渠道不顺畅，也导致产学研合作效率不高。同时，院校项目管理团队偏重技术，融资和销售不强，也是产学研合作中常见的问题。

四、关于政府推进苏南地区产学研一体化发展的几点建议

（一）创新机制、优化政策，加强产学研工作组织引导

1. 建立地区性的产学研服务联盟。作为推进地区产学研一体化发展工作的具体承办组织，主要职能包括：建立产学研工作联系网络、强化产学研工作体制机制；完善产学研政策体系，加强政策引导作用；搭建产学研合作信息平台，推进产学研合作交流；培育产学研需求，提升企业创新能力；畅通产学研合作渠道，提升产学研合作实效。

2. 制定产学研合作专项扶持政策。探索设立产学研合作专项资金，注重在项目前期的投入，以分担企业投资风险、减轻企业投资压力、保证项目资金来源；制定促进技术成果转让的政策措施，鼓励大学、科研院所的技术成果向企业转移；同时对于实际成果转让参与单位，按照一定比例给予奖励；用足用好资金配套、博士后工作站、技术开发费加计抵扣等现有政策，强化对产学研合作各方的引导和扶持。

3. 发挥产业联盟规模效应。理顺现有产业联盟的运作体系，明确对产业联盟发展的资金支持，制定统一的资助标准，重点在基本运营费用、定期活动费用等方面给予全额或一定比例的资金支持；推动产业骨干企业牵头，组织产业链上下游企业，与对口院校合作组建优势专业领域的产学研协作同盟。加强科技项目、政府采购、创新平台、股权投资、贷款担保等的支持，积极发挥产业联盟组织在开展关键共性技术联合研发、制定和推广技术标准、开拓市场渠道、促进产业链上下游合作、创新产学研合作机制以及创新实用人才培育等方面的重要作用。

（二）整合资源、全面推动，提升产学研合作实际成效

1. 加速聚集国内外高端研发机构。大力引进包括大学、科研机构、重点实验室、工程研究院、企业研究中心等在内的国际性知识创新载体落户园区或创建分支机构。围绕苏南地区重点发展的新兴产业，建设一批国家级、省级、市级重点实验室、工程研究中心和企业技术中心，实现产业核心技术和关键技术的重点突破，进一步增强企业创新研发能力。

2. 引导支持高校院所围绕产业发展。重点推动苏南地区高校院所向企业开放平台、实验室等设备，发布技术合作、成果转化等信息，鼓励企业家到高校、研究院所兼职或担任客座教授，支持高校教授技术入股企业；引导苏南地区院校围绕地区重点产业设置专业、培养人才，有针对性的引进符合产业导向的国内外名校，提升人才培养与产业发展的匹配度。

3. 创新科技成果转化和产业化机制。探索采用代建、租赁、先租后售等方式，支持重大项目承担单位建设产业化基地。积极推动重大专利技术转让、许可、入股、质押等知识产权运用，通过项目支持、资金配套、担保融资、股权投资等方式，

重点支持一批国家科技重大专项和重大成果产业化项目。推动政府优先采购重大专利技术和重大成果转化项目产品，通过重大项目建设和示范应用，发挥市场试验和推广作用，加快科技成果产业化和市场化进程。

4. 推动金融资本发挥更大作用。建设中小企业融资服务平台，吸引和聚集金融服务资源，形成政府资金和社会资金、直接融资和间接融资有机结合的科技金融创新体系。引导各商业银行积极开展制度创新、产品创新和服务创新，推进担保融资、信用贷款、知识产权贷款、信用保险和融资、企业联保贷款等试点创新工作，建立为科技企业服务的特色支行或信贷专业机构。

（三）搭建平台、深化服务，建立产学研常态合作网络

1. 建立产学研信息交流平台。建立专门的产学研交流网站平台，围绕产业导向，建立健全科研资源库、技术成果库、专利库和专家信息库等，推动各产学研单位为平台提供相应的人才、科技合作供求、仪器设备共享等信息资源，政府对借助该平台系统达成合作的项目给予一定比例的配套资金奖励。

2. 推动中介机构加快发展。支持技术转移、科技信息服务等中介服务机构建设，重点引进国内外知名高校技术转移分中心，鼓励技术经纪人推动产学研合作；探索建立科技中介行业协会，不断完善区内咨询、知识产权、法律等一条龙科技中介服务体系。

3. 加强产学研宣传和服务。挖掘区内产学研合作成功案例，加大媒体宣传力度，营造良好的产学研合作氛围。对重点产学研合作单位，地方政府要在融资、科技项目申报等方面提供个性化服务，推动项目合作成功。针对投融资、财务、人事、市场等问题，地方政府可以与专业培训机构合作，组织免费培训，推动更多创新型企业引入职业经理、完善管理团队。

（作者单位：九三学社苏州工业园区委员会）

参考文献：

[1] 马蕾，陈劲. 创新驱动战略下的“创新高速公路”——政产学研用合作的江苏模式初探[C]. 第七届中国科技政策与管理学术年会论文集.

[2] 陈劲. 新形势下产学研战略联盟创新与发展研究[M]. 中国人民大学出版社，2009

[3] 罗焰，黎明. 地方院校产学研合作模式及运行机制研究[M]. 巴蜀书社，2009

[4] 朱恪孝，姚聪莉. 西部产学研合作模式的选择研究[M]. 科学出版社，2011

[5] 蔡兵. 创新与产学研合作[J]. 广东经济，2010

[6] 方勇. 高等教育与创新型国家建设[M]. 西南师范大学出版社，2007.

[7] 劳动和社会保障部高技能培训联合委员会. 校企合作培养高技能人才成功之路[M]. 中国劳动社会保障出版社，2007

加快农业科技创新，支撑现代农业发展

顾晓春

摘　要　我国是农业大国，农业发展、农民富裕、农村繁荣关系到我国全面建设小康社会的实现。发展现代农业，解决“三农”问题，关键在农业科技创新。现阶段，我省乃至全国农业科技创新能力尚不能满足农业现代化要求，政府相关部门应大力推进农业科技创新，突出农业科技成果转化，促进农业生产力的发展，实现农业的跨越发展。

关键词　农业科技创新　政府推进　农业现代化

2012 年中央 1 号文件颁布了《关于加快推进农业科技创新持续增强农产品供给保障能力的若干意见》，这是中央指导三农工作的第 9 个“1 号文件”。今年的“1 号文件”突出强调农业科技创新，把农业科技放在突出位置，对增加农农产品保障能力，加快农业跨越发展，实现农业现代化和农业可持续发展具有十分重要的意义。

科学技术是第一生产力，农业科技是农业生产的第一生产力。农业科技渗透到农业生产的各个领域，农业生产只有走农业科技创新之路，将科技创新作为现代农业最强劲的内生动力，才能促进和保持现代农业可持续发展，实现农村的稳定，农民的富裕，最终实现国家的稳定和谐。

一、农业科技创新对现代农业的支撑作用

农业科技创新是农业领域原创性学科研究和技术创新，创造运用新知识、新技术，采用新的生产方式和新的经营模式开发新产品，提高产品质量和提供新的服务等过程。农业科技创新是农业发展的不竭动力，每一次农业革命都是伴随创新开始的。一般而言，农业发展经历原始农业、传统农业和现代农业三个阶段。进入 20 世纪，伴随着农业科技革命诞生了现代农业。农业科技成果的不断涌现，引领了农业现代化的发展。现代农业发展呈现一系列基本特征，具体表现为：(1) 现代农业是现代技术高度密集的科技型产业。现代农业以生物技术和信息技

术为先导，生物技术拓展了生物物种资源和杂交优势的利用。信息技术正在对农业进行广泛而深刻的改造，改善农业的行业弱势，将农业融入现代信息化的潮流；(2) 现代农业是面向全球和农工贸一体化的现代企业。发展贸工农一体化，实现产加销一条龙，是我国农业在家庭经营小规模的基础上扩大规模，向商品化、专业化、现代化转变的重要途径；(3) 现代农业是正在拓展中的多元化和综合性新型产业。现代农业由传统的初级农产品生产发展成为以生物产品生产为基础，向着农产品加工、医药、生物化工、能源、环保、观光休闲等领域拓展的一种多元化和综合性的新型产业；(4) 现代农业是资源节约和可持续发展的绿色产业。现代农业不仅着力于产品，而且还在于对人类生活质量和生存环境的维护和改善。

党和政府高度重视现代农业发展，特别是进入新世纪后，中央多次以“1号文件”部署现代农业建设工程，十分强调加快农业科技进步和创新。事实证明，推进现代农业建设离不开农业科技创新，离不开农业科技成果的转化、推广和应用以及农业经营者素质的提高。

(一) 加快推进农业科技创新是城乡居民生活的迫切需要

我国要全面实现小康社会和达到中等发达国家水平，农业担负着重大的历史使命。一是保证粮食等农产品对全社会的有效供给；二是保证农民收入的持续增加，加速农民致富；三是保证生态环境不断改善，实现可持续的发展，这些任务十分艰巨。随着城乡居民生活水平的大幅提高，肉、蛋、奶等需求大幅度增加，这些都需要粮食来转化。随着农产品加工业发展，消耗的粮食势必大量增。我国在人均耕地不断减少，人均水资源不足的条件下，保证粮食增长、农产品持续供应，必须依靠提高粮食单产，必须依赖农业科技创新。可以说，农业科技创新进展的成效，决定粮食生产的成效，决定城乡居民生活水准提高的成效，决定城乡统筹发展的成效，最终决定小康社会的实现。从农民期盼看，当前，城乡居民收入差距悬殊，虽然近年出现农民收入增幅高于城市居民收入增幅，但由于农民收入基数偏低，实际收入差距依然巨大。因此，要实现农民收入的大幅提高，改善农民生活水平，必须大幅度提高农产品的附加值，开拓新的增收领域，培育新的增长点，这些都需要科技支撑。

(二) 加快推进农业科技创新是农村构建和谐社会的有效保证

要实现农村的全面小康，构建农村和谐社会，必须大幅提高农业效益，大幅度提高农业综合生产能力，创新农业生产方式，优化农村的产业结构，拓展农村经济领域。当前我国不少农村仍然是传统农业的生产方式，劳动生产率低，农产品质量差，市场竞争能力弱，农民不仅面临自然风险，而且面临市场风险。要战胜风险，要靠现代农业科技创新，从而推进农业产业结构调整和优化，拓展农业生产领域，延长农业生产链条，实现资源利用节约化、生产过程清洁化、产业链条生态化、产品消费绿色化。通过农业科技创新，调整农业结构并促使其优化，提高市场适应能力，使农业结构调整有市场化科学定位，增强市场适应力和竞争力，提高市场化程度。农产品适应市场的需要，推动农业生产向高质量、高效益发展，从而带动农业的高效，推动农村的繁荣，促进农民富裕，加速实现全面的小康社会。

（三）加快推进农业科技创新是国内外环境所决定的现实定位

我国是世界上人均耕地面积最少的国家，人均耕地面积仅为 1.3 亩，相当于世界人均水平的 40%。耕地质量差，中低产田比例占 2/3 以上。人均水资源匮乏，仅占世界平均水平的 27%。人多、地少、水缺的国情，决定我国的农业不能走消耗大量资源的路子，必须依靠科技创新，走资源节约、环境友好的发展道路，提高土地产出率、资源利用率，满足全社会农产品的需求。另外，从国际环境看，世界范围内的新的农业科技创新正在不断推进，发达国家不断增加农业科技投入，加强农业基础理论和高新技术研究，掌握一批核心技术，主导着世界农业发展的新格局。我国与先进国家比，在农业创新领域已经落后，在农产品国际竞争中处于劣势，许多出口农产品价格被压得很低，而国外许多农产品又不断挤占我国市场。因此，必须大力推进农业科技创新，加快掌握自主知识产权的核心技术，缩短与发达国家的差距，从农业大国向农业强国转变。

二、农业科技创新现状与主要问题

目前，我国农业科技事业取得了巨大成就，正是由于农业科技的不断创新，使我国粮食连续 8 年增产，粮食总产超过 1 万亿公斤，肉类、蛋类、水产品类总产量跃居世界第一。

就江苏省而言，农业科技创新始终走在全国前列。在科技驱动下，我省粮食总产连续 7 年增收，粮食总产上升到全国第 4 位，单产上升到全国第 2 位，高效农业占比达 1/3，设施农业占比达 1/2，农业增加值为全国第 3。新中国成立以来，全国农业科技队伍不断壮大，现有农业科研机构 1 200 多个，12 万多名科研人员和职工，农业技术推广机构 15 万多个，103 万各类农业推广人员。全国每年推出 6 000 多项农业科技成果，科技创新能力大幅增强，特别是水稻、小麦、棉花新品种培育方面取得了重要进展。水稻矮化品种、杂交水稻超级稻育种的新突破，引领了水稻生产的革命。正是由于上述的农业科技创新成果的转化应用，为我国的粮食八连增打下了坚实的基础，保障了全国的粮食安全，为“三农”工作起到了支撑作用。省委、省政府和农业主管部门历来十分重视江苏农业科技创新工作，无论在资金投入、完善体制机制、人才培养等各方面都处于全国先进水平。优先安排农业科技自主创新专项资金等各类农业专项资金，支持农业科研、教育、推广等单位开展重大公益技术和产业公共性技术研究和开发，带动农业科技成果转化；加快新品种示范，逐步建立了全省新型农业科技创新体系。稳定公益机构，开创推广服务新模式，理顺体制、完善机制，支持农村农技服务站改革，稳定基层队伍；大力支持农业创新人才队伍建设，通过“333 高层人才工程”“六大人才高峰行动计划”，加快农业科技创新人才的培养。全面实施基层农技人员、经营人员和农民合作组织辅导员培训工程。开展实用技术、农民创业等培训，提高农民就业技能。但我们要清醒地看到，我们现在的农业科技创新能力远远不能适应现代农业发展的需要，同其他产业、群体和城市相比较，农业仍处于最弱质产业地位，农民仍是最低收入群体，农村仍是最落后的区域。农业科技创新主要薄弱环节如下：

（一）农业科技成果转化周期长，推广应用率低

发达国家农业科技成果转化率已达到 65％～85％，而我国仅为 30％～40％，全国每年推出的农业科研成果，推广率只有 1/3，而推广的普及率不到 1/3，换言之，科技成果有 2/3 没有转化，已推广的成果有 2/3 没有用于生产实践。目前我国的粮食单产仅为法国的 65％，德国的 70％。每个农业劳动力供养人口德国为 95 人，美国为 80 人，我国仅为 34 人。再从化肥农药利用率来看，如果推广先进技术使用，我国的化肥利用率达到发达国家水平，则每年可节约成本 252 亿元，亩均节约成本 12.9 元，农药利用率达到发达国家水平，每年可节约成本 90 亿元，亩均节约 4.6 元。

（二）农业科技创新资金投入不足

尽管近几年农业科技投资大幅度增加，但总量和农业科技投入与农业总产值的比例仍然偏低，投入比例不仅明显低于发达国家，而且低于发展中国家。就农业科技推广资金投入而言，发达国家推广经费占农业总产值的 0.6％～1％，发展中国家为 0.5％，而我国仅为 0.2％。

（三）高层创新人才匮乏和基层推广队伍不稳

近几年，我国虽然在某些领域和学科涌现出若干在国际上领先的顶尖人才，但从总体看，我国高层次创新人才无论在数量和质量上都落后于发达国家。从基层推广人才队伍看，普遍存在科技推广人员学历偏低、专业结构单一、知识更新过慢、推广人员队伍不稳等现象。在农业科技人才评价上还存在重学历、轻业绩，重论文、轻实效，论资排辈等现象。评价体系的不完善，导致农业科技人员业绩得不到科学合理的评价，影响了人员工作的积极性和创造性，与现代农业对农业科技人才的需求不相适应。

（四）农民科技素质不能适应现代农业要求

先进的生产方式造就先进的劳动者，先进的劳动者推动先进生产方式。现代农业要求“大而精”，“大”是指规模化、集约化，“精”是指较高的农业专业化水平，对传统的农业“小而全”的家庭模式提出了挑战，“小而全”向“大而精”转变，离不开农业科技专家的指导，更离不开农民专家的实践。特别在经济发达、大力推进现代农业的地区，更需要具备一定文化、技术等职业技能要求新型职业农民。而现实情况是农业劳动力普遍存在年龄偏大、文化偏低、后继乏人，能够掌握、使用农业新技术的农民少之又少。农民素质的偏低远不能满足现代农业的要求。

三、加快推进农业科技创新的建议

中共十七届五中全会指出：坚持自主创新、重点跨越、支撑发展、引领未来的方针，增强共性、核心技术的突破能力，促进科技成果向现实生产力转化。江苏省第十二次党代会提出大力实施科教与人才强省、创新驱动、农业现代化等工程，到2020年全省基本实现现代化，总体上达到中等发达国家水平。根据中央要求和省委“两个率先”的目标，在实现农业现代化发展目标上，仍然要坚持一靠政策、二靠科技、三靠投入的原则。在今年中央“1号文件”指引下，尤其要在提高农业科技创新综合能力上下工夫，发展现代农业、都市农业、特色农业，突出农业科技创新。

（一）增加财政对农业科技的支持

实践证明，财政经费用于农业科技的投入，比用于农业其他方面的项目投资更具实效，潜在效益、长期效益更大，应该得到政府大力支持，稳定增长的投入政策要得到长期落实。一是加强政府主导模式下的公益型农业科技服务体系的投入，提高农业科研、教学，特别是推广方面的投入。稳定和强化基层农业科技推广队伍，提高推广人员的福利待遇，将公益性农技推广人员工资福利纳入财政预算。二是对农民自主模式下农业科技服务体系给予财政扶持，如各种农业专业合作组。专业合作组织能够发挥农民积极性，但由于农民大多对实际利益看得较重，而对农村科技服务对农民收益的贡献往往不重视，使得这些专业合作组织科技服务机构规模偏小，技术推广困难，建议政府加大对该组织科技服务体系的资金扶持。三是对市场主导模式下农业企业创办的科技服务体系的支持和鼓励，帮助龙头企业、个人、企业、社会团体做大做强现代农业企业，发挥农业现代化的引领和示范作用。

（二）加强农业科技人才培养

农业科技人才在农业科技进步，农业科技成果转化等方面都有积极推动作用。在人才培养上，一是要紧紧依托农业高等院校，科研院所的优势，通过专业培训、学历提升、学位培训、人才引进等途径，建立稳定的由学科带头人或农业科技领军人才以及科研骨干组成的省级或市级农业科技创新队伍，突出重视领军人才和拔尖人才的培养，突出重视有突出贡献的中青年专家的培养，营造平等、竞争、宽松的用人环境，建立健全充满活力和生机，公平公正的评价和激励机制，充分发挥人才的作用。二是加强基层农业科技人员的培养。基层农业科技人员由于其工作特点，导致了他们学习培训机会少，知识更新速度慢，与现代农业科学技术要求不相适应。因此，政府主管部门要加强对基层推广科技人员实施有计划、有组织的培养，可采取脱产、半脱产、网络视频等各种形式进行培训，将培训工作列入年度考核计划，确保培训落到工作实处。三是加强对农民的职业化培养。现代农民不同于传统意义上的农民，除具体一般劳动者必备基本素质外，还要有创新精神和创新能力，要有“一专多能”的复合人才素质。因此，要强化农民职业教育，根据岗位能力考虑市场的需求，大力开展农民职业化技术多元化培训。先进发达地区，可借鉴国际职业资格证书制度方面的先进经验，开展农民职业资格证书鉴定工作和农民技术员评定工作，实施农业职业资格准入制度，满足现代农业对农民素质的要求。

（三）加强农业科技力量的整合

江苏省作为经济大省、农业大省，其农业科技技术力量雄厚，科技资源丰富，省内各市都具有数量不等的农业科研院所，全省各市有 7 个市通过整合组建了市级农业科学院，南京市正在参照省内、国内其他城市的做法，拟将 4 个农业科技研究机构整合成为农科院。实践证明，通过科技力量的整合达到资源整合、资源共享、资源充分利用的目的，为农业发展提供了良好支撑。为扩大各农业科技资源的辐射效应，建议国内、省内各大农科院所开展横向或纵向联合，形成优势互补的合力。

（四）加强科技成果转化

创新科研一体化体系，坚持走产学研相结合的路子。江苏省农科院在产学研结合方面做出了示范，促进了科技成果快速的转化。各地市级农科院所直接面向农村科技创新和推广的主战场，应主动承担具有本地特色，竞争优势的农业新科技、新品种的研究开发，主动对接农村生产实践，通过科技成果与农民直接面对面，实现农业科技与生产实践的无缝对接，加快农业科技成果转化为现实生产力，提高农业科技贡献率。

（作者单位：南京市雨花台区水利局）

参考文献：

[1] 柏振忠. 现代农业视角下农业科技推广人才需求研究[M]. 中国经济出版社，2011

[2] 中国小康社会研究课题组. “三农”问题调研与思考[M]. 中国农业出版社，2011

[3] 李水山，黄大乾，黄长春. 面向现代农业的中国农民教育研究[M]. 中国农业科学技术出版社，2011

[4] 阎占定. 中国转型发展中的“三农”问题研究[M]. 湖北人民出版社，2011

加快科技创新推进经济转型中政府的选择

杨　敏

摘　要　在进入后危机时代以来，我国成本优势逐渐消失，面临着"中等收入陷阱"和"刘易斯拐点"的威胁，要尽快形成以创新尤其是技术创新为特征的经济增长方式。但在经济转型中，我国在科技创新方面仍存在一些不足之处，如政府科技创新投入不足；产业研发投入不足，对实验室经济重视不够；企业自主创新能力薄弱，创新动力不足，缺乏核心技术等，亟待需要解决。笔者认为政府可从重视技术创新，加大技术创新投入；大力发展战略性新兴产业；注重高水平创新创业人才培养；健全制度，改善技术创新的市场环境等方面来予以解决。

关键词　创新　转型　政府　选择

我国经济自改革开放以来，尤其是2000年以来，取得了巨大的成就，但我国过去的经济增长是建立在成本优势基础上的，进入后危机时代以来，我国成本优势逐渐消失，面临着"中等收入陷阱"和"刘易斯拐点"的威胁，经济增长存在下行压力，经济发展出现不平衡等问题。在这种经济形势下，要想进一步推动经济增长，就必须依靠创新，尤其是技术创新了。因此，我国要尽快形成以创新尤其是技术创新为特征的经济增长方式。但在经济转型中，我国在科技创新方面仍存在一些不足之处，亟待需要解决。

一、目前我国科技创新中存在的一些问题

（一）政府科技创新投入不足。我们的投入比发达国家少得多，比如说发达国家在航空航天上的研发投入比例都在百分之十几甚至二十多以上，高的有达到百分之三十，但是我国几乎没有一个超过10%的项目。2011年全国科学技术支出2 034.06亿元，不到全国财政总支出的1.8%。且面向全国的高等院校、科研院所和企业；面向工业、农业、社会发展等各个领域；面向科技重大专项、基础理论研究、应用技术研究等多个方面，杯水车薪，难有作为。

（二）产业研发投入不足，对实验室经济重视不够。以我国制造业为例，我国

制造业总量规模占全球的6%,而研发投入仅占世界的0.3%。国家高新区企业数量2009年已达53 692家,统计显示能够实现研发投入占销售收入3%以上的只有18.5%,2%到3%的是44.4%,2%以下的是将近1/4,还有将近15%是1%以下,也就是说基本上只生产不研发。高新技术产业发展的实践证明,实验室经济是高新技术产业的“孵化器”,我国技术创新落后的重要原因,就是我国没有较为完整的实验室经济,我国不少地方政府将开发区当作“孵化器”,实际上是实验室经济的形成需要财政和金融的支持,要求要形成有利于将各方面的资金导向实验室经济的财政与金融体制。

(三)企业自主创新能力薄弱,创新动力不足,缺乏核心技术。体制内难以找到支撑中国核心技术的主体。大部分国有企业在机制上缺乏进行技术创新的动力,民营企业在体制、资金积累上难以支撑关乎中长期利益的核心技术创新,高等院校由于管理体制的原因致使研究人员在研究核心技术方面动力不足。由于产业缺乏关键技术,致使我国将大量产业收益让给了外国。

(四)缺乏高端顶尖人才和领军人才,从事研发活动的科学家工程师数量相对较低,远低于美、日、韩。

二、政府在加快科技创新推进经济转型中的选择

面对科技创新过程中存在的问题,政府又该做出何种选择以加快转变经济发展方式、解决经济发展不平衡等问题呢?笔者认为可从以下几个方面入手:

(一)重视技术创新和企业价值链的提升,加大技术创新投入

产业核心竞争力靠创新,发展后劲靠创新,通过提升自主创新能力,有利于促进经济结构优化和发展方式转变。

1. 强化科研投入,建立经费稳定增长机制。要强化财政科技投资,确保预算安排的科技投资增长高于经常性财政收入的增长速度。

充分发挥政府投入引导作用,鼓励全社会增加科技投入,形成以财政投入为引导、企业投入为主体、银行贷款为支撑、社会集资和引进外资为补充、优惠政策作扶持的全社会科技研发投入体制,推动科技进步和创新。

2. 强化国家创新体系建设,推动企业成为技术创新主体。政府要引导和支持创新要素向企业集聚,推动企业成为技术创新主体,为创新型经济发展提供有力支撑。要支持企业加强研发中心建设,承担国家和地区重大科技项目,以突破一些关键核心技术,提高企业技术研发能力。积极推动和支持有条件企业走出去,到海外购买先进技术和装备,或在海外设立研发机构。引导企业与高校院所合作建设重点实验室、工程技术研究中心、中试基地和博士后工作站等载体,进一步完善以企业为主体、产学研有机结合的技术创新体系,努力实现新技术的产业化。引导大中型国有企业加大投入,开发具有技术关联性和产业带动性的关键技术,

通过自主创新构建新的产业竞争优势，培育一批科技龙头企业，引领产业发展。

3. 强化科技成果转化，注重功能完备、运作高效的科技信息交流、成果转化和要素共享平台建设。政府要引导科研机构、高等院校的科研力量为企业技术创新服务，更好地实现产学研有机结合，提高科技成果转化和产业化水平。应进一步改进财政资金投向和使用方式，更加重视支持共性技术研发、检测、创新要素交易等服务平台建设，加速科技成果转化步伐，原因在于这种技术平台如果是企业自己来完成的话，会产生明显的外部性效应，而由政府和企业一起投资去完成，或是国家科研机构来建造，又或是政府资助企业完成，不仅能够集成技术优势，还能在技术研究过程中实现技术扩散，实现技术平台的公益性，政府能够借此推动一批企业的成长，而过去投资给一个企业，虽然能够让被投资企业因此获益，但原则上不能完成技术扩散无法让一批企业迅速成长起来。要更多运用贴息、担保、创投等市场化的办法，吸纳更多信贷资金和民间资本投入科技成果转化，原因在于与研发环节不同，当进入成果产业化时期，政府需要慎重考虑对企业的支持力度。因为在产业化时期，政府应该是逐渐退出，而让商业银行或是风险投资进入，政府应当改直接投入为间接支持。如果政策扶植力度过大，让企业完全靠比如税收优惠生存，将很难成长起来。

4. 注重激发科技型小型微型企业创新能力。政府可实施结构性减税、优化信贷结构等措施，加强对符合产业政策、有市场需求的企业特别是小型微型企业的税收优惠和信贷支持，减少其成本支出，提高其创新能力。

（二）大力发展战略性新兴产业，加快产业结构优化升级

发展战略性新兴产业，主要为了推动产业结构升级，以提升自主发展能力和国际竞争力，抢占未来经济的制高点。

1. 注重推动战略性新兴产业健康发展。政府对战略性新兴产业的培育，应有扶有控，加强统筹规划，注重政策引导。政府对战略性新兴产业的扶持应是大的方向性的，不能存在技术偏好，不能破坏市场对技术选择的机制。不一定要由政府直接给予财政补贴，应积极鼓励风险投资进入战略性新兴产业，政府只是在早期市场培育时起作用，最终应在一定时段退出培育发展战略性新兴产业。

2. 注重推动重大技术突破，注重增强核心竞争力。各级科技管理部门要充分发挥服务职能，重点扶持一批拥有自主知识产权、自主创新能力、全球知名品牌的重点企业，推动自主创新工作。要扶持具有高成长性的中小高新技术企业，不断提升自主创新能力。

（三）注重高水平创新创业人才培养

着力推进自主创新，人才是根本。政府要加大人力资源投资，提高劳动力素质，特别要大力培养造就高水平创新创业人才、青年人才和急需紧缺人才，引进高层次人才。

1. 开放各类公共技术平台，为技术型人才提供技术开发和研究条件，在更高

层次和更大范围聚集创新资源，为产业转型升级提供强有力的支持。

2. 完善创新人才激励机制。如开展股权和分红激励机制；提高企业科研人员退休待遇，鼓励技术人员到一线工作；调整科技奖励类别，并调整奖励力度，鼓励核心技术创新，重奖突出贡献人才。

（四）健全制度，改善技术创新的市场环境

1. 要建立有利于技术创新的市场经济制度。任何专业性和创新性的知识都具有知识外溢的公共产品性质，知识创新越多，知识外溢就越多，技术进步就越快。问题的另一个方面是，知识创新又具有排他性。只有完善的知识产权保护制度，企业才会积极创新，并通过创新获得高利润。政府对技术创新的支持与保护，会创造出整个社会资本边际收益大于企业局部的资本边际收益的结果，形成一个有利于创新的良性循环。因此，政府要建立一整套技术创新所必备的，运转系统有效的市场经济制度，包括人才引进、知识财产化的法律认定、技术产权交易规则、完善知识产权保护机制，使企业真正成为自主创新的主体，保证企业获得技术创新带来的稳定利润。

2. 加强知识产权保护行政执法力度，确保技术创新企业的权益，营造有利于技术创新的市场环境。

（五）强化宣传，在全社会营造自主创新的氛围

1. 运用各种媒体加大自主创新宣传力度。着重宣传科技创新的先进典型和经验，增强企业开展科技创新活动的紧迫感和集聚创新要素、吸纳创新成果的主动意识。

2. 广泛开展科普宣传活动，激发整个社会的创新意识，营造一个人人参与、关心、保护、支持科技创新的社会氛围。

（作者单位：连云港市司法局）

参考文献：

[1] 魏杰. 中国经济转型[M]. 中国发展出版社，2011

[2] 温家宝. 2012 年政府工作报告

专利制度在科技创新中的作用

顾朝瑞

摘　要　创新是一个民族进步的灵魂。创新也是国家兴旺发达的不竭动力。新产品研制开发中的专利战略有：利用专利文献为确定新技术开发战略目标提供必要的、相关的技术情报；在新技术、新产品研究开发过程中，应当避免侵犯他人的专利权；在新产品研发过程中，应首先考虑申请专利。技术创新，自己研究开发，获得自主知识产权是一个方面，另一方面也要善于引进新技术、新产品。在引进专利技术时，要注意弄清专利技术的法律状态。

关键词　科技创新　专利保护　专利的法律状态

随着我国改革开放的不断深入，我国经济已经融入全球经济一体化的格局。市场竞争愈来愈激烈，市场的竞争尤为突出的表现在科技的竞争，科技的竞争又表现在科技创新的竞争。世界上大部分国家都制定了专利法规，这是调整发明者与经济利益之间关系的法律。认真研究专利制度在科技创新中的作用非常重要。

一、创新是一个民族进步的灵魂

创新是一个民族进步的灵魂，也是国家兴旺发达的不竭动力。这是人类历史发展的经验反复证明的客观真理。研究马克思《资本论》的学者熊彼特认为：创新是对循环流转的均衡突破，是企业家实行对"生产要素新的结合"，建立一种新的生产函数，技术创新是指引入一种新产品或提供一种新产品的新质量，以及采用一种新的生产方法。邓小平说："马克思说过，科学技术是生产力，事实证明这话讲得很对。依我看，科学技术是第一生产力。"邓小平的这一论述精辟地阐明了科学技术是经济发展的首要推动力，继承并发展了马克思主义的生产力学说。江泽民在全国科学技术大会上，首次正式提出实施"科教兴国"的战略。他说："我国是一个发展中的社会主义大国，在一些战略性、基础性的重大科技项目上，必须依靠自己,必须拥有自主创新的能力和自主知识产权。”①

二、专利法对发明创造所赋予的财产属性,极大地鼓舞了发明创造的积极性

我国的专利法是1985年7月1日正式实施的,比发达国家滞后了几十年到一百多年。专利法的实施是我国改革开放政策以后在科技领域的一个非常重要的法规,它确立了智力劳动成果具有财产权的属性,一项发明创造经过国家知识产权局授权后,任何单位或者个人未经专利权人许可,不得为生产经营的目的制造、使用、销售其专利产品,或者使用其专利方法。这样,极大地鼓舞了发明创造的积极性。从而结束了我国长期以来智力劳动成果没有价值的局面。

上世纪八十年代,有一个自然人发明了“电蚊拍”,并且及时申请了专利,并获得国家专利局授予的专利权。因为电蚊拍制造简单,市场前景又好,当时一些企业,包括一些大企业没有专利意识,习惯的进行产品仿造。这位专利权人相信国家的法律的严肃性。在这些侵权方有了足够的利润时,他运用法律武器向人民法院提起诉讼。根据规定,一旦专利侵权成立,侵权方所赚的利润要全部赔给专利权人。当时国家为了严肃专利法规,抓大案要案……这个专利权人第一个官司打赢,赔给他1 000多万,第二个官司,第三个官司迎刃而解。我们不说这个自然人因为专利产品在市场上赚了多少钱,光侵权人赔给他的钱就有好几千万。曾经在上世纪六七十年代,社会上流传知识无用论,知识分子是臭老九。专利法的实施,洽洽为有知识、有头脑的人开辟了一个广阔的前景。也让知识从此香起来。

三、新产品研制开发中的专利战略

(一)利用专利文献为确定新技术开发战略目标提供必要的、相关的技术情报

在专利法实施的同时,我国相应建立了专利文献库,这是巨大的技术情报资料源,它记载了世界上大部分国家专利技术的内容。专利文献的内容统括“从玩具到导弹”的所有专业,专利说明书详细地说明发明创造的要点及与之相应的背景技术,使本专业的普通技术人员能够实施该发明。专利文献介绍的不是用于设计的原理、定律,而是一种产品的具体结构,或是一种产品的具体制造方法。企业一旦确定了新技术产品的方向,可以通过专利文献的检索,了解本行业新技术的占有情况及发展动向,站在本专业技术的前沿,努力开发出世界上较为领先的新技术、新产品,从而显示专利文献在技术开发中的导向作用。我在企业发展的研

① 2006年1月8日《科技日报》“重温毛泽东、邓小平、江泽民关于科技和创新的论述”。

讨会上，曾经多次倡导企业的决策者、工程设计人员到专利文献网点走一走、看一看。专利具有公开性，在国家知识产权网可以查阅专利文件。如果你能看到世界各地在其一个专业技术领域的发展情况，相信你能大开眼界，视野开阔。

（二）在新技术、新产品研究开发过程中，应当避免侵犯他人的专利权

专利权是按专利法授予专利权人对发明创造享有的专有权。专利权是一种财产权，具有排他性。企业在研究新技术、开发新产品及进行技术改造时，应首先检索专利文献，若所开发新品的技术方案属于他人的专利，则可直接和专利权人签订专利实施许可合同，无需再搞重复研究，这种避免重复研究的机制，正是专利制度的优越性之一。如果无视他人专利权而开发自己的新品，将构成专利侵权行为，一旦被专利权人指控，会造成莫大的经济损失。若所开发新品的技术方案不属于他人的专利，则应坚持不懈的研究开发，争得某个技术领域的新突破。

（三）在新产品研发过程中，应首先考虑申请专利

1. 一项发明创造要获得专利权，必须在这项新技术、新产品还没有被公众所知、没有被社会公用的情况下先申请专利，否则将丧失申请专利的新颖性。有些在国外市场看好的产品，甚至还应考虑向国外申请专利。据《决策参考》报导，我国第一台 VCD 机子出自安徽的万燕电器公司。人称 VCD 为“家庭影院”，市场前景十分看好。当然，从产品的研制开发，万燕公司花去了很大的人力，物力，财力，也花去很长的时间。VCD 同行送给万燕公司一个当之无愧的称号—“开国元勋”。可是后来，万燕公司却像疲惫不堪的老农，倒在自己辛勤开垦的土地上，其市场份额从 100％跌到 2％。于是同行又送给万燕公司一个颇为悲壮的称号——“革命先烈”。从“开国元勋”到“革命先烈”，这当中有一个问题值得反思，那就是在市场竞争如此激烈的情况下，万燕公司为什么不将自己发明的世界上第一台家用 VCD 申请专利呢？如果当初这样做了，“万燕”可能是中国 VCD 行业的霸主。也正是由于“万燕”没有申请专利，使得第一批生产的 1 000 台 VCD 被他人作了仿制的牺牲品，使得国内有近 600 家企业涉足 VCD 的生产，来瓜分市场。万燕公司的教训告诉我们：专利保护是企业在市场竞争中非常重要的武器，我们的企业要学会利用这一武器。

2. 在新品研发的整个过程的各个阶段的技术方案，要及时申请专利，而不能只申请保护初级阶段的技术方案，而忽略了后续改进更为完善的技术方案。南通冷冻设备有限公司在研制开发速冻技术和设备时，每有一个阶段的技术方案，都及时申请专利。特别是对前面的技术方案作了后续改进的，更是强调申请专利。这个公司在两年中申请了十八项专利，总共申请了五十多项专利。正因为专利保护对其产品技术方案的全覆盖，他打出牌子：“专利产品，仿造必究”，使得别人没有任何仿造的空子可钻。二三十年来，他生产的冷冻设备一直占有全国市场的 95％。在这些年，有不少企业倒闭了，破产了，而南通冷冻设备有限公司像一棵冬青树，常盛不丧，靠的是什么？靠的就是专利保护这把金钥匙！

3. 在新品研发过程中，不仅要有申请专利的意识，还要有抢先的行为。通州十总水泵厂曾经研制了新产品，叫自吸式混流泵。这是该厂承担的国家农林渔业部的新产品改造计划，研制工作历时二三年，耗资几十万。它在传统水泵进水管的端部增加了一个机构，使得水泵在启动时无需灌水就能出水，这省去了农民不少麻烦。这项技术改造项目通过了省级鉴定，是一项非常成功的创新产品。如果及时申请专利，工厂会立马飞黄腾达。可是工厂的决策者没有在申请专利上谋划，而是请了某研究所的专家来"指导"，请"领导"来参观，半年过去了，他的技术方案被其他人抢先申请了专利。通州十总水泵厂的厂长惊出一身冷汗，忙来找我。我说，"专利法有规定，国家专利局只受理最先申请的人。""一旦他人被授予专利权，自己辛苦研制的产果将付之流水，自己研制的成果却不能生产或限制生产规模，这是多么沉痛的教训，多么昂贵的学费！"企业为适应市场需要，在不断开发研制高科技含量、高附加值、高竞争力的新技术、新产品参与市场竞争的同时，还得要研究专利战略，不仅要申请专利给予保护，还要有抢先意识。

四、在引进他人专利时，要弄清其专利技术的法律状态

技术创新，自己研究开发，获得自主知识产权是一个方面，另一方面也要善于引进新技术、新产品。因为成功研制一项新技术、新产品，需要很大的投入，特别是智力劳动的投入。在技术创新方面，要善于利用现有的科技成果，而不是事事要自己冥思苦想。

专利技术作为技术市场上重要的商品之一，越来越被人们所重视。在专利技术许可贸易中，要注意弄清专利技术的法律状态。有些企业不懂得这方面的法律知识，常常受骗上当。其主要表现为：1. 把刚申请的专利当作授予专利权的专利进行转让；2. 把专利申请被国家专利局撤回的专利当作授予专利权的专利进行转让；3. 把专利局复审委员会驳回的专利当作授予专利权的专利进行转让；4. 把超过专利保护期的专利当作有效专利进行转让；5. 把保护期快要结束的专利技术仍按旺盛期的专利技术进行转让。

要弄清专利技术的法律状态，只有有效专利才受法律保护。哪些是无效专利呢？无效专利主要是指提出专利申请但被国家专利局撤回的专利；过了专利保护期的专利；没有按时缴纳年费而自行中止的专利。

下面试举例论述：1996 年，日本东芝株式会社的四个商人带一名翻译，来到通州开关总厂，意在转让一项"电杆用真空开关"的日本专利。日商介绍早在 1965 年，日本就开发了电杆用真空开关，弥补了旧型油注开关的缺点，具有耐电压、安全、不需检查保养等卓越性能。日商介绍了这些技术性能后，掷地有声地说："这是专利！"当然也提出了极高的专利使用费。我当时作为专利工作者参加了这次洽谈会。我提出要查看专利文件。通过查看，日本专利有三项，一项实用新型专

利，二项发明专利。其中实用新型专利早已超过保护期，发明专利的保护期是二十年，他的发明专利一项离到期只有三年，一项离到期只有五年。而且日本专利没有到中国来申请专利，它只能在日本国土范围内具有专利的排他性，在中国领域就不受专利的约束。在座领导听了一阵哗然，自然这次天价专利费的专利实施许可没有谈成。

五、在专利制度促进技术创新方面，给企业的一些建议

（一）在科研机构、经济管理部门、企业要持久地开展专利法的宣传普及工作。不要以为宣传了一次就认为完事了，随着形势的发展和人员的变动，每隔 3～5 年要集中宣讲专利法规；

（二）要研究专利战略，以适应愈演愈烈的技术竞争形势；

（三）在企业里要有专职的专利工作人员；

（四）要正确认识“专利”，不能盲从“专利”。专利权只是对发明人智力劳动成果的划分和认定，但不等于该专利肯定是完全先进的，能实施的，更不能认为该专利就一定具有市场竞争力，这就要求我们要对专利进行科学的论证。目前，在大量的具有专利证书的专利里面，有相当一部分是垃圾专利。有些人不懂这些道理，盲从专利，势必造成损失。

（五）有条件的大学应设立知识产权课程。

（作者单位：南通市通州区科技局）

司法机关如何为经济结构调整服务

周立胜

摘　要　我国当下的经济结构调整，是我国的经济社会发展到一定阶段时人们有意识提出的自觉的调整，包含着“培养科技创新能力”、“发展低碳经济”等丰富内涵。在这一经济结构调整过程中，司法机关具有重要的地位与功能，司法机关与经济结构调整是经济社会发展过程的两个侧面，都是经济社会发展所不可或缺的要素，二者相互依赖、构成一体。在当下的经济结构调整中，司法机关也面临着从观念、态度、知识结构到体制、工作内容、方式、方法等全方位的挑战。面对这些挑战，司法机关应采取“提升司法机关服务经济结构调整之知识结构与能力”、“完善司法机关服务于经济结构调整之体制”等的对策。

关键词　司法机关　经济结构调整　法治化

一、中国当下经济结构调整之内涵

经济结构实属马克思笔下的生产方式之内容，它是指一个社会中生产、交换、分配等领域中各种要素及其相互关系之静态存在与动态运作样式。经济结构的转变与调整，亦属于历史范畴，是人类社会发展中之常态。可以说，人类社会的发展史就是一个经济结构转变与调整史，人类社会的发展必然伴随着经济结构的转变与调整，经济结构的转变与调整构成人类社会发展进程之一部分。不管从原始社会、农业社会、工业社会，直至现代信息社会之发展路线，还是从作为人们常识的几次社会分工之脉络，经济结构转变与调整都是其主线。每次经济结构的转变与调整都标志甚或推动着社会进步。纵观中西方历史，不管是我国的从农业社会到当代社会之演变史，还是西方的从商业社会到现代社会之演进史，无不说明了这一点。经济结构之转变与调整可分为自然与自觉两个主类，这两主类之间还存在许多亚类。早期经济结构转变与调整主要表现为自然转变，人类的主观意识影响较少。现代经济结构之转变与调整，则更多的掺入人类之意志，各国在比较、学习、借鉴外国经济发展经验的基础上，往往能较好地预期本国的经济将如何发展，从而主动地、有意识地进行经济结构的转变与调整。当然，这种自觉式的转变也不是无条件、随心所欲的，它要受到经济发展规律自然进程的约束。

我国当下的经济结构调整，是在我国的经济社会发展到一定条件时，国家社会与市民社会都感觉到经济结构的调整势在必行时，人们有意识提出的自觉调整。换句话讲，目前，我国的经济按照原有结构已无法进一步发展，经济结构如不调整，则整个社会都要出大问题。从中央文件与学者们的论述来看，我国当下的经济结构调整问题，其内涵丰富，可以从各种角度表述之。然而，当下我国经济结构调整之内容必须具体确定、可操作。虽然学者们从人本主义、科学发展观、和谐包容等方面阐释经济结构调整问题，但其内容却大致相同，主要包括：1. 调整经济结构，“构建扩大内需长效机制，促进经济增长向依靠消费、投资、出口协调拉动转变。加强农业基础地位，提升制造业核心竞争力，发展战略性新兴产业，加快发展服务业，促进经济增长向依靠第一、第二、第三产业协同带动转变。统筹城乡发展，积极稳妥推进城镇化，加快推进社会主义新农村建设，促进区域良性互动、协调发展”；2. 培养科技创新能力，“深入实施科教兴国战略和人才强国战略，充分发挥科技第一生产力和人才第一资源作用，提高教育现代化水平，增强自主创新能力，壮大创新人才队伍，推动发展向主要依靠科技进步、劳动者素质提高、管理创新转变，加快建设创新型国家”；3. 发展低碳经济，“深入贯彻节约资源和保护环境基本国策，节约能源，降低温室气体排放强度，发展循环经济，推广低碳技术，积极应对气候变化，促进经济社会发展与人口资源环境相协调，走可持续发展之路”；4. 坚持扩大内需战略，保持经济平稳较快发展，“坚持扩大内需特别是消费需求的战略，必须充分挖掘我国内需的巨大潜力，着力破解制约扩大内需的体制机制障碍，加快形成消费、投资、出口协调拉动经济增长新局面”，“建立扩大消费需求的长效机制”，“调整优化投资结构”，“加强和改善宏观调控”；5. 发展现代产业体系，提高产业核心竞争力，“发展结构优化、技术先进、清洁安全、附加值高、吸纳就业能力强的现代产业体系”，改造提升制造业，发展新一代信息技术、节能环保、新能源、生物、高端装备制造、新材料、新能源汽车等战略性新兴产业，加快发展服务业，发展海洋经济；6. 促进区域协调发展，“实施区域发展总体战略和主体功能区战略，构筑区域经济优势互补、主体功能定位清晰、国土空间高效利用、人与自然和谐相处的区域发展格局”，“坚持把深入实施西部大开发战略放在区域发展总体战略优先位置”，振兴东北地区等老工业基地，促进中部地区崛起，支持东部地区率先发展，加强和完善跨区域合作机制，实行地区互助政策；7. 进一步提高对外开放水平，“开放由出口和吸收外资为主转向进口和出口、吸收外资和对外投资并重”，优化对外贸易结构，“保持现有出口竞争优势，加快培育以技术、品牌、质量、服务为核心竞争力的新优势，延长加工贸易国内增值链，推进市场多元化，大力发展服务贸易，促进出口结构转型升级”，提高利用外资水平，“利用外资要优化结构、丰富方式、拓宽渠道、提高质量”，“加大智力、人才和技术引进工作力度，鼓励外资企业在华设立研发中心，借鉴国际先进管理理念、制度、经验，促进体制创新和科技创新。扩大金融、物流等服务业对外开放，发展服务外包，稳步开放教育、医疗、体育等领域，引进优质资源，提高服务业国际化水平"，加快实施"走出去"战略，积极参与全球经济治理和区域合作。

二、司法机关在经济结构调整中的地位与功能

（一）国家权力配置肌理决定的司法机关在经济结构调整中的地位与功能

在我国当代的国家治理结构中，司法机关所处位置非常重要。它既是国家权力运行所不可或缺的一部分，也是社会经济生活的一部分。从政治性质上讲，我国是一个人民民主专政的国家，国家的权力来自人民也归属于人民。于是，《中华人民共和国宪法》（以下简称《宪法》）第二条规定："中华人民共和国的一切权力属于人民"。该条还规定了人民行使权力的机构与目的，即："人民行使国家权力的机关是全国人民代表大会和地方各级人民代表大会"，"人民依照法律规定，通过各种途径和形式，管理国家事务，管理经济和文化事业，管理社会事务"。《宪法》接着在第三条中规定了我国的国家权力配置框架："中华人民共和国的国家机构实行民主集中制的原则"，"全国人民代表大会和地方各级人民代表大会都由民主选举产生，对人民负责，受人民监督"，"国家行政机关、审判机关、检察机关都由人民代表大会产生，对它负责，受它监督"，"中央和地方的国家机构职权的划分，遵循在中央的统一领导下，充分发挥地方的主动性、积极性的原则"。可见，在我国的国家权力框架中，权力统一，分工执行但不分权，国家行政机关、审判机关、检察机关都是为了人民的权力正常行使而设置。这样，司法机关占了我国国家权力运行肌理中四大机构之二。

（二）司法机关与经济结构调整之关系的法哲学基础

从法理上讲，司法机关与经济结构调整之关系问题属于法与经济之关系（或法治与经济发展之关系）这一议题之下。因此，法哲学中的法（法治）与经济（发展）之关系理论构成了司法机关与经济结构调整之关系的法哲学基础。关于法与经济的关系问题，人们讨论已久，有人将其源头追溯到霍布斯。通过梳理法与经济之关系的相关研究，法（治）与经济（发展）之关系可以表述如下，因为法治可以使法律规则具有稳定、可预见、一致性（持续性），从而影响市场之运行，为经济发展提供一个市场友好型的环境，在这样的环境中经济交往与财富创造活动得以进行。主要包括以下内容：法律为经济发展提供稳定性与可预见性；[①]法治化的法律加强从事经济活动者对经济行为的预判能力，减少主观任意性；法治化的法律

---

① Peter Boettke & J. Robert Subrick. Rule of Law, Development, and Human Capabilities, 10 S UP. CT. ECON. REV. 109, 111(2003)

产生稳定而有序的社会环境，鼓励从事生产性经济活动[①]；法治化的法律向投资者传递关于东道国在什么范围内保护外国投资之信息，鼓励海外投资[②]；法之构成部分的习惯法，本身就是由经济活动自然产生的，构成经济发展不可或缺的组成部分[③]。

（三）司法机关在我国当下经济结构调整中的具体地位与功能

我国经济结构调整时期，司法机关与经济结构调整不再是"两张皮"的关系，也不仅仅是"保驾护航"之关系，而是经济社会发展过程的两个侧面，都是经济社会发展所不可或缺的要素，二者相互依赖、构成一体。司法机关的工作与经济结构调整，虽然其侧重点各有不同，却有相同的最终目标。如检察机关的主要职责在于法律监督，而法律监督的目标，近为保证法律的正确实施，远则在于建立社会主义法治。法律只有正当实施，其才能成为真正的行为规范，法律的稳定性、可预见性才有可能存在，法治状态才可能产生。这正是市场经济所必须具备的前提条件，构成市场经济之一部分。在我国当下的经济结构调整中，无论是调整产业结构、促进科技创新，还是扩大内需、建立新兴产业，都离不开市场机制，从事其活动的人们都渴望预期到并能控制自己行为所带来的后果，都需要有一套行之有效的游戏规则。司法机关的工作正构成了这样的规则之"生产线"，因此，可以认为，司法机关与经济结构调整不可分。

三、司法机关在经济结构调整中面临的新挑战

我国当下的经济结构调整，对任何行业、任何机关、任何人来讲都是新课题，它给我们带了许多新的挑战，司法机关也不例外。具体来讲，司法机关在当下的经济结构调整中面临着从观念、态度、知识结构到体制、工作内容、工作方式方法等全方位的挑战。

（一）经济结构调整要求司法机关更新职业观念与工作态度

在我国当下的经济结构调整时期，司法机关的职业观念与思想出现了一些不适应症状，这已成为业内外人士之共识。在国家级行业会议上，高层领导也不止一次指出这个问题。学者们在研究司法机关如何适应新形势时，总会提出观念或理念的问题。如"对检察工作中存在的问题分析也是非常客观和中肯的，如执法观念不适应、法律监督能力不适应、体制和机制不适应、队伍整体素质不适应等"[④]；"我们的执法思想、执法观念尚未完全适应发展的要求，应做到与时俱进"

---

① Todd J. Zywicki，The Rule of Law，Freedom and Prosperity，10 SUP. CT. ECON . R EV. 1，5 (2002)

② Daniel A. Farber，Rights as Signals，31 J. LEGAL STUD. 83，83 - 85(2002)

③ Avner Greif，Informal Contract Enforcement：Lessons from Medieval Trade，in 2 T HE N EW P ALGRAVE D ICTIONARY OF E CONOMICS AND THE L AW 287 - 95 (Peter Newman ed.，2004)

④ 检察机关如何服务大局. 人民检察，2009(3)

等。应该说，各界人士对司法机关所存在的职业观念不适应问题之感觉是敏锐的，分析得也各有其道理。但是，上述诸论多停留在问题的表面，对司法机关的观念更新问题缺少深层思考。特别是缺少从司法工作与经济结构调整之关系层面来分析司法机关更新其职业观念与态度之必要性、与正当性。

（二）经济结构调整要求司法机关及其人员更新知识结构

在我国当下的经济结构调整之情势下，司法机关的知识结构受到挑战已不是新论点。在前文所引之“检察机关如何服务于大局”一文中，在韩大元先生总结的曹建明总检长的讲话中就有“法律监督能力不适应”、“队伍整体素质不适应”问题。笔者理解，这里的“能力”、“素质”都是广义，其核心是知识结构问题。在我们司法机关里，不可否认，确实有一些同志的知识结构很特别，能够适应经济结构调整的需要。但是，从整体上讲，我们原有的知识结构大约可以概括为：中国化的马列主义基础理论加上民法与民诉法、刑法与刑诉法等与办理刑、民事案件相关的知识，充其量再加上一些经济法的基础知识。司法机关现有的这种传统型知识结构中，显然缺少经济发展方面的元素，特别是缺少商业、投资、涉外方面知识。

（三）经济发展方式转变要求理顺司法机关的运行体制与机制

我国现在的司法体制与机制是在特定历史环境下形成的，其随着新中国的成长而成长，为我的法治建设乃至经济社会建设作出了重要贡献，有其自身的有利于全国统一、工作重点突出等优点与特色。然而，在当前我国的经济结构调整之背景下，其不足之处被放大，经济结构调整对我国现有司法机关的运行体制与机制提出了挑战。这种挑战主要体现在三个方面：司法机关的领导体系与中央及不同级别的地方经济发展不协调问题；司法机关的法律适用之非独立性与经济发展所需之法治环境冲突问题；司法机关缺少体制性监督，与经济结构调整所要建立的市场主导地位不受干涉相矛盾问题。

（四）经济结构调整要求司法机关调整其业务内容与工作方式

目前，我国司法机关的工作方式主要是被动、结果决定性、事后弥补方式。把工作重点放在这些业务上，及采用这样的工作方式有利于打击经济犯罪，维护社会利益与个人、企业的合法利益，符合了部分现实需要。然而，司法机关的现有业务重点与工作方式也存在诸多不足，其对我国法律的维护只是个案性的、修补性的、被动性的，其保护的社会利益与私人利益也具有偶然性，如此，则工作成本很高，效率低。这种业务重点的安排与工作方式的采用，过分注重于已被破坏的社会利益进行修补，充其量只能恢复社会利益至未受损状态（这是不可能的，因为司法机关在修复利益时也要消耗社会利益），无论如何都不可能创造社会利益。结果，导致整个法律体制高成本运行，间接助长了物价的不断抬升。

四、司法机关服务于经济结构调整之对策

（一）正确认识司法机关与经济结构调整之关系

正如前文所述，司法机关与经济结构调整之关系实为一体关系。我国当下的经济结构调整在于建立社会主义市场经济，法治为其前提与必要内容；而司法机关之功能与职责在于法律实施，其目标在于法律的准确有效执行，其要实现的正是社会主义法治。司法机关与我国当下经济结构调整之关系，可以形象地比喻为道路与交通的关系：作为经济活动主体的企业、个人像车辆，法治如道路，司法机关是构成这个法治“道路”的重要元素；车辆与道路一起构成交通，没有道路当然就没有交通；企业、个人等经济主体与包括司法机关在内的法治一起构成经济结构，没有包括司法机关在内的法治就没有经济结构调整。认识到这一点，司法机关才能毫无顾虑地加入到经济结构调整中来，全心全意地为这一大局服务。

（二）提升司法机关服务经济结构调整之知识结构与能力

为了适应经济发展方式转变的需要，司法机关的知识结构中，除了主干结构仍为法学类知识外，还应该包括基本的经济学、商业、管理学类的知识。这些非法学类知识不一定要求非常专业，只要足够在人的思维中形成印象，从而在其行为时自动会产生另一种思考问题的角度，为多视角解决问题提供线索即可。对这些非法学知识，还应要求达到形成基本的学习能力，为进一步学习研究这些知识提供条件。司法机关服务于经济发展方式转变所应具备的知识结构，应能满足以经济的目光看待法律问题之要求，使司法机关在服务于经济发展时能有成本效益观念、经济算计能力。

（三）完善司法机关服务于经济结构调整之体制

正如前文所述，我国的司法机关运行体制在领导体制、司法独立性等方面存在问题。其实，这些问题是司法机关自身所难以解决的，只有通过深化政治体制改革才能完善。如领导体制的完善，有利于经济结构调整的做法还是实行独立司法官制度为妙，使司法机关只对设立它的相关政府负责。司法机关独立行使司法权，任何机关或个人不得阻碍，这是我国宪法规定的东西，之所以仍然不能真正做到司法独立，与我国的强大的行政中心主义文化传统相关，也与我国现行的政党制度相关。如果能真正做到党管政策，政府管法律及其实施，这一问题可迎刃而解。然而，目前又出现了新情况，一些地方实行公安局长兼任副市（区、县）长，司法机关独立行使司法权又增加了新难度。总之，司法机关运行体制之完善应向着有利于其发挥法律监督职能，有利于经济发展方式转变所需的社会主义法治之建设的方向发展。

（四）打造司法机关服务于经济结构调整的预警式、过程性、主动积极型工作方式

我国司法机关现有的工作方式为事后的、个案的、被动式方式。对于经济发展方式转变来说，其最大不足之处就在于不效率。可以这样说，在这种法律适用方式下，司法机关做的事越多、越漂亮说明经济运行得越不顺畅、越不效率，因为司法机关所做的事都是经济运行出问题后采取的补救或善后措施。为了更好地服务于经济结构调整，司法机关应采取预警式、过程性、主动积极型的法律适用方式。

（五）找准司法机关服务于经济发展方式转变之结合点

目前，司法机关对经济结构调整之服务不是很深入，始终有一种门外汉的感觉。其原因之一就是找不到服务经济发展方式转变之切入点，显得无从下手。解决这一难题之对策就在于找准司法机关法律适用与经济结构调整之结合点。

（六）建立司法机关服务于经济结构调整之信息情报系统

司法机关要更好地为经济结构调整服务，需要掌握充分完整的经济发展及其相关政府管理活动的数据信息，没有这些信息情报，所有上述措施只能是空中楼阁。因此，作为司法机关为经济结构调整服务之重要措施之一即为建立经济发展数据信息情报系统，为其法律业务的开展提供事实基础。

（七）完善司法机关服务于经济结构调整之介入机制

与其工作方式相应的，我国司法机关服务于经济结构调整之现行介入机制亦为个案、事后介入机制，这仍然是一种“先破坏，后修补”式的介入机制，不利于经济的发展。上述种种为经济结构调整服务之措施，实行起来都需要司法机关有一种新的法律介入机制。这一介入机制应是全过程介入机制，它不仅使司法机关可以事后介入，更能使其事前与事中介入。

（八）组建司法机关服务于经济结构调整的专家库

现代社会是个信息社会、知识社会，任何人、任何一个机关都不能只凭一己之力掌握所有知识。经济结构调整涉及范围广泛的知识集群，要想掌握它，仅凭司法机关是不够的。虽然通过司法机关知识结构的更新可以更好地为经济结构调整服务，但是，要完全掌握经济结构调整的相关知识则是另一回事了。司法机关通过更新知识结构可以达到对经济发结构调整的“懂行”，为寻求他人合作打下基础。如果司法机关的知识结构不向着有利于服务于经济结构调整的方向更新，就不具备与别人在经济发展领域合作之条件。为了更好地把握经济发展，司法机关应建立自己的“智库”，利用专家的知识，变成自己的力量，更准确、高效地服务于经济发展方式转变。这一“智库”，其组成人员不应仅限在法律专家范围内，应包括法律专家、经济学专家、管理学专家、文化类专家在内的多元化知识群体。

（作者单位：扬州大学法学院）

科技创新与文化创新相结合才能赢得市场

张云松

摘　要　扩大内需相对于科技创新而言,就是制造新的消费需求。科技创新应该与文化创新相结合,不应与文化潮流相脱节。涵盖人文精神的科技创新可以提升产品的档次,引领消费潮流,应该在全社会倡导科技创新与文化创新相结合的理念,政府部门应该制定与之相适应的政策。

关键词　科技　文化　创新　消费　转型

江苏省于2012年3月在北京人民大会堂举行了江苏省转型发展汇报会。会议明确,进一步突出转型升级这个着力点,坚持把产业优化升级作为主攻方向。江苏省委书记罗志军在致辞中指出,转型发展已成为江苏走科学发展之路的实践主题、鲜明取向和显著标志。在发展中促转型、在转型中谋发展,这样的努力贯穿在了江苏的发展实践之中。江苏省目前正在进行第三次转型,核心是加强科技创新,实现"由大到强"的转型。

从博鳌亚洲论坛2012年的情况来看,各国政要、工商企业家、学界精英努力探寻亚洲经济未来方向,无不与经济转型升级有关。博鳌亚洲论坛年会的主题为"变革世界中的亚洲:迈向健康与可持续发展",围绕"探究世界经济不确定性的根源"、"寻求变革与转型"和"创新与亚洲的可持续发展"三条主线。这三条主线其实归结为一个声音,即经济结构必须转型,而转型只有依靠科技创新。

科技创新是原创性科学研究和技术创新的总称,是指创造和应用新知识和新技术、新工艺,采用新的生产方式和经营管理模式,开发新产品,提高产品质量,提供新服务的过程。科技创新可以被分成三种类型:知识创新、技术创新和现代科技引领的管理创新。

原创性的科学研究或知识创新是提出新观点(包括新概念、新思想、新理论、新方法、新发现和新假设)的科学研究活动,并涵盖开辟新的研究领域、以新的视角来重新认识已知事物等。原创性的知识创新与技术创新结合在一起,使人类知识系统不断丰富和完善,认识能力不断提高,产品不断更新。信息通信技术发展引领的管理创新作为信息时代和知识社会科技创新的主题,也是当今时代科技创

新的重要组成部分

科技创新的主体是企业，企业最强、最持久的生命力，就在于科技创新。转变经济增长方式、提升产业层次必须依靠科技创新、自主创新。加快科技创新，增强竞争能力，必须以企业为主体，以企业家思想创新为先导，以市场为导向，积极构建产学研结合的技术创新体系。要引导企业不断提高原始创新能力、集成创新能力和引进消化吸收再创新能力，着力开发具有自主知识产权的新技术、新装备、新产品，形成一批拥有自主知识产权的知名品牌产品，实现企业发展由单纯的技术引进、加工组装向自主创新、自主制造转变这是当务之急。

但是提到创新我们可以先以专利为例比照一下两组事实。第一组：在发达国家，90%的跨国公司把技术创新作为企业战略的主体内容，80%建立了研发中心，大多数企业至少把销售额的5%投入到研究开发当中。而在中国，2.8万家大中型企业中，拥有研发机构的仅占25%，超过半数的中央企业科技投入不足主营收入的0.5%，许多企业的核心技术和装备基本上依赖进口。第二组：目前，我国专利申请量和授权量都居世界第一，但其整体质量堪忧。据了解，我国发明创造专利在专利总授权量中只占很小份额。全球最大电子代工企业富士康有关专家更抛出惊人观点——中国90%的实用新型专利都应该撤销。富士康集团知识产权管理处处长傅绍明认为，目前中国的很多实用新型专利都是"垃圾专利"，很多都是在原来的基础上稍做粗糙改良、仓促上马并快速通过的，"90%的实用新型专利都应该撤销"。所谓实用新型专利，是和发明以及外观设计并列的三种专利类别之一，是指对产品的形状、构造或者其结合所提出的适于实用的新的技术方案。

这两个事实揭示了这样一个问题，即我国企业对科技的投入本身就不足，然而这些有限的投入却用来制造大量的垃圾专利，实在令人痛心。其实，科技研发与科技创新有一个原则，即应该以市场为导向，应该以制造新的消费需求为出发点。国务院副总理李克强于今年4月2日在博鳌出席博鳌亚洲论坛2012年年会时表示，扩大内需是结构调整的首要任务。

扩大内需相对于科技创新而言，就是制造新的消费需求。在市场饱和度较高的情况下，单一产品的科技创新应该激发出消费者的购买欲望。以苹果iPhone和iPad为例，实际上并不仅仅是单纯的对产品进行科技创新，它还创新了一种时尚文化，成为一种流行。它有很准确的市场定位，主要针对80后、90后的年轻人，为他们创新了生活方式，所以才深入人心。我有一个朋友，在高邮郭集生产灯具，高邮郭集是著名的灯具之乡，全国三分之一的灯具都出自于此。有一次，他很骄傲对我介绍过，以前郭集灯具是以模仿为主，现在意识到必须以自我设计为主了。并给我看了几个据说是全乡镇几百家灯具企业里最好的设计样品，我看了虽然新鲜，但总的来说缺乏一点文化底蕴，或者说因为缺少的这一点底蕴，所以显得不上档次，花里胡哨的。我预测，这些新产品在市场上难有高附加值。实际上现代的工业设计早经历了三种阶层的开展：由起始赋予产品功用、外表诸如此类方面的差别化竞争，再至赋予产品情绪和文化，最终至流传一种先进的生活方法，经由专业的产品与效劳来赞助人们愈加愉悦地享用生活。在这个层面上，高邮郭集的整个灯具行业落伍了，所以只能以模仿或者低级的设计为主，虽然产量占了全国的三分之一，但产品的附加值未能获得较大的提升。我曾经建议某些灯具企业，扬州是一座古代文化与现代文明交相辉映的城市，精致和诗意是扬州文化的特质和深刻内涵，可以从这些方面入手，增大产品开发中扬州文化的内涵。扬州杭集的旅游用品也是如此，杭集是世界上最大的旅游用品加工、集散地，旅游用品的科技开发是最容易进行文化创新或者体现扬州文化内涵的，非常遗憾的是没有一家企业从这方面考虑过，所以虽然产量巨大，但产品的附加值却处于不断下滑之中。

在市场竞争异常激烈的今天，产品不能上升到文化的层面，是难以引领市场，创造消费的。所以产品的科技创新和文化创新结合起来显得尤为重要。由于科学和技术是关于人认知和改造自然的知识，技术还包含着技艺，而且人的参与程度越大、越多，则科学和技术知识的含量、密度和水平就越高，这些特点决定了科学和技术的人文价值和科学价值，因此在某种程度上，我们可以说科学和技术及它们的创新仅仅是创新文化及创新时尚生活的重要组成部分而已，但绝不是全部。说穿了，科技创新和文化创新相结合，才能使产品开发具有人文精神的光芒，新产品只有在人文精神的照耀下，才能转变为一种价值取向，才能创造全新的生活时尚，才能引领市场消费。苹果 iPhone 和 iPad 就是生动一例。在今年两会上，李克强举例，像苹果的各种款式电脑、手机，ipad、ipod 到处都卖，营销占领了很大的市场，被年轻人喜欢。他还以乔布斯为例鼓励科技创新，他说："科技创新和人文精神、人文理念不可分。"

"人文"二字，泛指人类社会的各种文化现象。在中国，"人文"一次最早出现于《易经》中"观乎天文以察时变，观乎人文以化天下"。人文在《易经》中是一个比较宽泛的概念。中国古代的人文，是指礼教文化，一方面强调内心修养，使人成为有德行有善心的人。另一方面强调掌握礼乐仪文、琴棋书画等文化艺术形式或技能。在西方，古希腊哲学家认为"人文"指的是教养和文化、智慧和德行、理解力和批判力等理想的人性；在文艺复兴和启蒙运动中，出现了人文主义和理性主义的思考。

现代学术界把人文精神定义为依靠社会学科的基础知识，结合生活实际，通过内心反省，感悟而形成的道德、情感、态度、价值观、自由、批判及超越精神。和对人生的意义与价值的批判和思考。它是以对人生的价值的终极关怀和现实关切相结合为原则，以实现完整人性为基础，以全面而自由发展为目的的一种文化精神和生活方式，它对人的生存发展起着定向或定位的作用。

既然涵盖人文精神的科技创新可以提升产品的档次，引领消费潮流，那么就应该在全社会倡导科技创新与文化创新相结合的理念，因此经济转型的思路方面应该注意：

1. 树立将文化创新融合于科技创新的观念。从某种意义上讲，科研管理工作本身就是人文社科领域的一个研究课题。我们应该在科研管理和服务中意识到，科技创新虽然是由科技工作者的创新劳动构成，核心是科技工作者在科研中的积极性、主动性和创造性。但充满人文精神的科技创新环境本身就是一种文化，会更有效地激励科技工作者创新，也会更加促进科技创新成果服务于经济社会的发展。所以要科学客观地评价整个社会科技工作的发展现状，坚持以人为本，统筹兼顾，建立科学合理的考核指标体系。在政府的科研管理服务中，要越来越多地重视科技人文精神，为科技创新营造良好的人文环境。

2. 在科技研发过程，要注重企业借力于高校的科研力量，在政府推出的“千人计划”、“长江学者”和招商引智过程中，应坚持对科研项目的文化创新与市场价值评估。不能盲目的唯技术价值论，因为高校里的“科研老板”现象比较常见，往往一个教授带着几个学生，做些课题，自成体系。有些课题成果并不能很好地应用于实际，也没有很好市场开发前景。这种现象主要归因于科学研究与社会需求相脱节、与文化潮流发展相脱节，这是科学研究与社会需求“两张皮”的问题。所以应该寻求以文化创新带动科技创新，以科技创新促进文化创新，最终走科技创新与文化创新相结合，把科技成果转化为社会效益的路子。

3. 科技创新与文化创新相结合把科技成果转化为社会效益最有效的途径是科技中介行业兴起，中介行业联系市场与研发部门，所以政府应该下大力气，大力发展科技中介行业。

4. 地方政府在制定文化发展政策和科技发展政策的时候可以将这两个门类结合起来考量，可将文化创意产业园与科技孵化器结合起来搞。

5. 地方在考核经济发展指标的时候应该将科技成果的文化或人文价值作为一个指标参数来考虑。

（作者单位：扬州市工商局）

提升江苏民营企业自主创新能力建设的对策与探讨

吴永新

摘　要　江苏民营经济是江苏经济发展的重要组成部分，而自主创新又是民营企业永葆生机与活力的关键所在。但是江苏民营企业的起步和初始发展主要是依靠原始要素投入和资本拉动，技术支撑体系薄弱导致其持续发展缺乏后劲。为此，必须充分认识自主创新对于江苏民营经济发展的重要性和紧迫性，努力采取多种有效对策提升江苏民营企业自主创新能力。

关键词　江苏　民营企业　自主创新　对策建议

提升民营企业自主创新能力是江苏实现民营经济新发展的必然选择，是民营企业在市场竞争中获胜的法宝。江苏省是全国民营企业发展最活跃地区，民营企业已成为江苏省技术创新中的一最具创新活力和实力的重要力量。截止 2011 年，江苏民营企业已近 25 000 家，实现收入近 20 000 亿元、净利润近 2 000 亿元，上缴税金近 1 300 亿元。江苏民营企业对高新技术产业贡献份额达 38%，吸纳就业人数近 300 万人。据统计，江苏民营企业累计申请专利 80 000 余件，专利授权近 40 000 件，技术创新能力显著增强，企业科技创新产出大幅增长。因此，江苏民营企业发展的好坏将直接影响到江苏经济的发展速度和质量。但是江苏民营企业的起步和初始发展主要是依靠原始要素投入和资本拉动，技术支撑体系薄弱导致其持续发展缺乏后劲。随着国内外市场竞争日趋激烈，资源、环境压力日益突出，提升自主创新能力已成为江苏民营企业占领产业竞争制高点和取得市场竞争优势的关键。为此，必须充分认识自主创新对于江苏经济发展的重要性和紧迫性，努力采取多种有效对策提升江苏民营企业自主创新能力。

一、不断完善支持民营企业自主创新的政策环境

政策环境对促进民营企业自主创新至关重要，要研究和制定一批可以切实解决民营企业自主创新中的“瓶颈”问题的政策措施，努力构建完整的企业自主创新

政策体系，为增强民营企业自主创新能力提供良好的政策环境。

1. 进一步明确民营企业自主创新的主体地位。要不断推进社会主义市场经济体系建设，加快民营企业改制步伐，充分重视以人才和技术为代表的知识资本在企业资本构成中的重要地位，按照现代企业制度的原则，使江苏绝大多数民营企业重构为产权清晰、目标明确、有效治理的企业，增强民营企业自主创新的动力与活力。

2. 设立专门资助民营企业研究开发的计划。只要民营企业的科研计划符合政府产业技术政策和专门计划指南，政府就应在资金上给予支持。省和各市、县政府可适度集中财政资金建立民营企业自主创新专项资金，扶持科技型民营企业发展。要让有限的资金真正为那些处于技术到商品跳跃阶段的企业"雪中送炭"，促进科技与资本的有效结合。各级政府制定的科技计划要面向民营企业全面开放，使民营企业真正成为技术开发、技术创新、科技投入和科技成果转化的主体。

3. 加大对中小企业技术创新的财税支持力度。要积极调整财税优惠政策，除了落实已有对于民营企业技术创新普适性的税收激励政策以外，还应重点针对民营企业自主创新活动，实施特定的减免税政策，强化民营企业自主创新的动力。应该通过加大对民营企业技术创新的财税支持力度来充分调动其自主创新的积极性、改善其自主创新的条件。财税优惠政策要减少对非创新活动和低附加值生产活动的支持，加大对促进创新和技术成果转化的支持力度。要将政策的重心由鼓励引进外资、引进技术向激励民营企业自主创新转移，并根据产业结构不断优化升级的需要，更多地实施间接优惠的财税政策措施。

二、发挥民营科技企业家在自主创新中的灵魂和核心作用

推动江苏民营企业自主创新要注重民营科技企业家的作用，要使创新"主角"，从农民企业家转向民营企业家，再从民营企业家转向民营科技企业家。

民营科技企业家是民营企业自主创新的决策者和管理者，是构建自主创新体系的重要力量，必须让民营科技企业家在企业创新发展中的灵魂和核心作用得以充分体现和发挥。政府和舆论部门要积极引导民营科技企业家强化创新意识，打消小富即安、满足现状的守业观，树立开拓进取，依靠自主创新、依靠人才资源的集约发展观；破除重模仿轻创新的技术依赖观，树立敢创自主技术、敢创自主品牌的技术创新观。要鼓励民营科技企业家跳出江苏，跳出中国，运用全球眼光谋划企业的创新与发展，立足于"自主创新、自有品牌、自我提升"，把引进技术与自主创新有机结合，大力发展有自主知识产权的产品，敢于超越自我，勇于打响品牌，提高企业知名度和产品竞争力。有关部门要通过全方位的努力，通过充分发挥民营科技企业家的作用，争取在江苏培养出越来越多的像联创科技、南瑞继保、东大金智、南大苏富特等进入行业全国百强企业之列的民营科技企业。

三、多层次、全方位地培育和利用民营企业技术创新源

江苏科技文化方面的突出优势，为民营经济的发展，特别是为科技型民营企业的自主创新创造了非常好的条件。江苏仅南京一个城市就有高校48所，各类研究与开发机构543家，国家和省级重点实验室31个，中国科学院院士48人，中国工程院院士32人，各类专业技术人员53万人。江苏是全国科技实力最雄厚的省份之一。但是，包括民营企业在内的江苏企业对于自主创新条件的利用还很不充分。因此，必须进一步多层次、全方位地培育和利用民营企业技术创新源，推动民营企业健全技术创新体系。

政府要善于做好服务，引导民营企业利用有利条件，根据自身实际，加强原始性创新、集成创新、引进消化吸收创新，集中力量突破领域核心技术，增强企业核心竞争力；引导有条件的民营企业形成拥有自主品牌和自主知识产权、主业突出、核心竞争力强的企业集团；引导民营企业建立健全以市场为导向、以企业为主体、以高校和科研院所为支撑、以产业化为目标的产学研合作机制；引导和推动民营企业加强区域合作，拓展创新渠道，充分利用各种创新资源，开展合作创新，求得新发展。要推动民营企业间组成针对特定技术创新计划的策略联盟，合作承担技术创新任务，共同分享技术创新成果。要进一步引导民营企业与科研机构、大专院校建立有效的技术协同机制，通过共建研发机构、联合或委托开发、技术成果转移、专业技术人才培养等多种形式，加快企业与科技资源的有机结合，重点提高民营企业技术引进、消化吸收和再创新的起点，提高模仿创新水平。要积极鼓励科研机构与民营企业间、国有企业与民营企业间联合设立研发中心，重点加强民营企业自主创新能力的建设。

四、强化对民营企业自主创新的金融支持

强化对于民营企业自主创新的金融支持，是提升江苏民营企业自主创新能力的不可缺少的重要条件。国内外的经验表明，凡是经济发达、自主创新成功的企业，都离不开全方位、多角度的金融支持。因此，江苏必须借鉴成功经验，重点从两大方面强化对于民营企业自主创新的金融支持。

1. 强化各级财政对民营企业自主创新的直接支持。随着江苏财政收入的增长，要以建设公共财政为导向，从多个方面、以多种形式大力支持民营企业自主创新。应根据提升民营企业自主创新水平的需要，设立民营企业自主创新专项支持基金。为了把财政对民营企业自主创新的支持落到实处，应该实行政府对民营企业自主创新投入的“三统一”，即统一政策、统一规划、统一管理。可以在各级财政部门内部先明确一个主管部门，统一协调管理江苏自主创新的政府资金。要制定

优惠的税收政策，大力鼓励自主创新和对引进技术再创新，促使自主研发的技术和产品所占比重逐步增加。

2. 优化支持民营企业自主创新的金融机制。要通过提升盈利空间、改善金融环境等，促使商业银行和其他金融机构强化对民营企业自主创新的服务。要促使商业银行和其他金融机构根据国家投资政策及信贷政策规定，对省和市级立项的高新技术项目，积极地给予信贷支持；对有效益、有还贷能力的自主创新产品出口所需的流动资金贷款，根据信贷原则优先安排、重点支持，及时提供多种金融服务。政府可以建立民营企业自主创新的贷款风险补偿机制和担保基金，引导商业银行和其他金融机构开展对民营企业自主创新提供差别化、标准化的金融支持。

为了解决民营企业自主创新的融资难题，应该积极加速推进信用担保体系建设，努力构建包括政策性担保、商业性担保在内的社会信用担保体系。在江苏自主创新过程中，要将创新型中小民营企业纳入信用担保体系，完善为创新型中小民营企业服务的金融服务体系。应该建立银行、政府、企业互动机制，深入开展银政企三方合作模式，推动银行、担保机构与融资企业互动，为解决民营企业自主创新的融资难题创造良好的条件。

五、为民营企业自主创新提供技术支持和中介服务

针对江苏民营企业在自主创新方面面临的不利因素，政府应充分发挥现有的生产力促进中心、行业技术中心等机构的作用，通过灵活多样的方式为民营企业提供先进的科技成果和配套的技术诊断与指导；依托现有的高新技术开发区和工业园区，培育科技孵化器，为民营企业技术创新活动提供场地、设施和服务等。尤其要大力加强科技信息服务机构和技术交易市场的建设，通过信息网络为民营企业提供最新的技术、经济、市场等方面的信息，帮助其准确把握外部环境的变化，提高市场预测和快速反应能力；通过技术交易市场协调技术供求，提供交易过程中的专利代理、合同登记、知识产权变更等配套服务，从而降低技术交易成本，提高科技成果的转化率和转化速度。

建立公共技术支持平台，为民营企业自主创新提供技术支持。可以采取政府引导、市场化运作、开放服务的方式，在民营企业比较集中和具有产业集聚优势的区域，重点支持建立一批公共技术支持平台，为民营企业技术创新提供设计、信息、研发、试验、检测、新技术推广、技术培训等全方位服务。

在强化中介技术服务的过程中，要帮助民营企业改善技术条件，提高技术水平，开展自主创新活动。同时，考虑到江苏目前民营企业自主进行技术开发的能力不强，政府可为其提供费用较低的实验、中试场所。另外，由于自主创新是“两头在市场”，即无论是产品创新，还是工艺创新，其信息均来源于市场。所以，政府应鼓励信息经济的发展，通过灵敏的信息网络为民营企业的自主创新提供信息

服务。

六、健全民营企业自主创新的人才支撑

加强民营企业科技队伍的建设，是保证江苏民营企业科技力量长盛不衰、自主创新能力不断提升的关键，也是保证民营企业真正巩固和提升创新主体地位的关键。要积极引导民营企业加大人力资源投入力度，让科技人才参与到民营企业科技创新的活动中去，充分发挥江苏科技人才的优势。江苏是人才大市，云集着众多的高校和科研院所，人才济济，这些都是江苏民营企业自主创新可以利用的珍贵资源。因此，挖掘人力资源潜力，合理配置人力资源，使人力资源得到最大化利用，是推进江苏民营企业自主技术创新的重要基础条件。政府要在政策上引导民营企业与高校和科研院所联合，实行产学研一体化，提高技术成果的转化率；企业要调动和发挥自身人才的优势和积极性，给科技人才提供技术创新的场所和一定的物质保障条件，在政策和措施上鼓励人才参与科技活动，特别是参与 R&D 活动，最有效地发挥科技人才在企业自主创新中的作用。

民营经济是江苏经济持续健康发展的重要力量，而自主创新又是民营经济永葆生机的关键所在。随着各级政府的大力支持以及民营企业自身对自主创新的正确认识与高度重视，相信江苏民营经济必定在自主创新的征程上越走越远。

（作者单位：南京市水利局）

参考文献：

[1] 黄胜平，姜念涛. 中国自主创新探路[M]. 人民出版社，2007

[2] 吴跃农. 江苏民营经济 30 年发展历程[M]. 江苏人民出版社，2008

[3] 朱文琦. 提高自主创新能力构建民营企业的持续竞争力[J]. 经济研究导刊，2009(12)

[4] 王冬爱，邓正发，冯坚. "关于苏州自主创新路径的调查与思考"[J]. 调查与研究，2006(29)

[5] 刘红英. 关于我国民营企业融资问题的思考[J]. 经济问题，2006(7)

[6] 周庆行，张新瑾. 为民营企业自主创新提供良好的外部软环境——政府视角下的分析与思考[J]. 科学与管理，2008(4)

科技创新
——交通建设行业的可持续发展动力

朱　永

摘　要　在交通建设行业，科技创新、节能减排、环保生态、可持续发展等新理念已经贯彻到设计思想中多年。江苏省的交通建设领先全国，也建成了一批优秀示范工程，如宁杭高速公路、沿海高速公路、无锡十八湾一级公路、江阴霞客大道等重点工程。本文从交通建设中的诸多科技创新成果，及江苏中设集团对科技创新成果的应用出发，论述了交通建设中的节能、减排、环保、生态，公路改造升级中的资源再生利用，以及将社会废弃物再生利用于交通建设中等，最后论证了科技创新已成为交通建设行业可持续发展的原动力。

关键词　排水路面　透水路面　温拌技术　再生技术　废物利用

一、前言

在交通建设行业，科技创新、节能减排、环保生态、可持续发展等新理念已经贯彻到设计思想中多年，江苏省的交通建设不管是科技含量，还是建设质量都领先全国。江苏省也建成了一批优秀示范工程，如宁杭高速公路、沿海高速公路、无锡十八湾一级公路、江阴霞客大道等重点工程。在诸多优秀示范工程中，科技创新成果是其先进性的保障与体现。

二、科技创新，使交通建设工程更节能、减排、生态、环保

（一）排水沥青路面技术

排水沥青路面的表面层为大孔隙结构，具有排水功能，其它结构层为密实结构，并在排水性沥青面层与中面层之间设置防水黏层。雨水下落至路面，可经由表面层的孔隙横向排至路缘，而避免在路面形成水膜，保证了轮胎与路面之间有足够的摩擦力，夜间路面不会由于积水而出现反光，改善道路的行车条件。由于

表面层为大孔隙结构，可吸收大部分的轮胎与路面的摩擦声，与普通密级配沥青混凝土路面相比，排水性沥青路面通常可以降低噪音 3～5 分贝，与水泥混凝土路面相比降低噪音约 6～7 分贝；道路中减少 3 分贝的效果，相当于车辆行驶速度减小了 20%，或者相当于交通量减少了 50%。

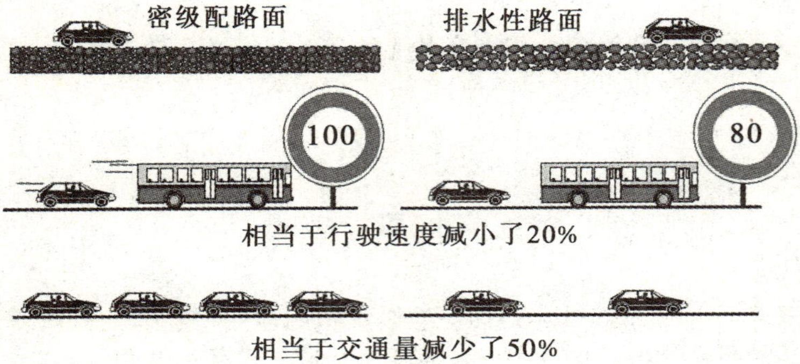

减少 3 分贝的效果

排水沥青路面因此也称之为低噪音路面，具有抗滑性能高、噪声低、抑制水雾、防止水漂、减轻眩光等突出优点，可一定程度调节城市气候，缓解城市“热岛现象”，减轻道路排水系统负担，吸附城市污染物及粉尘，保护城市环境，还可减缓路面病害产生，延长路面寿命。排水路面在世界各国应用广泛，特别是日本，约 70% 的高等级路面都采用了排水沥青路面。

排水沥青路面在 20 世纪 90 年代初开始在我国进行科研应用，于 2003 年后开始逐步应用于高速公路及城市主次干道的建设中。目前江苏省内采用排水路面的工程有沿海高速公路（盐通段）、宁杭高速公路二期、苏锡连接高速公路（无锡段）等工程。

排水沥青路面的关键技术是高黏沥青，大孔隙率的开级配配合比，以及配套的排水设施设计等技术。现在，国内已有多家研发机构研制出高黏沥青添加剂，如交通部公路科学研究院开发了适用于排水沥青混合料的高黏度添加剂（HVA），产品技术性能达到同类产品的国际先进水平，但比同类进口产品成本大幅降低 30%。大孔隙的配合比设计，高强度的粗集料，配套的排水设计现在国内也已基本成熟。排水沥青路面将是我国高等级路面提高道路表面特性品质、提升道路安全功能和服务品质的主要技术趋势之一。

（二）透水路面技术

透水路面不仅路面的表面层为大孔隙结构，路面结构所有的结构层皆可透水。这样，雨水可透过路面结构层渗入地下，补充地下水，平衡城市生态系统；透水地面还能通透“地气”，使地面冬暖夏凉，雨季透水，冬季化雪，可以增加城市居住的舒适度；由于增加了城市的透水透气空间，对调节城市小气候、保持生态平衡收到了良好的效果。由于各结构层皆可透水，其强度受到一定限制，一般适用于人行道、自行车道、公共广场、露天停车场、公园内道路等，不适用于交通量大，荷载重的道路。

发达国家从上世纪 70 年代开始研究开发透水性路面材料，20 世纪 90 年代以后，开始用透水材料替代传统材料铺设路面，还将以前铺设的一些硬化路面改为透水性路面，以增强城市的生态效果。

进入 21 世纪后，在我国部分地区的人行道、行人广场、停车场、公园景区、住宅区等已经开始应用透水路面；无锡市近年来在尚贤景区非机动车道、运河西路非机动车道、十八湾景区步道以及部分停车场采用透水路面。透水路面根据骨料、配色不同表现形式多样化，配合景观效果更好。

（三）温拌沥青技术

传统热拌沥青（简称 HMA）混合料以其良好使用性能成为应用最广泛、路用性能最好的沥青混合料。但也存在着明显的缺陷，主要表现在：a）高温拌和和施工导致沥青老化、耐久性降低、长期路用性能降低；b）热拌对人体健康危害较大；c）能源消耗大，有害气体以及固体粉尘排放量大，环境污染大；d）施工对环境温度要求较高，受外界影响因素大。

盐通高速使用四年后排水路面（左）与 AK 路面（右）使用效果外观对比（雨后）

温拌沥青技术（简称 WMA），就是采用一定的技术措施，使沥青能在相对较低的温度下进行拌和及施工，同时保持其不低于 HMA 的使用性能的沥青混合料技术。其主要优点有：a）降低了生产能耗，生产 1 t 混合料将节省 1～1.5 kg 燃油，即与热拌沥青混合料相比节约约 30％的能耗；b）显著降低了沥青混合料的老化现象，延长路面的使用寿命；c）减少有害气体以及粉尘的排放量，降低了环境污染；d）由于减少了沥青烟雾粉尘污染，改善施工工人的工作环境；e）温拌混合料对路表和环境温度的要求相对低，延长了施工季节，更有利于夜间施工；降温速率减缓，混合料的可压实时间显著延长，压实更有保障；f）由于施工温度较低，更接近于日常气温，施工完成后，可较快的开放交通；g）降低了施工成本，燃油成本下降 20％～50％，拌和能耗和机械损耗也相应下降；拌和温度降低也延长了拌和设备的使用寿命，降低设备使用成本；h）原热拌混合料设备无需改造即可进行生产。

热拌沥青混合料(HMA)摊铺现场

温拌沥青混合料(RH-WMA)摊铺现场

温拌沥青混合料的技术关键是在不损伤 HMA 路用性能的前提下如何降低沥青在较低温度下的拌和黏度，主要通过外加添加剂材料降低沥青混合料的高温黏度来实现。目前，国内已有自主产权温拌技术，交通部公路科学研究院开发的 RH 温拌沥青改性剂及成套技术即为其中之一，使用 RH 温拌沥青改性剂，可降低沥青结合料的高温黏度，使沥青混合料的拌和和施工温度降低 30℃左右。

据无锡 230 省道无锡段现场监测，生产每吨温拌沥青混合料较传统热拌沥青混合料节约 1.6 公斤燃油消耗，一氧化碳、二氧化碳、一氧化硫和氧化氮排放量分别减少 70％、46％、40％和 60％，沥青烟排放减少 87％，取得了较好的经济、社会和生态效益。

三、科技创新，使交通建设改造工程资源重复利用

（一）沥青路面的再生利用技术

随着我国公路建设的飞速发展，已建成的高等级公路进入大、中修期的数量不断增加，大量的翻挖、铣刨沥青混合料被废弃，一方面需要大量场地堆放，并造成环境污染，另一方面大量的使用新石料，开采石矿会导致森林植被减少，水土流失等，导致生态环境破坏；旧沥青废弃量也将达每年 220 万吨之巨，并呈逐年增多趋势，这是资源的巨大浪费。因此，对旧沥青路面的再生技术研究、推广，对降低建设成本、保护生态环境，以及对我国公路建设的可持续发展都有极大的意义。

沥青路面的再生技术，是将旧沥青路面经过翻挖、回收、破碎、筛分后，与再生剂、新沥青材料、新集料等按一定比例重新拌和混合料，并用其重新铺筑路面，使之能够满足一定的路用性能的工艺技术。再生技术按温度要求可分为冷再生和热再生；热再生又可分为就地热再生、厂拌热再生；冷再生又可分为厂拌冷再生、就地冷再生、全深式再生。

采用沥青再生技术，可以充分利用旧料，通过选择适当的配比及新旧料掺和比例，可以再生得到质量相当不错的再生混合料。这种再生混合料不仅可以使用

于高等级公路的沥青面层，利用沥青再生技术也可以取得相当可观的经济效益和显著的社会效益。在无锡机场路改造、泰州大中修工程中采用了现场再生工艺，不仅减少了废料产生，施工速度也大大加快，对周围居民的影响降低到了最低程度。

（二）水泥混凝土路面的再生利用技术

我国水泥混凝土路面始建于六十年代中期，八十年代初期始在全国迅猛发展。现有的水泥砼路面有的已接近或超过设计年限，有的虽未达到设计年限，但由于交通量剧增，汽车轴载日益重型化，出现路面损坏、使用品质下降等情况，且水泥混凝土路面本身行车舒适性差，噪音大等缺点。如何在改造水泥混凝土路面、改善路用性能过程中，减少废料产生，充分利用现有混凝土路面材料及其性能，是改造方案中必须解决的问题。

改造方案一般可考虑采用以下两种方案：a）进行坏板修复养护，继续保持水泥混凝土路面使用；b）在现有水泥混凝土路面上加铺沥青面层方案（白＋黑）；c）在现有水泥混凝土路面上加铺水泥混凝土面层方案（白＋白）。采用沥青加铺方案能发挥沥青路面的舒适性好，噪音小等优点，同时充分利用旧水泥路面的强度性能的刚改柔方案在国内外旧水泥路面改造工程中应用最多。不管采用“白＋黑”和“白＋白”方案，其中防治反射裂缝都是其关键问题。

对反射裂缝先后采用的防治措施有：采用旧板破碎工艺，增加沥青加铺层厚度，设置应力吸收层，采用加筋沥青层及其他具有良好路用性能的沥青混合料，处治旧路面板提高旧板传荷能力或消除板底脱空等。

对于破损率大于20%、路基与基层具有明显病害的水泥混凝土路段，可将路面进行翻修重建。翻挖产生的旧混凝土可经破碎成再生集料。破碎后产生的集料可用作低标号水泥混凝土路面的集料、或作路面基层或底基层的骨料。

在江阴澄鹿路、泰州231省道、靖江229省道、盐城204国道的改造中，分别采用了水泥混凝土板打碎工艺、沥青加铺改造方案和水泥连续配筋混凝土加铺改造方案，改造后的道路反射裂缝都得到了较好的控制。

四、科技创新，使其它行业的废旧资源也在交通建设工程中得到很多的应用

（一）废旧轮胎（橡胶）在交通建设工程的再生利用

随着汽车行业的飞速发展，国内汽车总量逐年增加，截至2009年底，国内汽车总量约7 619万辆，目前汽车总量应在8 000万车以上。据统计，一般来说，每一辆车的寿命只有11年～12年，而轮胎寿命确仅有2～3年，每一个轮胎需要30～40 kg橡胶，平均下来，一辆车每年产生10 kg废旧轮胎。全国一年产生废旧轮胎在8亿kg，即80万吨。如何有效利用这些废旧橡胶，减轻环保压力，是摆在我们

面前的迫切任务。将废旧轮胎磨制成橡胶粉，再制成橡胶沥青是变废为宝的重要途径之一。

橡胶沥青是先将废旧轮胎原质加工成为橡胶粉粒，再按一定的粗细级配比例进行组合，同时添加多种高聚合物改性剂，并在充分拌和的高温条件下（180℃以上），与基质沥青充分熔胀反应后形成的改性沥青胶结材料。橡胶沥青具有高温稳定性、低温柔韧性、抗老化性、抗疲劳性、抗水损坏性等性能，是较为理想的环保型路面材料，目前主要应用于道路结构中的应力吸收层和表面层中。在S231省道泰州段白＋黑改造中，就使用了橡胶沥青应用吸收层，取得了良好的社会效益；我院拟在江阴海港大道设计中，进行橡胶沥青混凝土表面层的科研及并铺筑试验路。

1. 橡胶应用吸收层

橡胶沥青应力吸收层是将单一粒径的石料均匀的满铺在橡胶沥青层上，用胶轮压路机进行嵌挤碾压，橡胶沥青被挤压到石料高度的约3/4，所形成的橡胶沥青碎石封层即为橡胶沥青应力吸收层。

橡胶沥青应力吸收层功能特点有：a）抗反射裂缝。在橡胶沥青应力吸收层中，高用量的橡胶沥青与单一粒径的碎石强力黏结，形成约1.0 cm厚的抗裂缝反射结构层，水稳碎石层或旧水泥路面的各种裂缝将很难穿透该层，可以有效遏制下层裂缝向上反射。b）抗水损坏。橡胶沥青形成的沥青膜，完全可以防止雨水的向下渗透，对路基起到保护作用。在上面摊铺沥青混合料时，橡胶沥青应力吸收层顶部的橡胶沥青会二次熔化，经路面压实后会充分填充其面层混合料底部的缝隙，从而排除了层间存水的可能，对表面层也起到防止水损坏的作用。c）黏结作用。橡胶沥青拥有超强的黏性，它可以非常牢固的吸附黏结在水稳层或旧水泥路面上，从而起到基层与路面的黏结作用。

2. 橡胶沥青路面

橡胶沥青路面是指采用橡胶沥青做为胶结料，与碎石、矿粉等拌合成混合料，再摊铺碾压成形路面表层的路面形式。橡胶沥青路面在高温下具有较大的弹性和弹性恢复能力，改善了路面抗变形能力、抗反射裂缝能力、和抗疲劳开裂性能，提高沥青混合料的耐久性和抗疲劳寿命；因为胶结料含量高、油膜厚以及轮胎中含有抗氧化剂，故提高了道路抗老化、抗氧化能力；具有较好的高低温性能，降低了沥青对温度的敏感性。改善了抗永久变形能力（车辙、拥包）；橡胶沥青路面还降低了道路的噪声，改善了行驶舒适性；开级配或间断级配橡胶沥青路面防滑功能高、减少雨天行车溅水、改善视野，提高了路面行车安全和舒适性；橡胶中的炭黑能够使路面黑色长期保存，与标线的对比度高，提高了道路的安全性；由于道路的耐久性得到提高，使得道路的养护费用显著降低；大量使用废旧轮胎，既节约了资源，也有利于环境保护。

（二）建筑垃圾在交通建设领域的再生利用

近30年来，随着我国城市化的高速发展，城市更新迅速，建设规模不断扩大，建筑废弃物的产生和排放也高速增长。据报道，2005年后，我国建筑废弃物的排放量超过4亿吨/年。建筑废弃物的总量约占城市废弃物总量的30％～40％。上海等发达城市的建筑废弃物回收率接近90％的水平，但再生利用水平仍较低；欠发达地区和城市绝大部分垃圾未经处理，直接运往郊外或乡村垃圾场露天堆放或填埋，占用大量土地，又造成了严重的环境污染。

建筑废弃物循环利用一方面可以缓解我国部分省市资源紧张的局面，节约废弃物占用的土地，也减少了新开采资源的使用，减少对周边环境的影响；另一方面，对大量无害的建筑废弃物进行循环利用，符合目前所倡导的"节能减排"、"清洁生产"和"循环经济"。

建筑垃圾是由碎混凝土、碎砖瓦及碎砂石土等无机物类构成。其化学成分是硅酸盐、氧化物、氢氧化物、碳酸盐、硫化物及硫酸盐等。其具有相当好的强度、硬度、耐磨性、冲击韧性、抗冻性及耐水性等，即强度高、稳定性好。建筑垃圾又具有相当好的物理和化学稳定性，其性能优于黏土、粉性土，甚至砂土和石灰土，可做为路基填料使用。建筑垃圾透水性好，遇水不冻涨，不收缩，水稳定性好；建筑垃圾颗粒大，比表面积小，含薄膜水少，不具备塑性，能够阻断毛细水上升，在潮湿状态和环境下，可采用建筑垃圾作为路面的垫层。利用废弃建筑混凝土和废弃砖石生产的粗细骨料，也可用于道路路面基层。

道路工程，具有工程数量大，耗用建材多的特点。因此道路设计的一项基本原则就是因地制宜，就地取材，努力降低工程造价。而建筑垃圾，具备数量大、成本低及质量好。因此，建筑垃圾可很好应用于道路工程中。

五、结语：科技创新——交通建设行业可持续发展的原动力

在我国经济大发展，城市化进程加快的今天，汽车保有量和物流需求皆呈加速增长趋势，对公路及城市道路网的需求也将日益增长。如何在这种增长中减少交通建设行业对石料、土源、砂石、沥青、水泥等原材料的需求，降低建设过程中的能量消耗，降低对环境的影响，保持交通建设行业的良性发展、可持续发展是我们面临的严峻课题。作为交通行业的一员，只有不断的进行科技创新，不断的将科技成果运用到交通建设中去，充分利用社会的各种资源，才能保证交通建设的可持续发展，也才能建设出下一批优秀示范工程。

（作者单位：江苏中设工程咨询集团有限公司）

参考文献：

[1] 新理念公路设计指南. 交通部公路司，2005

[2] 排(透)水路面调研报告.无锡市交通规划设计研究院,2008
[3] 清源路施工图设计.无锡市交通规划设计研究院,2008
[4] 苏锡连接高速公路施工图设计.无锡市交通规划设计研究院,2007
[5] S229 改造靖江段施工图设计.无锡市交通规划设计研究院,2006
[6] G204 盐城段改造工程施工图设计.无锡市交通规划设计研究院,2009
[7] 泰州大中修 S231 施工图设计.无锡市交通规划设计研究院,2008

关于加大我省高层次创新创业人才引进和培育力度的建议

施　杨

摘　要　以加快我省高层次创新创业人才队伍建设为出发点，提出创新当前高层次创新创业人才绩效评估与培育的思路与对策建议，为各级政府创新高层次人才工作体制、完善高层次人才引进和培育政策体系提供决策参考。

关键词　创业创新人才　江苏　考核　培育

当前，我省正处于率先实现基本现代化的关键时期。现阶段，率先实现基本现代化离不开一支高素质、有发展的科技人才队伍，这对我省人才工作提出了更新更高的目标和任务。江苏要继续在全国“领跑”，必须依托现有发展优势，加大高层次创新创业人才引进和培育力度，为加快江苏创新型省份建设、加速转型升级、又好又快地推进江苏“第二个率先”注入强劲动力。

一、我省高层次创新创业人才工作成效及不足

高层次创新创业人才是掌握关键技术、具有自主知识产权、并且具备较强技术研发和经营管理能力的创新型科技领军人才。2007 年江苏省在全国率先启动实施“高层次创新创业人才引进计划”，先后投入 13 亿不断加大高层次创新创业人才资助力度。截止 2011 年，江苏省“高层次创新创业人才引进计划”共资助领军人才 1 318 人，其中引进自主创业人才（A 类）和企业引进人才（B 类）1 168 人。高层次创新创业人才在专利申报、新产品开发、新技术研发、高新技术产品销售、利税等方面均取得长足进步。

为规范高层次创新创业人才管理，江苏省先后制定出台了《关于加强高层次创业创新人才队伍建设的意见》、《江苏省高层次创业创新人才培育计划实施办法》、《江苏省省级高层次创新创业人才引进计划专项资金管理办法》等政策文件。当然，江苏省引进高层次创新创业人才管理工作起步不久，仍然存在重短期引进使用、绩效评估手段单一、后续培育跟进慢等问题，一定程度上影响高层次创业创

新人才管理工作成效。

二、我省高层次创新创业人才工作建议

（一）尽快理顺高层次创新创业人才管理体制

1. 加强高层次创新创业人才工作成效调研。通过召开座谈会和问卷抽样调查，与各级政府人才办、科技、人力资源与社会保障、财政、统计等政府职能部门进行座谈，分析当前高层次创新创业人才队伍建设成效。建立各地政府创新创业人才工作定期汇报制度，强化相关人才工作责任分解和任务落实。对发达国家与国内发达省份在高层次创新创业人才绩效评估指标、手段、工具以及培育成效进行总结，提出加强和创新高层次创新创业人才绩效评估与培育的思路、工作机制以及对策建议。

2. 制定高层次创新创业人才引进培育联席会议制度。在我省高层次创新创业人才领导小组的指导下，制定高层次创新创业人才引进培育联席会议制度，由省人才办牵头，由省委办和政府办、省委研究室、省委宣传部、省委统战部、发改委、金融办、经信委、人社局、教育局、科技局（知识产权局）、公安局、财政局、统计局、外事办、侨办、科协分管领导组成，定期通报高层次创新创业人才队伍建设成效及得失，加强对各类资助资金的管理和监督。各市、县参照省相关管理体制，落实相关联席会议制度。

3. 出台高层次创新创业人才引进培育相关管理制度和管理办法。将高层次创新创业人才引进培育成效纳入地区科技、人才考核评估体系。建立健全高层次创新创业人才专项督查、日常督查、定期督查、跟踪督查制度，实时掌握进展情况。根据我省实际，出台高层次创新创业人才关于资助机制、监控跟踪机制、考核评估机制、激励培育机制、退出机制衔接的管理制度和管理办法。

（二）持续创新高层次创新创业人才服务方式

1. 积极鼓励相关企业引进高层次创新创业人才。围绕我省重点支持产业，鼓励我省规模以上科技型企业、各类创新载体联合高校、科研院所共同引进掌握关键技术的高层次研发人才和管理人才。优先支持在国家火炬重点高新技术企业、江苏省高新技术企业、江苏省创新型企业、江苏省企业院士工作站、江苏省博士后科研工作站、江苏省研究生工作站、江苏省工程技术研究中心工作等省级以上企业创新平台工作的企业创新人才。对符合高层次人才引进条件的，开辟绿色通道，实行一站式服务。

2. 建立省、市、县高层次创新创业人才服务联动机制。加快解决基层科技人才服务中心编制、人员、经费等问题，积极为高层次创新创业人才开展人才项目申报、评审、咨询、宣传、服务等工作。深入不同区域、不同行业走访部分高层次创新创业人才，充分调研其对政策扶持、绩效评估、培育措施的具体诉求。定期组织高

层次创新创业人才产学研需求调研，加强高层次创新创业人才与有关科研院所、高校的联系，协助解决高层次创新创业人才在技术、设备、资金、人员等方面的需求。

3. 加快高层次创新创业人才载体建设。加快建设各类创新载体，构筑重大公共创新平台。注重重点实验室和试验基地、重点研发机构建设，增强企业特别是民营科技型企业吸纳高层次科技人才的能力。加快地区科技孵化器、重点区域科技创新服务中心、重点科技中介机构等的建设，着力培育一批高水平的科技中介服务人才，通过整合各类创新载体和创新资源，加快科技成果转化和产业化，为高层次人才提供良好的创新创业平台。

4. 加强高层次创新创业人才政策宣传。利用苏州精英周、春晖杯等有关活动，积极宣传我省关于创新创业人才项目落实、资金扶持、人才供给等各项政策，带动和吸引更多的高层次人才来苏创新创业。对推荐高层次人才来我省创新创业的单位和个人，给予一定的物质和精神奖励。积极宣传乡镇、企业高层次创新创业人才引进和培育的经验和做法，对成效显著的地区、单位和个人予以表彰。

（三）不断落实高层次创新创业人才考核过程管理

1. 尽快出台高层次创新创业人才绩效评估的实施意见和实施办法。在原有高层次创新创业人才中期考核的基础上，定期调研高层次创新创业人才在个人提升、团队组建、项目申报、研发投入、经济产出等情况等情况。起草出台《江苏省引进高层次创新创业人才资金管理办法》，落实高层次创新创业人才风险预警机制，对市场前景不明确、市场风险较大的人才企业，给予重点监测。

2. 完善高层次创新创业人才考核评估手段。针对目前高层次创新创业人才“考核指标雷同、评估形式单一”、“重周期性考核、轻动态监控”、“重项目申报考核、轻经济效益考核”的现状，将企业研发投入、高新技术产品销售、利税、人才引进与培养、项目实施风险等指标纳入考核范畴。完善高层次创新创业人才信息管理系统，对自主创业人才、企业引进人才实施分类管理。

（四）加大落实高层次创新创业人才激励措施

1. 完善高层次创新创业人才多方评估体系。针对目前高层次创新创业人才“淘汰机制不健全、激励手段单一”的现状，提出应尽快出台高层次创新创业人才任期制、淘汰制、后期资助管理制度的观点。引入第三方评估机构，建立人才、科技、工商、税务部门会商制度，改变现有“政府主导立项、评审、监管”的管理模式，落实相关评估政策。

2. 出台高层次创新创业人才后期资助的实施意见和实施办法。会同省人才办、科技局、人社局、经信委等有关部门，抓紧制定“后领军人才计划”。对符合“后领军人才计划”要求的，在创投资金、贷款抵押、人才培训、科技项目申报等方面给予优先支持。针对创业企业“轻资产、缺少实物抵押”的现实，发挥“江苏省高层次人才创新创业综合服务平台”融资服务项目办公室功能，多渠道引入社会风险资本，按市场化模式加强对高层次创新创业人才动态监控，加大有成长性自主创业人才及其创(领)办企业的风险投资。

3. 重点培育发展潜力大的高层次创新创业人才。对研发成果显著、管理业绩突出的我省高层次创新创业人才，优先推荐申报国家“千人计划”、江苏省企业博士集聚计划。推荐高层次创新创业人才担任合作高校客座教授，支持高层次创新创业人才人才及其团队与高校、科研院所相关科研团队开展产学研合作。对有市场前景的企业，可以采取政府采购、市场推荐等方式，加大相关科技成果转化。

(作者单位：常熟理工学院)

参考文献：

[1] 江苏省国民经济与社会发展第十二个五年规划纲要[R]. 江苏省人民政府，2010

[2] 曹霞等. 高层次创造性人才队伍建设政策机制效果评价的指标体系[J]. 科技与经济，2010(1)

[3] 雷忠. 高层次人才绩效模糊综合评价研究[J]. 武汉理工大学学报，2011(3)

[4] 王运红. 我国高层次科技人才信息资源建设现状调查与分析[J]. 中国科技论坛，2011(12)

[5] 吴凤兵，刘媛. 江苏省高层次创新型人才队伍建设研究[J]. 江苏科技信息，2011(15)

关于依托科技引领，加快发展我省现代农业的建议

童举希

摘　要　以江苏省农业现代化为背景，指出江苏科技支撑现代农业的优势，探讨科技支撑现代农业的战略定位和发展目标，提出加快制定科技支撑现代农业发展的相关政策法规、推进农业人才队伍建设、加大农业科技投入体系建设、完善农业科技公共服务平台等对策建议。

关键词　江苏　科技　现代农业

现代农业（modern agriculture）是相对于传统农业而言，是广泛应用现代科学技术、现代工业提供的生产资料和科学管理方法进行的的社会化农业，是用现代科技武装，以现代管理理论和方法经营，生产效率达现代先进水平的农业。

"十二五"期间是江苏全面建成小康社会并向率先基本实现现代化迈进的关键时期。按照农业现代化的发展目标，2011 年江苏省实施"现代农业重点突破年"。全省各地把加快推进农业现代化作为各项工作的重中之重，掀起了一轮全新的农业发展大潮。

一、江苏发展现代农业的客观要求

（一）农村经济持续发展的需要

当前，我省各地已基本实现全面小康的发展目标，部分地区正在向基本现代化的目标前进。当然，基本实现现代化，最艰巨的任务在农村，最薄弱的环节在农业，最大的难点在农民持续增收。如何在既定的人口条件下通过培训开发、教育训练、追加人力资本投入等一系列措施促进农村劳动力合理配置与充分利用，是各地农村经济持续发展的本质要求，并且具有紧迫性和重要性。

（二）农村产业结构调整的需要

随着工业化、城镇化的推进，我省各地农村耕地面积不断减少，人均耕地仅 0.91 亩。许多农民的部分或全部土地被征用，变成了"非城非农"的失地农民。与此同时随着二、三产业发展迅猛，已经成为吸纳农村剩余劳动力的重要途径。在

新的发展时期，加快现代农业发展可以适应劳动力就业形势的巨大变化，提高本地农民转移就业的竞争力。

（三）农村劳动力素质提高的需要

随着二、三产业科技含量迅速提升，对农民整体素质要求也不断提高。现阶段培养造就有文化、懂技术、会经营的新型农民是现代市场经济的客观要求，也是适应现代科技飞速发展的客观要求。在提高农村劳动力教育培训覆盖面的基础上，增强广大农民投资意识、创业意识、风险意识以及驾驭市场能力等综合素质是主导农村经济发展的决定因素之一，也为农村人力资源结构优化提供新的增长点。

（四）农民增收的需要

历史经验表明，经济发展、社会进步与人的素质提高是相辅相成的。江苏在强调经济快速增长的同时，也注重城乡协调发展，着重把握“三农”和“三化”的互动关系，实现了经济与富裕农民的同步推进，2011 年农民纯收入达到 10 805 元，农民稳步增收的长效机制正逐步形成，人民群众的生活水平有根本性提高。现阶段农村劳动力寻求更理想的收入以及更满意的职位，需要自身整体知识水平、职业技能以及整体竞争力的全面提升。加大现代农业人才培养力度，增强劳动力基本技能，为农民增收致富提供智力支持。

二、江苏省科技支撑现代农业的优势

（一）政策优势

近年来，我省围绕现代农业发展、促进农民增收出台了一系列政策文件，包括《关于强化农业基础建设促进农民持续增收的意见》、《关于实施农业现代化工程的意见》、《江苏省财政扶持农村土地流转实施意见》、《江苏省农民专业合作社条例》、《关于推进现代农业产业园区建设的通知》、《江苏省农业基本现代化指标体系》等。尤其是江苏“十二五”发展规划的制定和逐步实施，将“富民、强村、发展现代农业”作为重要任务之一，积极发展现代高效农业，为农业增效、农民增收提供政策保障。

（二）产业优势

按照农业现代化发展要求，近年来我省大力发展第一产业，着力构建农业现代化产业布局，加快推进主导产业发展，产业规模保持稳定。农业产业形态由以前的注重一产转向一、二、三产业协调发展，农产品加工业和农业服务业得到快速发展。截止 2010 年，全省高效农业面积达到 2 697 万亩，占耕地面积的比重超过 30%；设施农业面积突破 695 万亩，占耕地面积的 9.9%以上。全省累计流转土地面积 960 万亩，占家庭承包面积的 19.2% 。现代农业园区蓬勃发展，目前全省各地确定的 77 个重点农业产业园区规划面积 422.6 万亩，建成面积 162 万亩，辐射带动面积 480 多万亩,辐射区农民增收 20%以上,为农业规模化、产业化、现代化打下坚实基础。

（三）财力优势

近年来,我省持续加大工业反哺农业力度,推动现代农业发展。省级财政连续数年安排专项资金用于现代农业园区建设、农业科技装备改造。与此同时不断强化补贴政策,累计投入 63.7 亿元用于国家粮食直补、农资增支综合补贴、良种补贴、农机购置补贴等惠农政策。在全国率先建立农村生态补偿机制,对规模水稻田、生态公益林、水源地和重要生态湿地各级财政给予补偿,为农村经济发展、农民减负提供财力保障。

（四）社会优势

为加快农业产业化发展步伐,近年来我省大力培育农业龙头企业、推动农村"三大合作"组织建设。截止 2010 年,全省县级以上农业龙头企业达到 3 750 家,其中国家级、省级农业龙头企业 343 家。土地股份合作、社区股份合作、农业专业合作等"三大合作"组织 3.9 万家,入社农户占全省总农户的 42%。农业发展方式从以前的相对分散经营转向规模化、合作化,现代农业发展机制和发展模式发生了积极的改变,对转变农业发展方式、促进农业转型升级起到了决定性作用。

三、江苏科技促进现代农业的战略定位与发展目标

（一）战略定位

围绕建设"高效、外向、生态"农业,以推动农业产业化和提高农产品市场竞争力为目标,坚持发展土地集约型、资本密集型、科技创新型、生态循环型、适度规模型、功能多样型农业。紧紧围绕发展生产、提高生活、改善生态的目标,充分发挥科技对现代农业发展的支撑作用、对农民增收致富的带动作用、对农业产业化的促进作用,以现代农业、生态产业、乡村社区化和农业科技成果转化为重点,加快区域农业科技创新体系建设,力争在全国率先实现农业现代化。

（二）发展目标

1. 构建适应现代农业发展的科技人才体系

以培养造就有文化、懂技术、善管理、会经营的新一代农民为目标,充分挖掘内部资源,重视发挥现有种养能手、农民企业家、农业经纪人、能工巧匠和致富带头人的积极作用,加快农村实用人才队伍建设。积极引入外部人才资源,加强农村人才交流与合作,提高农村人力资源增量。

2. 构建适应现代农业发展的技术支撑体系

根据我省农业产业的发展需要,统一规划,合理布局,引导科研机构、高等院校与龙头企业、农技推广服务机构及农业产业基地的相关运作实体以理事制等产学研合作方式,在农业种质资源、农产品培育、农产品质量安全检测等领域,加快

建设一批具有地方特色的农业类重点实验室和科技创新公共平台。

3. 构建适应现代农业发展的科技成果转化推广体系

以各级农业技术推广机构为依托，以中高等农业院校、科研院所为骨干，以企业与民间科技服务组织为补充，加强“校、企、村”合作关系，积极转化、推广农业科技成果，增强现代农业发展的科技支撑，切实提高农产品的商品率和附加值，提高市场竞争力，加快建设覆盖省、市、乡、村的农业科技成果转化推广体系。

4. 构建适应现代农业发展的科技综合服务体系

遵循面向产业化、模式多元化、服务专业化的发展要求，积极推进农村科技服务机构建设，以农业专业协会、农业合作组织为主体，强化科技项目集成示范，加快构建公益性农业技术推广机构，提高农村科技社会化服务水平。

四、江苏省科技促进现代农业的对策建议

(一) 加快制定科技支撑现代农业发展的相关政策法规

1. 强化政府在现代农业中的引导与服务功能

我省各级党委和政府应切实把农业科技工作放到“三农”工作的首位，把组织领导农业科技工作，推动农业科技进步作为全面推进现代农业的重大措施，摆到党委和政府的重要议事日程，加强调查研究，提供政策保证和资金支持，并列入现代农业工作督查考核内容。

2. 充分发挥各级农科教结合领导小组的作用

建立我省整合农办、农委、水利、科技等职能部门资源，完善农业科技协商机制，建立定期会议制度，协商解决农业科技重大问题，加快建设一批“高起点、高标准”的高效农业科技样板工程，合力推进农业与农村科技进步。

3. 全面推广“村企挂钩”经验

建议在我省全面推广“村企挂钩”经验，选拔一批科技型企业支援乡村发展现代农业，做到互惠互利、实现双赢。加快“一村一品”特色基地建设，强化农产品品牌化、产业化建设，形成集销售、种植、育苗为一体的完整产业链，增强优势产业示范、带动、辐射作用。

(二) 加快推进科技支撑现代农业发展的人才队伍建设

1. 进一步加强和完善农民职业培训

以现有农村实用人才服务机构为主体，全面整合科技、农技、成教等各类农业教育培训资源，积极开展“科技下乡”、科技咨询和培训活动。完善“星火计划”，利用星火“函授学校”，通过技能培训、服务引导等多种途径提高广大农民依靠科技发展现代农业的综合素质。建立农民职业资格认证，实施持证上岗制度。合理安排农民务农、务工培训的内容和时间，为农业现代化提供基础性支撑。

2. 创新农业科技特派员管理模式

每年选派一批技术骨干，到乡镇基层担任科技特派员，推广农业先进适用技术。探索农村科技特派员服务机制、服务方式、服务范围管理办法上的创新和改进，鼓励科技特派员在基层创业，兴办合办农业企业、农村科技服务机构。支持科技特派员与派驻乡镇合作创建星火示范基地，帮助培育科技示范大户，参与当地农村产业发展。

3. 稳定农村人才队伍

建议我省出台优惠政策，鼓励具有农业职业兴趣和能力的农民坚持从事农业生产，防止农民盲目转移和过度转移。采取有效措施，留住农业第一线技术人员，加强农业科技人员的业务培训，提高农技人员技术创新与服务水平。鼓励农业科技人员承担重大科技项目，以项目为载体，培养一批高素质的农业科技创新人才和基层农技推广人才。制定优惠政策，鼓励省级机关年轻干部轮流到农村工作，吸引高校毕业生到村级组织任职，提高农村人力资源质量。

（三）加快推进科技支撑现代农业发展的科技投入体系建设

1. 健全农业科技投入资金的分摊机制

坚持工业反哺农业、城镇支持农村的基本方针，在规划布局、政策制定、工作部署和资源配置等方面加以落实。发挥政府的主导作用，制定切实可行的农业科技政策措施。根据谁受益谁出资的原则，制订“省财政——县（省）财政——行政村——农民”的合理分摊机制，保证农业科技投入工作持续开展。

2. 健全农业科技成果转化的融资机制

通过安排农业科技专项行动、龙头企业技术改造贴息、农业特色产业基地和科技示范园区建设、农业科技成果转化、种子种苗工程、农科教结合等专项资金，不断调整资金结构，合理配置资源，利用政策和资金引导全省现代农业科技支撑体系建设。设立“农业科技成果转化风险投资基金”，完善农业科技成果转化的融资机制，加快建立一批承载科技成果展示与转化的基地。继续实施星火计划和农业科技成果转化资金等项目，加快农业科技成果的中试熟化，为新成果、新技术的转化和推广应用奠定基础。

3. 健全现代农业与现代金融结合的合作机制

为突出农业现代化建设，鼓励政策性金融机构和商业金融机构加大对农业科技开发的支持力度，积极开展融资、担保和保险服务。根据银行业务发展和自身风险控制能力等实际情况，开发“小贷通”、“城乡通”、“商铺通”、“开证通”、“按揭通”等新产品，重点支持科技支持现代农业发展的金融体系建设。

（四）加快推进科技支撑现代农业发展的科技公共服务平台

1. 加快建设农业科技产学研合作平台

依据专业优势，与省内外涉农科研机构、高校紧密协作，发挥涉农高校的积极作用，逐步建立服务于三农的高水平的公益科研基地，开展现代农业公益性科技工作。涉农高校应结合地方农业优势特色产业，调整学科结构，重点加强特色专业学科的建设，培育具有支撑地方优势特色农业发展的科研优势。

2. 加快建设农业科技信息共享平台

按照"科学规划、分步实施，因地制宜、重在应用，政府引导、多元投入"的方针，加快实施农业信息化建设工程，完善省、县、乡三级农业信息服务中心，实施现代农业科技信息村村通工程。充分利用农村党员远程教育网、农村中小学远程教育网及各级农业信息平台，推进农业、教育、科技等信息资源的开发和共享，建立农业科技成果信息联盟和信息共享服务机制，提高农业科技信息平台的使用效率。

3. 加快建设农业科技推广平台

按照有先进服务手段、有优良专业人员、有规模示范基地等目标要求，加快建设乡镇农技推广中心，解决农技推广"最后一公里"的老大难问题。支持农业科技人员与农业经营人员创建的贴近生产、机制灵活的各类民营农业科技机构或农业技术服务中心，培育社会化农技服务的主体力量。建立农村科技信息传播和服务平台，并注重信息服务体系与其它农村科技服务方式的结合，促进各种信息进村入户，加快新成果、新技术的传播。

4. 加快建设农业科技服务平台

通过组建专业协会和农民经济组织，以农村专业技术协会和农村区域成果转化中心为重点，培育一批农村科技服务中介。通过共建产业技术创新联盟，培育农业科技型企业，通过"专家＋农户"、"专家＋企业、协会或中介＋农户"等形式，与农民结成利益共同体。鼓励农业专业合作社、农业行业协会发挥行业组织优势，开展先进适用技术推广服务，推动科技进村入户。加快建设农业科技型合作社和科技兴省等创新载体建设，加强对重大技术产品、重大自主技术的联合研发，尽快攻克一批重大关键技术、获得一批重大科技成果，带动农业科技整体竞争能力的提高。

5. 加快建设农业科技宣传平台

发挥先进典型最能发挥示范带动作用，通过大力开展"双带示范基地"、"双带标兵"、"百名农民致富能手"、"蔬菜科技示范户"评比表彰活动，广泛宣传先进典型的成功经验，带动更多的农民掌握科学技术，发展现代高效农业。积极宣传在农业技术服务、新品推广、大棚栽培等方面的先进典型和先进人物，发挥示范辐射效应。

（作者单位：常熟理工学院）

参考文献：

[1] 江苏省国民经济与社会发展第十二个五年规划纲要[R]. 江苏省人民政府，2010

[2] 江苏省第二次农业普查主要数据公报[R]. 江苏省统计局，2008

[3] 农业部软科学委员会办公室. 现代农业与新农村建设[M]. 中国财政经济出版社，2010

[4] 徐志华. 江苏沿海地区现代农业特征和发展现状及对策[J]. 农业现代化研究，2011(2)

[5] 张桃林. 加快科技创新，发展现代农业[J]. 求是，2011，(9)

县级市中小企业协同创新内在机理与要求研究

谢　力

摘　要　从分析区域中小企业协同创新的结构要素及其协同网络入手，探讨"企业—企业"、"企业—中介"、"企业—政府"和"企业—研究组织"等协同创新网络对中小企业创新的影响路径。在此基础上，构建产品与产业价值链层面上的协同网络，制定协同创新战略，注重政府的科技政策对中小企业协同创新的不同支持绩效。最后从企业家的社会资本和心理资本作用，说明企业变革领导者行为对中小企业协同创新网络的要求。

关键词　中小企业　协同创新　网络　变革型领导者

一、问题提出

协同效率的基础是企业之间通过资源共享，形成共生互长的关系，达到"1＋1＞2"的企业群整体业务表现，最终创造价值。

近年来竞争环境的变化，产品和技术的生命周期日益缩短，过去通过引进技术进行模仿创新的方来提高企业竞争力难以为继，经营的灵活性要求越来越高。"协同创新"使新技术的扩散增强、扩散的路径多样化与效率化，从根本上增强企业的竞争优势，成为企业生存与发展的不竭源泉和动力。

区域竞争的深化，产业集聚、转移与扩展，使县级市中小企业协同创新的重要性日益显现。如何协同创新，采取怎样的模式、路径等方面问题，需要准确地对县级市协同创新内涵及影响因素进行界定，揭示其内在机理，促进和推动中小企业协同创新实践。

二、区域中小企业协同创新的结构要素及其协同网络

从协同结构要素和协同网络分析县级市中小企业协同创新的内在机理。

1. 结构要素

从协同主体关联方看，协同创新的结构要素包括企业与企业，以及企业与竞争者、企业与高校、科研机构、政府、社会中介服务体系等方面。

县级市中小企业与各协同主体建立协同联结后，沿着生产价值链进行深度分工，获得产品，或者技术优势，于是出现了协同主体方与其他要素方，还包括供应商、客户。

政府在区域协同创新体系中，是作为"推手"角色：一是，明确了对企业的政策援助方向和要求；二是，政府政策制定部门针对特定产业发展的需要、协同创新带来适宜于产业发展所要求的环境和条件，支持中小企业的协同创新。

由于产业集聚、管理体制、人才资金等方面的原因，县级市中小企业在一定程度上存在"协同短板"。同高校、科研机构之间协同，应诱导与技术创新相关的研究开发活动和专门人才输出和培养。另一方面，形成协同创新体系，除了要求外部知识资源的支持和协作，更重要的是内部企业家的社会资本和心理资本发挥独特作用。

2. 协同网络与协同路径

将中小企业、高校及科研机构、政府、社会服务体系纳入到一个创新体系中，协同创新网络由此形成。

(1)"企业—企业"网络。由企业和客户、供应商、竞争者形成垂直或水平的关联节点构成。

以"供求关系"为路径。企业间作为战略主体容易以"供求关系"为路径进行协同创新协作，提高"分工提高效率"。从这一协同路径看，中小企业之间如果在产业价值链形成集聚，由于"市场联系"原因，战略主体的协同创新就相对容易形成。否则，会出现协同关系网络的缺陷；

以协同主体的组织特性为路径协同创新，核心主体与其他异质主体如何协同联结是关键，例如以市场关系联结、规模经济联结、产品技术联结等。关键是促成协同创新的企业家的如何发挥作用，这个过程中存在有交易成本，有利益、风险，对协同创新的认识和要求不同，直接导致协同网络的形式化。所以，这种路径对各个协同主体的领导组织能力和艺术提出了较高要求。

以管理体制、投融资方式、市场技术分享等有不同协同创新路径。但归结一定点，县级市中小企业的协同创新体系要有系统性，协同具有鲜明的个性要求和特色，忽视这一点，中小企业的协同战略难以持续。

(2)"企业—政府"网络。任何一个国家也不能忽视政府在协同创新体系中有着极为重要的作用。核心问题是政府支持企业协同创新的具体方式与路径。针对我国国情，政府的资金扶持和相关政策的制定与实施(如税收减免，金融支持、产业政策、人才政策，专项计划等)会对中小企业技术创新产生独特、重要的影响。

在全球经济一体化的背景下，各国都在积极制定相应政策鼓励企业与其他组织进行合作，以促进产品创新和过程创新。

政府作为公共部门制定相应的政策措施和战略项目，促进中小企业和其它组织联结，许多中小企业重视把握产业政策，这在一定程度上对协同路径的影响是显然的，落脚点是诸如与大学、研究机构和中介机构的各种类型的"联结"路径，这是中小企业创新的机遇，对协同创新产生积极的影响，推动整个网络协调运转。

(3)"企业—中介"网络。中小企业不能忽视与中介的协同。中介服务机构，包括技术中介、风险投资组织、技术市场、行业协会、技术转移中心等，在企业技术创新中主要发挥独特的作用，极大地弥补了中小企业在技术、人才、信息网络，甚至包括产业集聚等方面的不足，在信息交流、沟通连结、咨询服务、知识整合、鉴定评估、孵化和商业化等功能上支持中小企业的协同创新，这是中小企业协同创新网络的不可缺少的组成部分，因为科技和经济结合永远需要中间环节，中介服务机构在中小企业技术创新中连接各创新行为主体，以知识和信息为载体为企业技术创新提供全方位的服务，成为企业与市场间知识流动和技术转移的桥梁和纽带。

(4)"企业—研究组织"网络。随着产业分工的专业化、细化，产业转移、递进与升级，地区层面上的区位优势会成为中小企业协同创新有力的推手。与诸如大学、研究机构等研究组织的协同，为中小企业跨地区、跨技术的创新提供有效的支持，不仅弥补中小企业在人才、知识和技术等方面的不足，更重要的是，交互作用和协同效应以技术链、知识链和市场链为路径，通过一定的制度安排，如协同主体之间的契约、管理组织机制等形成长期稳定的协作关系，这是县级市中小企业协同创新的"新天地"，对激烈变化的竞争环境有着极强的适应性。作为中小企业协同创新的决策者，更加应该发挥做为变革型企业家在协同创新中的核心作用。

三、对中小企业区域协同创新的四项要求

1. 从产业与产品价值链层面分析对中小企业协同创新的要求

基于产业集群的协同创新模式，县级市中小企业要获得协同优势是显然的，实现内外部性资源共享，构建互惠合作的协同网络关系，降低协同创新的成本与风险。但是，由于"先天不足"或者"短板"原因，县级市中小企业可能并没有成为集群产业中的一员，协同优势可能根本不存在，或者要协同"勉为其难"。从这个意义上讲，要求变革型企业领导者认清自身内外部资源特性，把握专业化分工和协作为基础的正式和非正式的关系，市场定位清晰，在细分市场上把握客户需求，沿着生产价值链进行深度分工，确定获得产品优势，或者技术优势，选择有效的路径，寻求协同优势，最终获得市场占有率提升。

2. "企业—企业"网络中，区分产品与产业协同创新的方式与战略方向。

协同创新网络的本质是一种制度安排，形成的联结是企业间的合作。

(1) 构建产业价值链层面的协同网络。目前，产业集聚化和集群化已经成为我国区域经济发展的主要特点。协同创新中的核心企业与供应商、采购商、竞争者以及合作者等相关企业组成了“企业—企业”协同创新价值链。

首先要获得协同信息共享：顾客(客户)能够促使中小企业及时获取产品需求信息和市场信息，降低创新的市场风险，中小企业由此是否获得了核心的竞争能力，这一点不一定成立，除非有独有的产品或技术优势；其次，要获得供应商支持：供应商为中小企业提供设备和原材料，获取技术创新的关键信息和产品技术知识，与供应商之间协同，旨在建立稳定的合作关系，而且能够将供应商也进一步联结到协同网络中来，这时中小企业协同创新的关键环节是，供应商能不能成为竞争优势的一部分；最后，要获得共享互补性的资源：与竞争者的协同有利于解决共同面临的技术问题，建立技术创新标准，共享互补性资源等。

例如，在产品价值链层面进行协同创新实践方面，张家港市富瑞特种装备公司分析清洁型替代能源装备制造业产业价值链，灵敏地嗅到了其中的巨大商机，并果断进军这片广阔的“蓝色海域”，借助政府优惠政策对高科技项目的“孵化”功能，与高校联结研发，掌握了核心技术，赢得发展先机。该公司还利用“企业—研发组织”网络，走产、学、研一体化的道路，与上海交通大学共同组建“张家港富瑞上海交大 LNG(特殊液化天然气)工程技术研究中心”，与国家燃气汽车工程技术研究中心、山东建筑大学机电工程学院建立合作关系，成为国内屈指可数的具备提供 LNG 储存、运输、应用一站式解决方案和配套能力的设备制造商之一，同时还是国内唯一一家能够提供成套船用 LNG 燃料供气系统的单位。可见，县级市中小企业协同创新，关键是认清产业发展方向，处理发挥自身优势与选择恰当协同创新产品。

(2) 制定协同创新战略。中小企业应该重视发挥企业家社会资本和心理资本的作用，通过根据协同创新网络，从竞合模式、管理机制、战略联盟与组织类型等方面，建立各个协同主体的信任和协作，实现整体的协同创新战略。战略控制的关键是：核心协同网络的中小企业创新方向不能离开了核心的知识与技术，没有形成核心的产品优势，市场优势是难以持续的，协同网络也会失去功能作用；或者建立与竞争者、顾客和供应商合作，成为协作网络中成员。所以协同战略的选择需要慎重，对企业家如何运用心理资本和社会资本提出了挑战。

3. 发挥资源互补的优势与防范协同风险增加要求。

尽管不同的协同网络能够促进知识共享，加快企业创新的产生，但合作者增加的同时也会产生相应的风险。研究指出，同顾客和供应商合作所构成的垂直网络对企业的产品创新和过程创新有着更为显著的影响。中小企业需要明确的是，这种影响是根本性的，还是过程性的，风险在哪些环节等。有效的协同网络是与企业所拥有的资源形成互补关系的网络，是企业家在协同创新过程中要认清的重要问题。通过对中小企业创新的实证研究表明，构建中小企业同中介、科研机构、政府等构成的创新网络是防范协同风险的重要环节，对中小企业的知识和技术的扩展起非常重要的作用，对创新绩效有着显著的影响。

4. 政府的科技政策对中小企业协同创新的支持

由于我国特殊的国情，政府的财政政策与科技政策的支持对协同创新的影响是显著的。从国外的做法看，南非政府的研发投入大多数都不是直接资助企业，而是直接资助大学和公共研究机构，由大学和公共研究机构承担企业的研发和创新项目。这对我国可能并不合适，除非"企业—研究组织"在制度上存在联结的契约。

研究指出，企业与政府机构的联结对协同创新网络的推动作用依次是："企业—中介"、"企业—研究组织"，最后是"企业—企业"网络。表明中小企业同政府机构的联结，以及政府的相关政策在很大程度上有利于推动企业与中介机构、大学和研究机构的联系和合作。这说明政府和相关政策对企业与客户供应链企业的联系而言，要考虑效应大小，采取什么路径。因此，针对企业技术创新的计划，政府着眼点应该是双赢机制和市场机制，资助企业联合创新，单独资助单个企业的技术创新风险较大。

也有研究表明，中小企业与政府的联结具有"中介效应"。即中小企业同政府机构的联结和合作并没有给企业创新带来显著的直接效应，却通过对"企业—企业"、"企业—中介"和"企业—研究组织"对企业创新绩效产生了间接的影响。

四、中小企业协同创新网络中对领导者行为的要求

1. 协同创新中企业家社会资本与心理资本的核心作用

中小企业协同创新的一个基本前提是，中小企业具有创新的压力和冲动，这是激烈的竞争环境对中小企业变革型企业领导者提出的要求。中小企业能不能把握协同创新效率与优势是变革型企业领导者的使命，事关中小企业生存与发展。

2. 变革型企业家在协同创新网络中的作用依然是一个"黑箱"

中小企业在协同创新过程中，关注协同的模式、路径、关键节点是正确的，但这些更多是形式，而内容是如何构成的，即协同创新到底如何取得成功，领导者的行为在其中如何发挥作用依然是一个"黑箱"。

企业变革型领导者通过创新设计和规划企业核心竞争力，似乎指出了中小企业协同创新的着力点和方向。德鲁克曾经指出："企业所拥有的、且唯一独特的资源就是知识，其他资源，比如资金或设备，不带来任何独特性。能产生企业独特性和作为企业独特资源的是它运用各种知识的能力。"因此，协同创新中，领导者承担的是变革领导者的角色，发挥的是"运用各种知识的能力。"这种能力要求革型领导者作为社会资本的组织者和实施者，使企业知识能够发挥作用。

因此,“黑箱”结构的要件应该包括三个点：一是,“信任”、“合作”、“规则”和“社会网络”镶嵌于协同创新的活动中,能够汲取,或动员各个协同的异质主体优势,整合企业内外的创新资源,使企业的知识转移和知识共享成为可能;二是,企业变革领导者能够把握纵向联系,即与上级机关、当地政府部门,以及下属企业、部门的联系。取向向上的目的是,从“上边”获得支持和机会;取向向下的目的是激励“下边”,发挥协同的优势和主体成员创新能力;三是,把握横向联系,促进主体成员的沟通与交流,以及和其他企业、金融机构、中介组织、社会团体、科研院所及高校的联系。这种联系的性质是多样的,可以是业务关系、协作关系、借贷关系、控股关系等。这一点对中小企业领导者的个体能力和知识提出了全面的要求。

3. 建立协同信息网络,注重对协同创新成果的市场预测。从上、中、下游产业链对协同创新成果的不同要求看,要求要建立有效及时的信息交流与共享的网络路径,使各创新主体更准确地预测市场需求,把握创新方向,降低技术创新过程的风险和不确定性,保持协同创新联盟的稳定性是协同创新成功的关键。

4. 构建多参与方的重大事务协商与决策机制。在协同创新管理机制方面,多参与方的重大事务协商与决策,以及各方职权和人员、资源、成果、知识产权等开放共享,以及持续发展的政策工具与措施支持内容是解决中小企业协同创新措施手段。

五、总结

由以上可以看出,县级市中小企业应该认清产业发展方向,沿着生产价值链进行深度分工,获得产品,或者技术优势,防止出现“协同短板”。政府应从政策援助,以及提供协同创新环境和条件方面发挥“推手”作用;要分析自身的协同网络与协同路径,明确优势与劣势,扬长避短,注重协同创的新要求;研究协同创新网络中对领导者行为的新要求,发挥企业家社会资本与心理资本的核心作用,创造在“信任”、“合作”、“规则”和“社会网络”等方面,构建协同创新参与方重大事务协商与决策机制,支持解决中小企业协同创新。

（作者单位：张家港沙洲工学院）

参考文献：

[1] 简兆权,刘荣.财政投入对企业创新的宏观效应研究—基于广东的案例[J].科学学与科学技术管理,2009(8)

[2] 池仁勇.区域中小企业创新网络的结点联结及其效率评价研究[J].管理世界,2007(1)

[3] 陈永霞,贾良定,李超平,宋继文,张君君.变革型领导、心理授权与员工的组织承诺：中国情景下的实证研究[J].管理世界,2006(6)

[4] 陈仁强，李春燕，张小凤. 中小企业技术创新的“五主体”模型探析[J]. 福建行政学院福建经济管理干部学院学报，2008(2)

[5] Tether B. Who co－operates for innovation and why An empirical analysis[J]. Research Policy，2002，31(6)

[6] 解学梅. 中小企业协同创新网络与创新绩效的实证研究[J]. 管理科学学报，2010(8)

[7] 姚小涛，张田，席酉民. 强关系与弱关系：企业成长的社会关系依赖研究[J]. 管理科学学报，2008，11(1)

江苏中小企业发展的新形势、新机遇、新对策

陈　凯

摘　要　中小企业发展一直是党委、政府关注的重点，当前世界及我国经济走势不强，如何促进中小企业科学发展显得更为重要。本文对我省中小企业面临的新挑战、新机遇予以分析，并就如何优化政策环境，促进中小企业发展提出了对策建议。

关键词　中小企业　科学发展　政策　挑战　机遇　对策

截止到 2011 年底，我省中小企业数量达到了 100 余万户，占全省企业总数的 96％以上。中小企业在经济总量、税收、解决就业等指标的比重均超过了 75％，对稳定就业和促进经济社会和谐发展发挥了重要作用。而中小企业面临着新困难，如融资难、原材料、人工等成本持续上涨、国内外两个市场需求下滑、节能减排、节水减排任务繁重、科技创新风险增加等。如何更好地促进中小企业的健康发展，已然成为党委政府的中心工作之一。

一、中小企业发展面临的新形势

（一）企业生存压力大

1. 输入性通胀使成本不断上涨。一方面国际经济形势低迷，一方面国际大宗原料价格普涨，中小企业对待原材料成本上涨很无奈。当前局部地区冲突风险加大，大宗原料价格涨势依然强烈。

2. 资源性成本涨势强烈，产业升级迫在眉睫。随着节能减排、节水减排的阶段性任务越来越重，中小企业资源性成本一直会处于上涨态势。随着低碳、环保指标的年年加码，中小企业转型升级迫在眉睫，转型带来的超高的成本压力中小企业普遍难以承受。

3. 国际、国内消费不振。国际金融危机影响进一步显现，欧债危机持续发酵，全球何时抬起涨势难以估计。而欧美订单普遍减少的传导已到达国际分工的末端。维持正常运转成为大多数中小企业最大的心愿。一些地方春节后复工率不

高就是明证。

国际市场不确定性增大和国际贸易保护主义盛行的叠加影响，考验着中小企业生存能力。

4. 用工成本和责任增加。特别是一些劳动密集型的企业受危机影响颇重，生存压力很大，用工成本增加、用工风险加大、用工难度增强。

另外，一系列影响出口的因素，如出口退税政策、土地成本、通货膨胀、人民币升值、多次加息等，都对中小企业出口产生了不利影响。宏观上，土地成本升高、城市改造搬迁等都加重了中小企业的负担，加大了经营压力。

（二）融资难

1. 我省中小企业大部分没有摆脱家族式经营，经营管理不规范。在企业发展的初级阶段，内部治理粗放情有可原，企业发展到一定规模后就会成为企业进一步发展的瓶颈，金融机构担忧实属正常。许多小企业在银行没有信用记录或信用等级低。

2. 资产抵押能力不足。许多中小企业缺乏有效抵押和担保。如土地是集体土地、有房产但没有房产证等，这些都得不到抵押。另缺少有效担保，一般中小企业之间交流不够，为兄弟企业担保都讳莫如深，一般难以得到兄弟企业、邻近企业的担保。

3. 有隐瞒信息的偏好，有些中小企业为了自身利益的需要，往往设了几本账来应对税务、工商、银行等。提供的数据经常会出现前后矛盾，因此难以取得银行信任。

4. 我省中小企业与我国中小企业的成长性特征相似，在企业生命各阶段淘汰率都很高，企业成长波动大，业绩难以保证。

5. 融资视角窄，大部分企业 90% 依靠有形资产抵押担保获得银行贷款，而对无形资产贷款、直接融资缺少认识和尝试。

以上是融资难的主要原因，2010 年以来的多次加息和存款准备金率上调加重了中小企业融资难。

（三）投资领域受限，投资习惯不佳

尽管国家先后发布政策条文，明确指出大力发展非公有制经济。完善促进非公有制企业发展的政策措施，进一步放宽市场准入，加大扶持力度，着力消除制约民间投资的制度性障碍，但是在具体操作的层面上仍然困难重重。一些国家投资的“铁、公、基”项目基本上都是有国企来承担；能源、医疗、文化教育、城市公共服务等项目对中小企业的开放也非常有限；国家鼓励发展战略性新兴产业，在这个领域对中小企业的扶持仍然欠缺。

中小企业一哄而上投资习惯没有改变，各类产业，包括新兴产业领域，中小企业一直演绎着昨天的故事：上马项目产能过剩倒闭。

（四）自身结构性矛盾突出

中小企业大多为资源型、粗放型、劳动密集型的企业，生产效率低，产品结构单一，产品附加值低，抗风险能力差等。其在产业结构方面良莠不齐，既存在产业结构合理，附加值高的中小企业，如部分优秀的高科技企业；也存在着产业结构层次低、重复建设严重、模式雷同、与大企业的协作配套关系差、创新能力弱的中小企业。同时，整个中小企业总体上处于微笑曲线的中端，分工处于先天不足的劣势。经历危机的洗礼，中小企业凸显核心竞争力缺失、人才不足、经营水平不高等问题，严重阻碍着中小企业的发展。

（五）创新成本较高，风险大

中小企业自主创新能力普遍不足。随着产业技术升级换代的步伐加快，中小企业创新成本增加，创新风险加大。发展何种产业领域和产业技术，不仅企业难以评估，就连行业专家也不敢轻易判断。

二、江苏中小企业发展面临的机遇

（一）江苏的区位优势

江苏是我国科教资源最丰富的地区之一，产业基础雄厚。在最富有活力的长三角占据重要地位，是全国重要的物流枢纽。人口、城市和经济消费非常集中。在江苏区域经济发展中的产业定位的大背景下，中小企业完全可以在技术创新、人才聚集、产业升级方面获得巨大的能量和广阔的发展空间。

江苏沿海开发战略已上升为国家战略，同时，省委省政府对南北区域协调发展做出了系统布局，近年来看，成效明显。这些都是我省中小企业发展的重大利好。

（二）战略性新兴产业舞台很大

积极有序地发展新一代信息技术、节能环保、新能源、新能源汽车、生物、高端装备制造、新材料等七大战略性新兴产业业已成为国家战略。“鼓励和引导中小企业发展战略性新兴产业”文件应运出笼。从政策法规上为广大中国广大中小企业的进军新兴产业敞开了更为宽广的大门。江苏中小企业也不应失去这次深度发展的机遇，在更宽的领域、更深的层次、更高的水平上参与与其他省市甚至国际间的交流与合作。

（三）国家对中小企业发展的空前关注

国家层面对中小企业发展的认识很到位，去年以来，正在谋划建立更高层次的中小企业发展协调机制。有关方面预测，国务院促进中小企业发展工作领导小组机制将得到强化，一个中小企业部级专设机构可能会成立。《中小企业促进法》的强力监督执行，中小企业专项资金规模扩大，中小企业税费减负等都将对中小企业政策环境产生积极深远的影响。

三、江苏中小企业又好又快发展的对策建议

（一）落实支持中小企业发展的相关政策

1. 大力落实有关中小企业政策。近年以来，国家、省一系列促进中小企业发展的文件相继出炉，给中小企业带来了新的发展契机，为其突破发展瓶颈提供了有力的制度支持。眼下，各级各部门，应把重点放在如何落实好政策上。

2. 大力完善支持中小企业发展的法律体系和制度。要深化垄断行业改革，扩大市场准入范围，降低准入门槛，进一步营造公开、公平的市场环境；加快制定融资性担保管理办法，修订中小企业划型标准，明确对小型企业的扶持政策；制定政府采购扶持中小企业发展的具体办法，提高采购中小企业货物、工程和服务的比例；建立首问负责制、岗位责任制、服务承诺制、限时办结制、失职追究制等制度。

3. 加强对中小中小企业及其员工的权益保护。组织开展对中小企业相关法律和政策特别是金融、财税政策贯彻落实情况的监督检查，发挥新闻舆论和社会监督的作用，加强政策效果评价。坚持依法行政，保护中小企业及其职工的合法权益；对中小企业吸纳困难人员就业、签订劳动合同并缴纳社会保险费的，在相应期限内给予基本养老保险补贴、基本医疗保险补贴、失业保险补贴。对有困难的中小企业，阶段性缓缴社会保险费或降低费率政策执行期延长，并按规定给予一定期限的社会保险补贴或岗位补贴、在岗培训补贴等。

（二）按照市场规律促进中小企业发展

解放思想，更新观念，冲破阻碍中小企业发展的思想障碍，革除影响中小企业发展的体制弊端，摒弃束缚中小企业发展的做法规定，促进中小企业发展。

1. 拓宽融资渠道缓解融资难题。(1) 全面落实支持中小企业发展的金融政策。完善小企业信贷考核体系。鼓励建立小企业贷款风险补偿基金，对金融机构发放小企业贷款按增量给予适度补助，对小企业不良贷款损失给予适度风险补偿。(2) 加强和改善对中小企业的金融服务。比如完善中小企业授信业务制度，逐步提高中小企业中长期贷款的规模和比重、提高贷款审批效率、完善财产抵押制度和贷款抵押物认定办法，缓解中小企业贷款抵质押不足的矛盾等；加快研究鼓励民间资本参与发起设立村镇银行、贷款公司等股份制金融机构的办法；积极支持民间资本以投资入股的方式，参与城市商业银行的增资扩股。支持、规范发展小额贷款公司，鼓励有条件的小额贷款公司转为村镇银行。(3) 进一步拓宽中小企业融资渠道。如鼓励有关部门和地方政府设立创业投资引导基金，引导社会资金设立主要支持中小企业的创业投资，积极发展股权投资基金等。(4) 完善中小企业信用担保体系。设立包括中央、地方财政出资和企业联合组建的多层次中的小企业融资担保基金和担保机构。加强对融资性担保机构的监管，引导其规范发展。鼓励保险机构积极开发为中小企业服务的保险产品。(5) 发挥信用信息服

务在中小企业融资中的作用。

2. 倾斜政策，鼓励中小企业做大做强。按照公平、公正、竞争的原则，构建对中小企业一视同仁的政策和管理平台。在优惠政策上给予同等待遇，在办事手续上一视同仁。打破行政壁垒，在生产要素配置、商品流通、参与国有企业改制等方面，任何部门和单位不得以任何理由对中小企业主体设置地区、所有制等限制条件。

鼓励中小企业做大做强。促进以中小企业集聚为特征的产业集群发展，以特色产业、优势产业为重点，培育壮大一批产业集群。建立省、市、县三级品牌培育体系，鼓励中小企业创立驰名商标、著名商标和国家、省知名国际品牌。以行业地位、品牌自主性、知识产权等为主要考量因子，聚集有关政策资源，选拔、培育、扶持自主品牌和品牌企业，提高中小企业市场竞争力。对那些规模型、科技型、外向型、自主品牌型、效益型的中小企业重点扶持，解决资金不足问题，促其上规模、上档次、上水平。

3. 优化中小企业的发展环境。政府可以出台财政补贴、税收优惠与社会投资相结合的扶持措施，设立产业升级配套基金，鼓励全民创业，催生小企业，开发新岗位。以公益性服务机构为主要载体，向企业初创者提供政策咨询和服务，解决初创阶段的突出困难，提高创办成功率。

支持中小企业拓展国内外市场。鼓励和引导中小企业参加各种展销会、洽谈会、博览会，提高企业和产品的知名度，扩大市场占有率。鼓励和支持中小企业参与流通现代化建设，发展连锁经营、物流配送、电子商务等新型流通业态。用足用好中小企业国际市场开拓资金，资助中小企业主体开拓国际市场。鼓励中小企业到境外投资办企业，从事资源开发、加工贸易和服务贸易，开展对外承包工程和对外劳务合作，并在财政资金、银行贷款、风险保函、企业用汇、出口退税等方面给予扶持，为民营资本境外投资和中小企业人员出国提供便利的服务。

4. 切实提高中小企业风险防范水平。当下，威胁中小企业生存的因素还较多。如金融生态失衡、失序在一些地方累积了相当的风险，一旦爆发，影响将难以估计。近年以来，国际贸易摩擦数量急剧上升，反倾销、发补贴、保障措施、337 调查等应接不暇。诸如此类，不一而足。因此，有关部门应加大宣传、培训力度，加强对中小企业的智力支持。协助企业建立知识产权、涉外贸易、资金链、法律、政策等风险防范体系。

（作者单位：常州市牛塘化工厂有限公司）

参考文献：

[1] 陈凯. 中小企业融资难的对策建议[J]. 管理观察，2009(11)

[2] 陈新. 21 世纪中小企业面临的新挑战[J]. 中国中小企业，1994(01)

[3] 隋映辉. 新世纪我国中小企业面临的挑战与出路[J]. 中共青岛市委党校、青岛行政学院学报，2003(3)

[4] 潘向研. 基于“微笑曲线”论珠三角企业转变经济增长方式[J]. 特区经济，2012(2)

江苏区域经济协调发展面临的困境和对策

韩 君

摘 要 在总结江苏区域经济发展面临的各种困境时，揭示苏南、苏中、苏北发展的差异性，研究推动区域协调发展的内涵和国家政策，最后根据江苏省的实际情况，分析江苏区域经济协调发展应采取的对策。

关键词 区域经济 协调发展 困境 对策 江苏

一、江苏区域经济发展面临的困境

近年来，江苏省大力推动区域协调发展，取得了一定成效，但省内区域发展仍面临一些矛盾和问题，主要是：全省生产力布局总体上还不尽合理；区域间经济社会发展差距仍然过大。

产业结构不合理。主要体现在产业层次较低，低端产业重复建设，高端产业发展相对缓慢。低档次、低技术含量、低附加值的产品充斥市场，相对过剩，而高水平、高技术含量、高附加值的产品又不能满足市场需求。

区域经济发展水平差异显著。江苏作为我国的经济大省，经济总量一直处于全国的领先水平。但省内区域经济非均衡发展的特征非常显著，近年来全省各市的经济差异的绝对水平与相对水平都在不断地扩大，从近10年来的江苏省统计数据看出，江苏区域经济发展增速，但是苏南明显快于苏北。以2006年为例，全省人均GDP最高的地市为79 406.92元，最低的地市为8 155.34元，相差近10倍，可见江苏的南北差异比较突出，江苏的南北差异甚至比我国东西差异还要突出。这种差异性的存在大大影响了江苏国民经济的健康持续发展，制约江苏经济进一步发展与经济质量提升。主要表现在以下方面：

（一）地区经济总量的差异

2005年，苏州、无锡、常州、南京、镇江5个苏南城市共实现GDP（地区生产总值）11 417.34亿元，南通、扬州、泰州3个苏中城市实现GDP 3 216.36亿元，徐州、盐城、连云港、淮安、宿迁5个苏北城市实现GDP 3 610.76亿元。苏南以占全省31%的人口创造了全省GDP总额的62%，苏中以占全省24%的人口创造了全省GDP总额的17%，而苏北人口占据全省总人口的45%，创造GDP总额仅占全省的21%。从地区经济总量看，苏北、苏中的经济实力与苏南相比，差距十分明显。

（二）地区经济增长率的差异

纵观近几年的GDP数据，苏南始终保持高速增长，而苏中、苏北不仅经济规模小，同时增长速度也明显慢于苏南地区。尤其是2003年，苏南的经济增长率高达24.55%，比苏中高出10个百分点，比苏北高出13个百分点。苏中与苏北的经济增长速度差别不大，保持在3.2个百分点以内。（见表1）

表1　2000～2004年江苏三大区域国内生产总值的增长率(%)

时间 区域	2000年	2001年	2002年	2003年	2004年
苏南	10.66	13.11	15.31	24.55	22.63
苏中	10.06	9.35	10.55	14.51	21.73
苏北	8.57	10.68	11.43	11.45	18.57

数据来源：《江苏统计年鉴》(2000—2004)

从表中看出：苏南、苏中、苏北三个区域经济发展水平呈明显的阶梯状分布。也就是说三个区域的差距是十分明显的，而且苏南与苏中的差距大于苏中与苏北的差距。

二、推动区域协调发展的内涵和政策

《国民经济和社会发展第十二个五年规划纲要（草案）》提出，实施区域发展总体战略和主体功能区战略，构筑区域经济优势互补、主体功能定位清晰、国土空间高效利用、人与自然和谐相处的区域发展格局，逐步实现不同区域基本公共服务均等化。坚持走中国特色城镇化道路，科学制定城镇化发展规划，促进城镇化健康发展。

规划纲要草案指出，实施区域发展总体战略。充分发挥不同地区比较优势，促进生产要素合理流动，深化区域合作，推进区域良性互动发展，逐步缩小区域发展差距。

规划纲要草案强调，积极稳妥推进城镇化。优化城市化布局和形态，加强城镇化管理，不断提升城镇化的质量和水平。要构建城市化战略格局、稳步推进农业转移人口转为城镇居民、增强城镇综合承载能力。

区域协调发展的基本内涵。就江苏省当前情况而言，区域协调发展至少包括四个方面内容：(1) 各地区人均生产总值差距应保持在适度范围。人均生产总值是衡量地区之间发展差距的重要指标，但也不能把推动区域协调发展简单地理解为缩小地区间生产总值差距。现阶段促进区域协调发展的主要任务，是遏制地区间人均生产总值差距扩大的趋势，使之保持在可以接受的限度内。(2) 各地区群众能够享受均等化的基本公共服务。提供基本公共服务是政府的重要职责，而且这种服务不应因地区和人群的不同而有明显差异。(3) 各地区比较优势得到充分发挥。实现区域间优势互补、互利互惠，是促进区域协调发展的重要内容。只有各地区的比较优势充分发挥，才能实现全省整体利益的最大化。

(一) 建立协调发展的体制机制

体制创新是区域协调发展的重要保障。推进行政管理体制改革，转变政府职能，完善干部选拔任用制度和绩效考核体系；理顺财税管理体制，合理确定各级政府的事权并确保财权与事权相匹配，完善财政转移支付制度，建设公共财政体系，健全有利于发展方式转变和能源资源节约的税收制度；推进企业体制改革，完善微观制度基础，使企业既注重经济效益又注重社会效益；推进市场体制改革，完善现代市场体系，打破垄断，促进平等竞争。

(二) 促进区域协作互动

按照科学发展、协调发展的要求，促进区域协调发展要抓好两头：(1) 充分调动发达地区的积极性，进一步发挥其对欠发达地区的辐射、带动、示范和支持作用；(2) 进一步支持欠发达地区加快发展，通过加大政策支持和体制倾斜力度，解决其面临的突出问题和主要瓶颈。

三、推动江苏区域经济协调发展的对策

(一) 科学指导实现江苏区域经济协调发展

促进区域协调发展战略要立足江苏省实际情况。江苏省人口密集，不同地区资源、环境、社会条件差距较大，区域发展不平衡现象是客观存在的。建设资金不足，不少地区经济基础薄弱，开发难度大、任务重。因此，实现区域协调发展，不可以“一刀切”。齐头并进，平均分布资金、资源不适合江苏省现阶段的实际。

建立科学的区域分工协作体系。区域内、区域间合理的分工与协作，可以使资源得到更有效的配置，节约能耗，降低单位产品成本，提高劳动生产率。需要注意的是，科学的区域分工与协作体系的建立，需要建立在对各区域的比较优势的科学把握的基础上，只有把握各区域的特点和优势，明确他们各自的地位和作用，才能更加科学地建立分工协作体系，促进区域协调发展。

加速苏南、苏中、苏北地区经济发展。苏南地区发展势头良好的态势需要继续保持，同时，要正视苏中、苏北地区发展相对缓慢的局面。苏中、苏北地区发展缓慢，不利于全省国民经济的健康发展，也不利于区域之间的社会和谐。因此，应

积极采取措施，加大对苏中、苏北地区的政策、资金支持。

（二）江苏区域经济协调发展的对策

1. 省级政府的宏观协调。政府通过各种经济政策和法律，通过市场机制引导，指导区域经济的发展，政府可以实施合理的区域经济政策在投资、信贷、财政、人才等政策的导向方面适当向苏北地区倾斜，通过帮助落后地区建设基础措施和发展公共事业，如修建高速公路、铁路，引导要素向需要援助的区域流动，还可以通过分配研发经费与教育资源，影响区域的经济发展，如引导高校到苏北开设分校及研究机构，资助开展就业培训等。

2. 密切地区政府间的联合与协作。实现苏南、苏北地区之间的先进技术、科学管理和人才的对口支援，苏南发达地区在发展外向型经济、高科技产业的同时，有步骤、分阶段地将某些传统产业向苏北地区转移，促进全省合理的生产区域分工。

3. 企业的跨区域合作与扩张。通过合资合作、兼并、参股、控股、租赁、收购等形式进行跨地区的企业联合与协作，实现各类生产要素的优化配置，例如，苏南的企业可以到苏中、苏北设立工厂，利用其廉价的劳动力，苏北、苏中的企业可以在苏南设立研发机构，利用其科研和人才优势，在此过程中要特别注重引导民营经济、民间力量的参与，需要强调的是，不仅要看到大企业的作用，小规模的个体私营经济对促进广泛的市场经济形成，促进全民富裕起着更为重要的作用。

4. 优化产业结构。江苏区域发展梯度特征很大程度反映在工业化程度上，因此，缩小区域差异要把握国内外产业发展和梯度转移的趋势，加快产业结构调整的步伐。

(1) 信息化。历史经验证明，信息技术的发展能为不发达地区加快经济发展提供了后发优势。信息技术可以全面带动传统产业升级，实现工业技术的跨越式发展，快速缩短与发达地区的差距。信息化推动工业化的首要任务是改造和提升传统工业的水平。对于还处于工业化初期的苏北地区而言，在推进工业化过程中，不能片面追求发展高新技术产业，应该把发展高新技术和劳动密集型产业作为新型工业化的产业发展方向，通过增加劳动密集型产品的技术含量，提高经济发展水平。

(2) 集约型可持续发展。政府在发展经济的同时一定要避免以牺牲生态环境代价，既是实现工业可持续发展的基础，也是调整产业结构和转变经济增长方式的内在要求。

(3) 外向型经济。在全球经济一体化的总体格局下，江苏应充分利用国际产业转移的机会，推进江苏产业结构优化升级。

5. 增强城市带动功能，进一步提高城市化水平。加快工业化、城镇化和农业现代化是改变制约苏北、苏中二元经济结构落后的一条重要途径，而选择几个中心城市加速城市化进程则是具体实施方案。按照江苏现有的南北经济带格局，仍然要强化南京、苏锡常和徐州三个城市圈的功能，有效地带动全省城市化的快速发展，力争形成大中小城市相结合的梯度结构城市群体，作为加快区域经济发展的增长极。

苏中急需建立一个特大城市作为核心增长极。目前南通市是最有希望发展成为特大城市的。据统计，2007年前三季度，长三角16个城市中，南通地区生产总值增速达到15.5％，与苏州并列前茅。另外，南通有优越的地理优势，苏通大桥通车后，南通直接融入上海的经济圈，随着交通的完善，苏中地区在未来几年有着较好的发展前景。

苏北地区现有城市规模较小，城市功能不足以带动整个苏北。所以苏北应选择增长极模式来开发本区经济，继续推动徐州经济商圈的发展，并选择条件优越的连云港作为新的增长极发展。连云港地处黄海和陇海铁路的交会点，是江苏省唯一大型海港，也是国家主枢纽港之一和欧亚水陆联运重要结合点。亚太地区经济的崛起和我国西部开放的深化给连云港的发展带来了难得的机遇。优先培育徐州、连云港作为区域经济增长极，这两个增长极在发展到一定阶段后，将会在东陇海沿线形成徐州—连云港发展轴，发挥出更大的聚集和扩散效应，将先进的生产要素回流到周围区域，从而形成第二条发展轴徐州—宿迁—淮阴—盐城。

苏南地区可以充分利用靠近上海的区域优势，抓住国际产业和资本向长江三角洲地区转移的机遇，发展高附加值的加工制造业势。苏中、苏北地区则应充分利用近年来交通建设的巨大成果，主动接受劳动密集型、资源密集型产业的转移，利用与先进地区之间的技术差距，实现经济的跳跃式发展。

总之，各地区的发展要保持协调，即各地区的发展水平的相对差距应逐渐有所缩小或至少应把地区间差距的扩大幅度控制在一定限度内。区域经济协调发展战略应是一种区域之间协调与互补的符合社会综合利益原则的经济发展战略，这种协调要靠各层次力量共同作用来实现。

（作者单位：江苏技术师范学院图书馆）

参考文献：

[1] 范恒山. 区域协调发展面临的挑战和应对的思路[N]. 人民日报，2008－06－04

[2] 杨德洲. 区域协调发展的若干问题分析[J]. 人民论坛，2009(21)

[3] 石一磊，路正南. 江苏省区域经济差异与协调发展对策[J]. 江苏商论，2005(8)

[4] 王思. 浅析江苏区域经济差异的成因以及对策[J]. 企业家天地，2009(1)

ECFA与江苏经济的转型升级

龚 震

摘 要 ECFA的签署标志着两岸经济关系进入制度化合作的新时期，江苏是大陆台企最密集和台商投资最活跃的地区之一，江苏与台湾之间的经贸合作直接推动了江苏省开放型经济的跨越式发展，而ECFA的签署，将更好地协调与发展两地经济合作关系，进一步促进江苏经济的转型升级。本文通过对ECFA政策在推动江苏经济转型升级中的着力点的分析，提出了利用ECFA推动江苏经济转型升级的对策建议。

关键词 江苏 台湾 经济合作 转型升级

2010年6月29日，大陆海协会与台湾海基会在重庆正式签署《海峡两岸经济合作框架协议》(以下简称ECFA)，标志着两岸经济关系进入制度化合作的新时期，海峡两岸经济合作由此开启新篇章，其"早期收获计划"于2011年开始实施。作为大陆台企最密集和台商投资最活跃的地区之一，据海关统计，ECFA实施一年来，江苏省受惠商品总值达8.14亿美元，居全国第二。江苏与台湾之间的经贸合作直接推动了江苏省开放型经济的跨越式发展，而ECFA的签署，将更好地协调与发展两地经济合作关系，进一步促进江苏经济的转型升级。

一、对台经贸合作有助于推动开放型经济的发展

江苏，尤其是苏州、无锡等地，依靠优越的地理位置和发达的交通便利，特别是靠近上海，具有良好的远洋运输、国际航空运输条件，在改革开放初期抓住了机遇，赢得了外向型经济发展先机。经过二十多年的不断发展，苏锡等地产业配套齐全、人才储备充沛、金融商贸发达，为外资进入提供了良好的环境。而IT产业的集中度、完整的产业链、稳定的劳动力资源等区位优势，又成为台企群聚的原动力。现以苏州市进出口样本数据为例进行相关分析。

(一) 在苏州的台企投资集聚度高，项目金额大

从1988年第一家台企落户苏州，到2010年底，苏州共从台湾本土引进项目

4 710 个，注册台资 151 亿美元，实际利用台资 52 亿美元，分别占该市注册外资和实际利用外资的 11%和 6.2%。而维尔京群岛、开曼群岛、萨摩亚等转投资国投资也包含不少实际上的台资。在苏州的台企不仅数量多，而且投资规模大、知名企业多，平均投资规模 1 200 万美元，投资额超 1 亿美元以上的有 85 家。

（二）在苏州的台企涉足领域广，投资效益好

到 2010 年底，台资仅在苏州的投资企业就达 9 178 家，这些企业大部分属于资金密集型和技术密集型企业。从行业分布看，半数以上从事电子信息产品制造，涉及计算机及周边产品、通讯系统产品、电子基础材料、光电产品等高科技领域，目前台湾前 20 家最大的电子上市公司中已有 17 家落户苏州，台湾前十大笔记本电脑公司已全部在苏州投资。台资在苏州投资的其他行业还有精密机械、精细化工、医药化工、食品制造、纺织服装业等。目前，在苏州的台企中有 80%的企业实现盈利，该市外资企业实现利税中有近半数是由台企贡献的。

（三）苏州对台双边贸易活跃，进出口大户台资居多

2011 年苏州与台湾双边贸易进出口 306.4 亿美元，占该市外贸总值的 10.2%，台湾成为苏州市的第五大贸易伙伴。作为该市排名第二的进口货源地，苏州自台进口 248.4 亿美元，已经占到我国从台湾进口总值的 19.7%，这些进口商品中超过六成是电子产品及其零配件；同期苏州外贸进出口排名前 10 位的生产型企业中台企占了 6 家，其进出口值占该市外贸总值的 16.5%。

（四）台企是苏州经济发展中的一支重要力量

目前，台企已经成为苏州市开放型经济的一个活跃群体，台资经济构成了苏州区域经济发展的一大特色，在推动该市经济增长、结构调整、增加税收、扩大就业等方面发挥着举足轻重的作用。据相关部门统计，2009 年台企的工业产值占该市工业产值的 20%，台商投资占该市外资固定资产投资规模的 29%，台企上交税金占该市外企缴纳税收的 23%，台企自营出口占该市出口额 50%以上。同时，一批与制造业相配套的服务业驻足苏州后，对改变该市服务业发展相对滞后、形成更加合理的产业结构带来了积极的影响。而超过 9 000 家在苏台企还带来巨大的人才需求和劳动力需求，不仅吸引了 6 万多名台籍管理、技术人员常驻苏州，并创造了 100 多万个就业岗位。

二、ECFA 政策在推动江苏经济转型升级中的着力点

目前，江苏正处在经济发展的转折点，多年来依靠大量投入、大量资源和能源消耗、环境污染等途径形成的粗放式经济发展优势已经不再明显。加快推进经济的转型升级，实现经济发展方式由资源依赖型转变为创新驱动型，把注重经济总量扩张转变为注重经济结构优化以及注重经济质量提升，已经成为全省经济发展中迫切需要解决的问题。作为我国对台经贸合作的重要地区，ECFA 协议签署，

不仅给江苏经济的转型升级带来了机遇，也给江苏经济的可持续发展带来了动力。

（一）以加工贸易转型升级为抓手，加快产业互补对接

长期以来，江苏形成了以加工贸易为主的出口导向模式，加工贸易对江苏经济的整体推动作用十分明显。但随着低成本劳动力时代的终结、资源和环境压力的加大，去年以来全省加工贸易进展缓慢，直接拖累了全省外贸的整体增速，进出口增幅明显低于广东、上海、北京、浙江和山东等主要外贸省市。作为江苏外贸主要贸易方式和经济增长推动力的加工贸易，转型升级刻不容缓。虽然 ECFA 计划无法惠及加工贸易进口成本，但 ECFA 将引导台湾本土企业向大陆地区大规模输出先进设备、关键零部件等，特别是管理、技术、服务等台湾具有比较优势的"软实力"，正是江苏加工贸易转型升级过程中急需提升的对象。

目前，江苏加工贸易出口产品很多是集大量高新技术和材料于一体的电子类计算机和通讯消费产品，但生产制造这些产品却是以加工装配为主，在整个产品产业链中处于较为低端的位置，因技术含量不是很高，产品制造增值率偏低，基本体现了传统产业的特点。近来台湾当局在产业发展战略上提出了"强化传统产业创新"的发展思路，江苏的加工贸易制造业可考虑与此进行策略联盟，充分利用各自的政策取向，实现传统产业向产业链两端延伸，不断提升制造产品的附加值。江苏传统产业加工贸易发展可利用的 ECFA 政策主要有：一是早收计划的降税安排直接降低广大加工贸易企业进口先进设备的成本，有利于引进新技术；二是贸易便利综合降低企业运营成本，企业有更多利润投入到研发等领域；三是生产性服务业的引入为企业由单纯生产向市场开发等领域转型升级；四是吸引农业及农产品加工业等台湾技术优势比较明显的真正传统产业来苏投资。

而经过十多年优惠政策的引导，高新技术产业已经在台湾岛内占据主导地位，然而在与日、韩企业竞争中，台湾高新技术产业在很多领域出现了竞争力下降的趋势，需要加强与大陆消费市场、科研院校、人才资源进行深度融合，逐步改变台湾高新技术产业现在垂直分工为主的投资模式，实现垂直与水平并存的产业布局。

（二）以海峡两岸商贸合作区构建为中心，推进 ECFA 优惠政策辐射华东并惠及全国

当前江苏与台湾两地之间的沟通合作日益密切，苏台在多种类型的商品生产上存在互补的比较优势，许多产业的产业内贸易程度也较高，在台湾销往大陆的全部出口商品中，仅苏州地区就占了近五分之一，这足以表明，江苏已经成为台湾本岛商品主要输出地和最为重要的贸易伙伴。借鉴中国-东盟自由贸易区的成功经验以及 ECFA 签署实施的机遇，可以积极开展海峡两岸商贸合作区试点，对江苏、台湾两地的各种资源进行优化配置，实现合理、双向、有序的要素流动，从而提升两地经济的竞争力。江苏作为台资密集区和台商投资高地，开展对台区域性商

贸合作区的探索性建设,特别是有关 ECFA 政策的先行先试,可以有效检验政策的作用,也可以明显放大政策的成果。海峡两岸商贸合作区这块“试验田”,将对周边华东各省市起到显著的宣传示范效应,有助于在全国更大范围推广 ECFA 优惠政策,使更多的企业从中受惠。

(三)以海峡两岸商贸合作区为载体,推进台企在苏的区域性总部建设

2010 年 9 月,位于昆山的海峡两岸商贸合作区正式启动,这是一个集台湾商品集中采购、批发零售、展览展示及商务办公于一体的现代化贸易区。目前该商贸合作区凭借良好的营商环境、相对低廉的成本优势和完善的台资产业链,已有巴布豆等 10 多个总部项目相继落户区内,初步形成了总部经济的发展形态。而 ECFA 的实施,再次为台企降低了贸易成本,将进一步吸引台企区域性总部扎根江苏。近年来,江苏苏州以台资销售总部、研发中心、运营中心的引进和培育为重点,正在推动在苏台企向区域性运营总部提升。同时要看到,以发展台资总部经济为起点,还有利于催生出欧美企业在江苏设立总部,这是江苏省内大城市总部经济发展的便捷途径。

建立专业化的支撑体系,发展与总部经济相适应的配套服务体系,是总部经济发展和壮大的关键。在 ECFA 服务贸易早期收获方面,大陆将对会计、银行、证券、保险等 11 个服务行业扩大开放,大力发展与总部经济相配套的服务业,使两岸以战略合作伙伴方式参与到总部企业的发展过程中去,为发展总部经济创造良好的外部环境。江苏要正确找准在总部经济发展中的定位,充分利用台企多、制造企业多的产业特点和资源优势,全面推进“总部—研发—制造—销售—维修”合作链条的形成,形成特色产业企业总部聚集区;同时要关注与上海、北京等大型中心城市总部经济的错位发展,注重从制造环节出发进行科学的分工与合作,接受大城市的辐射和转移,逐步培育自身发展总部经济的能力和实力。

(四)以企业赴台直接投资为桥梁,借鉴台湾优势理念走向全球市场

2009 年 6 月 30 日,台湾公布“大陆地区人民来台投资许可办法”和“大陆地区之营利事业在台设立分公司或办事处许可办法”,列出大陆资金可投资的 3 大类 192 项产业项目,并于 2009 年 7 月 1 日起正式受理陆资来台或设立分公司的申请。这一规定的出台,强化了大陆企业赴台投资的意愿,也标志着两岸投资从单向走向双向。

江苏与台湾两地经济各具优势,互补性强,苏台双向投资有利于加快两地资源要素的双向流动和合理配置,增强产业竞争力。ECFA 关于投资条款的进一步深化,将有力推动江苏企业增加对台湾的投资,而投资的形态也将实现多元化,江苏企业可以以参股的方式进行资本投资,也可以以设厂的方式进行实物投资,此外服务业的开放也进一步拓宽了投资领域。台湾市场是最贴近欧美发达国家的中华文化市场,由于多年致力于与欧美国家接轨,台湾市场欧美化程度较高,可以说是为陆资企业提供了一个向欧美发达国家市场进军前的试验场。有意走向全

球发展事业的江苏本地企业可以通过在台湾经营与拓展，学习台湾企业在技术研发、市场开拓、企业管理上的优势理念和多年来在国际上积累的经验，找到新的经营环境和出路，加大“走出去”的步伐，有利于加速国际化进程。

（五）以对台服务业招商引资为重点，实现江苏本地服务业跨越式发展

江苏经济要保持长期可持续发展，一方面取决于制造业的转型升级，另一方面也有待于服务业本身的扩大化和精细化。ECFA 的实施，在两岸经济交流与合作的新形势下，台湾服务业拓展大陆市场已经得到松绑；而在大陆服务业市场增长潜力大于制造业产品市场的前景下，扩大对台服务业招商引资的时机已经到来。江苏对台服务业的招商引资应该是全方位的：台湾连锁、餐饮等服务业比制造业经济在江苏更具优势；台湾金融服务业具有在苏上万家台企和近十万台商的基本市场；台湾服务业可与江苏现有服务业合作，共同承接全球服务转移和外包。如果苏台两地服务型企业在建立境外品牌、技术中心和市场营销渠道等方面加强合作，可以共同提高两地服务型企业的国际竞争力。

江苏服务业的发展，一是要与制造业发展相辅相成，生产型服务业贯穿企业生产各个环节，可为制造业提供直接相关的配套服务，而着力引进具有台湾特色的生产型服务业，对于在苏众多的台企具有更多的心理亲近感和文化归属感，这种服务的提供体现的是产品制造向产业链前后两端的延伸，对提高产品附加值具有最为直接的作用。二是要加强政策引导和扶持，按照 ECFA 有关服务业的开放条款，特别是密切关注后续协商会谈内容，抓紧制定和调整苏台服务业合作规划，从江苏的实际情况出发，研究吸引高端服务业台资的新的优惠政策，同时要实现台商投资与江苏服务业载体建设、创新载体建设紧密结合，引导台资重点向现代服务业和高端服务业投入。三是要积极应用信息技术注重发展新型服务业，要鼓励江苏本地台资 IT 制造企业利用技术优势以及引进台资的资金优势，重点发展现代物流、服务外包、商务会展、信息服务、科技服务等新型服务业项目，同时加大服务业科研投入，支持服务业科技创新，有效增强全省服务业的竞争实力。

三、积极利用 ECFA 推动江苏经济转型升级

（一）加强 ECFA 政策的宣传，引导企业认识 ECFA 带来的机遇和挑战

相关部门要引导企业了解和关注 ECFA，认识 ECFA 与企业经营和发展的关系，了解 ECFA 实施后台湾优质工业原材料、制成品以低价进入大陆后对下游企业、终端市场的影响，听取企业在货物贸易、服务贸易和投资等广泛领域的经营决策变化，针对 ECFA 带来的机遇和挑战与企业共商对策。既要看到对台双边贸易有减免关税的好处以及对台贸易环境的改善，又要防范进出口成本降低后企业间出现恶性竞争的可能。

（二）做大区港联动通关，为 ECFA 提供物流快速通道和低廉成本

2008 年年底，太仓港被确定为首批直航台湾的四个港口之一，由于具备通江达海的地理优势，仅用三年多时间，太仓港已经成为江苏省对台直航的第一大港。ECFA 实施后对台贸易扩大的趋势，借助于背后苏锡等地密集的台企，为太仓港直航台湾航线增加了拓展空间。为了把太仓港的港口功能“延伸”到各台企门口，方便企业从太仓港进出口货物，有必要进一步加大推广力度，继续完善现有的区港联动模式。在 ECFA 大背景下，还可以考虑将适用 ECFA 的货物概念化为某一特殊监管区域的货物，一并适用区港联动通关。通过把太仓港的地理优势和区港联动通关监管优势相结合，有效实现对台物流业的资源整合，有助于台企加快货物流转，降低物流成本。

（三）推出苏台多式联运模式，开辟 ECFA 实施后两地货物来往新通道

多式联运是在集装箱运输基础上产生和发展起来的一种综合性连贯运输方式，它一般是以集装箱为媒介，把海、陆、空各种单一运输方式有机结合起来，组成一种国际性连贯运输，实现“门到门”运输的有效途径。多年来，江苏与台湾两地之间的货物运输主要以海运或空运为主，而随着海峡两岸“大三通”和经贸活动往来的良好互动，以厦门港作为桥梁，实现江苏与台湾之间货物的海铁联运，将成为一种手续简、运能大、成本低的新的两地货运模式。在这种运营模式下，江苏的集装箱货物可以通过铁路运至厦门港，再由海运方式直通台湾，避免了在港口的二次掏装箱作业，实现了苏台两地间集装箱运输的无缝接续。相对公路至港口、航空联运，海铁联运具有其他运输方式无可比拟的综合优势，可以提高运输效率，节省企业物流成本。

（四）整合现有特殊监管区域，深化台资的产业集聚和功能配套建设

台企相对于日韩、欧美等投资企业，更倾向于自成一体，由龙头企业带来上下游配套企业，在地域范围内实现产品衔接和工艺协调，产业集聚和功能配套态势明显。在当前 ECFA 签署实施的同时，江苏各地综合保税区、出口加工区等海关特殊监管区建设也在全面推广，鉴于江苏地区开展加工贸易台企众多的特点（拥有近万家台企的苏州是大陆三大台商投资密集区之一，淮安已成为台商青睐的一方新投资热土），这两项政策可以通过现有特殊监管区域功能整合的途径加以综合实施，促进江苏经济的转型升级。

（作者单位：苏州海关）

科技创新基金管理使用中存在的问题及对策

虞伟林

摘　要　科技创新基金自实施以来，有效提升了地方企业科技创新能力，并且大大加快了高新技术产业化进程，促进了企业多元化投资，有力推进了地方经济和产业结构的调整，充分发挥了科技在推动地方经济和社会发展中的重要促进作用，科技创新基金所带来的巨大作用和综合成效正日益显现。地方科技创新基金在项目实施、资金使用及其管理过程中，也存在亟待解决的若干问题，需引起有关部门的重视。

关键词　科技创新　基金　问题　对策

科技创新基金是经国务院批准设立的一项专门用于培育、扶持和促进科技型中小企业技术创新的政府专项基金，它在发挥财政扶持资金的引导作用，为地方经济产业结构的更新升级、经济增长方式的转变、企业科技创新能力的提升等方面都做出了积极的贡献，取得了明显的经济效益和社会效益。但笔者在工作实践中也发现，地方政府在科技创新基金使用管理中尚存在着不少不可忽视的问题，亟待解决。

一、科技创新基金使用管理中存在的问题

（一）科技创新基金日常监管有待完善

按有关规定，科技部门、财政部门负责科技创新基金的日常监督和管理，但在实际工作中，有关部门的自身职责尚未厘清，监督管理工作尚未完全到位，具体表现为：

1. 科技、财政部门未能按照有关文件的规定，要求和督促项目实施单位上报项目年度执行情况，对项目实施动态缺乏必要的了解和掌握。

2. 科技、财政部门未能对项目的立项、验收等资料进行归档保管，致使资料不全，根本无法完整反映项目的申报、立项、验收和实施情况。

3. 科技、财政部门存在重立项、轻管理现象，从项目实施情况看，财政、科技部门及各镇(区)都不同程度上存在着重视项目的立项，轻视项目推进管理，以致少数项目由于土地、水电、资金等要素不能及时到位，导致项目实施“流产”，造成了政府财政资金的损失和浪费。

4. 科技、财政部门尚未能建立和健全一整套的项目评价体系与标准，缺乏客观公正的评价体系和指标，用以跟踪、测评项目的运行质量和使用绩效。

（二）科技创新项目基金过于分散

科技创新基金专项资金项目多而散，资金使用重点不够突出，难以形成合力。多而散的项目，不但不能使专项资金形成强大的合力，而且也无法产生可观的规模效应，资金的整体效益也不明显，更难以发挥专项基金“四两拨千斤”的作用。

2005 年至 2008 年，某地的科技创新基金共立项 199 个，分布在 163 家单位(含一个单位存在若干名称情况)，资金指标为 6 683 万元，平均每个项目资金量为 33.58 万元。项目资金量超过平均资金量的与未超过的分别有 46 个、153 个，占总项目数的 23.12％、76.88％；项目资金量总额分别为 3 248 万元、3 435 万元，占总资金量的 48.6％、51.4％。

此外，由于科技创新基金初始阶段资金量规模较小，指导思想主要是促进企业全面转变思想认识，重视和引导企业科技创新，因而也造成了项目立项数偏多，单个项目扶持金额少，支持的产业门类分散，对重点产业、重点项目支持的力度还不够，特别是对重大影响的项目连续支持的力度不够这一问题。在 2005 年至 2008 年实施的项目中，仅有 3 个项目属于跨年度连续扶持的项目。

（三）科技创新基金使用监管不到位

科技创新基金是作为专项基金，应依法管理和使用，但作为科技创新基金的主管部门，财政部门对已下拨的科技创新基金的运作和使用在监管方面显然还存在不到位情况。

1. 部分项目承担单位对下拨的科技创新资金核算不够规范。为了避税，有的单位挂其他应付款，如抽查单位挂往来的有 10 家企业，涉及金额达 355 万元，有的单位款进账后直接转给其他单位等不作账务处理，资金进账后不作账务处理直接转给其他单位，或者直接提取现金、直接转入其他账，根本没有发挥科技创新基金的效益。

2. 部分项目至今仍在研发和建设过程中，而资金早已按规定拨付到位。对部分科技创新基金沉淀在承担单位监管也不到位，有的甚至出现了挤占专项资金现象，因而影响了科技创新基金使用绩效和效率。

3. 对科技创新工作经费监管也不到位。科技部门对财政下拨的科技创新基金工作经费与正常的公用经费合并使用，未能按要求专项核算，难以划分科技创新基金管理工作所需实际经费情况。

（四）部分企业的项目指标未达合同预期目标

部分企业项目投资、经济指标未达到目标，离预期尚存在一定差距。如某市10家单位承担的22个项目中，绝大部分项目未能达到项目合同和项目任务书所规定的预期目标；经对8个资料齐全的项目的目标与实绩情况进行对比，所有考核指标中，只有2个单位的销售收入指标达标，其余的投资、利润、纳税、创汇等指标均未达标，其主要原因是项目任务书所设定预期目标的科学性、合理性、有效性不够。

（五）科技创新项目资金支持方式相对单一

科技创新基金在对企业支持方式上相对单一，2005年至2008年，某市财政安排科技创新基金项目资金指标为6 683万元，其中无偿资助6 523万元，占97.61%，有偿资助160万元，占2.39%。在资金运用上主要采用了无偿资助的形式，对培养企业创新意识和营造企业创新氛围起到了积极的促进作用，但科技创新基金对项目有偿、贴息、风险担保、风险股本投入等支持形式财政和科技部门缺少有益的尝试和探索，科技创新基金支持企业还依赖每年有限的财政资金安排，缺乏通过自身运行增值集聚科技创新专项资金的能力，一定程度上影响科技创新基金长期良性运行。

（六）部分科技创新基金拨款不及时

科技创新基金按照有关规定，科技创新基金必须专款专用，及时拨付，不得滞留及挪作他用。但我们发现，作为科技创新基金的主管部门，政府财政并未严格按规定时间及时拨付科技创新基金，存在科技创新基金滞留于财政部门的现象。2011年3月份，某地财政部门才将2008年第二批47个项目的科技创新基金877万元拨付各乡镇财政。由于拨款时间跨度过长，既影响了科技创新基金的使用效益，也与《预算法实施条例》的有关规定相违悖。

为加快经济结构调整，促进经济自主协调发展，进一步发挥科技创新基金的引领、支撑和带动作用，针对科技创新基金使用管理中存在的资金支持分散、部分项目未能达到合同书规定的相关目标要求以及扶持资金使用的效果不够明显等等情况和问题，笔者认为应采取如下对策和建议。

二、应采取的对策和建议

1. 为切实发挥科技创新基金的财政引导作用和杠杆效应，提高项目使用单位的责任意识和项目实施的成功率，建议科技创新项目资金要根据项目情况和企业状况采用不同的支持方式，逐步实现支持方式由无偿拨款为主向股本投入和风险担保为主转变，通过运行增值来集聚科技创新基金，增强企业自身运行能力。

2. 建立和健全科技创新基金综合评价体系，形成全面、科学评价指标，以评价项目的立项、运行的质量、最终绩效等情况。

3. 科技、财政部门要完善科技创新基金项目立项决策机制，在安排项目时，要广泛征求各方面的意见，做到科学决策，突出重点，有的放矢，适度减少项目安排数量，尤其要针对地方产业结构落后的状况，集中有限资金，花大力气构建引进平台，全方位地吸纳高科技人才和高科技项目到地方落户，为促进地方跨越发展注入新的活力。同时，对地方重点行业和重点企业，特别是引领经济社会发展的重大投资项目，从资金上要予以重点持续扶持；此外，要适度增加对高效、高科技农业项目的扶持力度，尤其对一些能引领农民共同致富的农业项目要重点扶持，只有这样，才能使有限的科技创新基金发挥更大、更好的作用。

4. 为增强项目使用单位的责任意识和项目实施的成功率，建议科技部门提高科技创新基金有偿资金使用比例，进一步发挥科技创新基金的经济和社会效益。

5. 强化对科技创新基金使用的监督管理，对科技创新基金使用进行一定的检查，督促科技部门及有关企业规范财务管理，并使用好财政资金，对转移、挤占、挪用专项资金等不法行为要依法予以查处和追缴。

6. 加强科技创新基金的日常管理工作，加快专项资金的拨付速度，防止资金的沉淀，同时要认真规范、及时整理相关的档案与资料，以完整反映项目的申报、立项、验收和实施情况。

（作者单位：江苏省丹阳市审计局）

加快推进银行金融支持科技型企业创新的对策建议

林乐芬

摘　要　随着科技创新驱动战略和金融改革的持续深化，科技金融这一新生事物应运而生，已成为国家、省（市）政府和理论界、学术界研究的热点问题。江苏省“十二五”规划中明确科技金融是“以政府引导、银行主导、多方参与、市场运作为导向”，由于江苏省是以银行主导的科技金融融资模式，探索银行针对科技型企业的金融产品创新，就是当前金融支持科技型企业发展的新课题新任务。因此，本文基于银行视角，在对江苏8家银行问卷调查的基础上，就江苏各样本银行科技金融创新的现状和存在问题进行分析，并在此基础上提出加快推进银行金融支持科技型企业创新的对策建议。

关键词　银行视角　科技金融　科技金融创新

一、引言

近年来，随着科技和金融改革的持续深化，科技金融这一新生事物应运而生，已成为国家、省（市）政府和理论界、学术界研究的热点问题。《我国国民经济和社会发展“十二五”规划纲要》明确提出：“坚持把科技进步和创新作为加快转变经济发展方式的重要支撑，依靠科技创新推动产业升级，着力提高企业创新能力，促进科技成果向现实生产力转化，推动经济发展更多依靠科技创新驱动。”《江苏省国民经济和社会发展“十二五”规划纲要》也突出强调“以科技创新为先导，着力发展创新型经济。”因此，迫切需要技术和资本、科技与金融的紧密结合，这是新形势下金融支持科技产业创新的新课题和新任务。科技金融是科技产业与金融产业的融合，是促进科技开发、成果转化和高新技术发展的金融制度、金融政策、金融工具、金融服务的系统性、创新性安排。

江苏科技金融多元融资模式已初现端倪。近些年，江苏科技领域融资渠道逐步拓宽，股权、债权等多样化融资不断增加。一是信贷。2010年末全省科技贷款余额 5 000 亿元，占全部人民币贷款余额的近 20%，“十一五”期间年均增速 25%以上。二是债券。2008 年江苏参加了全国首批中小企业短期融资券试点，2010 年首单高新技术中小企业集合票据成功发行。三是股票。截至 2010 年末，江苏省已有 95 家高新技术企业在境内上市，其中通过创业板上市 8 家。四是票据。2009 年以来，人民银行南京分行坚持“央行再贴现激励、银行信用助推、风控体系保障”的发展思路，激发票据市场活力，累计为科技中小企业提供信用支持 60 亿元。五是创投。全省创投机构累计投资了 1968 项国家高科技和新兴产业项目，成功培育出了无锡尚德太阳能、苏州科达通信、南京高齿等知名上市公司。

2010 年 12 月 23 日科技部会同中国人民银行、中国银监会、中国证监会、中国保监会联合发布了《促进科技和金融结合试点实施方案》要求，“组织开展‘促进科技和金融结合试点’，加快形成多元化、多层次、多渠道的科技投融资体系。”结合江苏科技型企业的融资渠道仍主要是银行主导的现实状况，人民银行江苏省分行明确科技金融的发展定位是，“以政府引导、银行主导、多方参与、市场运作为导向，以破解成长期科技企业金融服务瓶颈为重点，积极构建高效衔接、完整配套的科技金融组织体系、市场体系、扶持体系和服务体系。”对此，本文将基于江苏商业银行的问卷调查，着重研究江苏省科技金融现状、存在问题，并提出科技金融进一步创新的对策建议。

二、基于八大银行金融支持江苏科技型企业的问卷调查

为实际了解江苏省各银行对科技型企业金融支持情况，笔者特向江苏省农行、江苏省建行、江苏省农业发展银行、苏州民生银行、江苏省招商银行、江苏银行、无锡浦发银行和苏州交通银行八家样本银行发放了调查问卷并进行了相关访谈。调查主要集中在银行科技金融产品创新现状和银行在支持科技型企业过程中面临的问题。

（一）银行科技金融产品创新现状分析

1. 人民银行的政策支持情况

人民银行南京分行积极支持江苏科技金融发展创新，要求下属各银行金融机构积极推动、参与江苏省“科技金融综合服务示范区”试点，以科技企业金融支持服务为重点，积极探索为初创期、成长期、成熟期科技企业提供高效、衔接、配套金融服务，力争在“十二五”期间为江苏构筑起科技金融发展新优势。人行南京分行要求下属各银行在科技金融产品创新过程中要起主力军作用，主动担当科技金融“集成商”和“百货公司”，以信贷投入为纽带，积极整合证券、保险、创投、租赁等各类资源，形成科技金融服务链顺畅联动效应。对试点专业专营地区增配资源，以求通过建立专业的组织结构来提升科技金融综合服务水平。

2. 各行金融产品创新情况

对科技型企业融资方式，省建行仍坚持"优质客户＋有效资产抵押"为主的经营模式。有管理经验的分行结合特色专业市场的客户需求，经总行准入后可适度开展联保互保等特定担保方式的业务创新。省农业发展银行只有针对科技型企业的企业票据融资方式，科技型企业融资产品创新不足。苏州民生银行为科技型企业提供的融资产品主要是传统的融资方式。招商银行为科技型企业提供的融资产品有限，主要也是集中于有限的传统融资方式。苏州交行的科技金融产品品种相对比较多。（见表1）。

表1　银行已有的科技金融产品

银行 已有产品	农业银行	建设银行	农业发展银行	民生银行	招商银行	江苏银行	浦发银行	苏州交行
保理业务	√	√		√	√	√	√	√
银险合作产品	√			√	√		√	√
企业票据融资	√	√	√	√	√	√		√
债权保险融资				√				√
中小企业贷款券	√	√		√		√		√
融资租赁	√	√		√				√

从问卷可知，在传统融资产品的基础上，专门针对科技型企业进行融资金融产品创新的银行有省农行、江苏银行、无锡浦发银行和苏州交行。省农行根据"政府引导，市场运作"的原则，为科技中小企业信贷支持开辟"绿色通道"，主要围绕"创投＋担保＋贷款"模式、"政府推荐＋担保＋贷款"模式以及"统贷支持"模式积极研发新产品，加大对科技中小企业的信贷支持力度。

目前，农行针对科技型中小企业推出了"金科通"、"点金石"和"好帮手"三大系列产品，具体产品多达27项，其中核心产品系列"金科通"有9项信贷产品，以满足各种科技中小企业的各种金融需求。

为进一步满足小企业客户尤其是科技型小企业客户的融资需求，江苏银行总行在江苏省科技成果转化风险补偿专项资金贷款业务合作基础上，开发了"科技之星"小企业贷款业务。贷款对象主要是从事高新技术产品的研制、开发、生产和服务业务，符合江苏银行小型企业认定标准，且具有独立法人资格的科技型企业，单户企业贷款额度原则上为200万元（含）以内，最高不得超过300万元，一般为一年，最长不超过两年，其中期限在一年期以上的，应按照固定资产贷款相关规定执行，正常贷款期内的利率，按中国人民银行公布的同期限基准利率下浮2％执行，办理展期的，展期后的贷款利率按照中国人民银行公布的同期限基准利率上浮10％执行。

无锡浦发银行则是通过担保方式的创新，如财政补贴质押、银保合作、联保联贷等来弥补科技型中小企业弱担保的缺陷；积极开展集合票据、集合信托债权基金、中期票据等业务，特别是通过与风险投资机构的合作，以“先投后贷”或“先贷后投”的模式，打通了间接融资与直接融资的渠道，实实在在为科技型企业提供金融支持。

针对科技型中小企业有形资金少、无形资产价值得不到认定的现实，苏州交行科技支行积极探索知识产权交易、投资机构投资价值认定等无形资产未来价值的发现机制，与科技小贷公司、中介机构等积极探索业务合作模式，采取股权质押方式来授信，拓宽科技企业服务范围，积极调研市场需求，设计出“科贷通”、足额纳税企业的“税融通”、创业期微小企业的“创业通”、“债权保险融资”、“基金宝”、“股权质押”、“订单贷”、“应收租金保理”、“合同能源管理”产品等业务品种。

江苏省各行在人民银行南京分行的政策指导下积极开展科技金融产品创新，并取得了显著成效，但并非所有银行都对人行的政策做出积极响应。受调查的8家银行中，只有省农行、江苏银行、无锡浦发银行和苏州交行4家银行开展了专门针对科技型企业的融资创新产品，成立专门事业部或支行的只有省农行、农发行、江苏银行和苏州交行4家。从以上这些数据可以得出人民银行应要求下属各行严格执行人民银行下发的政策文件，加强对各行的监督管理力度，各家银行也应不断进行科技金融产品创新，并对已有的科技金融产品逐渐完善，以做到真正为科技型企业发展服务。

（二）银行在支持科技型企业过程中面临的问题

由于我国是以银行为主的金融体系这一特殊国情，银行在支持科技型企业融资过程中占重要地位，所以认识银行在支持科技型企业融资方面存在的问题并加以解决具有重要意义。从被调查的样本银行来看，江苏省各家银行在科技金融产品创新方面已经有很多大胆的尝试和成功的经验，但在发展过程中仍然暴露出问题与不足。具体表现在以下几个方面：

1. 商业银行科技金融产品创新不够

由于受技术环境、管理体制、法律制度、社会环境和运营机制等因素的影响，江苏金融机构在产品创新方面缺乏个性，不能满足多方面需求，产品创新自主研发能力低，并缺乏整体规划。在支持科技型企业金融产品创新过程中，8家银行在“银行自身在金融产品创新过程中存在的问题”的回答上，大多承认银行自身“对金融产品的开发不够，品种有限”，“金融产品创新缺乏前瞻性”（见表2）。

调查的8家商业银行中，针对科技型企业的特点，展开产品设计的有4家银行，没有一家银行向种子期和重建期的科技型企业提供贷款。科技型企业在不同时期有着不同的融资需求，大多数的金融产品是在对传统产业或旧经济体制时代的产业设计的，没能更好地迎合科技型企业融资需求的特点。此外，就目前8家商业银行所进行的科技金融创新产品而言，保理业务、银险合作产品、企业票据融资和中小企业贷款券等是共有的产品。提供给科技型企业的融资产品的种类不够丰富，已有的科技金融产品种类少，而且尚处于试点过程中。这样，面对不同需求的科技型企业，银行部门就很难提供相应的服务，显然不符合现代银行服务体系建设的要求。再者，对于质押方式而言，调查发现，目前的质押方式当中，商业银行普遍采用的是应收账款或股票的质押形式，然而，大部分科技型中小企业很难通过这两种质押方式获得贷款，这是由于科技型中小企业刚刚成立，往往没有经常性的业务往来，即使有也不满足银行质押贷款的要求。针对这类企业而言，最好的贷款形式是以知识产权、商标等无形资产作为质押方式进行融资。调查中发现，8 家样本银行中，有 5 家不允许科技型企业使用商标权作为质押标的物。以上情况充分说明目前江苏省商业银行已有的金融产品还远远不能够满足科技型中小企业融资的需求。

表 2　银行自身在金融产品创新过程中存在的问题

银行 存在问题	农业银行	建设银行	农业发展银行	民生银行	招商银行	江苏银行	浦发银行	苏州交行
缺乏创新文化，创新意识淡薄			√			√		
对金融产品的开发不够，品种有限	√	√	√	√		√	√	
金融产品创新的自主研发能力较差		√						
金融产品创新缺乏前瞻性	√	√		√			√	√
金融产品创新缺乏针对性			√		√	√		
金融产品创新缺乏统一规划		√					√	√

2. 成立科技支行或科技贷款事业部的银行数量较少

目前江苏省只有农行、农发行、江苏银行、交通银行、工商银行和南京银行成立了专门的事业部或支行，其中，农行在苏南、苏中、苏北都成立了相应的科技支行。而其他的商业银行对于扶持科技型企业的力度还有待加强，像邮政储蓄等商业银行目前连科技型企业的贷款都很少涉及，科技型企业贷款被归纳到小企业贷款之中，没有形成独立的专业化的服务，很难满足全省科技型企业的融资需求。专业化的融资服务团队能够贯穿整个融资服务过程，不论是在项目的审批阶段，还是在后续的贷款监督回收阶段。科技支行成立专营机构，建立专业团队，推出专属产品，制订专门的业务流程，设立专项的风险补偿机制等方面是其他银行不可取代的。调查中发现，仅有 3 家银行在贷款发放后向借款企业收取风险准备金，有 3 家银行甚至没能足额提取科技贷款准备金，可见，在科技型企业融资方面有些银行在业务上还有待细化和专业化。从 8 家样本银行的“十二五”规划中可以发现，仍有 3 家商业银行未能把科技企业融资问题列入“十二五”发展规划中，说明还需加大力度推进中国人民银行南京分行〔2010〕100 号文件《关于金融支持江苏加快转变经济发展方式的指导意见》(2010～2012 年)、江苏省政府办公厅 2010 年 9 月 21 日转发人民银行南京分行《关于加快江苏科技金融创新发展指导意见》的落实。

3. 银行科技金融产品创新的制约因素

从表 3 中可以发现：体制的不完善和僵硬的金融制度是制约各银行科技金融产品创新的一大因素，这是今后政府工作需要展开的重点。有的银行表示：对于贷款的收益性和安全性而言，它们更注重安全性。科技型企业在创业初期的融资需求最为强烈，但不确定性很大，很难满足商业银行传统金融产品的准入条件。

表 3　影响银行科技金融产品创新的制约因素

银行 制约因素	农业银行	建设银行	农业发展银行	民生银行	招商银行	江苏银行	浦发银行	苏州交行
信用体系不完善	√	√		√	√		√	
僵硬的金融体制和机制	√	√	√	√		√		√
缺乏政府有力支持					√	√		
缺乏有效的担保物		√		√	√	√		√
没有建立有效的金融生态环境			√			√	√	√

4. 政府政策有待改善

样本银行中，6 家商业银行对政府的支持情况基本满意。调查发现，仅有 2 家商业银行对政府的科技金融政策表示不满，但问及到政府需要改进的方面时，各家银行又纷纷表示有很多方面有待改进。比如说，为增强银行科技贷款的安全性，政府除了给予企业本身资金支持外，还可成立专门的“政府投资平台”，改变借款主体，对下属科技型企业融资进行“统借统还”；要加大对银行科技金融的激励补偿等等，苏州交行特别强调银行对科技型企业的贷款利息问题，希望政府可以相应承担一些份额或给予一定的财政补贴。这表明，政府政策改进和完善的空间很大。

5. 科技金融缺乏整体规划，金融中介服务体系不完善

近年来，江苏省出台了各种财税、金融、产业方面的政策来鼓励科技金融的发展，但科技金融发展还是徘徊在起步阶段，体系上难以得到重大突破。这主要是由于缺乏对科技金融的整体规划，缺乏扎口部门，很多政策在出台时考虑的是部门需求和行业特点，针对性和协同性不够，部门间有机衔接不够，部门间对彼此政

策都不甚了解，信息不对称，整体合力难以发挥。比如，科技金融的财政支持划分在多个部门（科技部门、财政部门、税务部门、人民银行等），部门间有时缺乏必要的联系，投入不足或重复投入现象同时存在。

此外，金融中介服务体系也不完善。表现在：一是无形资产的登记、评估、交易市场发展滞后。目前针对科技型企业的股权、专利权等无形资产的评估、转让、交易体系还不健全，缺乏专业、权威的无形资产价值评估机构，缺乏完善的无形资产交易市场，导致银行在开展无形资产质押贷款方面非常谨慎。根据我们对江苏8家银行的调查发现，只有3家银行开展了知识产权质押贷款业务。二是缺乏专门服务于科技企业的融资担保机构。虽然近年来江苏融资担保市场发展迅速，但大多数担保机构由民营资本出资组建，出于风险控制考虑，对科技型企业的融资担保条件较高。

三、加快推进银行金融支持科技型企业创新的对策建议

银行对科技型企业发展作用重大，所以江苏各银行应不断进行自我完善，加快推进金融产品创新以满足科技型企业的发展需求。

1. 探索适合高新技术企业发展的信贷模式

商业银行需要进行信贷制度创新，建立适合科技企业发展的业务流程，同时也要调整对创新企业的信用评级和信用增级方式，以更为科学的方式评估创新企业的未来现金流，采取灵活担保方式，增加担保物品种，探索在专有技术、专利等动产上设置抵押或质押，开展税款返还担保、股票股权抵押、保单抵押、债券抵押、应收货款抵押及其他权益抵押等多种贷款形式。

2. 创新金融产品

针对高新技术企业高风险的状况，商业银行应进一步完善风险定价机制，探索科技融资的利率市场化问题，加大对高新技术企业贷款的浮动力度。同时，商业银行还应积极发展应收账款、订单、仓单、出口退税账户、股权、保单质押；充分运用短期融资券、中期票据、信托计划，对高新园区内的科技型中小企业，可组织联合发行“高科技企业集合票据”，“高新技术企业融资信托计划”，满足科技型企业经营发展的资金需求；探索开展高新科技融资租赁业务，增强科技型企业资产流动性，缓解企业债务负担；江苏各银行应加大对种子期和初创期科技型企业的支持，积极研究针对种子期和初创期的科技金融创新产品；发展离岸金融，与境外基金、外币基金、离岸基金合作，利用外资帮助中小企业融资。

3. 建立银企长效合作机制

商业银行应加强与发改、经信、科技等政府部门的融资联动，建立完善高科技中小企业融资信息库，政府部门及时向商业银行推介融资需求信息，定期组织科技型中小企业进行融资对接活动；积极与科技中小企业开展各种形式的合作，主

动配合对科技型企业的融资能力培育工作，共同为科技型企业的发展创造条件；加强高科企业的跟踪服务，对其进行信贷投向专项统计，并及时将信贷支持情况反馈政府部门。同时，要加快开展科技型企业信用信息征集工作，不断完善企业信用档案，促进银企之间建立长期的信用合作关系。

4. 完善信用评价体系，拓宽担保方式

邀请知名行业专家进入银行审贷委员会，建立一支既懂科技又熟悉金融的专业化团队，对科技型中小企业贷款进行审核评估；加强和促进资产评估事务、律师事务所、会计事务所等中介机构的专业化建设，为商业银行对科技企业专利技术和研发项目经济价值的判断提供技术支持。加强科技担保体系建设，落实科技担保专项基金，完善担保与再担保运作机制，建立多层次的风险分担机制；加强与高新技术和新兴产业的合作，为科技型企业提供贷款担保或反担保支持，或对科技型企业组成联贷联保组，解决其贷款需求。

5. 防范信贷风险，强化风险监测与管理

商业银行授信高科技中小企业时，要坚持"区别对待，有保有控"的信贷原则，牢固树立风险防范意识，加强贷后管理，防止信贷资金被挪用，密切关注借款企业的生产经营状况、财务状况、产品科技含量和市场前景，遇到重大情况，要及时采取补救措施，确保信贷资金的安全。商业银行还需要结合科技产业的特点，建立科技金融的监测框架，消除监测盲点、加强风险监控，尤其是要密切关注和监测潜在的行业性风险，合理配置科技创新企业中的信贷规模比重。

（作者单位：南京农业大学）

参考文献：

[1] 江苏省政府办公厅 2010 年 9 月 21 日转发人民银行南京分行《关于加快江苏科技金融创新发展指导意见》

[2] 中国人民银行南京分行〔2010〕100 号文件《关于金融支持江苏加快转变经济发展方式的指导意见》(2010～2012 年)

加快苏北经济发展的地方财税政策研究

上官敬芝　赵静敏

摘　要　江苏省苏南、苏中和苏北三大区域经济发展极其不平衡，在苏南经济处于全国领先地位的同时，苏北却长期落后于全国经济发展的平均水平，且呈逐年扩大之势。本文简要评述了江苏实施区域协调发展的政策效应，剖析了制约苏北发展的主要因素。认为加大财政投资政策支持力度，尽快解决苏北地区的发展极问题；实施差异化的税收政策，促进生产要素在苏北聚积；实施政府采购的差别化战略，加快苏北地区企业的发展等是加快苏北发展的有效途径。

关键词　区域经济　协调发展　财税政策

一、江苏省实施区域协调发展的政策效应简评

江苏是我国东部沿海地区的一个经济、文化、教育大省，经济发展一直处于全国前列。半数以上县(市)进入全国百强县。但由于省内各个区域的经济基础、资源禀赋、区位优势差异较大，以及受其他各种主客观因素的影响，导致各区域间的经济发展极其不均衡。对发展规模和实力、区域及居民的富裕程度、经济集聚程度等多个层面多项指标的分析结果表明：在苏南经济处于全国领先地位的同时，苏北却长期落后于全国经济发展的平均水平，且呈逐年扩大之势。区域经济理论认为，区域间的不平衡发展会因“循环累积因果关系”的作用，使得落后地区高质量的生产要素不断向发达地区集聚，从而使得较先进的地区进一步发展，而落后地区更加落后。因此，加快苏北发展，是江苏省实现“两个率先”的重要战略。只有苏北发展起来了，才能实现江苏全省的协调发展。为此，江苏省委省政府早在1994年就开始重视这一问题，适时提出了实施“区域共同发展”战略，到2008年11月为止，江苏省共出台了80多个关于加强苏北发展的文件。对江苏区域财税政策有效性的综合评估，结果表明：地方财税政策在推动区域协调发展方面发挥了积极的作用。一是经济增长保持良好势头；二是产业结构优化提升；三是社会民生明显改善；四是发展活力不断增强；五是区域竞争力显著提高；六是思想观念明

显转变。对江苏地方财政支出绩效进行了灰色关联分析，结果表明："十五"和"十一五"期间，江苏地方财政支出对科技创新、引进外资、刺激经济增长的作用最为明显，对改善民生和缩小城乡收入分配差距的贡献次之，而对缩小南北区域差距、改善生态环境、优化产业结构的贡献较小。对江苏省辖市科技资源配置效率的DEA评价，结果表明，教育投入水平和经济开放度对科技资源配置系统的影响较显著，这说明增加教育投入、加大经济开放力度，可以大大提高科技资源配置系统的效率；R&D强度对科技资源配置系统的影响不显著，说明单纯的增加R&D投入并不能对科技资源配置系统产生太大的影响。

二、制约苏北发展的因素剖析

江苏省区域发展的严重不平衡，既有历史、社会、自然条件等方面的原因，也有宏观经济政策和市场机制方面的影响。从系统的角度来看，是多种因素综合作用的结果。

（一）区位比较劣势仍明显

从地理位置来看，苏南地处长江三角洲核心地带，紧靠国家级区域中心城市上海，是上海产业转移、技术和产品扩散的主要地区，接受上海的辐射作用较强；同时，苏南处于长江下游，沪宁铁路、高速公路横贯东西，京杭运河纵贯南北，运输、通讯条件好，运输成本低，便于发展加工贸易和吸引外资，因此经济实力较强。而苏北位于苏、鲁、豫、皖四省交界处的较落后地区，距我国经济发达地区相对较远，接受上海的辐射作用较弱。另外，苏北地区不仅不靠长江，并且由于长江过江通道的建设的滞后，无法享受运输的便利性和低廉性，致使苏北地区的投资效益明显低于苏南，在很大程度上影响了苏北对外界资金的吸引力。

从空间布局来看，苏北五市比较分散，难以形成"城市链"和"统一市场"，这既不利于信息交流、技术创新的扩散和采用，也不利于产生集聚经济和规模经济效应，从而影响资源的使用效率和区域整体的竞争优势。同时，与苏南相比，苏北的人口密度较小，不利于社会分工，不利于吸引市场型企业投资办厂，不利于发展服务业。

（二）发展极缺失

发展极缺失造成了苏北资源的严重流失，是苏北地区不发达的根本原因。相对于苏南和苏中来讲，苏北是江苏的欠发达地区。根据缪尔达尔的"积累循环因果理论"、赫希曼的"核心—边缘理论"，苏南发达地区对苏北欠发达地区有一个"扩散效应"（与"涓滴效应"相对应）和"回流效应"（与"极化效应"相对应），使得苏北的资本、技术和人才等生产要素向苏南发生一个"净转移"，从而影响苏北的发展。人口流动能够在一定程度说明这一问题。从2006—2010年年末的户籍人口和常住人口的数据来看，苏南的年末常住人口明显高于年末户籍人口，常住人口逐年增加，差额为533万—892万人；苏北的年末常住人口明显低于年末户籍人口，常住人口逐年减少，差额为204万—376万人。

（三）县域经济落后

县（市）是城乡融合的区域，是一个地区工业化和城镇化的重要空间载体，县域经济是城市经济与农村经济的集合。在第十一届全国县域经济百强县评选中，江苏29个县（市）榜上有名，其中，在苏北24个县（市）中，只入选了2个县（市），并且都排在90名之后，而苏州的5个县级市中，有3个并列第一，其余2个分别排名第六和第十三。另外，近年来人均GDP的最高昆山市是人均GDP最低的县（市）的9.22—26.88倍。可见，江苏三大区域的发展差距在很大程度上是由于县域经济的差距形成的。

（四）科技要素投入不足

一个区域的资金投入和科技人员投入决定了这个地区的技术创新能力和科技水平，进而对该地区的产业结构、可持续发展能力产生重大的影响。据统计，苏南科技支出和各类专业技术人员的数量都远远高于苏中和苏北。2000—2010年间，苏南的科技支出、科技支出占地方财政一般预算支出的比重、百人中技术人员数量分别是苏北的4倍左右、2倍左右和3倍左右。因此，苏北科技要素投入的不足是制约其经济发展的一个关键因素。

（五）资金来源构成不合理

各类资金在区域经济发展中都起着举足轻重的作用，国内信贷资金和外资更是和区域经济的发展密切关联。我们以固定资产投资的资金来源构成为例，来比较苏南和苏北的差异。2008年，苏南和苏北的国家预算内资金、国内贷款、利用外资、自筹资金和其他资金的比例分别为：1.2∶17.4∶12.8∶48.1∶20.5和0.8∶8.7∶3.7∶79.3∶7.5。不难看出，苏南很好地发挥了各类资金相互融合的作用，形成了国内贷款、利用外资和自筹资金“三足鼎立”，而苏北的自筹资金占比高达79.3%，没有充分地发挥国内贷款、尤其是外资在区域经济发展中的作用，资金来源结构不合理。

三、财税政策建议

统计资料显示，尽管苏北发展已进入加速发展的快车道，但与苏南地区的差距仍然未从根本上得到明显改观，在人均GDP、城镇居民可支配收入以及科技投入等领域的指标，不但没有缩小，反而有进一步扩大的趋势。分析表明，江苏“三大区域”差距的形成和扩大的原因是多方面的，既有区位优势、文化底蕴、思想价值观念和基础条件等因素的影响，也有市场性因素、政府性因素的影响。众所周知，市场机制是一种天然追求效率优先的运行机制，在区域发展差异已经形成并显著扩大的情况下，市场机制不但不能使区域间的差距自动消失，反而会在“循环累积因果关系”的作用下进一步扩大差距。这就客观上要求政府这只“有形的手”适度有效地进行宏观调控,以弥补市场不足。

（一）加大财政投资政策支持力度,尽快解决苏北地区的发展极问题

苏北不发达的根本原因,是苏南经济增长对苏北过强的回流效应和较弱的扩展效应,直接导致苏北地区生产要素更容易流失。因此,加快苏北发展,首先要解决苏北的发展极问题。徐州是苏北最大的工业城市,相对于苏北其它城市而言,徐州具有便捷的交通网络、丰富的自然资源、良好的服务能力、较好的工业基础、较强的科教实力和对周边城市较强的辐射能力。加之,在进入新世纪后,江苏省从区域协调发展的大局出发,2002 年,将徐州规划为全省重点建设的四个特大城市和三大都市圈核心城市之一;2005 年,先后出台了《关于加快苏北振兴的意见》和《江苏省沿东陇海线产业带建设总体规划》;2007 年,国务院总理温家宝亲自参加的长三角地区协调发展座谈会在上海召开,在这次会议上,长三角的范围开始从 16 个市扩展到两省一市;2008 年 11 月,出台了《关于加快振兴徐州老工业基地的意见》,提出了加快徐州振兴的目标定位、主要任务和扶持发展的政策措施;2010 年 5 月,国务院批准的《长三角地区区域规划》中提出加强泛长三角合作,编制淮海经济区区域规划。这些已为把徐州培育成为苏北的发展极奠定了良好的基础。因此,江苏省政府应在振兴徐州老工业基地的过程中,切实为徐州建设“两大中心”、“三大基地”、“四大产业”提供大量的财政支持,尽快把徐州打造成苏北发展的一个发展极,以带动苏北地区整体的发展。

（二）实施差异化的税收政策,促进生产要素在苏北聚积

税收优惠可以增加企业和个人的可支配收入,刺激企业和个人的投资和消费需求,将会成倍地刺激有效需求,推动经济增长。因此,省委省政府要在对接国家现行的税收优惠政策的前提下,对苏北实行适当的税收优惠政策。

1. 吸引外商投资的税收优惠政策

改革开放以来,国家为了吸引国外资金和技术,对外商投资企业制定了大量的税收优惠政策,苏南和苏中地区以其地源优势占得了浦东开发的先机,引进了大量的外资,建立了产业发展的良好基础。而苏北地区由于地缘劣势,没有充分享受到这些政策。2008 年,随着苏北在“自费开放”中逐步积累基础,吸引外资的环境渐渐得到改善的时候,国家却开始取消了对外商投资企业的优惠政策,实行了统一税负。从表面看,苏南与苏北是形成了统一的税收环境,但事实上对苏北来说却是一种税收优惠政策的“欠账”。所以,在南北产业基础差距很大的情况下,江苏省政府应该在其税收政策权限范围内,尽可能地对苏北地区予以优惠,以提升苏北投资环境的竞争力,增强苏北地区自我发展能力。

2. 对引进和培养人才的税收优惠政策

苏南苏北的差距,不仅表现在经济发展方面,还表现在包括人的科技文化素质、思想观念和思维方式等在内的文化差异上,尤其是表现在思想观念的差距上。

所以，加大引进（或“柔性引进”）苏南及沿海开放地区高端人才，扶持培养现有的优秀人才是加快苏北发展的一条捷径。省政府应加大对引进的专家型人才的个人所得税优惠力度，提高个人所得税费用的扣除标准，以及对技术成果转让及技术服务所得实行减税政策；对高新技术企业研发人员的外出培训费实行全额抵扣应纳税所得额。这样，在解决苏北发展技术问题的同时，不断壮大苏北专家型队伍，增强发展后劲。

3. 建立有利于促进苏北农村整体发展的税收政策

一是对涉农企业和产品实行增值税优惠政策，包括对农产品加工企业和农业生产资料生产企业的增值税优惠，以及对农民购买生产资料的增值税优惠。二是对有助于农村市场发育的税收优惠政策。

（三）实施政府采购的差别化战略，加快苏北地区企业的发展

政府采购就是指国家各级政府为从事日常的政务活动或为了满足公共服务的目的，利用国家财政性资金和政府借款购买货物、工程和服务的行为。政府采购行为必然会形成一个巨大的需求，所以，政府采购哪个企业的产品，就会对该企业以及所处的地区经济产生很大的推动作用。从理论上讲，政府采购是采购政策、采购程序、采购过程及采购管理的总称，是一种对公共采购管理的制度，它必须遵循一定的原则。但考虑到江苏省南北差异的具体情况，建议江苏省在制定政府采购政策时应适当对苏北予以照顾，在同等质量、同等价格的条件下，优先采购苏北的产品。

（四）加大对苏北的政府转移支付力度，促进各项事业协调发展

加大对苏北的转移支付应主要从三个方面给予考虑。一是加大对苏北各县（市）财政转移性支付，以满足苏北农村能享受均等化基本公共服务的要求。健全苏北农村以养老、医疗、失业、伤残等为主体的社保体系，为劳动者防范老无所养、失业、疾病等风险提供收入的支持，使劳动者在劳动期间免除了后顾之忧，从而全身心的投入劳动，并且放心消费。二是加大对苏北科技研发和成果转换的投入，省级科技创新与成果转换引导资金要向苏北倾斜。三是加大对苏北企业实行适当的生产性补助，以增强招商引资的优势。江苏省对苏北的省级开发区实行电价补贴，即每度电降价 0.1 元，在吸引外资方面已产生了较好的效果。建议省政府将这一政策的实施范围拓展到苏北开发区以外的所有外商投资企业，以增强其招商引资的吸引力。

（五）加大对苏北的基础设施投入，提升区域优势

由于历史原因，苏北的基础设施投入欠账较多。无论是城市的建设质量，还是城乡的道路密度，与苏南相比都存在着较大的差距，部分城市至今尚无铁路，严重制约了生产要素在区域内的合理配置和有序流动。因此，省财政应更多地投入苏北的城市间交通基础设施建设，完善多样化的交通网络，以缩短苏北各市间的“空间”距离。

同时，应加大力度支持苏北各市与淮海经济区其它城市间的交通规划和路网建设。淮海经济区作为一个跨省城区域经济协作组织，包括了我省的苏北五个城市，也涵盖了东陇海工业走廊，因此，淮海经济区的发展对于整个苏北的发展具有重要的意义。加快推动淮海经济区上升为国家区域发展规划是区域内各城市的共同愿望，而深化区域内的交流合作，增强人流、物流等在各城市间的有序流动，首先必须进一步完善高效快捷的交通网等硬件设施，这既需要区域内各城市的努力，更需要省级财政的鼎力支持。在当前的条件下，促进苏北五市间的生产要素流动，可以考虑对这几个城市间的高速公路通行费由省财政予以补贴，对货运车辆减半征收。

（六）广泛探索苏南苏北合作机制，强化苏南对江苏区域协调发展的责任

改革开放以来，苏南的快速发展离不开苏北各种生产要素的支持，因此在苏南优先发展的情况下，应积极开展与苏北的合作，推进苏南苏北协调发展。对此，江苏省政府应组织专家论证制约苏北地区经济发展所面临的瓶颈问题，有针对性的建立苏北区域发展专项基金，对于制约苏北地区发展的关键技术和重大产品，可实行苏南的科研单位和高校与苏北某些单位进行联合攻关，采取公开招标，立项研究。这样，通过政府的引导，财政的支持，苏北就可以借助苏南先进的科技力量，共同开发适合苏北发展的高技术含量、高附加值、高市场占有率的新产品，发展自己的制造业中心和商贸服务业中心，打造产业集群，以吸引外界（外国或外地）的资本和技术和人才，从而尽快解决推进徐州工业化的资本积累问题，增强苏北经济长远发展后劲，为缩小与苏南的差距奠定基础。

（作者单位：徐州工程学院）

参考文献：

[1] 上官敬芝. 江苏省区域经济发展差异的形成原因探析[J]. 统计与决策，2010(14)

[2] 苏北办. 加快苏北发展政策文件汇编（修订本）[C]. 苏北发展协调小组办公室，2008

[3] 上官敬芝，郝朝军等. 江苏南北区域协调发展与地方政府适度干预[C]. 江苏哲学社会科学大会提交论文，2010

[4] 上官敬芝. 江苏地方财政支出与经济社会发展的灰色关联分析[J]. 统计与决策，2011(22)

[5] 李惠娟，赵静敏等. 城市科技资源配置效率的 DEA 两阶段方法评价[J]. 科技管理研究，2010(19)

[6] 李惠娟，上官敬芝. 发达地区促进区域协调发展的财税政策对江苏的启示[J]. 江苏商论，2010(10)

江苏公共服务均等化的 TOPSIS 分析：民生经济的考察

蒋昭侠

摘　要　经济活动归根结底是为了改善民生，改善和保障民生正是基本公共服务均等化应有之义。当前，中国进入了经济转轨、社会转型的加速期。随着经济增长、社会分化速度加快和利益格局差距的加深，经济和社会生活中长期积累的深层次问题也逐步显现。这既是经济发展的黄金期，又是社会矛盾的集中凸显期，而眼下中国最突出的便是城乡基本公共服务的非均等化问题。对此，本研究引进 Topsis 方法，以江苏省为例进行分析。

关键词　民生经济　公共服务均等化　Topsis 方法

Topsis 法是一种根据有限个评价对象与理想化目标的接近程度进行效益、能力或程度的排序方法，是在现有的评价对象的指标中，进行一系列的相关综合运算对其最终的优劣作出评价。本文以江苏省为例进行分析。

一、基本公共服务均等化的评价指标

根据基本公共服务的定义，基本公共服务是为满足民众最基本的生存权利发展权而提供的公共服务，具有纯公共产品的性质，其特点是与民生息息相关。为了更好地找出实现城乡基本公共服务均等化的施力点，提出城乡基本公共服务均等化的实现途径，有必要对其进行合理的评价，评价要点如下：

1. 评价指标及体系。指标是根据研究的对象和目的，能够确定地反映研究对象某一方面情况的特征依据。而指标体系是由一系列相互联系的指标构成的总体。一般来说，在指标体系的构建上，应当遵循层次性分明、指标充分和指标独立的原则。在具体指标取舍的时候，还应注意数据的公开、概念的清晰及获取的经济。

2. 无量纲化方法。在进行综合评价时，指标体系中所包括的各指标往往具有不同的计量单位，在构建综合指数时，应统一这些指标的量纲，即所谓无量纲化。这些无量纲化的方法有统计标准化方法、极值标准化方法（也称线性功效函数法）、对数功效函数法及幂函数型功效函数法等。

3. 合成方法。即通过一定的数学模型将多个评价指标合成为一个整体性的综合评价值。可用于合成的数学方法很多，要根据评价目的即被评价对象特点来选择较为合适的合成方法。具体来说，有加权算术平均法、加权几何平均法及加权算术平均和加权几何平均联合使用的混合方法。

4. 评价结果。得到评价结果并解释其具体含义，并且依据评价结果进行决策。在对基本公共服务和均等化的内涵充分研究的基础上，我们发现可以通过对城乡基本公共服务均等化进行具体的指标设计，对指标进行量化考察之后，就能对基本公共服务据等化进行客观评价。

二、指标选取与数据采集

限于数据的可得性，本研究选取了二大类 4 个方面指标：一类是江苏省各个地级市城镇居民 4 个指标的数据；一类是江苏省各个地级市农村居民 4 个指标的数据。4 个方面指标：即人均可支配收入；文化教育支出；医疗保健支出；交通和通讯支出。数据来源于 2010 年《江苏省统计年鉴》，见(表 1)。

表 1　2010 年江苏省各地级市评价对象指标数据

	城镇居民文化教育支出(元)	城镇居民医疗保健支出(元)	城镇居民交通通讯支出(元)	城镇居民人均可支配收入(元)	农村居民文化教育支出(元)	农村居民医疗保健支出(元)	农村居民交通通讯支出(元)	农村居民人均可支配收入(元)
南　京	2 683	1 199	2 033	24 678	1 387.4	344.7	844.2	9 858.0
无　锡	1 942	1 011	2 195	25 027	1 386.7	492.8	1 070.1	12 403.0
徐　州	1 353	726	1 085	14 798	693.0	236.2	505.4	6 951.0
常　州	2 222	1 192	2 620	23 392	1 195.1	689.8	1 205.7	11 198.0
苏　州	2 933	812	2 761	27 188	1 696.4	490.6	1 499.1	12 969.0
南　通	2 169	656	1 334	19 469	1 214.3	443.9	657.0	8 696.0
连云港	1 201	566	987	13 885	598.8	265.1	386.7	6 111.0
淮　安	1 491	602	1 096	14 050	476.4	343.6	403.8	6 308.0
盐　城	1 602	537	1 181	14 891	849.9	230.6	406.5	7 650.0
扬　州	2 136	640	1 061	17 332	1 031.3	361.9	546.1	8 295.0
镇　江	1 754	695	935	21 041	1 015.6	418.9	815.9	9 642.0
泰　州	1 900	589	997	18 079	1 041.2	306.4	541.5	8 180.0
宿　迁	985	402	821	11 149	604.2	244.8	352.6	6 057.0

三、Topsis 分析的输出结果

1. 对江苏省各地级市的城镇居民和农村居民基本公共服务均等化指标进行归一化矩阵变换，得到数据如表 2。

表 2　江苏省各地级市城镇居民指标归一化矩阵

	文化教育	医疗保健	交通通讯	人均可支配收入
城　镇				
南　京	0. 076 2956 04	0. 066 987 961	0. 066 901 251	0. 081 667 056
无　锡	0. 105 407 367	0. 079 4446 73	0. 061 963 665	0. 080 528 213
徐　州	0. 151 294 24	0. 110 631 632	0. 125 355 064	0. 136 192 702
常　州	0. 092 124 71	0. 067 381 346	0. 051 912 307	0. 086 156 789
苏　州	0. 069 792 399	0. 098 914 489	0. 049 261 226	0. 074 127 541
南　通	0. 094 375 798	0. 122 436 837	0. 101 956 705	0. 103 517 366
连云港	0. 170 442 22	0. 141 905 591	0. 137 801 666	0. 145 147 972
淮　安	0. 137 291 151	0. 133 419 543	0. 124 096 938	0. 143 443 388
盐　城	0. 127 778 469	0. 149 569 022	0. 115 165 321	0. 135 342 126
扬　州	0. 095 833 851	0. 125 497 757	0. 128 190 616	0. 116 280 845
镇　江	0. 116 705 306	0. 115 566 28	0. 145 465 502	0. 095 783 451
泰　州	0. 107 737 425	0. 136 364 287	0. 136 419 503	0. 111 476 276
宿　迁	0. 207 818 382	0. 199 797 425	0. 165 664 122	0. 180 767 746
农　村				
南　京	0. 147 542 963	0. 233 010 052	0. 161 111 4	0. 204 441 022
无　锡	0. 147 617 442	0. 162 984 101	0. 127 100 499	0. 162 491 3
徐　州	0. 295 383 992	0. 340 044 728	0. 269 114 056	0. 289 940 958
常　州	0. 171 283 664	0. 116 437 467	0. 112 806 041	0. 179 976 746
苏　州	0. 120 667 948	0. 163 714 971	0. 090 727 933	0. 155 399 768
南　通	0. 168 575 399	0. 180 938 42	0. 207 017 114	0. 231 759 383
连云港	0. 341 852 216	0. 302 974 594	0. 351 720 31	0. 329 795 385
淮　安	0. 429 683 263	0. 233 756 009	0. 336 825 765	0. 319 495 814
盐　城	0. 240 853 167	0. 348 302 536	0. 334 588 546	0. 263 448 313

续表

	文化教育	医疗保健	交通通讯	人均可支配收入
扬　州	0.198 488 419	0.221 935 797	0.249 057 396	0.242 9631 82
镇　江	0.201 556 82	0.191 736 846	0.166 699 649	0.209 020 908
泰　州	0.196 601 14	0.262 136 308	0.251 173 119	0.246 378 924
宿　迁	0.338 796 933	0.328 098 712	0.385 735 235	0.332 735 611

基本公共服务各评价指标归一化后的最大、最小值构成的最优、最劣向量分别记为 Z_0，Z_1，且具体为 Z_0＝(0.429 683 263，0.348 302 536，0.385 735 235，0.332 735 611)，Z_1＝(0.069 792 399，0.066 987 961，0.049 261 226，0.074 127 541)；

2. 计算各评价指标与最优、最劣方案的距离，如表 3。

3. 计算各评价指标与最优、最劣方案的接近程度 Ci 值并进行排序，结果如表 4。

表 3　江苏省各地级市居民指标与最优、最劣方案间的距离

	城镇 D0	城镇 D1	农村 D0	农村 D1
南　京	0.607 207 8	0.020 260 7	0.399 755 7	0.251 208 7
无　锡	0.588 104 0	0.040 328 8	0.458 008 4	0.170 711 8
徐　州	0.490 313 1	0.134 877 3	0.183 122 2	0.469 437 4
常　州	0.604 228 0	0.025 513 1	0.467 279 3	0.167 304 4
苏　州	0.609 753 0	0.031 934 5	0.498 028 4	0.142 380 5
南　通	0.544 526 2	0.085 563 3	0.371 912 5	0.269 225 9
连云港	0.454 376 9	0.169 202 0	0.104 562 8	0.535 316 2
淮　安	0.485 742 9	0.139 201 0	0.125 248 1	0.547 942 3
盐　城	0.492 753 2	0.135 186 1	0.207 535 5	0.475 039 5
扬　州	0.523 708 8	0.110 046 3	0.310 088 6	0.330 153 9
镇　江	0.515 741 1	0.119 526 0	0.373 939 1	0.254 788 3
泰　州	0.509 580 9	0.123 476 5	0.295 486 0	0.353 000 1
宿　迁	0.377 885 0	0.248 225 6	0.093 101 1	0.566 255 5

其中城镇 D0 代表江苏省各地级市城镇居民指标与最优方案间的距离；城镇 D1 代表江苏省各地级市城镇居民指标与最劣方案间的距离；农村 D0 代表江苏省各地级市农村居民指标与最优方案间的距离；农村 D1 代表江苏省各地级市城农村居民指标与最劣方案间的距离。

表 4 江苏省基本公共服务均等化能力评价情况及排序

	能力 Ci	综合排名	城镇间排名	农村间排名
城镇				
南京	0.967 710 46	1	1	/
无锡	0.935 826 371	4	4	/
徐州	0.734 262 035	10	10	/
常州	0.959 486 333	2	2	/
苏州	0.950 233 577	3	3	/
南通	0.864 204 598	5	5	/
连云港	0.728 659 844	14	12	/
淮安	0.777 258 397	12	11	/
盐城	0.784 714 772	9	9	/
扬州	0.826 358 302	6	6	/
镇江	0.811 849 147	7	7	/
泰州	0.804 952 075	8	8	/
宿迁	0.603 543 528	17	13	/
农村				
南京	0.614 097 675	16	/	4
无锡	0.728 477 282	15	/	3
徐州	0.280 621 434	23	/	10
常州	0.735 355 687	13	/	2
苏州	0.777 672 508	11	/	1
南通	0.580 081 474	19	/	6
连云港	0.163 410 294	25	/	12
淮安	0.186 051 56	24	/	11
盐城	0.304 047 863	22	/	9
扬州	0.484 329 919	20	/	7
镇江	0.594 755 498	18	/	5
泰州	0.455 655 111	21	/	8
宿迁	0.141 199 978	26	/	13

四、Topsis 输出结果解释说明

实证输出结果至少说明：

(1) 通过对一共 26 组数据纵向比较得到：江苏省城乡居民享有的基本公共服务存在着很大的差异。从基本公共服务能力的综合排名(表 4)中可以看出：排在前九位的一律都是城市地区，它们分别是：南京、常州、苏州、无锡、南通、扬州、镇江、泰州、盐城；而排在最后九位的一律都是农村地区，它们分别是：宿迁、连云港、淮安、徐州、盐城、泰州、扬州、南通、镇江。并且还可以看出享有基本公共服务均等化能力最高的南京城市数值高达：0.967 710 46，而享有基本公共服务均等化能力最低的宿迁农村数值仅为：0.141 199 978，进一步计算可得，江苏省基本公共服务均等化能力最高的城市地区南京是最低的农村地区宿迁的 6.8 倍左右，说明江苏省基本公共服务在城乡之间表现出了极大的差距。

(2) 通过横向比较，更容易看出，不管是哪一个城市和农村之间的基本公共服务均等化能力比较，都是城市享有的基本公共服务均等化能力要高于农村地区享有的基本公共服务能力。从表 4 中数据进一步计算可得，差距最大的连云港、宿迁、淮安地区的城乡之间，城市居民享有的基本公共服务均等化程度分别是农村地区的 4.46、4.28、4.17 倍；即使是城乡之间差距最小的城市地区苏州，城市居民享有的基本公共服务均等化程度是农村地区的 1.22 倍，同样也能够说明江苏省基本公共服务在城乡之间表现出了较大的差距。

(3) 从以上分析可以看出经济实力的非均等化依旧是实现基本公共服务均等化的最大障碍因素。如表 1 数据所示，本文选取的四个指标：人均可支配收入、文化教育、医疗保健和交通通讯，其中人均可支配收入的绝对差距最大，文化教育、医疗保健和交通通讯等基本公共服务非均等化程度次之，而正是这些地方经济实力的差距导致了其基本公共服务均等化的供给能力的非均等化。

五、城乡基本公共服务均等化推进对策与建议

(一) 深化省级以下财政管理体制改革

进一步理顺省级以下财政管理体制，逐步推进基本公共服务均等化。改革预算编制制度，提高预算的规范性和透明度。继续深化部门预算、国库集中收付、政府采购和收支两条线管理制度改革。建立国库现金管理和国债余额管理制度，推进政府会计改革。加强预算执行审计，提高预算执行的严肃性。建立财政预算绩效评价体系，提高财政资金使用效率。理顺省级以下财政管理体制，应按照建立公共财政框架的基本要求，界定省以下各级政府职责，即经济社会事务管理责权范围，进一步明确划分省以下各级政府的财政支出责任。合理划分省以下政府间

财政收入比例。规范的分税制财政体制，必须建立在明确界定各级政府经济社会事务管理责权的基础之上，即明确各级政府需要做什么，履行职责需要多少开支。合理界定财政支出责任后，需要相应地进行财政收入调整，逐步达到尽可能地匹配。推进省级政府直接管理县级政府的财政管理体制，减少不同层级间政府财政的混乱关系，避免地市一级对县统一和透明的拨付机制，避免寻租活动。要避免政策的惯性，改变目前以划分东、中、西的方式分配转移支付，将转移支付与财力均等化直接联系起来。

（二）统筹解决农村居民基本公共服务的供给

统筹农村居民基本公共服务供给，放宽农民工及其子女因户籍制度因素不能享受到基本公共服务的制度安排，争取让农民工及其子女享受到与城市地区一样的基本公共服务，缓解城乡基本公共服务非均等化状况。

1. 切实解决义务教育经费衔接困难的问题。让外出打工的农民工子女可以在全国任何一个地区的城市或农村就学。降低农民工子女流入学校入学门槛，在公办教育资源不足的情况下，通过政府出面向民办教育资源寻求援助，并且加大向这些农民工子女的教学补助。同时还要加强农村地区的教育基础设施建设，为留守的农民工子女，提供充足的教学资源和津贴补助，切实解决农民工子女基础教育问题。

2. 建立和完善农民工的基本医疗卫生保障制度。对农民工本身愿意参加流入地城镇基本医疗的，使得农民工负担得起城镇基本医疗卫生的缴费，流入地政府要对这些流入的农民工降低基本医疗卫生的缴费标准；对农民工本身愿意参加户籍所在地农村合作医疗的，消除农民工就医点与合作医疗指定点不同区的制度限制，解决合作医疗的报销手续烦、报销率低问题；在经济较发达、条件较好区域，应逐步实行农村合作医疗和城镇基本医疗制度的有效衔接。

3. 加强对农民工的就业管理服务。建立适合不稳定就业农民工特点的过渡性养老保险制度，建立可跨地区转移的农民工养老保险个人账户。尽快实行农民工就业管理与服务的“就业信息卡”制度，反映城乡劳动力变动情况。就业信息卡，使农民工在劳动合同管理、就业和失业登记、职业培训等方面享有与城市居民同等的待遇，最终实现跨城乡、跨地区公共就业服务的对接。

（作者单位：徐州师范大学）

从美国的物流业看我国现代物流业的发展

苟新平

摘　要　现代物流业是现代服务业的重要组成部分，是我国经济发展的支柱产业。“十二五”期间，大力发展现代物流业，是加快产业优化升级，提高产业技术层次、管理水平和产业附加值的重要手段，也是转变经济增长方式的必然选择。本文介绍了美国物流业发展的主要做法和成功经验，提出了对我国物流业发展的启示和建议。

关键词　美国　物流　经验　启示

“现代物流”最早在1927年由美国学者提出，第二次世界大战期间美军应用物资管理的理念和方法解决军用物资供应，取得良好效果。故战后这一管理模式被推广到商界并逐渐普及。日本在20世纪60年代从美国引进物流概念，并迅速发展形成自己的特色；欧洲国家的物流业也是在美、日影响下发展起来的，也已达到较高水平。总体上讲，美国的物流发展无论在规模总量、企业能力和先进技术应用上都代表了世界的较高水平。我国从80年代引进物流概念发展至今，也取得了辉煌的成绩，物流已成为我国经济发展的支柱性产业。然而，我国物流的现状及技术与发达国家相比仍然较为落后，无论是第三方物流企业，还是物流园区的发展，仍然处于积极的探索阶段。笔者近期随团考察了美国基于多式联运下的物流园区，并进行了现代物流与供应链管理理论的学习，深有启发。

一、美国物流业发展的主要经验

美国是世界物流业起步最早、实力最强、技术领先的国家，在全球具有领先地位和优势，无论城市物流，还是物流基础设施的建设和运作，其成功模式都成为各国学习的经验和示范。美国发展物流业的成功经验主要是营造了良好的物流发展环境，包括政策、交通设施、物流人才、资源整合、物流园区及龙头（企业）效应等。

（一）政府政策与资源整合方面

主要经验：放宽交通运输管制，鼓励竞争搞活市场。

美国政府对物流业的管理采用“有所管”和“有所不管”的策略。“管”的主要是交通安全和环境保护的监管，“不管”的是指交通运输经济法规的放宽管制。在交通经济法规方面，美国经历了“松—紧—松”的演变过程。19 世纪以前，美国运输市场处于松散无序状态，恶性竞争严重。19 世纪 80 年代至 20 世纪上半叶，美国国会相继通过了一系列法规，对公路、铁路、航空、水运等各种运输方式承运人的市场准入、运输费率的调整进行了严格限制，其结果是在规范市场秩序的同时，窒息了市场活力，因而受到越来越强烈的抵制。80 年代后，美国政府通过一连串的新规，放宽对交通运输的管制，完全市场化。

美国交通管制的市场化与 19 世纪的混乱无序和恶性竞争相比有着本质区别：其一，是在经过近一个世纪的严格规范，运输市场秩序较好的前提下放宽控制，放而不乱；其二，少管不是不管，如加强承运人对运价调整的控制，以及对毁灭性恶性竞争的控制等等；其三，在运输业已发展到相当规模和实力的情况下放宽管制，鼓励企业通过合作和兼并，形成一些大型的跨行业物流企业，促进多式联运的成长。例如，放宽对铁路、公路、海运管制后，以铁路为主的 CSX 公司和以海运为主的 A-CL 公司的合并，产生了全美第二大铁路公司和超大型驳船公司；其四，放宽市场准入限制，强化竞争机制，坚持优胜劣汰。例如，全美公铁联运龙头企业 JB. HUNT 公司通过购买铁路服务的方式，与美国所有的一类铁路经营商展开合作，在价格、选址、服务人员及设备配置、提供服务方面达成合作协议，最早实现了集装箱公铁联运，赢得了自身的成长，也使公铁联运成为全美最活跃的运输方式；其五，美国政府在放宽运输市场管制的同时，对物流发展相关的环保和安全问题加强了监管和规范。建立了《运输安全法》、《资源保护和恢复法》、《综合环境责任赔偿和义务法》、《危险品材料运输法》等一系列法规。

（二）交通设施与物流成本方面

主要经验：建立良好且发达的多式联运综合运输网络。

美国物流业的发达，很大程度上要归功于其密集而先进的综合交通网络。美国航空运输几乎占全球“半壁江山”，2009 年国际机场协会对世界货运机场前 20 名排名中，美国就有 8 家。美国海运一直维持在全球前列，洛杉矶港、纽约港、长滩港等都是世界大港。美国全国铁路总长 30 多万公里，全球最长。美国全国公路总长度约 650 多万公里，高速公路 10 多万公里，居世界第一。美国政府在重视交通网络建设的同时，高度重视交通设备的标准化和各种交通方式的联合运作。为此，颁布了《多式联运法》，并早在《2000—2005 年运输部战略计划》中就提出多式联运是美国运输系统四大特征之一。

美国物流成本虽然不是全世界最低，但一直稳中趋降，物流总开支占 GDP 的比重为 10%左右。由于美国交通网络成熟较早，交通费用与整体经济发展基本同步，下调空间有限。而仓储业中信息技术、管理软件和自动化设施的广泛应用，以及“零库存”生产的普及，成为节约物流成本的主要空间。

（三）物流人才与物流研究方面

主要经验：重视物流人才培训，物流理论研究与物流实践紧密结合。

在美国，从企业、行业协会、学校到政府，都注重对物流人才的培训培养工作，形成一种多层次、多渠道、适应市场需要的物流人才培训机制。最直接的物流人才培训来自企业本身，大型物流企业如 UPS、FedEx，以及一些普通规模的物流配送企业，都有自己的培训机构，负责对新员工和管理人员进行物流知识和技能的培训。如 UPS 物流配送中心，新员工入职后先要接受一个星期的业务培训，以后还有不定期的培训，平均每位员工的培训费达几千美元；其次，行业协会除促进物流业界的联络、合作和开展物流研究外，很重要的一项业务就是进行物流人才培训；第三，学校是物流人才培训的重要渠道；第四，政府对培养物流人才高度重视，除提供资金鼓励大学开设物流专业和物流课程外，还与大学和企业合作共同培养物流人才。

美国物流研究做到了“理论联系实际”，空泛理论研究很少，多是技术性、应用性的研究。研究成果大量集中在个案分析和管理模式创新方面。而企业物流研究，更是以经济效益为追求的目标。

（四）物流园区建设方面

主要经验：园区建设的动力来源于企业对市场需求的把握及经济效益的追求，而不是政府的需要。

美国物流园区定位为工业园区，依托仓库、配送，以多种运输方式的连接体现并发挥物流功能。政府的主要作用在于对交通基础设施投资的决策，给予赠款、贷款、贷款担保和税收优惠等扶持，或者以国家投资基建银行管理方式对基础设施项目进行投资（如直接资助公路，铁路和航空运输）等。只有在极少数情况下，政府为税收的需要才建设物流园，绝大多数情况下是企业提出建设申请，政府予以协作。当前，美国物流园投资建设主要采取四种模式：私人投资、某核心企业集中投资、大型专业物流公司（如 UPS）投资或非专业物流公司投资（如沃尔玛）、自然及交通条件形成的物流园。

（五）龙头效应方面

主要经验：高度重视，加大扶持。

2010 年世界前五大物流企业中，美国公司占据其三，龙头企业的影响力和吸引力同样强势拉动了物流业的发展。美国对龙头企业的发展非常重视。以 UPS 为例，其航空物流的国际巨头地位及影响力、世界一流的物流信息技术和管理模式、高级人才队伍及对大量物流人才的需求、长期以来的发展战略实施及计划兴建全球航空物流配送中心的部署等等，与政府的物流发展规划高度吻合，从而在政府的大力支持下，获得更多人力、物力的倾斜配置，开辟了机场物流园，建立了多式联运检索中心，促成了 UPS“世界港”物流基地的建设，从而大大推动了自身的快速发展。

二、美国经验对我国加快发展物流产业的借鉴

（一）制约我国物流业发展的主要问题

一是交通设施体系建设滞后。近几年我国高速公路建设发展迅速，总里程由“十五”期末的 4.1 万公里发展到 7.4 万公里，仍居世界第二位。通过两年到三年的建设，我国高速公路里程数可赶上美国，但在建设质量、路网设计和管理水平上，与美国仍有差距。各种交通方式条块化管理、不规制的市场分割及竞争，使各方式间缺乏连接和渗透，成为制约我国多式联运发展的重要因素。

二是物流成本和道路运输费用偏高。一般发达国家的物流成本占 GDP 比重的 11%左右，而我国高达 16%。根据香港贸发局估算，我国物流耗去工业品生产周期总时间的 90%和总费用的 40%，三分之二的物流支出来自过多的仓储和运输费用，以及运输过程中的损毁和丢失。另外，就是我国道路运输效率较低，而公路运输费用较高。

三是物流自动化、信息化程度较低。我国运输、仓储、配送等物流主要环节的运作中，仍以人工和机械化、半机械化为主，自动化程度低，信息技术应用少。

四是缺少辐射功能强劲的超大型物流企业。由于我国经济的快速发展，国外物流企业踊跃进入我国设点，国内物流企业也逐渐做大做强。但是，国际一流物流企业真正把地区总部迁入国内的不多，辐射功能强劲的超大型跨国物流企业还很少，全国物流企业总体仍然呈现小、散、弱的发展态势。

五是物流园区建设多而不精。近年来，各地政府对扶持物流业发展的高度重视，建设了大量物流园区或物流基地，对推动物流业发展起到了一定的积极作用。但是，瞄准国际先进水平的多式联运的物流园区较为罕见，难以真正吸引大型跨国物流企业入驻，其龙头带动作用和产业集聚作用发挥不强。

（二）对我国加快发展物流业的建议

国家经济转型需要现代物流的基础性支撑，现代物流的难点是综合运输的实现和高效率，而综合运输的发展必须依靠加快枢纽型物流园区的建设来实现。

1. 设立国家级示范物流园区

按国家对物流园区的建设标准并确立相关定性定量考核体系，从国家层面将土地、财税、体制创新等政策直接给予园区，并要求省级政府对应配套，在此基础上予总结推广。成功的国家级示范物流园应具备“四个一”：一个非盈利的规划管理机构；一个完善的综合交通通讯网络；一个有特色的重点产业发展方向；一个(批)大型的现代化龙头物流企业。

2. 打破条块分割对物流业发展的制约

我国的条块分割管理体制严重制约了现代物流“点对点”、“门对门”的快速配载及多式联运的有效衔接。为避免“政出多门”、互相扯皮，可进行一定的机构改组和合并，以一个专业的高层次机构，如“物流发展局(委员会)”对物流发展及相关政策进行策划、统筹、协调和指导，一揽子解决行政收费、路桥费太高等物流成本问题，从而进一步突出物流支柱产业在我国发展中的重要地位和作用。

3. 建立多式联运快速通道

国家及各级地方政府，应专项扶持，形成城市间交通网络或物流园区之间的多式联运快速通道，加强各运输方式间的无缝连接。大力发展集装箱运输业，特别是铁路集装箱运输业。通过“海铁联运”，改变目前集装箱陆路运输绝大多数依靠汽车的现状，从而降低物流成本，实现节能环保，对疏港的快捷运输也具有重要的意义。

4. 培育扶持大型物流龙头企业

借鉴美国扶持物流龙头企业的方法，在人力资源、交通设施、用地、税收等方面给扶持企业开“绿灯”，提供最好的条件。同时，国家及地方政府应鼓励以关、停、并、转、卖等形式推进园内不同业态物流企业间的整合，并引导其与国际大企业合作，用供应链管理模式带动中小企业加盟发展。

5. 加强物流人才的培养和科技网络技术的应用

大学物流专业培养物流高级管理人才固然重要，而大批量培训和提供有技能的物流从业人员更符合大型先进物流企业的需求。因此政府和企业都要更新观念，加强校企联动，把协助企业解决知识型劳动力不足问题作为政府的重要职责，多渠道引进人才、培养人才，为物流企业提供人力资源的充分保障。在物流信息化建设方面，政府应像投入基础设施建设一样，加大物流信息化公共平台建设的投资，并无偿提供企业规范使用，减少企业的重复建设。同时，应通过税收和专项扶持等手段，促进物流企业在科技、网络上的应用和创新，加大互联互通和信息资源共享，提高管理效能。

(作者单位：南京市发展改革委员会)

建议南京出台相关政策引导扶持民办博物馆健康发展

樊姝玉

摘　要　民办博物馆的兴起展示了民间收藏活力，对国有博物馆的资源和责任发挥了积极的补充作用，有利于增强全社会文化遗产保护意识，延续和传承优秀的历史文化。本文对南京民办博物馆的发展现状进行了分析，指出其发展中存在的一些不规范、无保障等问题；在借鉴外地鼓励民办博物馆的经验做法的基础上，建议南京在资金支持、税收优惠、人才培养和宏观管理等方面出台相关政策，积极引导和扶持民办博物馆健康发展。

关键词　民办博物馆　困境　政策扶持　南京　建议

博物馆数量多少，反映了一个城市的文化品位。南京作为六朝古都、十朝都会、著名的历史文化名城，需要越来越多、形式各异的博物馆来展示自身的魅力。据悉，发达国家平均5万人拥有一个博物馆，我国平均60万人才有一个博物馆。西方国家民办博物馆占博物馆总数的60%以上，而中国目前还不到15%。这个数据说明中国民办博物馆的发展空间很大。

党的十七届六中全会积极鼓励社会力量参与文化事业的发展，民办博物馆面临着前所未有的良好机遇。民间资本介入博物馆事业，是文化遗产保护的进步，也是社会文明进步的标志。民办博物馆的兴起，有利于增强全社会文化遗产保护意识，延续和传承优秀的历史文化。南京的经济实力和文化传统，为民办博物馆的发展提供了有利的条件。如何更好地鼓励民间资本参与博物馆等公益性文化设施建设，促进南京民办博物馆走上持续、健康、有序发展的道路，是南京打造历史文化名城过程中急需解决的重要问题。

一、南京民办博物馆发展现状

南京博物馆主要分为社会历史类、纪念类、遗址类、艺术类、自然科技类等六大类。现有登记注册的博物馆56座，其中隶属省级部门管辖的有11家，市属的

20家，区县的15家，民办的10家(南京长风堂博物馆、南京民间抗战史料博物馆、百家湖博物馆、金陵文化博物馆、翠螺苑艺术馆、江宁织造府博物馆、王伯沆周法高纪念馆、古歌博物馆、麻凡艺术馆、金陵竹刻艺术博物馆)。未注册登记的博物馆更多。按对社会的服务情况，南京的民办博物馆有三类：一部分正常对外开放；一部分是通过预约后开放；还有少部分因为条件限制难以正常开放。南京的民办博物馆绝大多数“养在深闺人未识”，生存状态好些的都是有财团和企业支持。部分博物馆生存现状：

(一) 坚守的抗战博物馆

位于铁心桥的南京民间抗日战争博物馆由企业家吴先斌投资兴建。因为一次偶然的机会接触到跟抗日有关的史料后，一发不可收拾，收集此类史料，成了他生活中最重要的一部分。这座博物馆除了周末和周一闭馆，其他时间都免费开放。博物馆内，除了一名门卫恪尽职守外，鲜见参观者。馆长吴先斌认为主要的原因是，这个博物馆相对专业，比较枯燥，只有那些有点兴趣，有点想法的人才会来参观。

(二) 无人问津的龟鳖博物馆

1989年龟鳖自然博物馆开馆。这座位于广州路乌龙潭公园内的博物馆，由乌龙潭公园管理处原主任周久发老先生创立。建立之初，馆内收有中外龟鳖80余种，占世界已知龟鳖品种的36.4%，成为交流、探讨龟鳖的科研、养殖和开发及中国龟文化探讨的活动中心，兴盛一时。自周久发退休后，馆里长时间没有引进新的活龟鳖和相关展品。从2001年前后开始，龟鳖馆因布局采光不好、陈列场地不够，不少龟鳖因水土不服而染病死亡后，展品逐年减少。如今的龟鳖自然博物馆，乌龙潭公园里稀疏的人群过而不入，几乎没人注意到这个博物馆的存在。

(三) 曾经险些被拆的王伯沆周法高纪念馆

这座纪念馆原是国学大师王伯沆先生的故居。1994年，南京市对边营一带进行改造拆迁，这座故居也被列入了拆迁范围。后来，王伯沆之女、周法高之妻王绵专门从台湾赶回南京，多方呼吁，申请保留故居，这座古宅方得以保全。1998年，这座老宅成为展示王伯沆、周法高两人生前收藏物的私人博物馆，也因此成为江苏省第一家民办博物馆。周世箴是周法高的女儿、台湾东海大学的教授，每年5月至10月，她都会从台湾搬来南京住进老宅，这段时间的周末纪念馆才开，其他时间都关着。

二、南京民办博物馆存在的问题

由于民办博物馆是一种新生事物，缺乏政府和社会各方面的关注，自身发展也不成熟。南京民办博物馆目前还处在不规范、无保障的状态，存在着诸多问题。

(一) 准入不明确，处于无序发展状态

现行政策规定对博物馆的准入条件只有原则性的指导意见，博物馆场所面积、藏品数量、人员资质等方面都没有量化指标，给实际工作带来很大难度，审核各类博物馆设立的标准难以统一。导致在民办博物馆审批过程中，民政、文物、工商部门在各自管理权限内难以对其进行有效的监督管理。加之地方政府对民办博物馆基本是无暇顾及的态度，诸多民办博物馆根本不到政府相关部门注册，处于没有身份的发展状态。目前南京民办博物馆种类偏少，结构不够完善，以单个个体为基础生存，在布局上相对分散，不能实现规模发展，导致社会认可度低。

（二）运营规范化、专业化程度不高

一些民办博物馆管理者对于自身场馆的定位、远景规划不清晰，重设立、轻管理。有的博物馆建立后，因运行经费不足导致无法正常开放，即使开放也是陈列展览常年不变。有的没有意识到博物馆的社会职能，把博物馆当作个人收藏文物、朋友聚会交流的私人会所。一些建立在景区内的博物馆，仅仅满足于旅游商品的销售。一些企业建立的博物馆，逐步成为企业的产品陈列室。民办博物馆缺乏一套包括业务发展、市场运营、权益维护等完善的管理体系，导致民办博物馆的服务质量不高。在藏品管理与展示等方面缺乏专业化指导，弱化了民办博物馆的展示功能。

（三）扶持政策不明晰，多数经营艰难

2010年，国家文物局、民政部、财政部、国土资源部、住房和城乡建设部、文化部、国家税务总局等七部委联合下发了《关于促进民办博物馆发展的意见》，从"积极促进民办博物馆健康发展、为民办博物馆创造良好的发展环境、全面提高民办博物馆的质量"等三个方面，为鼓励民办博物馆发展提出了9条意见，明确提出了"民办博物馆与公立博物馆同等的法律地位"。但是在民办博物馆的发展实践中，江苏和南京还没有出台明确的扶持政策。民办博物馆很少能得到政府的资金支持和社会各界的捐助，加之自身也缺乏"造血"功能，导致资金匮乏，举步维艰。有限的资金大多投入到藏品的收购和保护中，很难在提高陈列水平、搞多种服务上投入力量，也很难吸收到高水平的专业人才加入。没有完善的筹资计划，博物馆的永久性、公益性无法保证。

三、外地鼓励民办博物馆经验做法

为解决南京民办博物馆在发展中遇到的问题，使民办博物馆更好地为南京的文化建设和城市发展服务，建议借鉴和参考国内其他城市在鼓励民办博物馆发展方面先试先行的经验，出台适合南京民办博物馆发展的政策。部分城市鼓励民办博物馆发展政策如下：

（一）宁波市鄞州区

该区在落实《关于促进民办博物馆发展的意见》精神时，结合本区实际，制定以下规定：由个人和民营企业出资筹建、建筑面积在1 000平方米以上的博物馆，投资额度在每平方米 4 000 元及以上的，区财政予以每平方米 500 元的一次性补助；投资额度不足该标准的，区财政予以每平方米 300 元的一次性补助；最高补助额度不超过 400 万元。区财政对免费和低价收费博物馆按参观人数、展览次数等予以经费补助。对区内博物馆组织外地展品来本馆进行展览的，按规模大小给予 2 万至 4 万元不等的补助；到市外或国外进行异地巡回展出，按照活动大小给予 3 万至 10 万元不等的补助。另外，优先供给用于建设民营博物馆的土地。

（二）西安市

为促进西安市民办（行业）博物馆发展，西安市文物局等 12 个部门联合制定下发《关于促进民办博物馆发展的实施办法（暂行）》。根据《办法》规定，新建和利用已有建筑改建的民办博物馆用于展览、修复、库房、科研、设备间、办公室等区域的建筑面积，可以政府股权投入方式给予一次性补助，每座博物馆新建或改建项目补助最高金额分别不超过 300 万元和 100 万元。民办博物馆分为大、中、小级别每馆每年按照对应等级分别给予 50 万元、30 万元、20 万元标准补助运转经费；行业博物馆分别给予 15 万元、8 万元、3 万元补助运转经费。对民办和行业博物馆组织利用自有藏品赴市外进行展览或引入展品在自有馆内举办展览活动，分别按照赴境外、市外展览和引进展览的临展类型和等级给予 10 万元、5 万元、2 万元的一次性补助。每年按照统一标准对民办和行业博物馆的管理工作进行综合考核，从考核为优秀的博物馆中评出一、二、三等奖，分别给予 30 万元、20 万元、10 万元的一次性奖励。民办博物馆建设需缴纳的城市基础设施配套费按减免程序报市政府审定后予以减免；民办博物馆门票收入依法免征营业税；对符合非营利组织认定条件的民办博物馆经财政、税务部门认定后，其符合非营利组织企业所得税免税收入范围内的有关收入依法免征企业所得税。

（三）上海市

为更好地扶持民办博物馆发展，上海 2011 年设立了 1 000 万“上海市民办博物馆扶持资金”，从不同方面资助全市几十家民办博物馆。扶持资金主要参照民办博物馆的面积、观众人流量、社会效益等评估指标。为了进一步鼓励民办博物馆免费开放，在“上海市民办博物馆扶持资金”中专门设置“免费开放”项目补贴。另外，上海正式启动“国有博物馆对口帮扶民办博物馆”试点工作，并在此基础上形成《国有博物馆对口帮扶民办博物馆规划》和《国有博物馆对口帮扶民办博物馆管理办法》，推动民办博物馆与国有博物馆在合作中相互借鉴，共同进步。

四、对南京出台民办博物馆扶持办法的几点建议

民办博物馆的发展需要政府职能部门的扶持与引导，外地已经出台了相关的政策，并取得了良好的效果。建议南京在打造世界历史文化名城过程中，尽快出台民办博物馆扶持办法，在规划建设、土地征用、规费减免、从业人员职称评定等

方面拿出相应措施，促进南京民办博物馆健康、持续发展。

（一）在资金支持方面

改变过去按行政隶属关系投放的办法，把国有博物馆和民办博物馆同等对待，按同样的标准给予民办博物馆运营资金支持，使民办博物馆也逐步转为免费向公众开放。

（二）在税收优惠方面

出台相应减免办法，鼓励民间资本投入博物馆建设。许多发达国家对于民办博物馆的财税支持早已成熟，按照美国法律，企业如果对博物馆等公益事业捐赠，可以享受税收优惠待遇。在法国，企业会拿出一部分资金成立基金会，由基金会注册成立博物馆，政府会为企业免税60%。另外，可根据民办博物馆运营的实际情况，研究制定民办博物馆税费减免政策和退税（费）机制与渠道。

（三）在人才培养方面

细化民办博物馆专业技术人员的职称评定政策。建议由政府人事主管部门制订具体管理办法，将民办博物馆专业技术人员纳入人事管理系统，以吸引更多专业技术人员和大学毕业生到民办博物馆工作。鼓励民办博物馆专业人员参加各类专业技术职务的评审，有针对性地对民办博物馆在岗的管理、业务人员进行专门培训。

（四）在宏观管理方面

出台政策鼓励建设反映地方文化特色、填补行业空白的专题类民办博物馆；尝试建立国有博物馆对口帮扶民办博物馆制度，对口帮扶相应的民办博物馆；积极为民办博物馆征集藏品提供线索；在各博物馆联合展览或者巡回展览中，将民办博物馆纳入其中，组织民办博物馆走出国门，与国外、境外博物馆联系，引进、送出优秀的陈列展览或者参与文物外展。

（作者单位：玄武区文化局）

参考文献：

[1] 千座民营博物馆期待政策明晰[N]. 中国企业报(北京)，2012-03-06

[2] 吕建中. 关于制定民办博物馆享受国有博物馆同等财政扶持资金政策的提案[N]. 人民网，2012-03-14

[3] 关于促进民办博物馆发展的意见、文物博发〔2010〕11号，2010-1-29

[4] 李元媛. 上海民营博物馆现状透析[J]. 艺术市场，2007(9)

[5] 陆建松，陆敏洁. 民办博物馆发展的现状、问题和政策思考[J]. 文物世界，2011(3)

[6] 张品. 天津市民办博物馆的发展依据研究[J]. 中国城市经济，2011(2)

[7] 邢致远. 江苏民办博物馆现状调查及发展对策思考[N]. 中国文物报，2012-03-22

以节能减排为抓手 促进江苏生态型畜牧业发展

黎寿丰

摘　要　本文在简要介绍江苏省畜牧业发展概况，畜禽养殖业发展过程中产生的畜禽粪便污染现状、污染特点和几种环境污染类型的基础上，结合江苏畜禽业发展特点，阐述了以节能减排为抓手，发展生态型畜禽养殖业的技术途径，为江苏省畜牧业的可持续发展提供参考。

关键词　节能减排　生态型　畜牧业

2007年9月8日，国家主席胡锦涛在亚太经合组织第十五次领导人非正式会议上就气候变化问题的四点建议中提出发展低碳经济，建立适应可持续发展要求的生产方式和消费方式，优化能源结构，推进产业升级，努力建设资源节约型、环境友好型社会。2009年9月10日，国务院总理温家宝在夏季达沃斯论坛上的讲话强调，要加快发展低碳经济、绿色经济，尽快占领国际产业竞争的制高点。在此背景下，人们开始关注到畜牧养殖业在为人类提供大量肉、蛋、奶的同时，也向环境排放着大量粪、尿和有害气体的现状。近年来，随着我省经济的发展和人民生活水平的提高，我省畜禽养殖业发展势头迅猛，畜禽粪便污染问题日益突出。如何实现低碳经济背景下江苏省畜禽养殖业向生态型畜牧业经济的转型，走可持续发展的畜牧业之路，已迫在眉睫。

一、江苏省畜禽养殖业发展概况

江苏省是全国畜牧业重要省份，根据第二次农业普查数据资料，2007年全省畜牧业产值为704.38亿元，占农业总产值的23%；畜牧业增加值为227.2亿元，比1996年增长45%，居全国第13位；肉类总产量为305.6万吨，比1996年增长26.8%，居全国第10位。2008年，畜牧业产值916.5亿元，居全国第9位，肉、蛋、奶产量分别为327.6万吨、172.1万吨和61.1万吨，分别居全国第12位、第5位和第16位。江苏省也是全国典型的农区畜牧业省份，畜牧生产以食粮型的猪禽为主。生猪和家禽产值占畜牧业产值的87.4%。2010年全省畜牧业产值为900亿元，较“十五”期末增长50%，占农业总产值的比重达25%。近年来，江苏畜牧业生产呈以下特征：一是规模养殖比重快速提高。2009年，全省有畜禽养殖场156 671个，较“十五”期末增加30%。全省生猪、肉禽、蛋禽、奶牛规模养殖比重分别为61%、89%、83%、92%，分别比“十五”期末提高31、32、37、32个百分点。二是规模结构不断优化。大中型规模养殖场（企业）数量、存栏和出栏比重明显提高。目前，全省小型、中等、大型规模畜禽养殖场（户）数量分别为113 994、36 550、6 127个，较“十五”期末分别增加17%、36%、68%，大中型规模养殖场（户）数量增幅明显高于小型；大中型规模养殖量占全省比重明显提高，生猪为29%、肉禽66%、蛋禽72%、奶牛75%。三是规模养殖建设成效明显。规模养殖的快速发展对稳定畜禽生产，保障市场供给发挥了重要作用，有力地推动了现代畜牧业的发展，成为推动农业增效、促进农民增收的重要途径。

二、江苏省畜禽养殖业对环境的影响

随着畜禽规模养殖发展，环境压力也越来越大，突出表现在：一是养殖场规划不合理。早期养殖场多集中在城市近郊和村庄附近，而一些新建的养殖场，缺少环境评估，对周围环境造成污染。二是地力下降与畜粪浪费矛盾突出。化肥过量使用，导致地力下降，而有机肥被忽视，结果使大量畜禽粪便积压浪费，加重了畜禽养殖环境污染。三是缺少环保设施。畜禽养殖场环保意识差，缺少相关设施，粪污不能及时无害化处理与利用，任意堆积或排放，对环境造成严重污染。四是兽药饲料添加剂使用不当。大量使用抗生素、激素、重金属添加剂，甚至滥用违禁药物，影响人们的健康和污染土壤、水源。目前畜禽养殖已成为环境污染的重要来源，对畜牧业可持续发展产生了不利影响。

（一）畜禽粪便污染物的主要环境污染类型

（1）大气污染。据资料统计，奶牛、猪、鸡饲料中的70%左右的氨被排泄出来，肉鸡饲料中50%的氨变成了粪便。畜禽粪尿中含有大量的降解或未降解的有机物，其中主要为碳水化合物，排出体外后在微生物的作用下，有机物质被分解产生一些诸如甲烷、硫化氢、氨气、甲硫醇等恶臭气体，造成空气含氧量相对下降，污浊度升高，降低空气质量。空气中的恶臭气体对人的感觉器官及整个身体的发育均有较大的影响，不仅危及周围居民的健康，而且也影响到场内畜禽的正常生长。据研究，一个存栏3万只的蛋鸡场，每天向空气中排放的氨气达1.8 kg以上。在氨气浓度50 mg/m^3猪舍内，饲喂小猪4周，采食量下降15.6%，饲料利用率下降18%。另外畜禽业甲烷气体排放量占排放总量的28%～38%，是导致温室效应的一个不容忽视的因素。

（2）水质污染。畜禽污染物中，其对水质产生影响的污染物主要有BOD（生化需氧量)、COD(化学耗氧量)、大肠杆菌、氮和磷等。畜禽养殖场的污水中含有大量的污染物质,其污水的生化指标极高,如猪粪尿中混合排出物的COD值达81 000 mg/L,牛粪尿混合排出物的COD值达36 000 mg/L,笼养蛋鸡场冲洗废水的COD为43 000 m L～77 000 m L,BOD为17 000 mg/L～32 000 mg/L,NH-N的浓度为2 500 mg/L～4 000 mg/L。据环保部门对大型养殖场排出粪尿的检测结果,COD超标50倍～70倍,BOD超标70倍～80倍。按照目前我国规模化养殖场对水环境的管理状况和正常水冲粪的流失率计算,一个万头养猪场每年有40.7和30.3吨的COD和BOD流失到水体中,已相当于具有一定规模的工业企业的污染物排放量,3万只鸡场的粪便产生量每年为750吨,百头奶牛场粪便年排放量为1 100吨,如果管理不善,有25%的畜禽粪便流失到水体中,则每年流失到水体中的COD和BOD分别为8.7吨和6.2吨。据国家环保总局南京环科所研究表明,太湖流域畜禽粪便中年产生的氮、磷含量已相当于同期施用化肥量的78.9%和57.4%,而畜禽粪便中氮、磷的流失量却大大高于化肥中的氮、磷流失量,约为化肥流失量的122%和132%,而大部分进入了水体,加剧了水体的富营养化程度。仅就江苏太湖地区,2001年太湖地区上游污染物年排放量:总氮为7 857吨,总磷为297吨,COD为12 984吨。可见,畜禽排泄物不仅会造成水体的富营养化,也已成为一些河段最大的有机污染源。畜禽粪便污染物不仅污染地表水,其有毒、有害成分还易渗入地下水,严重污染地下水,畜禽粪便一旦污染了地下水,极难以治理恢复,将造成持久性的污染。

(3) 土壤污染。随着畜牧业的发展,畜禽排泄物大量增加,尤其是固体类的畜禽污染物,大量未经处理的畜禽粪便任意堆积和排放,占据了大量的土地资源,畜禽粪便的污染物可能在土壤中积累,造成土壤结构破坏,并使土地的生产力明显降低甚至失去生产力,给土壤环境带来了严重的威胁。据测定一只鸡日排粪约100克,年排粪约36千克;一头猪的日排泄粪尿按6千克计,年产粪尿约达25吨。此外,畜禽饲料中广泛使用的铜、砷、汞等制剂,经消化后其残留部分随着畜禽粪便一起排到外界环境中。这些未经处理的畜禽粪便施入土壤后,会使土壤中的重金属元素明显的增加,最终造成土壤的重金属污染,对土壤生物和农作物产生毒害作用,使土壤失去使用价值。同时,畜禽粪便中还含有大量的氮、磷,它们进入土壤后,在土壤理化性质及微生物的作用下会转化为硝酸盐和磷酸盐,过高的硝酸盐和磷酸盐同样会使土壤失去生产力,对农作物产生毒害作用。

(4) 生物污染。畜禽粪便及废水中含有大量的病原微生物、致病菌、寄生虫卵。大量实践表明,由于畜禽粪便没有得到及时处理,使环境中孳生蚊蝇,病原种类增多、菌量增大,使病原菌和寄生虫蔓延,最终导致畜禽传染病和寄生虫病的蔓延与发展。粪便中的病原微生物在较长时间内可以维持其感染性。如在室温条件下的畜禽粪便中,多杀性巴氏杆菌传染性可维持34天,马立克氏病毒可维持100天,禽流感病毒可维持30～35天。据对局部环境污染较为严重的规模化养猪场调查，其传染性胃肠炎、支原体的发病率高达50%以上 。这不仅对畜禽的生产力水平及生存的条件产生严重影响，而且畜禽传染病和寄生虫病的蔓延和发展，给人类的健康也构成了严重的威胁。

（二）江苏省畜禽养殖业污染特点

1. 畜禽养殖业污染排放量大。据调查统计，2010 年末江苏省存栏生猪1 995.69 万头，家禽44 051.26 万只，牛 20.23 万头，羊 957.58 万只，全年共产生粪、尿总量为7 000.7 万吨。大量粪便产生的同时也产生了 BOD、COD、NH_3-N（氨-氮）、TP（总磷）、TN（总氮）等大量污染物。2010 年，江苏省畜禽养殖产生的BOD、COD、NH_3-N、TP、TN 分别大约为 153 万吨，167 万吨、12.8 万吨、14 万吨和 33.6 万吨。按畜禽粪便污染物流失率 30%计算，江苏省畜禽粪便污染物年流失 BOD、COD、NH_3-N、TP、TN 分别为 45.9 万吨、50.1 万吨、3.9 万吨、4.2 万吨、10.1 万吨。根据江苏省环境状况公报，2010 年工业废水中 COD 排放量为25.63 万吨，生活污水中 COD 排放量为 53.17 万吨。可见畜禽养殖业 COD 流失量已经近于生活污水排放量，并且接近工业废水排放量的 2 倍。全省氨氮排放总量为 6.3 万吨，仅畜禽粪便就占 61.9%。由此可见，畜禽养殖所产生的粪便污染物对环境污染造成的威胁是非常大的。以太湖周边的苏南地区为代表，仅苏州、无锡、常州三市，年出栏生猪 500 头以上的养猪场就有 400 多家。太湖水质富营养化，蓝藻暴发频率渐高的问题，与周边的畜禽养殖而导致的水质污染不无关系。如果不对其加以监管并且进行合理处置，将对我国城乡生态环境造成严重影响。

2. 污染源点多、面广，处理水平低下。江苏省畜禽养殖遍布于各乡（镇）、村，且规模化程度不高，分散排放的污染物给集中治理带来了难度。在粪便处理上，其水平大多还停留在原始的堆积发酵上，因其堆积体积大、气味浓、不卫生而影响广泛采用。

3. 由于各地养殖规模、品种结构及污染物综合利用水平不同，造成了区域、流域间污染程度的差异。目前，其中盐城市产生的畜禽粪便以及各类污染物数量全省最高，其次是南通与徐州，这 3 个地区的畜禽粪便总量共占全省的 58.3%。而镇江、常州以及无锡等地产生的粪便量相对较少，三地区畜禽粪便量之和仅占全省的 7.7%。

三、节能减排是发展我省生态型畜禽业的重要抓手

（一）以“优质、高效、安全、生态”为目标，着力推进畜禽养殖业生产方式的转变

转变生产方式是提升畜禽养殖业综合生产能力的重要途径，也是实现畜禽养殖业的低碳发展的关键环节。必须按照“村容整洁”和“环境美好”的要求，坚持统一规划建设、统一畜禽品种、统一饲养标准、统一疫病防治、统一质量监测、统一粪污处理等“六统一”的原则，着力推进生态养殖小区规划建设。通过科学规划布局

完善基础设施建设，把分散经营的农户集中到一个区域内饲养，实行统一经营管理，严格落实标准化生产、养殖档案建立、畜禽粪污无害化处理等措施，尽快改变人畜杂居、畜禽散养、畜禽混养的落后生产模式。通过正确引导、积极扶持、规范建设、技术支撑、强化监管，客观科学地建设适度规模的标准化养殖场和生态养殖小区，加快生态型畜禽养殖业发展步伐。

（二）改进家畜粪尿排泄物管理，实现资源利用良性循环

粪尿有机物厌氧分解产生大量温室气体，合理的粪尿排泄物管理措施将有效减小污染，并实现资源利用的良性循环。因此，必须加强畜禽养殖场固体废弃物高效无害化处理和资源化利用技术的开发与示范，继续大力推广沼气能源工程，将粪尿中的有机质转换成价值高的沼气，充分有效地利用能源。由于该项目成本较高，为解决资金上的困难，首先，应加大财政资金投入，给予饲养户必要的引导性补助和投入，充分调动农户发展生产的积极性；其次，把招商引资作为解决资金投入不足的关键措施，鼓励社会各界以不同形式参与畜牧业生产，形成多元投入机制。第三，运用多户联保、农民合作社担保等方式，探索建立小额贷款担保中心，解决养殖户担保难问题。通过这些方式，逐步建立以政府投入为引导，业主投入为主体，吸纳金融机构贷款、社会资金投入、引进外资相结合发展畜牧业的多元化投资体系。

采用减量化、资源化和无害化原则对畜禽粪便进行处理。对全省大中型畜禽养殖场，通过技术改造将畜禽饮水槽改为乳头饮水器，减少冲洗舍笼用水，采用畜禽粪便脱水干燥技术，实现固液分离，减少畜禽粪便的处理量和排放量。针对畜禽粪便中含有丰富的有机质、氮源及其他微量元素的特性，对不同的畜禽粪便采用不同的资源化处理方式，如直接堆沤作肥料；经微生物发酵后作猪、鱼等饲料；沼气发酵等。这样既减少了畜禽粪便的甲烷排放量，又提高了粪便处理率。畜禽粪便无害化处理技术目前发展迅速，新工艺不断涌现，主要处理技术有：畜禽粪便快速堆积发酵和防臭技术，沼气发酵前处理和粪便快速干燥、膨化等后处理技术。大中型畜禽养殖场应结合各自实际情况，参照与借鉴各地生态养殖与粪污治理工程技术方案，并加以筛选和组合，制定严格的粪污治理技术方案和实施细则。做到粪便无害化处理，污染物实现零排放。

（三）发展创新畜禽养殖业循环经济模式

作为种植业再生产的畜禽养殖业，是农业的中轴产业，既能促进种植业，又能带动加工业和服务业，形成农业内部产业和三次产业间的良性循环，促进农产品的转化增值。因此，可利用植物生产、动物转化、微生物还原的原理，以种植业促进畜牧业，用种植业生产的秸秆饲料发展畜禽养殖，用家畜的粪便作有机肥还田，再促进种植业的发展，实现物质的良性循环。

1. “种—养”结合型模式。“种—养”结合型模式就是将畜禽粪便直接施入土壤，提高土壤肥力，实现粮食高产、稳产。其规律是养畜积肥，肥多粮多，粮多肥

多。这是中国农村最普遍、最简单、最原始的畜禽粪便利用模式，但其在现代生态农业中仍具有不可忽视的积极作用。

2. “养—养”结合型模式。畜禽粪便直接施入农田，虽然能提高土壤肥力，但一定程度上造成畜禽粪便营养成分的流失。近年来，各地通过食物链发展“养—养”结合型的畜禽粪便利用模式，取得了一些成功的经验。例如：用猪粪繁殖蝇蛆，蝇蛆再养鸡，鸡粪配成混合饲料喂猪，形成“猪—粪—蝇—蛆—鸡—粪—猪”食物链，实现了良性循环的高效生态农业；“稻—牛—鱼”利用模式，形成了“稻草喂牛、牛粪喂鱼、鱼粪肥田”，实现了生物除粪、生物除草、生物灭虫、生物中耕、生物增氧；另外，不少地方以畜禽粪便做鱼饵料，鸡、兔、牛粪喂猪，猪、牛粪培育蚯蚓和蝇蛆，还可用作蘑菇培养料等等。这种“养—养”结合型生态模式，只要用少量的投资，进行一定的技术培训就可实现，既解决了畜禽粪便对环境的污染问题，又能获得明显的经济效益，效果较好。

3. “沼气型”综合利用模式。2001年以来，江苏省重点在苏北地区实施“一池三改”(建沼气池，改厨、改厕、改圈)生态家园富民工程项目。通过近十年的建设，项目区的农业和农村经济发生了可喜变化，农业生态环境得到明显改善，农村沼气建设已成为苏北地区促进农业可持续发展重要抓手，成为关系农村千家万户的“德政工程”、“民心工程”。江苏省苏北地区的24个县现已涌现了140个沼气村，受益农户总数达6.2万户。涟水县2004年新建户用沼气池就已突破1万户，率先提出建设成为沼气县的奋斗目标。农村沼气建设的经济、生态、社会综合效益日趋显现。一是改善了农业生态环境。通过“一池三改”，农村畜禽粪便、生活污水以及有机垃圾实现了资源化利用，从根本上改变了农村的生产、生活环境，农民生活质量得到了明显的提高。二是促进了农业增效和农民增收。通过“一池三改”，推广“猪—沼—农(果、茶、渔、粮)”等生态农业技术模式，既为农村生活提供了优质的清洁燃料，也促进了安全无公害农产品的生产，进而推动了农村循环经济发展。三是促进了农业结构调整。通过“一池三改”，不仅解决了农户人畜粪便的污染问题，也为农业生产提供了急需的优质肥料。沼渣、沼液的科学利用，减少了化肥、农药用量，有效地改善了土壤肥力，从而对提高农产品品质和竞争力、促进农业产业结构调整起到了积极的作用。

四、结语

当前，随着我省社会经济的快速发展，工业化、城市化进程日益加快，农村劳动力大量转移，畜牧业发展面临着资源约束和生态环保的双重压力，客观上所要求的畜牧业产业形态转型、生产方式转变已到了关键时期。省委、省政府已于2006年5月就提出要坚持走“资源节约型、科技密集型、加工增值型、生态友好型”的现代畜牧业发展之路，将“发展畜禽标准化规模养殖、加快畜牧业增长方式转变"列为全省高效农业发展的重点，各级农牧部门必须始终把发展生态型畜禽养殖发展作为畜牧工作的重中之重，以节能减排为抓手，科学布局、统筹规划、多措并举、大力推进，促进我省畜牧业的可持续发展。

（作者单位：江苏省家禽科学研究所）

参考文献：

[1] 江苏省环境状况公报（2010）. http://www. czepb. com/page/newsdetail. do?nid=6124

[2] 王艮梅，刘洋. 江苏省畜禽粪便污染及资源化利用. 环境科学与管理，2008(8)

[3] 范繁，甘筱青，熊继海. 低碳经济与江西省畜禽养殖业可持续发展[J]. 能源研究与管理，2009(1)

[4] 张绪美，董元华，王辉等. 江苏省畜禽粪便污染现状及风险评价[J]. 中国土壤与肥料，2007(4)

[5] 晓楠. 生态健康养殖，全面提升标准化生产水平[J]. 中国牧业通讯，2010(11)

江苏省各市农业现代化的比较分析

崔世友　王　进　程　翔　陈柏森

摘　要　在建立农业现代化评价指标体系的基础上，应用层次分析法确定各指标的权重，并根据构建的评价模型，对2010年江苏省各省辖市农业现代化进程进行了全面评价。结果表明江苏省农业基本现代化总体上已进入基本实现阶段的初期，农业现代化综合分值为72.4，有6个指标平均实现程度低于70%，各市农业基本现代化进程的排名依次为苏州、无锡、南京、常州、镇江、扬州、南通、徐州、盐城、泰州、淮安、宿迁、连云港。通过聚类分析将13个市分为3类：Ⅰ类包括苏州、无锡、常州，Ⅱ类包括南京、镇江、扬州、南通，Ⅲ类包括泰州、盐城、徐州、宿迁、连云港、淮安。

关键词　农业现代化　指标体系　江苏省

农业是安天下、稳民心的战略产业，是国民经济和社会发展的基础，任何时候都不能动摇和削弱。2011年全国人代会期间，胡锦涛总书记期望江苏充分发挥自身优势，加快转变农业发展方式，力争在全国率先实现农业现代化。2009年江苏省统计局、江苏省农业委员会、中共江苏省委农工办、中共江苏省委研究室、国家统计局江苏调查总队开始启动了江苏省农业基本现代化进程监测检测工作，2011年7月共同发布了《2010年江苏省农业基本现代化进程监测报告》。本文在构建的农业现代化进程评价指标体系的基础上，对2010年江苏省及其十三个省辖市农业现代化进程进行了评价，并与江苏省统计局发布的结果进行比较。

一、材料与方法

（一）数据来源

为使评价结果更具有权威性和可比性，本研究指标1～7数据直接采用《江苏省统计年鉴》中的数据，或由有关数据计算而得。指标8、9、11、12的数据来自“2010年江苏省农业基本现代化进程监测报告”，指标10的数据来自江苏省各市2006年第二次农业普查资料。

（二）农业现代化进程评价指标体系的构建

在柯柄生(2000)、蒋和平等(2006)构建的农业现代化评价指标体系的基础上，作者提出了包含11个指标的农业现代化指标体系（崔世友等，2012），本文在此基础上增加“农业废弃物综合利用率”指标，形成了4大类12个指标的江苏省农业现代化评价指标体系，并根据层次分析法计算出每个指标的权重(表1)。

表1　江苏省农业现代化进程评价指标体系

主体指标	权重	个体指标	权重	目标值
相关综合指标	19.5	社会人均GDP（元）	6.5	80 000
		农业从业人员比重（%）	6.2	15
		农民人均纯收入（元）	6.8	18 000
农业产出指标	41.4	劳均农业增加值（元/人）	12.5	50 000
		每公顷种养面积农业增加值（元/公顷）	11.5	80 000
		粮食产量（千克/亩）	7.8	450
		农产品加工产值与农业总产值之比	9.6	2.0
农业投入指标	27.6	农业综合机械化水平（%）	7.5	85
		农业科技进步贡献率	11.5	70
		农业劳动力受教育水平（%）	8.6	90
农业可持续发展能力指标	11.5	森林覆盖率（%）	6.0	23
		农业废弃物综合利用率（%）	5.5	95

（三）农业现代化进程综合指标值的计算及阶段的划分

首先，将指标体系中的12个指标分为正向指标（指标值越大越好）和逆向指标（指标值越小越好）两类，该体系中“农业从业人员比重”为逆向指标，其余均为正向指标。正向指标和逆向指标的标准化处理如下：

正向指标：$Z_i=P_i/Q_i$，当$P_i \geqslant Q_i$时$Z_i=1$；

逆向指标：$Z_i=(100-P_1)/(100-Q_i)$，当$P_i \leqslant Q_i$时$Z_i=1$。

其中，P_i为实际指标值，Q_i为指标目标值。

农业现代化进程综合评价值按公式$Z=\sum Z_i\alpha_i$进行计算，其中α_i为指标权重，按该方法计算得到的农业现代化水平综合指数的取值范围为0～100。

目前一般将农业现代化发展过程分为起步阶段、初步实现阶段、基本实现阶段和完全实现阶段四个阶段，其对应的农业现代化综合指数如下：

起步阶段，≤50

初步实现阶段，50～70

基本实现阶段，70～90

完全实现阶段，≥90

（四）统计分析

数据的整理、平均数、标准差、相关分析等均使用 Microsoft Excel 2003 进行，聚类分析采用类平均法，利用 SAS 软件进行聚类分析。

二、结果

（一）江苏省十三个省辖市 2010 年农业现代化综合分数

江苏省各市 2010 年农业现代化进程的测算结果见表 2，根据该结果我省十三市农业现代化进程的先后次序如下：苏州、无锡、南京、常州、镇江、扬州、南通、徐州、盐城、泰州、淮安、宿迁、连云港。苏南农业基本现代化程度较高，苏中次之，苏南、苏北区域差距明显，实现程度最高的苏州市比排在末三位的苏北三市连云港、淮安和宿迁平均差距达 30.7 分。

尽管我省农业基本现代化总体上已进入基本实现阶段的初期，其中苏州市已进入完全实现阶段。但各指标的实现程度之间存在明显的差距，其中实现程度低于 70%的指标有：社会人均 GDP、农民人均纯收入、劳均农业增加值、每公顷种养面积农业增加值、农产品加工产值与农业总产值之比和农业劳动力受教育水平（表 3），占总指标数的一半。

表 3　江苏省各市农业现代化指标实现程度(%)的统计分析

指标	幅度	平均值	变异系数
社会人均 GDP	28.1—100	62.1±24.3	39.1
农业从业人员比重	80.2—100	91.7±8.3	9.0
农民人均纯收	38.8—81.4	55.2±13.7	24.9
劳均农业增加值	31.1—100	54.5±20.8	38.2
每公顷种养面积农业增加值	44.0—87.9	61.4±12.6	20.5
粮食产量	90.7—100	97.7±3.9	4.0
农产品加工产值与农业总产值之比	16.5—100	58.2±28.9	49.6
农业综合机械化水平	77.6—96.5	84.8±5.6	6.6
农业科技进步贡献率	68.6—89.4	80.8±6.6	8.2
农业劳动力受教育水平	50.0—86.7	66.9±13.1	19.5
森林覆盖率	73.9—100	92.1±10.3	11.1
农业废弃物综合利用率	77.5—100	88.7±8.3	9.3

表 2　2010 年江苏省各市农业基本现代化进程的比较

指标名称	单位	权重	全省平均	苏南					苏中			苏北				
				南京	苏州	无锡	常州	镇江	南通	扬州	泰州	徐州	连云港	盐城	淮安	宿迁
一、相关综合指标																
1. 社会人均 GDP	元	6.5	52 840	65 273	93 043	92 167	67 327	64 284	48 083	49 789	44 118	34 084	26 987	31 640	28 861	22 525
2. 农业从业人员比重	%	6.2	22.3	11.2	4.7	6.0	8.7	18.6	17.5	13.0	23.6	31.2	30.5	31.8	28.9	29.8
3. 农民人均纯收入	元	6.8	9 118	11 128	14 657	14 002	12 637	10 874	9 914	9 462	9 324	7 955	7 039	8 751	7 233	6 975
二、农业产出指标																
4. 劳均农业增加值	元/人	12.5	24 000	25 248	52 132	41 754	32 634	22 566	29 361	38 247	20 249	15 539	17 227	30 038	18 485	16 316
5. 每公顷种养面积农业增加值	元/公顷	11.5	54 155	53 505	65 448	70 286	55 934	45 022	50 768	49 297	43 287	42 741	42 873	42 549	35 230	37 030
6. 粮食产量	公斤/667m^2	7.8	408	458	472	452	475	450	410	466	484	411	466	458	460	427
7. 农产品加工产值与农业总产值之比		9.6	1.22	1.64	2.10	0.57	0.33	1.94	1.01	0.85	0.83	1.97	0.94	0.38	1.02	1.59
三、农业投入指标																
8. 农业综合机械化水平	%	7.5	71	73	80	82	76	73	73	73	67	68	70	70	67	66
9. 农业科技进步贡献率	%	11.5	59.29	54.85	62.58	61.50	61.20	57.82	59.55	56.70	54.30	50.02	50.04	59.80	55.88	48.03
10. 农业劳动力受教育水平	%	8.6	65.4	65.88	76.1	77.0	78.0	45.8	60.4	62.9	61.5	53.6	46.9	59.5	45.0	45.4
四、农业可持续发展能力指标																
11. 森林覆盖率	%	6.0	20.60	26.42	17.01	24.71	22.54	22.55	17.47	20.22	17.14	31.11	24.64	20.95	25.82	28.02
12. 农业废弃物综合利用率	%	5.5	80	85.8	96.3	89.8	88.7	96.7	93.4	91.7	73.6	77.2	79.0	77.2	78.8	74.8
农业基本现代化综合分值	分	100	72.4	78.1	93.1	85.0	77.3	76.2	72.2	74.7	65.2	67.2	62.2	65.7	62.6	62.4

（二）不同指标与农业现代化综合分值间的相关

农业基本现代化综合分值是12个指标的加权之和，在12个指标与农业现代化综合分值的相关系数中，有3个指标（粮食产量、农产品加工产值与农业总产值之比、森林覆盖率）与综合分值的相关系数为较小的正/负相关，其余9个指标达极显著的正/负相关（表4）。

表4　农业现代化各指标的统计描述及其与农业现代化综合分值间的相关

指标	平均值	变异系数	相关系数
社会人均GDP	51 398.5±23 634.2	46.0	0.967**
农业从业人员比重	19.65±10.2	52.0	−0.918**
农民人均纯收	9 996.2±2562.0	25.6	0.952**
劳均农业增加值	27 676.6±11 173.7	40.4	0.866**
每公顷种养面积农业增加值	48 766.9±10 385.1	21.3	0.907**
粮食产量	453.0±23.3	5.2	0.187
农产品加工产值与农业总产值之比	1.17±0.61	52.5	0.224
农业综合机械化水平	72.1±4.9	6.9	0.922**
农业科技进步贡献率	56.3±4.7	8.4	0.713**
农业劳动力受教育水平	59.8±12.1	20.3	0.768**
森林覆盖率	23.0±4.4	19.0	−0.342
农业废弃物综合利用率	84.8±8.4	9.9	0.797**
农业现代化综合分数	72.0±9.8	13.6	

（三）十三市农业基本现代化进程的聚类

利用类平均法对我省13个市农业现代化进行了聚类分析（图1），聚类分析结果表明13个市可以分为3类：Ⅰ类包括苏州、无锡、常州，农业现代化实现程度明显高于其他各市，其特点是相关综合指标、农业产出指标、农业投入指标均高；Ⅱ类包括南京、镇江、扬州、南通，各项指标值总体处于中间水平；Ⅲ类包括泰州、盐城、徐州、宿迁、连云港、淮阴，经济发展水平较低，各项指标中等偏低，森林覆盖率总体较高。

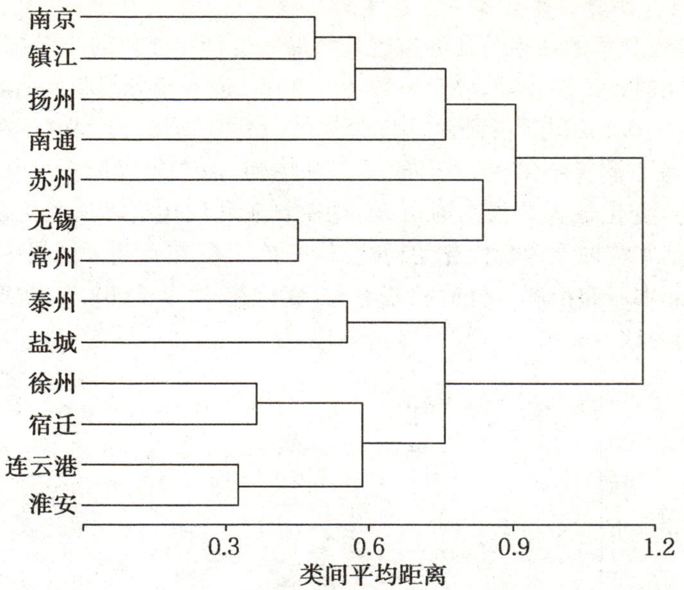

图 1　江苏省各市农业现代化进程的聚类

三、讨论

（一）农业基本现代化进程指标体系的构建

本文在柯炳生(2000)、程智强等(2003)、蒋和平等(2006)等构建的现代化评价指标体系的基础上，基于独立性(指标间无密切的因果关系、信息不重复)、客观可操作性(直接来自权威统计数据，或由有关数据变换而得，无主观数据)、普适可比性(农业具有很强的区域性，指标不可过细)以及简单实用的原则，构建了四大类 12 个指标的农业基本现代化进程的监测指标体系。与柯炳生(2000)、蒋和平等(2006)的体系相比增加了粮食产量、农产品加工产值与农业总产值之比和农业废弃物综合利用率，并将前者的农业劳均创造国内生产总值、农业劳均生产农产品数量归为一个指标劳均农业增加值(总产值)。与蒋和平等(2006)的体系相比，保留 6 项指标(劳动力受教育水平、人均 GDP、劳动生产率、土地生产率、农民人均收入、森林覆盖率)，去掉劳均农业投入水平(无统计数据)、(劳均耕地面积)、单位耕地面积有效化肥施用量(施肥量与作物产量密切相关，总体而言江苏省农田施肥水平偏高，应研究化肥减量使用技术，该指标不宜列入)、农业成灾率(无统计数据)，将农业科技投入水平改为农业科技进步贡献率，将城镇人口比重和农村劳动力就业率合并为农业从业人员比重，将农机总动力和有效灌溉率合并为农业综合机械化水平。

（二）本文测算结果与省测算结果的比较

将本研究测算的结果与江苏省省统计局等五部门测算的结果进行比较(图 2)可知，两者间的一致性较好，决定系数达 0.902。进一步分析不同省辖市的排名可知，1～4、8～10 名的苏州、无锡、南京、常州、徐州、盐城、泰州的排名没有发生变化；5～7 名在省测算结果中为南通、镇江和扬州，而本研究测算结果则变为镇江、扬州和南通，变化最大的为南通市，不过在农业现代化进程所处的阶段仍没有变化，均处于基本实现农业现代化的初期；11～13 名的在省测算结果中为连云港、宿迁和淮安，而本研究中测算分值相差不大，变化在 62.2 到 62.6 之间，处于初步农业现代化的中期。

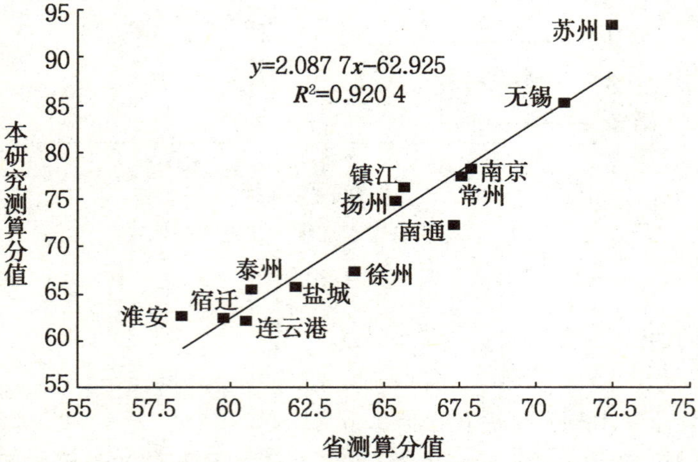

图 2　江苏省各市农业现代化进程两种测算结果的比较

利用类平均法将 13 个省辖市分为 3 类，苏南的苏、锡、常聚为一类，同属苏南的南京、镇江与苏中的扬州、南通聚为一类，而苏中的泰州则与苏北五市为一类，这一分类与按苏南、苏中、苏北三大区域分类有明显区别，有利于对我省各市推进农业现代化进行分类指导。

（作者单位：江苏沿江地区农科所）

参考文献：

[1] 程智强，程序. 农业现代化指标体系的设计[J]. 农业技术经济，2003(2)

[2] 蒋和平，黄德林. 中国农业现代化发展水平的定量综合评价[J]. 农业现代化研究，2006(2)

[3] 江苏省统计局，江苏省农业委员会，中共江苏省委农工办，中共江苏省委研究室，国家统计局江苏调查总队. 2010 年江苏省农业基本现代化进程监测报告[J]. 2011(苏统〔2011〕61 号)

[4] 柯柄生. 对推进我国基本实现农业现代化的几点认识[J]. 中国农村经济，2000(9)

BT项目管理立法工作亟待加强的几点研究和建议

刘孝武

摘　要　近年来BT模式项目运作在国内得到了蓬勃发展，运用非政府资金较好地解决了因为建设单位资金紧张而不能实施工程的难题，尤其是一些政府牵头开发投资的公益性项目，如高速公路、大型场馆、港口、桥梁等基础设施项目。但在外部环境上，相应法律法规略显滞后，由于该模式在我国运用的时间比较短，相关的经验积累比较少，本文主要从立法建言的角度进行思考和分析。

关键词　BT项目　立法规范　建议

BT(Build Transfer)即建设移交，是基础设施项目建设领域中采用的一种投资建设模式，BT投资是BOT的一种转换形式，是指一个项目的运作通过项目管理公司总承包后，由承包方垫资进行建设，建设验收完毕再移交给项目业主。BOT是对Build-Own-Transfer(建设—拥有—转让)和Build-Operate-Transfer(建设—经营—转让)形式的简称。BT模式是一种新兴的工程建设管理模式，现行实施方式主要有：完全BT方式(纯BT模式)和BT+总承包模式。近年来在国内得到了蓬勃发展，运用非政府资金较好地解决了因为建设单位资金紧张而不能实施工程的难题，尤其是一些政府牵头开发投资的公益性项目，如高速公路、大型场馆、港口、桥梁等基础设施项目建设的案例越来越多，但在外部环境上，相应法律法规略显滞后，由于该模式在我国运用的时间比较短，相关的经验积累比较少，虽然国家近十年里出台相应政策文件，对BT、BOT等进行规范，如：建设部〔2003〕30号《关于关于培育发展工程总承包和工程项目管理企业的指导意见》，国务院颁布的《国务院关于投资体制改革的决定》(国发〔2004〕年20号)，国务院批转发改委关于2009年深化经济体制改革工作意见的通知(国发〔2009〕26号)，但在具体实施中仍存在管理和机制等方面的问题，管理立法工作亟待引起重视。

一、BT项目管理中存在的问题

（一）BT项目不经招投标

BT项目都是基础设施项目，政府是真正的业主，项目建成后，政府最终要用国有资金将其购回，因此，BT项目必须按照规定的范围和规模标准进行招标发包。调查发现，部分BT项目均由政府决定，以协商方式确定建设单位，并未进行招投标。造成这一问题的原因是BT项目存在两个阶段，前一阶段是由地方政府指定的负责单位以项目业主的身份完成项目前期工作，包括项目可研报告编制、立项审批、前期招投标工作等；后一阶段由BT项目投资人组建的项目公司负责项目建设、管理工作，并在项目建设期间行使项目业主的权利，履行项目业主的义务。前期工作形成的所有项目批文显示的项目业主是由地方政府指定的项目负责单位，而之后确是由项目公司负责项目的投融资及建设管理。而从本质上讲BT模式并不属于垫资建设，如果地方政府无力支付项目回购款，BT投资人可以采用所有权保留的方式为收回投资设定保障。目前BT或BOT项目的法律环境缺失，没有相关方面的法律，也没有可供参考的合同文本，BT模式中涉及的回购协议和融资担保BT模式也没有法律条款支持。

（二）政府回购成本增大

根据惯例，BT项目回购价中应含有预计利润，由于BT项目涉及环节多，从项目准备、招标、谈判、签署与BT有关的建设合同，移交，回购等阶段，涉及政府的许可、审批以及贷款担保等诸多环节，操作的难度大，人为障碍多，而融资成本也会因中间环节增多而急剧上升。调查发现有的BT项目回购价由政府决定再另增加利润，财政动辄多支付上千万元，回购价格的确定随意性较大，不利于创造公平竞争环境，同时增加了政府回购成本。由于BT项目从签订协议到建设、回购周期较长，领导决策在前、回购在后。建设期中的产权界定模糊，业主和BT方签订合同之中有一个“回购协议”，即在项目移交时候是属于回购的性质，因此在签订合同后项目移交之前的这段时间内，项目产权属于BT方还是属于业主方难以界定。还有项目活动谈判时间长，消耗大，BT项目大多没有先例可循，项目的发起人（BT方）和政府机构要花相当长的时间相互阐明各自的意愿。其中涉及到如何分担项目中风险问题上往往双方谈判中难以达成统一。领导责任难界定，调查发现有些领导换任时正是BT项目全面进入回购期，财政每年要给付大量的资金，财政未来负债增大，领导经济责任难以界定，也给预期财政带来很大的资金压力。

（三）BT项目质量得不到保证

在BT项目中，虽然政府有规定要督促投资方建立质量保证体系，加强质量监督。由于业主不直接与BT方发生业务关系，项目的落实可能被细化，导致项目分包现象严重。BT方处于自身利益的考虑，在项目的建设标准、变更以及施工进度等方面存在问题，使得项目质量得不到应有的保证。业主方聘请的专业咨询公司也可能存在道德风险而没有起到实质性的作用。调查发现，政府往往将该项目全权委托给投资单位管理，极易导致投资单位和设计、施工等单位形成利益共同体，造成项目成本过高，也给工程质量带来隐患。另外项目相关方多，协调沟通难度大，很多参建方出于个体利益考虑而损害项目整体。如 BT 方在保证质量的前提下希望施工承包方的报价尽可能低，而施工承包方则要保证自身的最低盈利标准，而采取相应有损 BT 方的策略。

（四）融资监管难度大，风险大

由于 BT 模式中法律关系，合同关系的特殊性和复杂性，导致融资监管难度大。一是应用前提缺失，政策风险大，BT 项目建立的前提是未来政府财政收入的真实增长，而地方政府的财政收入的增长无法支撑 BT 项目时，BT 项目属于盲目扩张固定资产投资规模的行为，扰乱国家的宏观建设环境，同时极大损害投资人的经济利益，破坏市场秩序和市场环境。未来 BT 模式的可能受到政策钳制，这也加大 BT 模式的政策风险。二是项目周期长，资金风险大。像 BT 这样贷款金额巨大、项目周期漫长、深受国家宏观政策影响的项目，加之一家公司往往同时或先后进行着多个项目，只要其中一个项目的推进上出了问题、只要一个项目未能如期移交给政府，整个资金链条就会出现问题，金融机构就会最早受到最直接的影响。

二、对 BT 项目管理立法工作的四点建议

在 BT 项目的谈判、签约、履行以及转让过程中，要寻求法律的支持，这对于 BT 项目的健康有序运行十分必要，为此提出如下建议。

（一）加强 BT 项目的立法

目前，我国 BT 诞生的时间短是新生事物，尚没有关于 BT 的专门立法。一是 BT 的法律关系。BT 内容涉及投资、融资、建设、转让等系列活动，当事人与参与人包括政府、项目主办人、项目公司、项目贷款人、项目原材料供应商、融资担保人、保险公司及其他可能的参与人，BT 投资方式形成了众多当事人或参与人的纷繁复杂的法律关系。二是 BT 项目的适用法律。现在多数 BT 项目是按照《招标投标法》履行项目招投标程序，也有的是按照《政府采购法》履行政府采购程序，需要出台 BT 专门的法律。三是明确权利和义务。BT 涉及当事人的权利义务关系是通过合同确立的，其中包括贷款合同、建设合同、回购协议以及股东协议等。BT 项目投资合同至少应包括定义与解释、工程、工程造价、工程实施责任、基础设施的建造、转让所有权、赔偿责任、文件和专利、不可抗力、保险、争议解决等项。目前 BT 项目业主的归属确实存在一定的模糊化，必须明确 BT 项目的业主，在立法上确定项目责权利。通过 BT 立法的完善，为 BT 模式的发展构建一个良好的制

度环境。在管理上，对项目的投资概算、设计方案的确定，工程质量的检验以及财务审计都应从法律上确定政府权力，规范市场运作，加快立法步伐。

（二）严格BT项目招标和合同签订

首先由项目所在地的政府对拟进行BT模式建设的项目进行技术、经济和法律方面的可行性研究，确定融资模式、融资金额的时间及数量上的要求、偿还资金的计划等，办理相应政府内部筹划报批等工作，并授权所属部门或成立相应公司，作为项目发起人，准备对BT投资建设方进行特许招标。其次项目发起人通过招标或政府采购平台采购方式确定BT投资建设方，将项目融资和建设的特许权转让给投资方，政府在招标确定投资方时应严格审查投资方的施工资质，投资方可以为一方也可为联合体，要严格审查投资方的融资能力与经济实力，银行或其他金融机构根据项目未来的收益情况对投资方的经济等实力情况为项目提供融资贷款，项目发起人与投资方签订BT投资合同，形成法律文件，投资方组建BT项目公司。签订BT合同，规范双方的行为，明确双方的权利和义务。第三政府是国家的行政管理机关，在法律上不便与投资方形成经济合同关系，政府可组建一个项目法人或委托下属单位或委托咨询中介公司，代表政府行使业主的权利，履行业主的义务。

（三）加强项目建设全过程控制

BT投资方按照BT合同约定，选择产生项目的勘察、设计、施工、监理以及材料设备供应商等参建各方。在建设期间，投资方在建设期间行使业主职能，对项目进行融资、建设、并承担建设期间的风险。BT项目公司按照相应的合同进行管理，按照预期的投资、质量、工期和工程进度有序进行。

一是加强项目资金管理，控制BT工程成本。健全项目法人责任制，对项目资金筹措、建设实施、资产保值增值实行全过程负责的制度。核实投资人所融资金的来源，降低资金成本；合理确定资金的需要量，防止筹资不足或过剩，提高资金的使用效果；适当维持自有资金的比例，合理安排负债，尽量减少融资前期工作的经济支出。确定合理的利润及约定总价，监管资金的投入与增值退出，保持适当的利润率水平。合理降低工程造价，降低工程成本，降低融资成本，获取较大的利息差收入。

二是加强项目质量控制。强化政府对BT项目的质量监督，应考虑引入独立第三方的中介服务。政府要督促和协助投资方建立三级质量保证体系，并对项目质量进行全过程监督，健全各项管理制度。重视管理人员培训及时掌握技术资料，有完整的BT项目工程质量管理队伍，确定BT项目的建设规模、建设内容、建设标准、投资额、工程时间节点及完工日期，并确认投资方投资额，设立相应的资产、质量状况指标。对BT项目的设计、项目招投标、施工进度、建设质量等进行监督与管理，有权向投资方提出管理上、组织上、技术上的整改措施；实行建设市场准入制度，在施工过程中，监理工程师如发现承包问题时有权进行调查核实，承包人必须提供有关资料并配合调查。

（四）健全机制，确保项目及时移交和回购

在项目完工后，按照法人验收、政府验收流程进行竣工验收，合格后，BT方有偿将所有权转让给政府（项目业主）。正常移交后，政府按BT合同或回购协议约定，在回购期内将BT投资总价加上合理回报按比例分期偿还投资方的融资和建设费用。完善BT运行机制，将BT项目纳入招投标范围，科学合理确认回购价格，分清前后任领导BT项目建设和回购时的经济责任。

一是合理分散风险。完善BT运行机制，强化政府对BT项目的监督之外，建立BT应对风险机制，确定风险种类，拟定相应的风险回避对策也显得非常重要。政府需要增强风险管理的能力，除上面提及的政策、投融资风险外，还有政治风险、社会自然风险、技术质量风险、市场风险等，而最大的风险是政府能否按合同约定及时偿还债务，这是BT项目能否成功的关键，取决于政府的资信能力能否为投资者、金融机构、工程承包公司等提供了稳定可靠的预期收益。

二是政府应建立健全完善的偿债机制、信用机制，用相应的法规规范政府行为。优化资源配置，BT合同采用实物返还，如房产或土地，应及时将实物进行产权划拨和确认，以便早日盘活这部分资产。建立专项偿债发展基金，健全风险补偿机制。同时引入社会资本，多方共同承担风险，提高各方对项目抗政治风险、金融风险、债务风险的分析、识别、评价及转移能力，保证BT项目运行成功。

（作者单位：淮安市审计局）

参考文献：

[1] 王耀辉，马荣国. BT融资模式在工程建设中的应用研究[J]. 铁道运输与经济，2008(5)

[2] 王立平. BT工程项目的选择运作和经营策略研究[J]. 铁道工程学报，2008(11)

[3] 马晓凤. 浅议投资建设BT项目的利与弊[J]. 科学之友，2010(13)

[4] 展树军. 大型民营建设集团公司与基础设施项目融资模式探讨[D]. 东南大学，2006

小城镇“过热症”对财政经济工作的不利影响及对策

周志红

摘　要　发展小城镇，是促进经济现代化，转移城镇劳动力，提高城镇化发展水平和收入，优化城乡经济结构，推动国民经济良性循环和社会协调发展的一项战略性措施。在全面建设小康社会的实践中，小城镇建设逐渐呈现“过热症状”，对财政经济工作产生了众多不利影响。必须进一步科学编制小城镇建设规划，发展小城镇经济，多元投资，采取优惠政策鼓励小城镇加快发展，以推动小城镇与大中小城市的协调发展。

关键词　小城镇　过热症　财政经济

近些年来，各级地方政府都把加快小城镇(镇、乡、区)建设，摆到了带动地方经济发展和提高城镇化水平的战略地位。小城镇建设对财政工作起着巨大的推动作用，但受多方面因素影响，一些地区也产生不遵循客观经济规律，一味求急求快、一哄而起、遍地开花的“过热症”，从而对财政工作产生了不利影响。其主要表现：

一是兴建政绩工程，导致财政收支“赤字化”。一些地区领导在追求政绩的心态驱使下，不顾经济发展水平和财政承受能力，树“形象工程、政绩工程”。在小城镇财力普遍不足的情况下，兴建高规格的城镇主干道、规模较大的集贸市场和工业区、高标准的住宅小区和园林、高档的娱乐场所等项目，必然导致财政赤字的增加，而且往往以隐性赤字的形式被隐藏着。

二是忽视财源建设，导致财政增收“短期化”。一些地方领导短期行为思想较重，把小城镇建设简单地理解为“以建生财”、“以地生财”，满足于建筑业税收、土地出让金等增加，带来的短期增收效应，忽视因势利导地发挥小城镇优势，培植支柱产业和财源，建设稳定、持续的长期财源增长机制，导致财源增收短期化现象出现。

三是无序重复建设，导致财政投入“低效化”。许多地区在小城镇建设上缺乏统一合理的布局和科学规划，带来了镇镇、乡乡搞开发，遍地开花铺摊子，搞低水平重复建设，浪费土地等公共资源等现象。一些地区投入大量财政资金，进行开发园区、工业区、集贸市场和房地产等项目建设，以达到招商引资、“筑巢引凤"的目的，但由于缺乏科学决策，以及重复建设带来的恶性竞争，往往造成有区无厂、有场无市、房产空置等状况，无法取得预期效果。

四是乱自定政策，导致税收征管“无序化”。一些地区为吸引多方投资者参与小城镇建设，仍没有跳出“减税让税”的老路子，往往置国家财税政策法规于不顾，随意出台“减税、免税、返税”的“土政策”，通过牺牲国家利益来刺激投资者的积极性。

五是借债融资，导致财政风险“膨胀化”。一些地区把举债，作为解决建设资金不足矛盾的办法，导致财政债务风险增加。其主要有：一是利用行政手法“借资”。二是利用高息向社会集资；三是提供担保向银行贷款等用于建设资金周转。

六是盲目圈地占田，导致基础财源“薄弱化”。许多地区依靠过量供应地和扩大开发规模来平衡小城镇建设资金缺口，大规模开发，使得违反规划用地、未批先用、边报边批等违规现象时有发生。圈占土地不仅严重地侵犯了广大农民的利益，而且大大削弱了农业财源的基础地位。

对策建议：

一是要坚持量力而行，合理规划小城镇建设布局。我国小城镇发展将进入快速发展时期，但目前不少小城镇财政普遍存在收入盘子小、收支矛盾突出、财政赤字和债务负担的困难状况。因此，发展小城镇不能遍地开花，盲目追求数量，更不能区区搞开发，而应相对集中，发挥中心小城镇的带动作用。要切实把小城镇建设纳入国民经济和社会发展规划。小城镇建设要合理布局，科学规划，规模适度，注重实效，把发展重点放到现有的基础条件好、发展潜力大的小城镇，使之尽快完善功能，防止遍地开花的“过热症”现象的发生。

二是要侧重发挥财政资金的投入导向作用，形成“政府组织、多方参与”的多元化投入格局。在小城镇建设资金投入上，要坚持量力而行的原则，严禁不顾经济发展水平和财政承受能力，盲目举债，兴建“政绩工程”、“形象工程”的短期行为。要按照公共财政的要求，坚持有所为、有所不为，改变由政府对小城镇建设大包大揽的局面，重视发挥财政资金的投入导向作用，努力提高财政资金投入效益。把老百姓呼声高的迫切需要解决的摆在优先位置。要注重运用市场机制，按照“谁投资、谁经营、谁受益”的原则，鼓励外商、个人合资等多种经济成分参与建设，更多地发挥民间投资的投入主体作用，走通过市场机制建设小城镇的路子。

三是要以健全完善小城镇财政管理体制和财源机制为重点，形成小城镇健康发展的机制。小城镇建设对做好转移富余劳动力、启动民间投资、发展第三产业，转变小城镇企业增长方式等工作，都有极大的促进作用。发挥自然资源、人文环境方面的优势，使小城镇形成符合当地特点的支柱产业和稳定财源。要严禁浪费土地资源，随意圈地进行招商引资现象的发生，要在保护耕地和保护农民利益的前提下，妥善解决建设用地，确保农业基础财源的地位不被削弱。

（作者单位：淮安市清河区府前街道办事处税源所）

参考文献：

[1] 崔功豪，魏清泉，陈宗兴. 区域分析与规划[M]. 北京：高等教育出版社，2006

[2] 王韬，萧艳汾. 增值税收入增长与工业经济增长关系浅析[J]. 税务研究，2009(10)

[3] 张成币. 关于城镇总体规划期限划分的探讨[J]. 城市规划，1993(6)

[4] 王建国. 世纪之交的中国城市化和城镇建设面临的挑战[J]. 城市规划，1994(3)

[5] 吴好. 生态与循环型城镇建设的理论与实践研究[D]. 西北农林科技大学，2005

转变畜牧业发展方式
推进畜产品安全生产

孙静泉

摘　要　随着人民生活水平的提高，肉、蛋、奶等动物食品在人们膳食中的比重不断增加，然而“毒奶粉”、“瘦肉精”等畜产品安全问题却接连不断，不断打击人民群众的消费信心，直接影响了人体健康和畜牧业的发展，并造成了巨大的经济损失。本文就如何转变畜牧业发展方式，推进畜产品安全生产进行阐述，并就自己多年的工作经验，提出了一些具体做法和建议。

关键词　畜产品　畜牧业发展方式　畜产品安全生产

畜牧业是农业和整个国民经济的重要组成部分，发展畜牧业对增加农民收入、推进农业现代化，促进经济社会发展具有极为重要的战略作用。随着人民生活水平的提高，公众对食品安全问题的关注度越来越高，近年来不断出现的重大动物疫病和违禁物、兽药残留等问题，使消费者对畜产品的信任不断受到冲击，“民以食为天，食以安为先”，加快推进畜牧业生产方式转变已逐渐成为人们的共识，提供安全优质的畜产品，既是现代畜牧业的首要特性，也是现代畜牧业的首要目标。

一、当前我国畜牧业发展现状

改革开放以来，中国畜牧业发展取得了举世瞩目的成就。畜牧业生产规模不断扩大，畜产品总量大幅增加，畜产品质量不断提高。特别是近年来，随着强农惠农政策的实施，我国畜牧业生产呈现稳步、健康发展的态势，主要畜产品持续增长，生产结构进一步优化，畜牧业继续由数量型向质量效率型转变，许多地方畜牧业已经成为农村经济的支柱产业，成为增加农民收入的主要来源，畜牧业产值占农业生产总产值的比重超过30％，畜牧业已经成为我国农业和农村经济中最有活力的增长点和最主要的支柱产业，畜牧业产业收入已经成为农民家庭经营收入的重要来源。

二、我国畜牧业发展存在的问题

（一）农村养殖户缺乏技术

长期以来中国农村生产模式还是以传统的农业生产为主，这种散养模式与科学化、规模化、集约化生产的现代养殖养业相比相距甚远。尤其在思想意识方面不能适应现代化养殖业的需要，大部分散户仍旧把农业养殖当作家庭收入的一个补充形式，加之这些养殖户文化水平相对较低，接受现代化的专业养殖技能比较困难，这已成为制约我国畜牧业发展的一大现实瓶颈。

（二）环境污染严重

现今无论是大规模的现代化养殖场还是小规模的家庭散户养殖，对畜禽的粪尿处理还缺乏相应的环保措施和废物处理系统，粪便未经处理直接大批量的露天堆放或是直接排入河流，造成严重的环境污染，同时这些大量放置的粪尿也造成了一些人畜疫病的发生。

（三）畜产品药物残留高

随着抗生素、化学合成药物和饲料添加剂等在畜牧业中的广泛应用，在降低动物死亡率、缩短动物饲养周期、促进动物产品产量增长的同时，少数养殖户在利益驱使下违规违法使用也造成畜产品中的药物残留严重超标。

（四）科学技术研究与推广不力

我国传统的畜牧养殖技术已经跟不上现代化的畜牧养殖要求，虽然畜牧养殖方面的科技研究工作在我国一直很受重视，但是长期以来我们的科技研究成果转化率不高，一些地方政府对科研成果的转化工作没有足够重视，许多“高产、优质、高效”的畜禽品种推广只停留在口头上，此外，我国从事畜牧业生产的人员素质普遍偏低，因而畜牧业养殖技术的推广存在一定的困难，一定程度上阻碍了畜牧业可持续发展的进程。

三、畜产品安全现状及存在问题

（一）畜产品质量安全管理相关法律、法规不健全

不能有效地依法开展畜产品质量安全管理工作，畜产品质量安全保障体系基础设施比较薄弱，不能适应畜产品质量安全管理的需要，畜牧业生产标准不完善，有的标准已过时或实际操作性不强，需要制定修订。

（二）兽药残留严重

兽药、饲料添加剂等的使用，为畜牧业生产和畜产品数量的增长发挥了积极作用，同时也给动物性食品安全带来了隐患。畜产品因兽药残留和其他有毒有害物质超标造成的餐桌污染和引发的中毒事件时有发生。滥用或非法使用兽药及

违禁药品，使畜产品中兽药残留超标现象严重。有的生产企业及饲养者、经营者为获取最大利润，置国家法律法规于不顾，滥用或非法使用兽药及违禁药品，有的甚至直接给畜禽添加大剂量的兽药以增加产量，降低了动物性食品的安全性，加大了食用动物性食品致人生病的危险性。

（三）畜产品加工过程中的二次污染现象严重

畜产品质量问题在加工、运输、销售过程中由于卫生条件不达标，操作不规范导致的二次污染也较严重，成为畜产品质量安全的又一隐患。为保障畜产品消费安全，政府对畜产品屠宰、加工企业的加工条件、从业资格和卫生防疫都有严格的限制，但由于畜产品加工企业数量较多、布局分散，监管困难，为部分畜产品污染留下漏洞。少数动物性产品加工经营者甚至在加工贮藏过程中，为使动物性食品鲜亮好看，非法过量使用一些碱粉、芒硝、漂白粉或色素、香精等，有的加工企业为延长产品货架期，添加抗生素以达到灭菌的目的。同时，部分屠宰加工设备简陋，无法实现自动化作业，加工过程产生的血污水与畜产品不能实现分离，技术落后进一步加重了畜产品被污染的程度。生产过程不规范、生产加工人员卫生、身体条件不合格也是进一步造成污染的可能原因。

（四）规模集约化养殖程度低

规模集约化养殖程度低，动物疫病不能得到有效地控制，仍是影响畜产品安全点的重要原因之一。

（五）检疫检测手段落后

检疫检测手段落后，缺乏较为完善的检疫检测设备，不能适应当前生产发展的需要，不能适应畜产品“无公害”检疫检验的需要。

四、畜产品质量安全对人体健康的影响

兽药残留对人类健康的危害作用，一般来说，并不表现为急性（即时）毒性作用。倘若人经常摄入低剂量的同样残留物，那么在超过一定时间之后，则可由于残留物在体内的逐渐蓄积而导致各种器官病变，甚至癌变。某些过敏体质的个体对某些药物的敏感性比一般个体高，即使接触的药物残留量甚低，也可引起变态反应。动物食品中的药物残留对人体健康的影响，主要表现为变态反应与过敏反应、细菌耐药性、致畸作用、致突变和致癌作用，以及激素（样）作用等方面。

随着我国经济发展水平的不断提高，社会居民畜产品消费量增大，畜产品质量安全问题的影响越来越受到社会的关注，特别是英国“疯牛病”事件、比利时“二噁英”事件以及加入 WTO 后我国畜产品出口所遭受的全国受阻，使人们更加认识到提高畜产品质量安全的迫切性。

五、转变畜牧业发展方式对于推进畜产品安全生产的意义

(一) 转变畜牧业发展方式有利于推进畜产品安全生产

伴随着畜牧业的二次飞跃，社会对畜产品的消费观念发生了二次转变，即由注重数量向注重质量转变，进而向质量和安全并重转变。近年来，畜产品质量安全事件时有发生，给畜牧经济发展造成重大影响，如三聚氰胺事件、“瘦肉精”事件、来克多巴胺事件等，2005 年四川发生人感染猪链球菌事件，200 多人感染，30 多人死亡，就是因为加工、食用了链球菌污染的猪肉而引起的，该事件诱发猪肉市场出现较长时间的疲软，一度给养猪业造成严重影响，并且随着养殖业的发展，畜禽排泄物中含有大量的氮、磷、铜、砷等有毒有害物质，会造成土壤盐碱化、水源富营养化和空气恶臭等严重污染问题，影响公共卫生安全，转变畜牧业发展方式，完善市场机制，规范主体行为，有利于有效规避和防范系统性风险。

(二) 转变畜牧业发展方式有利于更好地顺应当前发展低碳经济的新形势

发展低碳经济是全球经济发展的共识。低碳经济是以低能耗、低污染、低排放为基础的经济模式。现代畜牧业要以先进科学技术为先导，以先进生产技术为支撑，以先进经营和管理方式为保障，实现资源高效利用、经济效益良好、与环境和谐统一。其本质特征是资源节约、环境友好、质量安全、持续高效。现代畜牧业在内涵上与低碳经济具有高度的统一性。因此，转变畜牧业发展方式，建设现代畜牧业，符合世界经济发展的新潮流，是一种必然的、不可阻挡的新趋势。

六、转变畜牧业发展方式是推进畜产品安全生产的必然趋势

当前我国畜牧业发展面临着许多矛盾和问题，畜牧业生产方式总体比较落后，规模化、标准化水平不高；环境建设压力较大产业结构和区域布局不尽合理；产业化组织化程度低，技术服务体系有待进一步完善；基础设施比较薄弱，而随着畜牧业的快速持续发展，畜禽疫病、环境污染等问题日益突出，加之近年来频频出现的食品安全事件，使畜产品进入市场的门槛越来越高，转变畜牧业发展方式，实现畜牧业由传统产业向现代产业的转化，是有效解决畜产品安全问题的必然途径。

七、转变畜牧业发展方式 全面推进畜产品安全生产

(一) 建立健全畜牧业法律法规体系

加快形成以《畜牧法》、《饲料和饲料添加剂管理条例》等为基础的畜牧业法律法规体系，并加快出台配套法规，不断完善地方畜牧业法律法规。

(二) 强化畜禽产品投入品监管,从源头上保障畜产品安全

强化日常监督,创新执法体制,切实提高基层畜牧兽医执法水平。扎实开展丰富多样的普法宣传活动,加大执法力度,严厉查处违法行为,加强饲料、兽药生产企业的监督检查力度,规范生产行为,定期和不定期地对产品进行抽样检测,倡导企业自律,提高养殖场户遵守法律和正确运用法律手段维护自身权利的能力。

(三) 发展畜禽规模化、标准化生产,推进健康养殖

加快畜禽养殖小区建设,大力发展适度规模生产和标准化生产,建立养殖协会,加强农户自律,推进健康养殖。围绕养殖协会、龙头企业抓好无公害基地建设,强化相关宣传培训,推广无公害标准化生产技术,建立畜产品安全生产可追溯制度,抓好产品质量认证。

(四) 加大财政投入力度

建议财政对畜产品安全工作基础设施设备加大投入,完善疫病监测、药残监测的实验室建设,把疫病监测、免疫质量检测、冷链体系运转、动物疫病净化等经费纳入财政预算

(五) 进一步加大科教兴牧的步伐,提升畜产品安全生产的能力

全面推进畜牧产业技术体系建设,加快形成农科教、产学研紧密结合的科技创新体系。健全畜牧业技术推广服务机构,加快畜牧业先进适用技术的推广应用。力争突破一系列重大技术瓶颈,为现代畜牧业发展提供强有力的科技支撑。并不断吸收和引进畜牧业发达国家在饲料研制、养殖方面的先进经验、技术、人才和资本,支持和引导国内有实力的畜牧业企业和科研单位到国外创业,加强国际合作与交流,提升畜产品安全生产的能力,增强我国畜牧业国际竞争力。

(作者单位:淮安市淮安区动物卫生监督所)

参考文献:

[1] 本刊编辑部. 2009 年畜牧业大事记[J]. 农村养殖技术,2010(1)

[2] 畜牧保障供给发展畜牧大产业[J]. 农村工作通讯,2010(2)

[3] 吕晓英,吕胜利. 中国主要牧区草地畜牧业的可持续发展问题[J]. 甘肃社会科学,2003(2)

[4] 宾冬梅,易诚,马美湖. 浅谈我国畜产品加工业中存在的问题及发展对策[J]. 畜禽业,2001(4)

[5] 颜景辰,颜廷武. 加强我国农产品质量安全管理的对策建议[J]. 中国软科学,2004(7)

博弈中的变革与选择

——从企业的优超策略看高职教育的战略转型

沈佩琼

摘　要　在经济发展方式转变和产业结构调整的宏观背景下，在共同面对时刻变化、不断增长的新需求时，企业发展和高职教育都面临着变革与选择，在矛盾和冲突的博弈中都会进行优超策略的选择并加以实施。因此，管理者和决策者的成长必须超前于社会的发展，思考必须超前于社会的认知。

关键词　企业战略　高职转型　合作　博弈

高新技术迅猛发展、经济全球化步伐加快，企业该如何应对？随着全世界劳动力价格提升，劳动力成本优势正在中国大陆逐渐消失，企业又该如何选择？而与企业有着天然联系的高职教育又将何去何从呢？

一、企业："蝶变"中谋划发展

富士康机器人战略启动。具有丰富的"廉价劳动力"资源，一直是"中国制造"最具竞争力的优势之一。过去10年间，富士康正是利用这一优势，通过120多万人的代工队伍使自己成为全球最大的电子代工企业。然而2011年第四季度，富士康却公布了制造百万机器人大军的惊人计划。郭台铭宣布：2012年富士康将以日产千台的速度制造30万台机器人，三年后达到百万台。用于单调、危险性强的工作，提高公司自动化水平和生产效率。这一举措引起各界瞩目。

业内专家由此预言，大批机器人上岗后，短期内将挤占人工岗位的现象不可避免，势必伴随着一批生产工人的下岗。而同时，大规模机器人的出现也会催生更多新的人力需求岗位。郭台铭表态，"富士康的年轻人将重新学习操控机器人软件、应用和维修，变为机器人的应用工程师和软件工程师，通过操作机器人的手和关节来完成生产。"

无疑，富士康机器人项目的大胆启动，不仅将推动企业内部寻求转变生产方式，也将带动地方相关产业和相关人才新的需求。

企业大学的兴起与壮大。1997 年，LG 企业大学扩展训练课程在天津的成功实践引起的巨大轰动，让中国的企业开始注意到企业大学的重要性。一些企业开始“试水”。自 2006 年起，国内企业对企业大学的热情逐步显现，海尔、联想、华为等大型企业开始纷纷创立了自己的大学。据不完全统计，目前国内企业大学已有 200 多家。而正在预备创建企业大学的国内企业也为数不少。如在江苏，为引导企业建立健全科学完善的培训体系，推动企业人才队伍建设，2011 年 6 月，江苏省经信委和省中小企业局就台有关文件，全面启动了“江苏省企业大学创建工程”，计划“十二五”期间在全省民营企业中创建十所示范性企业大学。苏宁电器集团、红豆集团、宏图三胞、雨润集团、南钢集团、沙钢集团、海澜、远东集团和徐工集团等企业已被纳入建设示范单位。目前，处于发展中的苏宁大学被公认为是当下最好的企业大学。2011 年 11 月 15 日红豆大学的揭牌，成为继苏宁大学后，江苏省第二家、无锡市首家省级示范性企业大学。

作为企业战略的一部分，人才战略始终是每个企业头等大事。从全球范围来看，从 1955 年全球第一所企业大学 GE 克劳顿学院正式成立以来，目前全球企业大学超过 3 700 多所，其中，80％的世界 500 强企业都拥有或正在创建自己的企业大学。

二、高职：“洗礼”中勇担重任

作为具有高等教育和职业教育双重属性的高等职业教育，经过 10 多年的“洗礼”，高职教育在规模上得到很大的发展，拥有了高等教育的“半壁江山”，内涵和质量也有了一定程度的提升，社会认可度有所改观。特别是 2006 年以来，发展中的高职教育将校企合作作为职业教育发展的战略引擎与本质要求。以校企合作办学、合作育人、合作就业、合作发展为主线，不断创新体制机制，深化教育教学改革，教育主管部门、各级政府、各类学校为此付出了艰辛的努力，进行了许多大胆的尝试，取得了一定的成绩。然而在校企合作中，学校“一头热”的现象仍较为普遍，合作效果并不如愿，推进过程并不顺利，企业的积极性不高，不少的合作流于形式。尤其在校企合作的制度建设、政策效力、体制机制创新等方面仍然面临不少问题和障碍。

2011 年 8 月 31 日《教育部关于推进高等职业教育改革创新引领职业教育科学发展的若干意见》（教职成〔2011〕12 号）明确了高等职业教育发展方向：以培养生产、建设、服务、管理第一线的高端技能型专门人才为主要任务。自觉承担起服务经济发展方式转变和现代产业体系建设的时代责任，主动适应区域经济社会发展需要，培养数量充足、结构合理的高端技能型专门人才，在促进就业、改善民生方面以及在全面建设小康社会的历史进程中发挥不可替代的作用。高职教育在现代职业教育体系构建中的作用和地位被强化，高职教育是类型教育开始被认同。

但就高职教育自身发展而言，体系建构问题、招考制度问题、培养目标定位问题、校企深度合作等问题仍然还是需要认真关注与深入研究的热点问题。特别是面对人口红利下降引发的“生源”大战，已经成为高职院校生存掣肘。今后3—5年每一所高职院校都将深刻体验适者生存的市场法则。而合作伙伴们企业转型升级中的“蝶变”，更会让高职教育在实现美好愿景的征程中接受更大的挑战。

三、策略：博弈中改变规则

企业和学校是两个不同的组织，人力资源是他们的共同关注。但在人的培养战略上，他们有相同地方，也有不同之处。表现在：第一，对象相同，但侧重点不同。关注对象都是人，但学校教育对象重点在人力资源形成的前期和中期，企业人力资源开发重点在后期。第二，目的作用一致，但侧重点不同。教育的目的在于培养人、引导人与促进人的素质的全面发展与提高，而企业人力资源开发的目的，在于合理地利用人、培养人与激发人的潜能。教育的目的主要在于培养人形成社会与组织需要的基本素质、基本技能与基本知识，企业人力资源开发的目的在于如何从现有的基本素质与基本知识中开发与培训出社会与组织所需要的特定素质、特定技能与特定知识，把自然形成或由教育形成的可能劳动力转变为现实劳动力。第三，由于校企各自目标任务不同，因此，在人的培养上也表现出内容和手段上一致，但又不尽相同的情形。

职业教育与企业有着天然的联系，现代学校职业教育就是伴随着工业革命的进程，社会生产力飞速发展应运而生的。我们倡导职业教育校企要深度合作，“零”距离对接，意在表达离开了学校的职业教育和离开了企业的职业教育，都不是真正意义上的职业教育。从一定意义上讲，是否实行校企合作以及校企合作的程度如何，是职业教育区别于其他教育的根本特征。

合作共赢是校企一致憧憬的美好理想。但在利益诉求上还必须承认校企天生有别。作为企业的代表，如富士康，它仅是“中国制造”的一个缩影，应对发展中的困境和挑战，富士康以机器人战略作为成本均衡年代无奈的选择。而近几年悄然兴起的企业大学，其寓意和价值无疑是通过此举成为企业人才的孵化器和企业战略实施的助推器。

管理者的成长必须超前于社会的发展；管理者的思考必须超前于社会的认知。在一定的环境条件下，企业改变“规则”，在博弈中从各自的行为或是策略进行优超策略选择并加以实施也是必然。因为，在社会经济生活中，企业或个人为了自身利益的最大化，面对市场都会做出自己的最优决策，以实现最大的利润。这无可非议。

经济社会发展的新特点、新趋势、新任务对高职教育改革发展提出了新要求。

高职教育能否真正为国家转变发展方式和建设现代产业体系提供坚实的人才支撑？教育的饯行者们是该需要采用博弈思考方式，勾勒出未来的发展宏图和全新的实施路径的时候了。

四、愿景："圭臬不凡，效尤不俗"

产业升级和结构调整，全球化战略实施，企业发展和高职教育都面临诸多新的挑战和机遇。市场化发展进程的加快，高职院校和企业之间必然要在不断博弈中进行变革与选择。

博弈论强调双方唯有选择各自的优超策略，使双方利益都得以改进，从而实现纳什均衡，才是双方最好的策略选择。据此，新形势下，如何在政府推动、行业引领下，建立起校企合作新关系的关键是：探索如何保证博弈多方实现其利益最大化的方法和途径。

博弈理论有这样的基本判断：如果博弈进行多次，只要对策者知道博弈次数，他们在最后一次肯定采取互相背叛的策略。在次数已知的多次博弈中，对策者没有一次会合作。

这样看来，由于存在着不确定性和利益冲突，由于存在着信息不对称，又由于制度变迁是在多次重复博弈中进行的，校企合作这个决策的矩阵应该没有最优解。

因此，在经济发展方式转变和产业结构调整的宏观背景下，在共同面对时刻变化的、不断增长的新需求时，高职教育应当比普通教育准备更充分、应变更迅速。高职教育按照"到 2020 年，形成适应经济发展方式转变和产业结构调整要求、体现终身教育理念、中等和高等职业教育协调发展的现代职业教育体系"新要求，的确还要经过很长的艰辛跋涉。

英国学者安东尼·史密斯(Anthony Smith)、弗兰克·韦伯斯特(Frank Webster)等在《后现代大学来临？》一书中指出：有两个方面的问题尤其值得强调。首先，大学教育的本质和魅力很可能遭到破坏。高等教育日益演变成更大范围的"闲暇—学习"产业的一部分。其次，市场化意味着任何学科或领域都不可能在商业活动的冲击下保持其完整性和独立性。由于学生被视为客户，一方面他们被赋予了权力——他们的要求可以随时得到满足，另一方面他们的权力又被剥夺了——因为他们的长远需要可能被忽视了，他们很难参与到符号性、精神性和充满魅力的教育过程中。

那么，在变革和选择中，高职教育真的准备好了吗？

（作者单位：淮安信息职业技术学院）

参考文献：

[1] 李保华. 富士康启动百万机器人战略[J]. 长三角，2011(12)

[2] 孙彬. 无锡首家示范性企业大学红豆大学成立[N]. 新华网江苏频道 2011－1－15

[3] 教育部关于推进高等职业教育改革创新引领职业教育科学发展的若干意见. 教职成〔2011〕12 号，2011－8－31

[4] 安东尼·史密斯(Anthony Smith)，弗兰克·韦伯斯特(Frank Webster)著；侯定凯，赵叶珠译. 后现代大学来临？[M]. 北京大学出版社，2010

旅游业公共关系现状和对策研究

——以淮安为例

程文挺

摘　要　本文根据淮安旅游文化产业的实际情况，着重分析淮安旅游业公共关系现状，提出了发展旅游的对策，为欠发达地区旅游文化产业的发展提供一定的参考。

关键词　旅游　公共关系　现状　对策

一、前言

江苏省淮安市旅游资源丰富，历史悠久，曾是南船北马交汇之地，清乾隆年间盛极一时，是运河沿线的"四大都市"之一，享有"壮丽东南第一州"之誉。淮安英才辈出，共和国开国总理周恩来就出生在这里，此外还有汉代军事家韩信、抗金女英雄梁红玉、《西游记》作者吴承恩、民族英雄关天培等，随处可见的名人故居、纪念馆给淮安增添了许多文化韵味。淮安风景优美，沿大运河，环洪泽湖，山水相连，田园如画。

有如此广阔的旅游前景，旅游资源的开发和保护在当地得到了空前的重视，商业、交通、城建、邮电、通讯发生了突飞猛进的变化，为旅游业的发展提供了强有力的基础保障。

然而，至今淮安旅游资源的整体知名度水平不高，缺乏竞争力和吸引力，个别旅游点，如周恩来故居虽有一定影响和知名度，但仍不够。

我们知道，旅游业是一个综合性、多层次的产业，要有商业服务业、交通运输业以及文化教育、城市交通、邮电通讯等有关部门的协助，任何一个部门的障碍都会造成旅游业发展困难。如果说过去淮安的旅游业得不到发展，制约于客观条件：交通不便、信息闭塞、资金短缺、生产力水平及社会发展较低等，那么，现在突出的问题是研究和做好公共关系。

公共关系是社会组织为塑造组织形象，通过传播、沟通手段来影响公众的科学与艺术。公共关系的基本特征：(1) 以公众为对象；(2) 以美誉为目标；(3) 以互惠为原则；(4) 以长远为方针；(5) 以真诚为信条；(6) 以沟通为手段。以上六个方面综合地、立体地构成完整的公共关系的基本特征，对这些公共关系特征的了解与把握，为旅游业公共关系工作提供了更为广阔的天地，必将促进旅游事业的发达。

二、旅游交通公共关系

从地理学的观点来看，旅游由三个主要部分组成：旅游客源地、旅游目的地、旅游通道。旅游通道将旅游客源地、旅游目的地二个区域连接起来。旅游通道的特征和效率将影响和改变旅游的规模和方向，它是整个系统的桥梁，旅游交通的便利程度，不仅是开发资源与建设旅游地的必要条件，而且也是衡量旅游业发达程度的重要标志。

旅游交通服务于特殊的对象，即不同于一般乘客。旅游对交通的需求，除数量的要求外，还有相当高的质量要求。高质量是现代化旅游交通的特点，也是构成旅游竞争的决定因素。质量要求一是安全运行，二是正点运行，三是各个层次之间的旅游交通连接性好，四是设备舒适，五是经济。而所有这一切工作的好坏都取决于人的工作。

运输企业员工经常单独作业，一般点多线长、协作单位多、涉及面广，影响也大。因此，教育和引导员工树立公共关系意识，自觉维护企业形象，把自己作为其"大使"，妥善处理与各种旅客及众多协作单位的关系，是一项不容忽视的公共关系工作。

运输企业的员工和游客密切接触，时间又长，容易产生矛盾，发生各种恶性事故的概率较多。所以，不仅要认真做好顾客投诉处理工作，还要预先制定处理各种突发事件的预案，积极做好应变准备。应特别注意运输业是有高知名度的公用性行业，其一举一动都惹人注目，极易成为社会舆论和新闻媒介的热门话题，稍有不慎，企业声誉、政府形象便会毁于一旦，对旅游业的发展有相当负面的影响。

淮安旅游交通怎么样呢？不讲其各个层次的旅游交通连接性好坏，单是乱停乱带、误点已够人头痛。价格也缺乏灵活机制。

举个例子，一次去洪泽湖度假村玩，中午想坐一下游艇，一是没人接待，等了半天，二是一开口二百元，如此高价，态度也非常不好，好几位游客扫兴而返。

三、饭店公共关系

饭店公共关系的中心是通过向旅游者提供满意的服务，换取自己追求的经济效益。其服务性，决定公共关系更应注重以下几个方面：

（一）形象塑造

饭店给顾客留下的印象主要是服务质量的优劣或服务项目是否有特色，因此首先必须塑造各具特色的形象服务。

1. 设计饭店形象：这是塑造形象的基础，设计时至少要综合考虑二大方面：公众对饭店的要求、饭店的条件和优势。

2. 推广饭店形象：设计出来的饭店形象，要通过各种方式，比如画片、模型、录像、宣传材料及各种社交活动，扩大饭店的知名度。

3. 经营伙伴和竞争对手：对饭店业来说，不仅要积极发展与经营伙伴的关系，还要十分注意与竞争对手的关系。同业之间不仅有竞争，还可以合作。如异地的饭店之间，可以联合成一条龙式的服务链条，共同得益。本地的饭店之间，也可以交流经验，互相取经，共同提高经营管理水平，还可以相互介绍客人，遇到特殊情况，也可以相互支援，协调好与同业者的关系，是饭店公共关系工作不可缺少的内容。

（二）全员公关

员工的一举一动都是企业形象的公开“曝光”，注重培养全体员工的公共关系意识，教育和引导员工自觉遵循公共关系的原则和要求。

1. 引导员工树立明确的公共关系意识，珍惜和爱护饭店的形象、声誉。

2. 教育员工从本职工作出发，关心和参与公共关系活动。

3. 培养员工的主人翁责任感，这是激发员工做好公共关系工作的思想动力。要通过各种内部公共关系活动，增进员工之间的团结、友爱和理解。

4. 及时处理突发事件和宾客投诉，一旦饭店形象因此受到破坏，还要采取措施补救，改变公众认识、挽回影响。对宾客投诉，态度要认真，语言要婉转，行动要迅速，处理要公正，多询问，少解释，决不要辩护和争论，要坚持“宾客总是对的”，把正确留给对方，不能放过所谓的“细微小事”。有时宾客反映的问题，无非是开水不开，热水不热一类的小事，但这些都会直接影响饭店的声誉和形象，同样要认真对待。

如有江苏九寨沟之称的盱眙铁山寺森林公园，可以说很有特色，竞争力很强。然而，配套设施之差，却大煞风景。厕所之脏，简直无插足之地，而且连洗手地方都难觅。

四、旅游企业的公共关系

旅游企业的重要任务是招徕顾客，组织游客按一定的线路游览并提供相应的服务。旅游业的公共关系工作，是为了提高旅游地知名度和美誉度，吸引更多顾客，促进旅游业的兴旺发达。

旅游业在塑造企业形象、收集信息、参与决策、教育引导员工、积极发展新闻媒体、社区、经营伙伴的关系，以及为顾客提供满意服务等公共关系工作方面，有其特殊性：

（一）树立良好的旅游地形象

一般的企业或社会组织所塑造的主要是自身的形象。旅游企业不仅要塑造自身的企业形象，还要积极树立和推销旅游地形象。从某种意义上说，旅游地形象的塑造和宣传比对旅游企业的宣传更为重要。

（二）提高旅游的社会承载力

旅游的社会承载力是指旅游地居民对当地旅游业发展规模和方向，在心理上所能接受的限度。旅游地居民是当地旅游业的重要组成部分，缺乏他们的支持与合作，旅游业就会失去赖以存在的社会基础。许多旅游者在选择旅游地的时候，往往也要考虑旅游地是否有良好的社会氛围、优良的服务、便利的交通和相宜的价格。旅游服务质量高和当地居民的热情友好，已被许多国家列为与自然资源、人文资源相提并论的又一大类旅游资源。实践证明，游客由于种种原因，在旅游地未能受到满意的服务，或没有观赏到某个奇异景观的遗憾，常常能由旅游地居民的热情友好来补偿；反之，服务再满意，风景再迷人，当地居民不够友善也会使游客心情遭到破坏。

五、乡土地理教育公共关系

乡土地理教学，既有利于学生掌握一定的地理知识，能使受教育者比较全面地认识当地的自然、人文社会条件及其发展演变的历史和未来，提高受教育者科学文化素养，使教育者产生对周围环境，乃至地球上各种不同地域的自然特征与人文特征的兴趣，对宣传当地旅游资源起到一般媒体难以起到的作用；又有利于培

养学生爱家乡、爱祖国的思想感情，家乡建设成就的切身感受和存在的不足可激发起改变家乡面貌的决心。真可谓“一举两得”。学生或许是影响力最大的公众，他们在校外是最有权威的解释者，毕业后成为校友，演变为重要的外部公众，让学生充当信息传递的中介，具有战略意义。

通向社会公众心灵最可靠的途径是学生。每年有大批学生毕业，奔赴祖国大江南北求学、就业，大多数校友都愿意关心、支持家乡的发展，对家乡的一草一木都有着眷恋之情。获得校友支持的关键是经常请他们参加学校活动，并定期把家乡的情况告诉他们，请校友在校刊上发表文章，请校友回校给在校生作报告，组织校友会，建立校友档案，拜访校友，办“校友通讯”，利用校庆之际开展校友公共关系专题活动，举办校友学术研讨会等，对提高家乡的知名度和发展旅游经济都起到潜移默化的促进作用。

据调查，凡是旅游业较发达的地方，从小学到高中除了按教育部教学大纲规定的自然、社会、地理学科以外，都配备相应的地方人文、历史、旅游、经济等读本，让学生从各层次了解家乡的旅游资源、政治经济、文化建设及其发展动态，为日后从事家乡的建设、发展旅游业打下较好的基础。

可惜，淮安的大、中、小学校缺乏这方面读本，各级机关类似地方志的读本也寥寥无几，连淮安市旅游地图也难得一见，网络资源更是贫乏。不了解家乡，怎么能更好地建设家乡。

六、旅游行为公共关系

旅游产业是经济高度发展的必然产物，人们收入增加了，基本生活需求已基本满足，假日的增加，交通的发达，就有可能到各地观光、游览、度假、休闲。其中，不但可游览名山大川、探访名胜古迹，而且可以观赏民风、民俗以及品尝佳肴、购买特产……通过这些活动，人们可以获得精神、文化、康体、物质多方面满足。

旅游动机是直接推动一个人进行旅游活动的内部动因或动力：

（一）身体健康动机，包括休息、运动、游戏、治疗等动机。这一类动机的特点是以身体的活动来消除紧张与不安。

（二）文化动机，即了解和欣赏异地文化、艺术、风俗、语言和宗教等动机。这些动机表现了一种求知的欲望。

（三）交际动机，包括在异地结识新朋友，探亲访友，摆脱日常工作、家庭事务等动机。这种动机常常表现出对熟悉事务的厌倦和反感、逃避现实和免除压力的欲望。

（四）地位与声望的动机，这类动机包括考察、交流、会议以及从事个人兴趣所进行的研究，它的特点是进行旅游活动的交往中搞好人际关系，满足自尊、被承认、被注意，施展其才能，取得成就的需要。

旅游者的活动可以分为三个层次：基本层次游览观光，提高层次娱乐、购物，专门层次休养、疗养、会议、宗教朝拜。

旅游活动最基本层次是游览观光，也可以说是景观旅游，景观包括自然景观、人文景观。它能陶冶人的性情，增加人文和自然知识，给人以美的享受。

提高层次的娱乐、购物旅游。到野外去游泳、划艇、钓鱼、打猎、滑冰、滑雪都属于娱乐旅游。健康的娱乐旅游，特别是娱乐为主的上述室外活动以及健康的“夜生活”，参加舞会、观看具有地方特色的文娱节目，进茶馆或咖啡馆等，都可以丰富旅游点的活动内容，大大增强该地的旅游吸引力和提高经济效益。

专门层次旅游包括：休养、疗养旅游、出席会议、宗教朝拜、各种科学考察和社会调查，以及其他专业活动，包括商业、文化交流、大型运动会、登山、探险等活动，也都有一定的旅游性质。

如：中国四大淡水湖之一的洪泽湖、水下泗州城等，资源价值高，但区域条件不好，区域经济背景差。该地区旅游资源极其丰富，具有很大的神秘感，对旅游者的吸引力非常大，但由于远离经济发达的大城市，偏离主要交通干线，客源市场较远，加上区域经济不发达，有些地方甚至连商品经济的思想还很淡薄，发展旅游业比较困难，大部分旅游资源处于未开发或初步开发状况，发展潜力很大，旅游开发方向主要是观光旅游和科学考察、探险、猎奇旅游。

这类地区无论是自然生态还是人文生态都非常敏感和脆弱，开发中要特别注意旅游给当地自然和社会带来的负面影响。环境是旅游业的基础，旅游如果要成功和持久，需要对目的地的风光和历史遗产进行保护，保护重要的旅游资源也就是潜在的旅游业投资。

七、旅游客源体公共关系

京沪沿线城市是淮安市旅游区最直接、最现实的客源市场。两淮旅游资源不仅数量多、分布集中，拥有周总理故居和纪念馆、吴承恩故居等重点旅游资源，而且还有较好的社会经济状况和基础设施条件，有必要进行重点扶持、发挥潜能，使它真正起到带动全市旅游业发展的作用。楚州是国家级历史文化名城，淮安是中国淮扬菜之乡，把楚州建成花园式人文旅游城市。集文化、商业、旅游、休闲、服务于一体，“特色商品一条街”、“风味小吃一条街”，民间流传的手工艺制作表演，必将吸引大量的游客和市民，成为全国著名的游憩购物场所，并从中体会深远的文化。

以旅游业带动商业、休闲活动使历史文化名城得以复苏和有效地保护。在开发中，尽可能保留原有古老的建筑风格，越是民族的，反而越是世界的。同时，这种有益的改造，将积极地延续了城市的文脉，促进城市的可持续发展。

城市居民对“回归大自然”的追求和怀旧心理，激发他们出游，再者，在上海等城市有许多苏北籍的居民，吸引他们回乡观光旅游的条件的得天独厚。此外，淮安市还有几万台胞将陆续回乡探亲，是应该值得重视和开发的客源。

八、政府公共关系

政府公共关系已成为政府从事管理的重要组成部分，成为政府沟通和协调内外关系的强有力手段，政府公共关系的基本目标是树立起“创新、务实、廉洁、高效”的政府现象，政府公共关系面临广泛而复杂的社会公众，必须采用特殊的协调手段来调节各种社会关系，维持社会关系平衡与稳定，统筹兼顾，调节各方面的利益，理顺各种关系，政府公共关系活动追求的主要是社会效益。

为此，笔者建议成立淮安市旅游委员会，以统管全市旅游的发展，打造花园式人文旅游城市。

（一）政府应积极参与长三角（“江、浙、沪”三小时都市圈）活动，广泛搜集长三角地交通、市场、现代物流、旅游资源、金融、生态环境等各方面的信息，不断完善自己。

（二）政府应加强交通基础设施建设，努力提高通过能力，形成水、陆、铁、空并举，全天候、多功能的运输方式，实行国家、省、市多级建设、分级管理。在统一规划下，本着谁使用、谁投资，谁管理、谁受益的原则，提倡各部门自建专用码头、专用公路、专用航道。

（三）政府应加强智力投资，重视人才培养。除了尽量争取大专院校提供外，主要还是自己组织培训，争取早日造就一支既有力理论水平又有实践经验的旅游人才队伍。

（四）政府应充分发挥新闻媒介的作用，抓好对外宣传。除采用报纸、单行本、广播等一些传统方法外，要采用声像、网络等现代化宣传工具，扩大宣传面，还要充分利用来淮游客，通过他们达到宣传的目标，扩大客源范围。

九、案例的启示

长城饭店成立之际，即聘请了美国达拉斯饭店有经验的公关经理露西·布朗女士担任公关部经理。当时人们对公关相当陌生，觉得很神秘。

一次，有位服务员在打扫房间时，发现客人的床头上摊放着一本书，她没有挪动书的位置，也没有信手把书合上，而是细心地在书摊开的地方夹进了一张小纸条，以起书签作用。事后，客人对服务员细致的服务倍加称赞，并将此事告诉了同来的同事，告诉了她所认识的所有朋友。

布朗女士抓住这件小事，告诉大家：这就是公关。公关需要从细微处做起，所有饭店工作人员都应通过自己的一举一动体现公关意识，从各方面树立完美的形象。

综上所述，尽管我国公共关系理论研究的时间还较短，针对旅游公共关系实务活动的研究尚处于发展阶段，总结与研究工作亟须加强，但公共关系不是抽象的，而是具体的，不是神秘的，而是实在的，贵在从小事做起，树立形象，不落俗套，勇于创新。

笔者坚信，随着公共关系理论的推进，经验的积累，必将促进淮安旅游业健康、快速的可持续发展，为振兴淮安经济，发挥排头兵的作用！

（作者单位：淮安市航道管理处）

参考文献：

[1] 顾宝炎. 管理学导论[M]. 东方出版社，1991

[2] 熊源伟.《公共关系学[M]. 安徽人民出版社，1990

[3] 保继刚，楚义芳. 旅游地理学[M]. 高等教育出版社，1999

[4] 许学强，周一星，宁越敏. 城市地理学[M]. 高等教育出版社，1997

浅谈当前江苏文化产业发展存在的问题与发展对策

朱　明

摘　要　近几年来，江苏的文化产业发展迅速，年产值已超过千亿元，对GDP的贡献率已超过5%，增速已超过GDP增幅，成为新的经济增长点。但是，江苏文化产业发展还存在许多问题，如产业发展政策需进一步强化落实，文化市场有待进一步培育，核心文化产业比重不高，文化产业高层次人才比较缺乏。为此，笔者提出进一步完善促进文化产业发展的政策，即以文化创意产业园区为抓手，促进文化产业集聚发展，加快文化产业人才引进和培养步伐等建议，通过江苏文化产业的发展，使江苏早日从“文化大省”走向“文化强省”。

关键词　文化产业　发展　问题　误区　对策

文化产业一词的英语是Cultural Industry，在这里“产业”与“工业”用的是同一词。按联合国教科文组织对文化产业的定义，文化产业是按照工业标准，生产、再生产、储存以及分配文化产品和服务的一系列活动。文化产业可分为6大支柱产业：即教育产业、智力产业、高新技术产业、媒体产业、艺术产业和休闲产业。与传统产业相比，文化产业是充满朝气的朝阳产业。

十七届六中全会以来，我国文化产业正面临前所未有的挑战与机遇，不久前发布的《国家“十二五”时期文化改革发展规划纲要》更是明确指出，我国文化体制改革重点任务将于2015年基本完成。“十二五”规划纲要强调，推动文化产业成为国民经济支柱性产业，增强文化产业整体实力和竞争力。这是中央着眼于国内外形势的新变化提出的一项重大战略目标，对于加快转变经济发展方式、推动经济社会又好又快发展具有重要意义。

与其他产业相比，文化产业具有几个显著特征：一是“协调”。文化产业既能推动经济发展，又能促进社会建设；既可以增加GDP和就业岗位，又可以通过文化产品满足消费者需要。二是“绿色”。与生产制造领域中的大部分产业相比，文化产业在生产和消费过程中消耗低、污染小，具有鲜明的“资源节约、环境友好”特征。三是“高效”。文化产业既可以是典型的创意经济，通过较小投入实现高附加值;又可以是资本和技术大投入、大产出的产业,对经济发展具有很强的带动性;还可以是劳动密集型产业,大量吸纳劳动者就业。可以说,在能源、资源、环境等要素对我国经济社会发展约束越来越强的情况下,文化产业将显现出强大的生命力。

当前,许多发达国家的文化产业已经成为国民经济的重要支柱产业。比如,美国文化产业创造的增加值占其 GDP 的比重很大,英国的文化创意产业是排在金融业之后的第二大产业,日本仅娱乐业收入一项收入就超过了汽车业与钢铁业收入的总和。文化产业也是高科技产业。目前,信息技术、数字技术等高科技在文化产业中得到了广泛的运用,文化产业的发展本身也促进了这些领域的科技进步。可以乐观地预测,在不久的将来,我国的文化产业也必将成为增长最快的产业之一,具有无限的增长潜力。

一、江苏文化产业发展现状

江苏历来是我国经济发达的省份,江苏的文化产业发展在全国具有明显的区域优势:首先,江苏文化产业紧密相关的经济、金融、信息技术、现代物流等领域优势明显;其次,江苏的文化消费一直保持繁荣的发展态势;另外,江苏城际交通网络发达,区域间产业联动发展优势明显,产业市场化、国际化程度较高。

2011 年,江苏省文化产业实现增加值已达 1 500 亿元左右,近几年连续保持两位数的较快发展水平。同时,江苏省不断推进文化体制改革,加快培育文化市场主体,先后组建了广电、出版、报业、演艺、文化产业、网络等 6 大省级文化企业集团。以江苏凤凰出版集团等为龙头代表的一系列文化出版企业在全国先发优势明显。截至 2010 年底,江苏省共有文化产业机构 4 万家左右,其中企业规模 1 亿元以上的有 300 多家。目前,江苏已基本形成出版发行、广播电视、文化旅游、工艺美术、演艺娱乐等优势文化产业门类。“十二五”期间,文化产业将成为江苏省的支柱产业,在整体经济中的比重将上升到 5%。

二、江苏文化产业发展中还存在的问题

虽然江苏已经开始形成现代文化产业的蓬勃发展态势,但还存在的一系列问题也不容忽视,目前阶段比较明显的问题主要在以下几个方面:

(一) 管理体制不够健全

我省文化产业的管理存在条块分割、多头管理、政企不分等问题。目前,多数地区尚未建立统一高效的文化产业管理体制,文化、广电、出版、旅游等相关部门各自为政,管理分散,文化市场多头执法。以音像业管理为例,其进口产品的内容审查、发行和市场管理、出版和复制分别由文化、广电、出版三个部门管理。许多

国有事业单位改革还不到位，国有文化资产管理体制和运营机制尚未建立或健全，更名改制的许多文化产业集团还保持事业性质，受到上级主管部门的干预较多，市场主体地位不够明确，缺乏活力。

（二）法规政策不够完善

我国尚没有发展文化产业的基本法规，文化产业领域内的各种法律也处于缺失，地方在文化立法上受到限制，增加了地方立法的难度。文化产业政策不完善，地区特别是未进入全国文化体制改革综合试点的地区，尚未制定促进文化产业发展的优惠政策。文化企业融资难问题普遍存在，部分地区非公资本进入文化产业还存在障碍。国家制定出台的文化产业政策在部分地区难以落实。

（三）文化产业出现“泡沫”

近年来，我国文化产业发展很快，公共财政对文化设施的拨款规模超过了改革开放以来的总和，大量业内和业外的、体制内和体制外的资本正在冲进文化投资领域，一个前所未有的文化投资高潮正在兴起，出现了一个在改革开放以来的经济领域多次出现过的、以行政性推动为特点的“投资饥渴”和“经济过热”景象。我国文化产业园区的数量在惊人增加，虽然国家承认的只有 1 300 个，但实际上估计达到数万个，文化产业已出现严重的“泡沫”现象。江苏现有在建的或建成的文化产业园已达 60 多家，文化产业示范基地 20 多个，国家级动漫产业园 4 个。遗憾的是，江苏的文化产业集群基本是典型的政府导向型，企业在促进产业集群的自发形成中的作用并不突出。各地相继上马各种大型文化产业园区，资源浪费、同质化竞争的问题已经出现，需要引起有关部门高度重视。

（四）总体规划不够协调

1. 许多规划在制定前调查和分析不足，未能透彻了解城市文化及文化产业的发展规律，片面强调文化产业发展的经济效益，无视社会效益。将不能产业化的文化形式产业化。我们知道，文物、历史遗址不应该产业化，如果人为地进行产业化则是一种破坏而且也很难有经济效益。以无锡惠山古镇开发为例，当初主要是为了申请世界文化遗产而进行保护性改造，但实际上大部分变成了大拆大建，原住民几乎全部迁出，大量建筑都为仿古建筑。目前惠山许多古建筑或仿古建筑已改为酒吧，咖啡馆，但与此对应的是晚上许多高档餐饮业灯火通明，会所前车水马龙。而且，由于惠山古镇大量本地居民被迁，原本非常热闹的古街，现在白天除了少数节假日，游人几乎门可罗雀，许多店铺只能惨淡经营。

2. 对本地区的文化产业资源、市场以及优劣势等背景和现状认识比较粗浅，对文化产业结构、产业布局、发展重点等可行性未作充分论证，忽视地区差异和市场需求，盲目进行投资建设、扩大规模，部分地区文化产业发展已经成为政府的政绩工程，投资巨大，而效益甚微。各地都在搞文化创意产业园，而一些决策者连文化产业园需要什么内容都没仔细想过，这些需要政府有足够清醒的认识。

（五）整体实力不够强大。

尽管文化产业经营机构数量多，但集约化程度低，集中度小。缺乏开拓国际文化市场的意识和经验，获知市场信息的能力不足，对国外市场和受众的调研明显不足。营销能力普遍较低，尚未形成与市场经济体制相适应的营销模式，导致文化产品市场化程度低，即使是优质产品也难以形成产业链，产品附加值未能得到有效挖掘。

江苏文化产业出口主要集中在文化产品制造方面，诸如文化用品和设备制造、设计产品、加工印刷等低端产品，而核心的版权产品和富含科技创意含量的内容产品输出仍然不足，出口规模较小，文化产品国际化水平偏低。此外，文化行业缺少先进的文化产品生产机制，文化企业缺乏参与国际市场竞争的资金、营销宣传手段和品牌建设能力，与国外知名文化品牌输入后可获得高额回报相比，江苏输出的文化产品和服务利润空间很少。

（六）产业布局不够合理

在江苏的苏锡常宁地区，直径不超过150多公里的范围内，但密布了4个国家级动漫产业园区。苏州、无锡、常州各拥有一个动漫产业基地，占全国获批动画产业基地的1/5，南京市正在积极申报国家动漫产业基地和动漫教学研究基地。数据显示，我国动漫产业年产量达22万分钟，但只占到世界总产值的0.68%；相比较，日本却以年产10万分钟的产量，占到世界动漫总产值的68%。一方面是国产动画倒贴钱播出，另一方面是创意产业园还在遍地开花，一个新兴的朝阳产业面临如此严重的困惑值得深思。实际上，文化产业仅靠政策、资金是不能发展的，发展文化产业园区，应由目前的重“量”转变到重“质”上来。

（七）部分园区名不副实

一个值得关注的现象是，一些园区占地面积很大，入驻的文化企业却寥寥无几，规模较大的、较为知名的企业更是屈指可数。也就是说，园区不少、产值不大、企业不多。本来就是一个写字楼，只不过因为一些文化传媒类企业入驻，就被评上文化创意产业集聚区的称号；许多文化创意产业园区虽与历史文化沾点边，但更多是一个市场或是一个旅游项目。如无锡清明桥文化历史街区，目前几乎成为酒吧和餐饮业一条街，文化特色并不突出。许多文化产业园区没有形成规模，主要还是靠租金收入，甚至有的是靠政府补贴。很多地方将“文化”二字作为吸引开发商进入的动力，主要在于项目带有公共利益性，土地价格非常便宜，配套费用低，手续简单，开发成本相对较小。更多企业看到文化产业的发展前景和政策支持，就从原来的高尔夫、度假村或餐饮业摇身一变也变成了文化产业园区，部分企业甚至以文化产业的名义，变相从事房地产项目，从而避开国家对楼市的调控影响。

（八）高端人才极其缺乏

文化创意产业成长迅速但人才匮乏，据网巨软件（南京）有限公司总经理姚晓明说，去年至今，他亲自赴京、沪、杭等地，参加了不下15场招聘会，想招几名既懂动画又熟悉国际商业文化的人才，结果一无所获。全国动漫专业的经营人才年缺口1万人以上。省内现有4大动漫产业基地，以每年产出20 000分钟的片子计算，至少需合格制作人员3 000人，而目前符合要求者寥寥无几。另外，缺乏合格的文化经纪中介机构，尤其是懂外语、懂文化、会经营、熟悉国际文化市场运作规律的经纪人才也制约了江苏文化产业的发展。

（九）缺乏自主知识产权

许多文化创意企业千辛万苦从国外拿回订单，却不得不按别人的创意制作，挣点微薄的加工费，这是眼下不少动漫企业的生存现状。创意产业要有知识产权，要内容为王，以动漫产业为例，国产动漫始终走不出缺乏创意的瓶颈。创意环节位于动漫产业链的源头，是所有下游环节的基础，目前我国动漫产业创意环节依然薄弱。除"喜羊羊"外，近年国内动漫企业塑造的新形象乏善可陈。现在，国内动画市场基本失守，全国有少儿频道70多个，大多数国产动画只象征性地收几块钱作为版权使用费，甚至要倒贴钱来求电视台播出。另外，目前数字动画制作使用的所有技术、技术标准以及插件，几乎都由英、美、日等国控制。创意产业需要政府扶持，但更需要企业的创新意识和获得自主知识产权能力的提高。

三、进一步做强做大江苏文化产业

（一）加强统一规划，完善扶持政策

各地要根据国家发展规划制定完善本地规划，制定文化产业法律法规，营造有利于文化产业发展的法制氛围。加强对文化产业园区的统筹规划，坚持标准、突出特色、提高水平，促进资源合理配置和产业分工，防止一哄而上、盲目建设。

加大知识产权的保护和宣传力度，形成尊重创新、保护创新的发展环境。围绕落实文化产业发展规划，制定包括财政、税收、金融等多种手段的文化产业政策体系，通过政策调控引导产业健康发展。

（二）优化产业结构，建设特色园区

将现代科技引入文化创作、生产、经营和服务等各环节，改造传统生产经营和传播方式，推进核心层产业升级，延伸产业链。推进广播影视、出版、演艺等领域的数字化应用，增强文化产品的影响力。加大对动漫游戏、网络电视、数字出版、文化创意等新兴产业扶持力度，促进文化产业与现代服务业和高新技术产业的融合，形成新的经济增长点。建立完善示范产业园区和基地的评估与奖励机制，促进园区快速健康发展，对弄虚作假的所谓文化产业园区要进行严格清理和责任追究。

（三）培育龙头企业，打造文化品牌

要做大做强一批文化企业，鼓励文化企业以资本和业务为纽带，实施水平或纵向方向的兼并重组，实现跨地区、跨行业经营，提高集约化经营水平和产业集中度。选择实力强、前景好的国有及国有控股文化企业进行重点培育，通过股份改造，注资、发行企业债券、资助项目整合文化资源，参与国际文化市场竞争。

（四）积极引进人才，加强队伍建设

要大力建设创新型人才队伍，加快文化创意产业人才引进和培养步伐。深化分配制度改革，完善人才激励机制，吸引各地文化创意人才到江苏来发展文化产业。营造自主创新、创业的良好环境，多渠道培养文化产业人才，完善在职人员培训机制，积极引导江苏高等院校加快建设文化产业重点专业和学科，逐步完善有关课程，有针对性地培养所需专业人才。引导高等和中等院校、职业培训机构、动漫基地与相关企业合作，设立文化产业职业培训机构和教学科研实习基地。

（五）地区协调发展，避免同质竞争

江苏各城市应该根据不同的地理位置、资源优势和市场条件，准确定位，在苏中、苏北和苏南分别确定发展重点，整合相关资源。实现错位发展，避免同质化竞争与过度竞争。南京、苏锡常、徐州三大城市群既是江苏的经济重镇，也是古都文化，吴文化和楚风文化精华所在，应担当起文化都市圈的重任，应该强化三市城市中心文化地位和集聚辐射带动功能，加快城市文化产业的延伸，形成文化产业发展带。在城市规划和建设中，把城市功能、城市环境与城市文化形象有机统一起来，并向周边地区辐射，形成大都市圈的强大文化合力。

苏南地区可以重点发展影视和动漫制作、创意设计、会展、传媒、网络信息、培训和咨询，苏北地区可以加快发展工艺美术、文化旅游休闲类行业，苏中地区可以开辟农家乐旅游、田园风光休闲旅游、文化用品设备制造等项目，通过区域间文化资源网络开发带动地方经济和整体经济的发展，促进各地区间文化产业发展的协调。

（六）加强国际合作，推动文化产业国际化

政府应降低门槛，加强对文化产品和服务“走出去”的指导和服务，营造良好外部环境，鼓励和支持各种所有制文化企业积极开展、参与出口业务，提供资金和优惠贷款帮助企业解决出口资金短缺问题，简化行政审批手续，给予出境、通关便利和相应税收减免和补贴，并奖励开发国际文化市场成绩突出的企业、机构和个人。商务、文化、外宣等主管部门要加强统筹协调，配合省内整体外交活动，组织学术研究团体和文化团体进入国际市场，通过在境外组织综合性的文化产品和服务出口展览会和项目招商洽谈活动，支持文化企业开拓视野，树立全球化的市场理念。

在欧债危机的今天，可以考虑并购外资文化企业，有实力的大型文化集团可以抓住当前国外一些传媒集团陷入困境、资产价格大幅缩水或破产的有利时机，购买股份或积极参与债务重组，有选择地收购兼并国外有关电影、动漫产业企业，吸收国外策划创意、制作发行人才以及全球营销网络，以提高江苏文化产业的竞争力和国际化水平。

（七）拓宽投资融资渠道，建立多元投资机制

开展配套服务，解决文化企业融资难问题，可实施无形资产质押贷款和银行贷款贴息政策，建立文化企业贷款担保机制，服务中小企业发展。利用政府资金、银行贷款、民间资本、上市融资等多种途径，实行多元化投资。设立文化产业专项扶持资金，用于支持重点文化创意产业园区公共技术服务平台的建设。采取贷款贴息、补贴和奖励等多种方式予以资助重点文化产业，积极向银行推介重点项目；鼓励企业运用资本运作的办法筹集发展资金，支持企业通过引进战略投资者、吸纳社会资本等形式，加快推进企业股权多元化。

（八）培育文化消费观念，扩大文化消费需求

首先要加大文化教育的投入，完善文化教育载体的建设，调整文化产品结构，形成文化培训、文化娱乐、文化交流、文化展演、文化旅游、文化休闲等市场，使文化市场能够满足不同层次的消费者。充分发挥现有场所的作用，积极通过文化创新来不断发掘新的文化题材，打造新的文化品牌，吸引广大市民参与文化消费。加强各类文化市场的培育和发展。加快发展艺术品展示、收藏、拍卖的文化商品交易市场。积极发展动漫、音像、广告、展览、咨询、版权等文化产品服务市场和文化要素市场，立足本地特色打造特色文化产业集群。

在文化产业迅速发展的同时，要坚决避免文化产业发展的“唯 GDP 倾向”。推动文化产业成为江苏经济支柱性产业，并不是一味强调提高文化产业占 GDP 的比重，否则很容易带来一些负面影响，如热衷于追求规模和数量的增长，导致数量与质量失衡、规模与效益失衡，误导人们只重视文化产业创造的经济效益，忽视其社会效益等等。只有正视江苏文化产业发展中存在的问题，把发展文化产业与转变经济发展方式有机结合起来，做强做大江苏文化产业，使其成为江苏社会经济发展中一个新的经济增长点。

（作者单位：江南大学杂志社）

参考文献：

[1] 张晓春. 当前我国文化产业存在的问题及对策. 商场现代化，2007(518)
[2] 曹子漩. 江苏文化产业多元化发展的影响因素分析. 地方经济，2011(8)
[3] 徐文燕，盛林. 江苏文化产业结构现状与优化对策分析. 南京财经大学学报，2011(8)
[4] 梦溪，晓理. 江苏文化产业跨越式发展探析. 群众. 2010(3)
[5] 荆林波. 中国文化产业存在的问题及对策. 中国经贸导刊，2010(24)

浅谈我国优势制造业的产业优化升级

曾志洪

摘　要　制造业是我国国民经济支柱，其中优势制造业在制造业中占据重要地位，但在产业优化升级过程中面临着严峻形势，如对制造业理解上的偏颇、政策支持力度下降、国内外竞争加剧等等，为此，必须尽早确定优势制造业的发展战略、创新吸收外资方式、加大研发的投入、建设较高水平的工人队伍、打造国际化的独立品牌，以此来推动优势制造业产业优化升级。

关键词　优势制造业　产业优化升级

所谓优势制造业是一个区域在长期的发展过程中逐步形成的具有明显优势和较强竞争力，并在国民经济中占有较大比重，具有支柱作用的制造业产业。我国在长期的经济建设过程中，通过不断的积累和探索在制造业领域形成了以纺织业、服装业、金属制品业、橡胶和塑料制品业等为代表的一批极具优势的行业。它们在国民经济中占据重要地位，发挥着无可替代的作用。

一、优势制造业在国民经济中的地位

（一）优势制造业是国民经济的重要支柱。虽然我国经过长期的产业调整后第三产业在国民经济中的比重日益提升，但是第二产业在国民经济中的比重仍然超过50%，而其中制造业占整个工业产值的4/5，直接创造国民生产总值的1/3，制造业工业增加值位列世界第4位，优势制造业对国民经济持续、快速、健康发展发挥了重要的支撑作用。

（二）优势制造业是解决就业的最主要渠道之一。尽管随着服务业的发展和制造业技术水平的提高，制造业吸纳就业的能力有所下降，但制造业尤其是优势制造业仍然是当前我国吸纳就业的主要渠道，为解决城乡人口就业、实现共同富裕、社会稳定发挥了重要的作用。

（三）优势制造业是我国经济转型的基础和社会发展的重要依托。首先，我国优势制造业涉及面极广，关系国计民生的方方面面，在国民经济中占有重要比重，是我国经济发展的重要基础，具有相对较强的抗风险能力。其次，制造业的辐射、拉动效应也是其他产业无法比拟的，制造业的发展能够迅速拉动相关产业的发展尤其是对服务业的拉动作用更是明显。再次，制造业是新兴产业发展的重要基石，绝大多数新兴产业都和我国的优势制造业有密切的联系，有不少新兴产业实质上就是优势制造业的升级换代。

（四）优势制造业是科技创新和技术升级的重要载体。科技要转化为生产力，最终还需要在生产中实现。而优势制造业正是绝大多数产品的直接生产者，是科技转化为生产力的直接践行者。

二、优势制造业在产业优化升级中面临的机遇与挑战

产业优化升级是提高经济增长的质量和效益，增强经济竞争力，实现经济持续快速健康发展的内在要求和有效途径。中共十六大作出了推进产业结构优化升级的部署，即形成以高新技术产业为先导、基础产业和制造业为支撑、服务业全面发展的产业格局，《“十二五”规划》也明确提出“十二五”期间是加快转变经济发展方式的攻坚时期。产业结构优化升级是我国当前面临的主要任务之一，全国上下达成了空前一致的共识，我国的产业优化升级形成了一个良好的整体氛围。我国优势制造业作为国民经济的主力军在我国产业升级的过程中有明显的优势：（一）自身基础较好。优势制造业的长期发展过程实际上就是不断的优化升级自身技术水平和完善各项制度的过程，是在长期激烈的竞争中逐步磨合、优化成长起来的。（二）抗风险能力相对较强。产业的优化升级不是一帆风顺的，必然要经过艰难的磨合期，而优势制造业在长期运行的过程中形成了为外界认可，对内有效的运行机制，另外还具备较好的经济基础能够较好的抵御、化解产业升级带来的风险。（三）产业优化升级的愿望迫切。当前，我国工业制成品在出口商品中的比重不断提高，我国正由初级产品出口国向制成品出口国转变，成为国际分工体系中的重要一环，正在逐步告别资源密集型地位，我国优势制造业企业非常迫切通过提高技术设备、完善工艺水平、提升管理水平等方式来提高生产效率、降低生产成本从而在激烈的国内外竞争中赢得先机。

优势制造业在产业升级中具备一定优势的同时，更面临着严峻的挑战：

（一）对制造业理解上的偏颇。一是将制造业片面的理解为是高耗能、高污染、低技术行业，这既与长期媒体曝光、宣传有关也是部分制造型企业确实存在的问题，但是随着越来越多新技术的推广和新设备的使用，很多优势制造业实现了内部的优化升级，成长为清洁生产、集约生产的新型制造业企业。二是片面地认为优化产业结构是新型产业的问题，与制造业联系不大。很多区域为了引进新兴行业，不惜打压原有制造企业，压缩他们的生存空间，对带有新兴字眼的企业便趋之若鹜，也不进行科学的考察便许诺诸多优惠，打着先引进来的算盘，但是往往引

进了一些与当地不匹配的企业，造成了严重资金浪费和资源消耗。

（二）政策支持力度下降，产业发展空间受制约。近十年随着我国城市化进程的迅速推进和产业结构调整的大力实施，第三产业成为各级党委、政府关注的焦点，也是人力、物力、财力投入的重点，而传统制造业却面临着诸多政策障碍，特别是一些地区盲目实施退城进园、退城出市等战略，压缩了制造业的发展空间，在部分地区优势制造业已经呈现萎缩态势。

（三）国内外竞争加剧。一是国外尤其是我国周边国家的制造业近几年发展迅速，如越南已经取代了中国成为耐克第一大生产国等等，国内制造业正面临着前所未有的激烈国际竞争。二是国内制造业竞争加剧。随着我国市场的日渐成熟和国内资源承载力的限制，国内制造业企业之间竞争更趋激烈，另外还要应付一些“小作坊”的侵袭。

三、优势制造业产业升级的建议

（一）从战略高度明确制造业的地位，确定优势制造业的发展战略。一要在全社会形成工业经济和知识经济协调发展的共识。我国当前工业化进程还没完成，制造业在工业体系中的核心地位没有变，在国民经济和社会持续发展中的物质基础地位没有变。不能脱离国情，要知识经济和工业经济协调发展，有机结合起来共同发展。二要充分认识到制造业在人类发展进程中不可替代的关键作用和地位，以及制造业和工业化、信息化、现代化的关联。三要科学制定优势制造业发展规划，根据区域环境承载力和资源供给力的实际情况，科学梳理优势制造业发展思路，确立现实可行的发展目标，制定合理科学的发展战略。

（二）要创新利用外资方式，智慧地吸收外资。我国优势制造业在长期残酷的市场竞争中能够存活并逐渐做大、做强，形成相对优势，成长为国民经济支柱，有其独有的发展规律，在优势制造业引进、吸收外资的过程中要充分尊重其规律，创新利用外资方式，智慧的吸收外资，一是优惠政策要有所为有所不为，优势制造业具有一定的技术、人才、综合配套和较好的基础设施设备，要适时调整有关政策，以在更高、更新的层次吸引外资，提高资金利用率。二是投资规模要大小兼顾，既要抓住大型、超大型项目，也要吸收具有技术资本优势、符合时代特征的小项目，推动优势制造业科学发展。三是引导跨国并购向优化产业结构方向发展，提高利用外资的质量，放宽中西部地区外资进入行业限制，完善并购环境建立跨国并购的法律体系，切实加强知识产权保护，鼓励、支持外资研发机构与我国企业和科研院校开展合作，更好地发挥技术共享、合作研究、人才交流等方面的溢出效应。

（三）加大研发的投入力度，提高科技创新能力，大力推进科技成果转化，增强优势制造企业的核心竞争力。中国要建设成为世界制造中心必须依靠技术创新，掌握核心技术。科技工作必须服务于优势制造业，一要通过政府的引导建立企业、高校与科研院所的联系，要把产、学、研紧密地连接起来，做到不脱节，使科技创新体系内各个要素互动，从而构成一个有机的整体。二要加大研究开发资金投入，培养企业独立的技术创新能力，改变对技术引进的依赖。首先，由制造商、用户共同组成技术消化吸收和创新小组，争取更多的自主知识产权，提高出口产品的技术含量。其次，改革现有科研经费投入模式，增加科研经费对优势制造企业的直接投入量，并对企业的研发、生产、销售给予政策和资金方面的支持，带动、激发企业技术创新研究的热情。三要大力推进科技成果转化。首先，加强法制建设进程，完善科技成果转化政策机制，确保科技成果转化规范有序推进。其次，加强科技成果交易平台建设，完善科技成果交易手续，健全科技成果交易评估机制，为科技成果转化提供规范、高效、快捷的交易中介服务。

（四）着力提升劳动者素质，建设较高水平的工人队伍。随着我国经济的迅速发展和周边国家的更加开放，我国劳动力的比较优势正日益消减，且将随着我国经济的发展和人民生活水平的提高而更加凸显。与相对上涨的工资水平相比我国劳动力的整体素质和效率还比较低，并且与越南、巴西等发展中国家相比我国未来劳动力供给增速是最低的，这也是制约我国优势制造业发展的重要瓶颈，亟待扭转。为此笔者认为：首先，各级主管部门要高度重视职业教育培训，增加职业教育培训投入，鼓励各方资金进入职业教育领域。其次，完善我国现有的职业教育体系，建立科学的岗前培训、在职培训体系。要坚持以能力为本，以打造“高级”蓝领为目标，加快形成一支能支撑“世界制造中心”快速运转的高素质产业工人队伍，尤其要注重制造业生产、服务和管理的实用性人才的培养。再次，大力宣传职业教育理念，扭转国人对职业教育的“歧视”观念。基于各种原因，国人对职业教育存在着种种歧视，不愿也不希望进入职业学校学习，尤其是我国中西部地区，很多家长宁愿选择传统的师傅带徒弟的职业教育模式而不愿进入正规的职业技术学校。

（五）培育大型企业，打造国际化的独立品牌。我国的优势制造业经过几十年的发展，很多已经具有较大的规模，有不少成为各区域的支撑性企业，形成了一些广为人知的著名商标和品牌，但是却没有几家能和国外巨型企业抗衡的“企业航母”，在经济全球化的今天对我们国家是极为不利的，尤其是新的经济形势下，我们的优势制造业既要巩固原有国内市场，抵挡外国品牌的冲击，还要抓住有利时机实施“走出去战略”，要在激烈的市场竞争中脱颖而出，关键还在于品牌建设。品牌是企业的核心价值所在和竞争力的直接体现，我国优势制造业要打造属于自己的独立品牌，一是需要政府在符合市场经济规律的基础上，根据企业自身发展的战略，适当给予企业政策和智力上的支持，使企业加速壮大，形成规模经济，从而带动国内相关企业乃至行业的发展。二是国内企业应根据自身情况积极借鉴国际大型企业的成功经验，特别是成熟的管理经验，要树立品牌意识，巩固提升已有品牌，打造拓展新的品牌，提高品牌知名度和信誉度，积极打造中国自己的世界名牌。三是我国的优势制造业企业应积极地将资金和技术投向国外，通过跨国兼并、国外合资或在国外投资建厂等多种渠道实施“走出去战略”，在当地直接生产和销售中国的产品，通过跨国经营，提高我国制造业在世界的水平与声誉。

（作者单位：九三学社无锡市委员会）

参考文献：

[1] 李牧群.中国能否保持制造业优势.百度文库

[2] 易国顺.我国制造业引发的几点思考.百度文库

[3] 中国共产党第十六届全国代表大会工作报告

[4] 中华人民共和国国民经济和社会发展第十二个五年(2011—2015年)规划纲要

全面提高环保物联网发展水平的建议

徐新宇

摘　要　物联网是科技创新的重要成果。目前，物联网的发展在国际国内都呈如火如荼之势。作为新兴高技术产业的重要组成部分，物联网技术广泛应用于各行各业。本文介绍了物联网在环境保护领域的应用意义、应用前景，并对涉及技术以及发展的若干问题进行全面分析。

关键词　环保　物联网

随着现代社会经济的高速发展，人类面临的环境形势也日益严峻。大气污染、水污染、噪声污染、电磁辐射污染、森林植被破坏以及土壤沙化等问题日趋严重，威胁着居民的健康、破坏着城市生态环境，严重制约着生态平衡及社会的可持续发展。调查发现，目前我国环境保护领域的信息化程度仍偏低，远不能适应我国环境保护工作发展的需要，同时各个地方环保系统业务不沟通造成数据不共享、服务不开放，造成基础设施的重复建设，总体投资巨大。因此促进环境保护向自动化、智能化、网络化方向发展将是未来环境保护工作的重点，环保信息化势在必行。

近年来，物联网的发展受到广泛关注，并在相当广阔的领域得到了应用，包括公共安全、环境保护、智能家居、工业自动化控制、健康监控、精细农业、智能交通、智能物流等。经过过去几年的技术和市场的培育，物联网的发展即将进入高速发展期，将为各行各业的发展带来巨大的发展机遇。环境保护是物联网技术应用最早也是最为成熟的领域之一，将物联网应用于环境保护领域可以有效整合通信基础设施资源和环保基础设施资源，提高环保行业业务系统信息化水平，提高环保行业业务系统基础设施的利用率。可以说物联网应用于环境保护领域是信息通信技术发展到一定阶段必然结果，也是环保领域信息化的必然趋势。

一、建设环保物联网的意义

环保物联网就是通过综合应用传感器、RFID（射频识别）等相关技术，实时采集污染源、生态等信息,构建的全方位、多层次、全覆盖的生态环境监测网络。目前这项技术已在环境质量在线监测等系统应用了10多年,是物联网技术应用较早的一个领域。未来,随着物联网技术的发展和在环保领域的全面应用,特别是在监控PM 2.5,即直径小于或等于2.5微米的细颗粒物方面,物联网技术将在环境质量监测领域大展身手。

(一)物联网技术将在促进循环经济建设上发挥重要作用。一方面,它可以密切监控产生废气、废水等废弃物的生产过程,把有害环境的污染物、废弃物减少到最低限度;另一方面,它还能辅助对废气、废水、污染物等进行深入分析,进而实现废弃物的资源化和无害化处理,使部分污染物或废弃物可以进行循环再利用,如对排污进行余热回收、物质提取等。

(二)物联网技术将促进环境监控由点及面,全方位满足环境监测、控制、治理的需要。从适应经济发展和群众呼声需求看,监控对象将从废水、废气排放扩展到危废、重金属、辐射源、环境风险监控等,从城市监控、工业监控向城镇、农村污染监控扩展。从服务政府、企业的角度看,在监控深度上,既监控污染源末端,如污染物的排放浓度、排放量,还监控企业污染排放和治理设施的工况运行情况。此外,物联网的协同,如气象、交通物联网的连接,还能构成范围更广、更全面的监控体系,支持环境的全面保护。

(三)物联网技术将推动环境保护以服务为根本理念全面展开。通过物联网整合现有应用和信息资源,就能建立起集环境质量监测、污染源监控、环境风险防范等于一体的环保管理和服务体系,为各方利益者提供服务。如PM 2.5颗粒物,不足头发丝的1/20,来源十分复杂,监控起来十分困难。而通过物联网技术在这方面的智能应用,以此为切口,就能达到促进污染减排与环境风险防范、培育环保战略性新型产业等方面的目的。

(四)物联网应用能够促进环保领域的信息共享机制的建立,支撑城市环境和经济协调发展,支撑跨区域协同应用与统筹管理。如加强和城市管理、卫生、交通等领域的信息共享与业务协同,既可以为城市安全、医疗、交通管理等提供服务,促进城市经济发展和环境保护相协调,还可以扩大环保领域的物联网覆盖范围和效果,使环保工作不仅仅成为环保部门的事情,还要变成整个城市的事情。

二、环保物联网应用现状及问题

全球环保物联网发展还处于初级阶段,但已具备较好的基础。国内外已经有了众多环保物联网应用案例,在污染防治、生态保护等领域发挥着巨大作用,如美国部署的用于实时监测城市环境污染数据的"CitySense"监测系统和用于监测大鸭岛海鸟栖息情况的生态监测系统、澳大利亚用于监测蟾蜍分布情况的生态监测系统、我国在无锡部署的太湖水环境监测示范工程等。随着国内外物联网在环境保护领域的大量应用，其各项技术也逐步趋向成熟，同时大量技术的成熟和产品的应用也为环保物联网产业的发展奠定了良好的基础。

从总体上看，国外发达国家如欧美日韩等国面向环保物联网作为物联网在环境保护这一特定领域的应用，其技术发展与传统的物联网既有共同之处也有其特殊之处。按照上述面向环境保护物联网的三层网络结构，其技术发展也可从感知、传输、处理三个环节进行阐述。

（一）感知环节。利用一组传感器以 ADHOC 方式构成的有线或无线网络，以及其他传统信息采集装置，协作地感知、采集所覆盖区域中的环境监测信息。主要包括数据采集、处理技术以及传感器的部署、自组织组网和协同等技术，以传感器等采集感知技术、RFID 识别技术以及无线传感器网络技术为代表。

（二）传输环节。通过不同的接入方式将感知环节的传感器、传感器网络和其他信息采集装置获取的数据接入到基础架构统一的传输网络中。由于涉及的感知端装置各异且数量巨大，因此需要利用异构的网络接入技术和基础核心网络技术，包括基础 NGN 核心网和 FTTH、3G、WiFi、蓝牙、UWB 等接入技术。

（三）处理环节。此环节面对众多的数据来源和庞大的数据库，一方面需要有极强的数据处理能力和分析能力，另一方面需要结合特定流程和规格进行数据分析和应用，因此，将会利用数据的计算处理分析和信息分发平台技术，其中以云计算和 P2P 技术为代表。

总体而言，我国环保物联网产业环境建设正处于起步阶段。产业链面临着企业分散、规模小、技术能力薄弱等不利因素。

一是关键技术有待突破。由于环保物联网应用场景的特殊性，其发展中仍面临一些关键技术的挑战，如复杂环境下传感器组网技术、能耗问题、传感器节点部署模式及策略、安全隐私问题等等，这些关键技术的解决是环保物联网大规模推广应用的必要条件，因此努力完善环保物联网技术体系，突破环保物联网应用中的关键技术是目前亟待解决的问题。

二是标准体系尚未统一。随着我国物联网在环保领域应用的不断推广、应用，目前，环保物联网标准无论是在国际或国内均处于初级阶段，尚未系统化。环保物联网包括感知、网络、应用三个层面，每一个层面都会涉及一些标准化组织，目前已经成立了很多标准化组织，而国际各标准组织之间对环保物联网的研究也缺乏统一的协作，同时缺乏权威以及可遵循的标准。每个国际标准组织的研究都是针对某一方面或自己擅长的部分进行研究，国内对于环保物联网的研究也很零散，没有系统的端到端的规划。而由于缺乏统一标准，面向环境变化的物联网应用和产业规模也都受到很大影响。

三是现阶段环保物联网应用规模领域较小，一方面形成不了成熟的商业模式，另一方面也不利于市场的培育，因此未来要选择重点领域和重点工程，积极引导环保物联网行业示范应用，扩大应用规模，推动技术发展、产业应用、经营管理、政策实施等在环保物联网网络层，随着 3G 网络的大规模部署，3G 及 LTE 无线接入技术将能提供高吞吐量的传输能力，将进一步促进环保物联网应用的普及。与此同时，电信网络的接入层和网络架构也在研究与开其新技术、新材料、新思想将推动环保物联网向多元化、智能化的方向演进。

三、环保物联网应用及产业化发展方向

环保物联网未来应用的发展方向有两个：广度和深度。所谓广度就是环保物联网的应用范围。目前我国面向环境保护物联网的应用主要集中在几个有限的方面，如污染检测、环境质量监测等，随着面向环境保护物联网各项技术的不断成熟，标准体系的不断完善，未来在海洋环境监测、空间环境监测、电磁或核辐射监测、固体或化学废弃物监测等领域的应用还有极大的发展潜力。所谓深度，就是面向环境保护物联网的应用水平。未来环保物联网应用的各项业务能力将愈发成熟，各个应用系统将愈发完善，同时，不同应用系统间的信息互联及共享机制将更加发达，环保物联网的应用水平将得到整体提升。

尽管现阶段面向环境物联网的应用还只是一个个比较孤立的应用，距离规模化应用差距还比较大，但未来实现环保物联网规模化应用势在必行。我们必须要实现不同应用系统之间信息互联和共享以及智能化处理，建立新的业务平台——环保物联网业务支撑平台，全面实现综合监控和应急处理是必然趋势。

与此同时，在环保物联网应用层，高效处理海量数据的技术和科学模型将会出现并将大规模应用。环保物联网中每时每刻都在产生大量的数据，这其中既有对决策有很大贡献的数据，也有帮助较小的数据，还有噪声数据，对如此海量数据的处理，需要有超级计算能力，并且在科学模型的指导下，才能高效地发现有用的决策信息，并智能地处理。由于云计算的应用包含了“把力量联合起来，给其中的每一个成员使用”的思想，让人们能够调用全网络资源，预计它将在环保物联网中大规模地使用。

在环保物联网的共性技术方面，未来应主要研究网络虚拟化技术、资源管理、分布式信息处理和分布式资源管理技术、内容聚合技术、网络管理技术、设备管理技术和多种无线技术的使用带来的干扰等共性支撑技术，同时，还将重点研究频谱资源协调，认知无线电、动态频谱管理技术等。另外，随着环保物联网应用的普及，安全和隐私问题在环保物联网领域将会更加凸显。因此，其总体安全需求的确定、安全架构的设计、如何建立基于普适异构环境下的可信物联网络的安全机制以保证物联网构件多层面相互间协同运作的整体安全性和可靠性、安全接入控制系统设计、基于可信平台的安全模块及其提供的可信度量和评估机制、加密技术等，必然会成为今后研究的热点问题。

总之，在应用的引领作用下，必须通过技术先导、政府推动、企业参与、社会受

益。目前，环保物联网产业在我国还处于前期的概念导入期和产业链逐步形成阶段，没有形成成熟的技术标准和完善的技术体系，整体产业处于酝酿阶段。环保物联网概念提出以后，首先面向具有迫切需求的环境保护领域，以政府投资实施应用示范项目带动环保物联网市场的启动将是必要之举。进而随着环保物联网应用解决方案的不断成熟、企业集聚、技术的不断整合和提升，逐步形成比较完整的环保物联网产业链。

四、结论

环保物联网是新时期物联网背景下环境保护领域信息化的必然趋势，现阶段我国面向环境保护物联网的发展已经具有一定的技术储备，同时也有相当的应用和产业化基础，但是总体而言仍处于起步阶段，在关键技术、标准体系、应用和产业化方面仍存在着一些亟待解决的问题，这些问题的解决需要政府、企业、科研部门以及各个行业的共同努力。环保物联网的发展是一个持续长效的工程，也是一个利国利民的工程，在各方力量的不懈努力下必将构建出远大宏伟的环保物联网，使其施惠于国，造福于民。

（作者单位：无锡市环保局）

跨国公司R&D在华投资区位选择研究

——以江苏为例

曹炳汝　葛智超

摘　要　跨国公司R&D在华直接投资与制造业直接投资不同。本文对江苏省92家跨国公司R&D机构现状分析，构建起影响R&D投资区位选择因子评价指标体系，对江苏省主要城市在吸引跨国公司R&D机构投资环境进行评价。结果显示，江苏省跨国公司R&D投资呈现由南向北逐渐减弱趋势；苏南地区吸纳跨国公司R&D投资区位优越；苏北地区则较差。并从吸引其投资选择的影响因子提出建议。

关键词　跨国公司　R&D　区位选择　江苏省

众所周知，世界经济一体化推动了全球科技创新一体化进程的加快，跨国公司研发（R&D）机构对于企业的生存与成长以及区域经济发展起着越来越重要的作用。国际上针对发达与发展中经济体的关于跨国公司未来R&D在何地扩张的调查中中国都是名列第一位。1999年，跨国公司在我国设立的R&D仅有30家，而到2009年已经达到1 250家。十年间里增长了41.67倍。

一、跨国公司R&D海外投资机构类型

从跨国公司投资动机及区位选择的差异性，可将跨国公司R&D海外机构分为三种类型：一是生产支撑性。这类R&D机构以技术本地化和支撑海外附属公司生产为主要目的，其宏观投资区位选择上倾向接近市场规模较大的国家或地区，微观上倾向于接近海外生产基地的区域。二是技术跟踪型。这类R&D机构主要是为了跟踪和获取东道国和竞争对手的技术发展，其宏观投资区位选择上倾向于技术水平较高的国家或地区，微观上则倾向于接近竞争对手的R&D机构；三是资源利用型。这类R&D机构主要是为了利用东道国的科技人才、技术资源与其他支撑其研发的因子，宏观区位选择上倾向于选择人才资源丰富、技术环境良好的国家和地区，微观上则倾向于东道国的科技中心城市，尤其是

大学和研究机构相对集聚的城市。一般情况下跨国公司 R&D 机构在区位选择时主要考虑以下几个因素：接近公司总部、科技人员的稳定供应、社区内具有“较好的生活质量”和合适的 R&D 配套设施、接近制造业生产部门、接近大学或者研究中心等。

二、跨国公司 R&D 机构在华投资现状

（一）跨国公司 R&D 机构在全国的投资现状

从 1994 年加拿大北方电讯和北京邮件合资成立我国第一家跨国公司研发中心开始，在华投资的 R&D 机构数量呈现逐年递增的趋势，主要集中分布在北京、上海、广东、江苏等四个地区，该 4 个地区占全国总数的比重超过了 90%。在华跨国公司 R&D 在地区间的行业分工比较明确，计算机软件开发、电子通讯、生物医药等高新技术产业的跨国公司 R&D 投资主要分布在北京市；化工、食品饮料、汽车、多媒体等应用性技术行业则主要分布在上海市、广东省等；从投资方式上看，独资是跨国公司 R&D 机构在华选择的主要投资方式，占总数的 85%以上，而以合资方式的 R&D 机构只占很小的比例。

（二）跨国公司 R&D 机构在江苏省的投资现状

近年来，随着跨国公司资源配置全球化和研发国际化的深入发展，江苏省依靠雄厚的产业基础、发达的开放型经济和丰富的科教资源，已成为跨国公司 R&D 机构在华研发活动的首选地之一。从 1996 年比利时贝卡尔特集团在江阴市设立全省首家独立法人性质的外商投资研发中心——贝卡尔特（中国）技术研发有限公司开始，截止 2010 年 6 月，一大批世界著名跨国公司在江苏省投资设立了 97 家独立法人外资研发中心。本文选取了 92 家外资研发机构作为样本进行分析。

1. 美、日、欧洲、台湾地区是主要投资国家与地区

江苏投资的 92 家跨国公司 R&D 机构主要来源于美国、日本、欧洲、台湾以及韩国等国家和地区，美国投资了 35 家，占总量的 38%；日本 13 家，占总量的 14%；欧洲共 21 家，占总量的 22.8%，其中德国 9 家，瑞典、瑞士各 3 家、意大利、荷兰各 2 家；法国、芬兰各 1 家（见图 1）；中国台湾地区有 10 家，占总量的 11%。

2. 跨国公司 R&D 机构主要集中分布在苏南地区

在江苏投资的 92 家跨国公司 R&D 机构主要集中分布在苏州、南京、无锡等三大城市，占江苏省的 96%。其中：苏州市是吸引跨国公司 R&D 机构投资最多的城市，共有 45 家，占总数的 49%；南京 29 家，占 32%；无锡 14 家，占 15%；通和常州则各有 2 家跨国公司 R&D 机构。

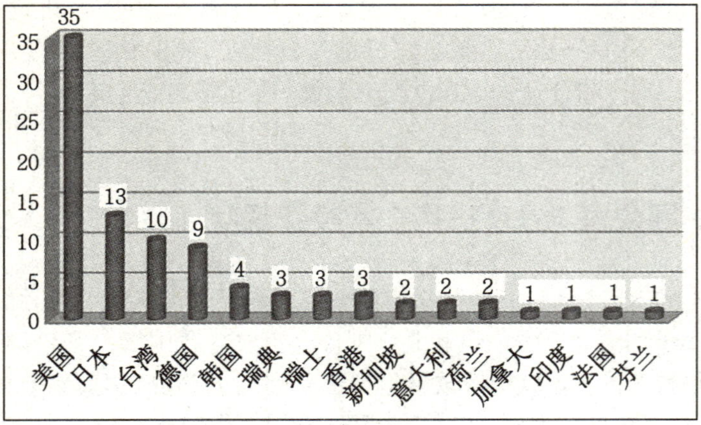

图 1　跨国公司 R&D 机构在江苏投资的国家和地区构成(2010 年)

南京作为江苏省省会,集聚了包括南京大学、东南大学在内的众多高等院校和科研院所,其智力资本密集,科研人才集中,科研设施齐备,与发达国家和在区相比,其科研成本低,能够为跨国公司 R&D 机构提供丰富、低廉的人力资源。跨国公司 R&D 投资区位选择之一是生产支撑型,苏州、无锡两市制造业很发达,外资集中,跨国公司 R&D 投资本地更利于为其制造业提供技术支持。(见图 2)

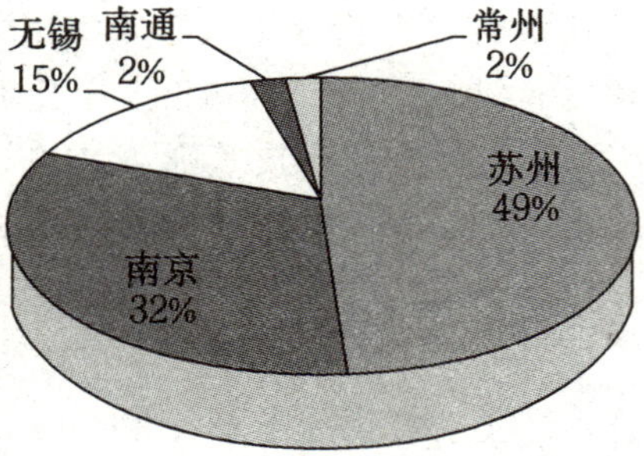

图 2　在江苏投资的跨国公司 R&D 机构区域分布

3. IT、通讯等高科技领域是跨国公司 R&D 投资集中行业

在江苏投资的跨国公司 R&D 机构主要集中在 IT、通讯、计算机、制造、机械、电气、医药等高科技行业,尤其以 IT、通讯与计算机最为集中,共有 46 家,占总数的 50%;制造业 9 家,占 10%;机械行业 4 家,占 6%;电气 5 家,占 6%;其他行业 19 家占总数的 21%(见图 3)。

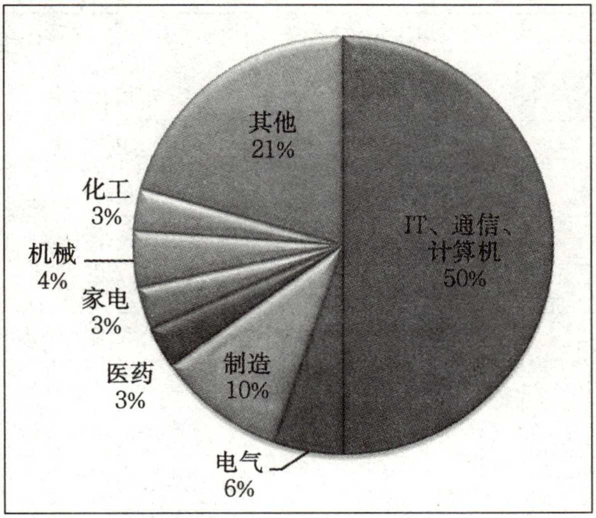

图 3　在江苏投资的跨国公司 R&D 机构行业分布

三、跨国公司 R&D 机构投资区位选择评价

（一）指标模型建立

本文主要参考了楚天骄、杜德斌在《世界主要国家地区 R&D 投资环境评价》中的评价模式，提出了跨国公司 R&D 机构投资区位评价体系（表 1、表 2）：

表 1　跨国公司 R&D 机构投资区位评价指标

一级指标	二级指标	三级指标
知识利用	市场规模	GDP
		人均 GDP
	FDI	FDI 流量
		FDI 存量
	出口	商品出口额
		高技术产品出口额
知识生产	R&D 资源	R&D 经费支出
		R&D 经费/GDP
		企业 R&D 支出
		人均 R&D 支出

续表

一级指标	二级指标	三级指标
		技术市场成交额
		R&D 人员总数
		高校数量
		高校在校学生数
		R&D 人员工资
	基础设施	人均公共图书馆藏书(册)
		移动电话数(万户)
		互联网上网人数(万人)
		计算机用户数
	政策环境	地方财政科学事业费支出
		专利批准数

(二) 数据处理与方法

在数据处理上,本文选取了标准离差方法,以衡量江苏省各个地区的相对差别,具体计算方法如下:

(1) 计算各个城市的每个指标的平均值;

(2) 计算标准差,公式为:

$$S=\sqrt{\frac{\sum(X-\overline{X})}{N}}$$

式中 S 表示标准差,X 表示每个城市的原始值,N 是城市数。

(3) 计算每个城市每个指标的标准化值(STD),第 i 个指标的标准化值可以用如下公式表示:

$$STD_i=\frac{X-\overline{X}}{S}$$

(三) 江苏省投资环境评价分析

2010 年江苏各地市吸引跨国公司 R&D 投资的区位排名:

表 2　跨国公司 R&D 机构投资区位一级指标评价结果

类别	排序	城市	一级指标综合值
最优(≥1)	1	苏州	2.078 22
	2	南京	1.050 65
优秀(0.5～1)	3	无锡	0.832 07
适宜(0～0.5)	4	常州	0.083 15
一般(－0.5～1)	5	南通	－0.071 30
	6	镇江	－0.209 04
	7	扬州	－0.280 45
	8	泰州	－0.394 14
	9	徐州	－0.405 92
较差(≤－0.5)	10	盐城	－0.555 91
	11	连云港	－0.628 10
	12	淮安	－0.692 86
	13	宿迁	－0.806 37

通过对比 2010 年江苏省各地市吸引跨国公司 R&D 机构投资区位排名，江苏在吸引跨国公司 R&D 机构投资区位选择总体呈现由南向北逐步减弱趋势。苏州、南京和无锡的投资区位因子都达到了优秀以上，事实上这三个城市吸引的跨国公司 R&D 机构占到了江苏全省的 96%；苏中的南通、镇江、扬州、泰州等地区投资环境一般；而苏北的盐城、连云港、淮安和宿迁投资环境则较差。

表 3　跨国公司 R&D 机构投资区位因子中知识利用评价结果

类别	排序	城市	知识利用综合值
最优(≥1)	1	苏州	2.863 83
	2	无锡	1.022 11
适宜(0～0.5)	3	南京	0.432 19
	4	常州	0.018 13
一般(－0.5～1)	5	南通	－0.043 39
	6	镇江	－0.328 48
	7	扬州	－0.384 16
	8	徐州	－0.480 60
	9	泰州	－0.484 05

续表

类别	排序	城市	知识利用综合值
较差(≤−0.5)	10	盐城	−0.556 40
	11	连云港	−0.595 48
	12	淮安	−0.697 66
	13	宿迁	−0.765 98

表 4　跨国公司 R&D 机构投资区位因子中知识生产评价结果

类别	排序	城市	知识生产综合值
最优(≥1)	1	苏州	1.763 97
	2	南京	1.298 03
优秀(0.5～1)	3	无锡	0.756 06
适宜(0～0.5)	4	常州	0.109 16
一般(−0.5～1)	5	南通	−0.082 46
	6	镇江	−0.161 27
	7	扬州	−0.238 96
	8	泰州	−0.358 17
	9	徐州	−0.376 05
较差(≤−0.5)	10	盐城	−0.555 71
	11	连云港	−0.641 15
	12	淮安	−0.690 94
	13	宿迁	−0.822 52

通过对二级指标比较可以看出，苏州市以其高度的外向型经济、优良的投资环境和临近上海的区位优势，无论是在知识生产还是知识利用排名均远远高于江苏省其他城市，其投资环境综合值(2.078 22)也远高于排在第 2 位的南京市(1.050 65)。南京市(1.298 03)拥有众多的高等院校以及科研机构，在知识生产综合值比较重高于无锡(0.756 06)，但在知识利用综合值的得分中无锡市(1.022 11)高于南京市(0.432 19)。从中我们可以看出无锡市的 R&D 利用能力较强，但是由于无锡市高等院校与科研机构相对较少，其 R&D 生产能力较低，因此无锡应大力发展高等教育与科学研究，进一步加快本地区 R&D 人才引进，进一步改善、提升无锡市吸引跨国公司 R&D 机构区位选择的影响要素。而南京市则应加大科研成果转化能力，为企业提供更好的研发成果孵化与应用的区位要素。

苏北的盐城、连云港、淮安和宿迁四市属落后地区，影响跨国公司 R&D 机构投资选择的区位因子较差，综合区位综合指标排名最后，其二级指标的知识生产与知识利用排名也靠后。

四、主要结论与建议

（一）苏南地区应进一步强化人才引领战略

苏南三市尤其是苏州与无锡，当地高等学府较少，与南京相比，研发人员欠缺，这已经影响到了当地吸引 R&D 投资的进一步的发展。无锡市政府提出了“530”计划，并着手引进北京大学、东南大学等分院入住无锡，这些举措都吸引了大量的研发人员，有力地促进了无锡市在吸引 R&D 机构的投资环境的改善。全球著名人力资源公司万宝盛华发布《2009 跨城市人才流动调查报告》中把苏州、南京、无锡入选人才跨城市流动最热门的 10 大城市。

（二）充分利用产业链优势，吸引相应的 R&D 机构进驻

任何城市在区域分工中都有自己的比较优势，苏中、苏北地区在与苏南城市的竞争发展中，具有 R&D 机构投资的低廉的土地资源与人员工资的优势，应充分发挥自身的优势，改善基础设施、吸引人才，促进其比较优势产业集聚发展，为吸引的跨国公司 R&D 机构奠定良好的基础。

（三）吸引跨国公司生产型直接投资与 R&D 机构并重

在华的跨国公司 R&D 机构以其生产体系布局为基础，苏南地区吸引了大量的跨国公司生产型投资，如通用电气是无锡早期投资的制造企业，为使得产品更加符合中国市场，更好地为客户服务，通用电气在无锡增加了其 R&D 力量，企业已逐步成为一个以研发为主的基地。充分说明跨国公司在一个地区生产投资愈多、生产规模愈大，科技含量越高，其 R&D 活动的创造性越强。针对跨国公司这一特点，江苏各地在充分发挥自身优势的同时，也要有目的、有针对性的吸引跨国公司投资中产品技术含量高的企业，吸引跨国公司生产型直接投资与 R&D 机构并重，并给予这类型跨国公司更好的投资优惠政策，从而提升整体发展水平。

（作者单位：江南大学商学院）

参考文献：

[1] 杨翊之. 跨国公司在华研发区位选择的因素研究[J]. 科技政策与管理，2009(2)

[2] 楚天骄，杜德斌. 世界主要国家(地区)R&D 投资环境评价[J]. 软科学，2005(3)

[3] 庞娟. 跨国公司在华 R&D 投资区位布局研究[D]. 中国学位论文数据库，2008(9)

[4] 潘霞，范德成. 区域投资环境与招商引资[M]. 人民邮电出版社，2009(5)

[5] Yifei Sun. (2009). Location of foreign research and development in China，GeoJournal.

[6] Yifei Sun，and Ke Wen. (2007). Uncertainties，Imitative Behaviours and Foreign R&D Location: Explaining the Over-concentration of Foreign R&D in BeiJing and ShangHai within China. Asia Pacific Business Review，13(3)

无锡发展 Park 经济对中小城市转变经济发展方式的启示

陈 杰

摘 要 通过近几年来的大力发展，Park 经济在无锡已经颇具规模。Park 园区成为无锡转变经济发展方式，实现可持续发展的重要载体。无锡 Park 经济的发展模式，对新时期广大中小城市探索转变经济发展方式，实现科学发展提供了重要的启示，具有重大的借鉴意义。

关键词 无锡 Park 经济 发展方式 启示

所谓 Park 经济，或曰产业园区经济，是指在特定区域内，通过合理的规划、完善的设施、优惠的政策和配套的服务，形成适宜企业成长的局部环境，实现企业、项目、资金、人才、技术等要素的聚集，从而形成一个在地理空间上相对集中的企业集聚发展的经济模式。

一、无锡发展 Park 经济的必要性

过去 20 多年，无锡在特定的历史条件下两次创新发展模式，成功地推动了经济社会的快速发展。随着经济发展达到一定的规模和阶段，“苏南模式”历经二三十年成功的实践后，已经面临周期性风险，所遇到的大量新情况、新问题、新矛盾，已远远超出了“苏南模式”的范畴。无锡近几年来的高速增长，总体上是一种投资拉动型的增长方式，在目前资源要素日趋紧缺和环境压力日趋加大的条件下，使得低成本竞争、数量型扩张的产业和企业发展越来越难以为继。过度依靠土地和劳动力，依靠劳动密集型产品、中低端产品带动经济增长的发展方式已成为制约无锡这个资源并不十分丰富的城市发展的瓶颈。无锡已经到了转型的十字路口和关键时期。创新发展模式成为无锡经济社会发展的不二选择。Park 经济通过高端产业和人才的集聚，形成具有高附加值、低土地占用率、低污染的经济结构，集中体现了知识经济、智力资本的爆发式增长，能极大地推动区域自主创新能力的提升，是无锡经济转型发展的必然选择。

二、无锡发展 Park 经济的现状

近年来，无锡 Park 经济呈快速增长态势。2005 年，全市省级以上 Park 园区仅 2 个。2008 年底全市共获批省级以上 Park 园区 14 个。2009 年底这一数字突破 30 个。2010 年，无锡 Park 园区总数已超过 50 个，园区各项转型发展指标约占全市的 20%以上。Park 园区聚集了 1000 家以上的“530”(科技创新创业)企业，90%以上的战略性新兴产业，例如物联网、新材料、生物医药、光伏太阳能等。2010 年，全市园区实现业务总收入超 2 500 亿元，占无锡当年国民收入的 40%左右，园区收入增长率为超 20%，几乎是无锡 GDP 增长率 13.1%的两倍，构成了无锡市特有的 Park 经济。目前，无锡知名的战略性新兴产业 Park 园区包括无锡(太湖)国际科技园(T-Park)、无锡山水城科教产业园(K-Park)、无锡(国家)工业设计园(D-Park)、无锡新区(国家)软件园(i-Park)、无锡国家集成电路设计园(IC-Park)、无锡马山生物医药工业园(Bio-Park)等。

三、无锡发展 Park 经济的主要做法

无锡发展 Park 经济的有效做法很多，具有共性、普遍性和推广意义的做法主要有以下几个方面：

(一) 着力规划园区建设

无锡市政府为了促进 park 经济的发展，出台了《关于更大力度培育发展战略性新兴产业六年行动计划(双倍增计划)》、《无锡市新兴产业基地发展规划》等一系列政策文件，提出全力打造物联网、新能源与新能源汽车、节能环保、微电子、服务外包 5 个世界级特色产业基地，全力建设生物、新材料与新型显示、工业设计与文化创意 3 个与国际接轨的国家级特色产业基地，重点建设 25 个新兴产业特色专业园区的发展目标，将各个产业有进度、有计划地落实到相关的园区，依据产业自身已有的发展基础以及特点进行布局，引导各个园区进行错位发展，避免重复竞争。

(二) 着力建设“三创”载体

发展 Park 经济，载体是基础。早在 2006 年，无锡就启动实施科技创新创业创意载体(以下简称“三创”载体)建设。至 2010 年底，全市累计完成政府主导建设的“三创”载体建筑面积 586.2 万平方米，初步形成新兴产业集群。内涵建设不断丰富，建成公共技术服务平台 67 家、工程技术研究中心 387 家；集聚了 4 000 余名硕士以上高层次人才和一大批科技创新创业企业，37 家省级以上科技孵化器，2 家国家级科技企业加速器。“三创”载体建设已经成为无锡提升自主创新能力，促进经济结构转型，建设创新型城市最为有效、最具特色的创新活动。

（三）着力汇聚创新创业人才

人才是始终是经济转型发展的原动力。2006 年以来，无锡通过实施“530”计划、政产学研合作、科技招商等手段，实现持续、大力度、大规模的高层次人才引进。给予领军型海外留学回国创业人才优惠的政策扶持，一次性给予 100 万元创业启动资金，提供不少于 100 平方米工作场所和不少于 100 平方米公寓，一年内免收租金。从事科技项目开发的，给予不低于 300 万元的创业投资；对创业的海归领军型人才，为其提供银行贷款贴息、市创投资金 30%—50%匹配入股；建立省级以上研发机构给予 100 万元补贴；对遇到挫折的高层次人才投资，给予 80%的担保资金补偿；出台包括安家费、生活津贴、子女入学入托、家属安置在内的其他优惠政策。目前，以新区 IC 设计园、I-Park、滨湖区 K-Park，惠山区 O-Park 等为代表的典型园区已经成为汇聚以海外留学归国创新创业人才为代表的各类高端人才的高地。

（四）着力集聚高端新兴产业

与传统加工制造业相比，无锡发展 Park 经济的主要工作是集聚以各类生产性服务业为代表的现代服务业、高科技产业和向“两端延伸”（研发、销售、售后服务）的先进制造业环节。近年来，无锡各大园区通过实施“530”计划，开展政产学研合作，进行科技招商等方式，引进了以工业设计、医药研发、IC 设计、软件动漫和流程外包等为代表的一大批高端新兴产业。这些产业的集聚为无锡 Park 经济的发展提供了强有力的支撑。

（五）着力塑造高端优质品牌

企业要走品牌化发展道路，Park 园区更要走品牌化发展道路。近年来，无锡主要通过三个方面提升园区的品牌形象：一是发现、引进一批商标管理和品牌建设的优秀企业，通过发挥传帮带效应，加强整个园区企业的品牌意识；二是提升园区企业的自主创新能力，提高核心竞争力，真正培育一批具有自主知识产权的知名产品、企业、商标和品牌；三是加强商标与品牌、知识产权、企业融资、市场开拓的内在联系，提升园区品牌知名度。通过塑造高端优质品牌，无锡打造迥异于其它园区的品牌园区形象，在吸引企业入驻和项目资源上确立新优势，形成园区核心竞争力。目前，在塑造园区品牌形象上颇具成效的有工业设计园、新区 IC 设计园、太湖新城科教产业园、马山生物医药产业园等。

四、无锡发展 Park 经济的启示

Park 经济在无锡的蓬勃发展，为无锡的经济转型指明了方向，也为全国其它受困于土地资源少、人口密度大、产业强度高的中小城市转变经济发展方式提供了可以借鉴的模板，具有十分深远的意义。

（一）Park 经济是转变经济发展方式的重要途径

作为先进制造业的高端延伸业态和现代服务业的汇聚地，Park 园区集中体现了知识经济、智力资本的爆发式增长水平。各类园区吸引着众多高层次人才汇集到无锡，推动无锡产业结构由重工业、劳动密集型工业为主向高新技术产业、智力密集型产业为主转变，形成了轻重产业、技术密集型和劳动密集型产业、制造业和服务业比重逐渐合理化的产业结构格局，优化了无锡可持续发展的产业环境。因此，发展 Park 经济是中小城市转变经济发展方式的重要途径。

（二）政策措施是转变经济发展方式的重要保障

政策措施对一个地区的经济发展起着的引导和规范的作用，体现了政府对经济发展的调控性，具有十分重要的意义。无锡 Park 经济的起步、发展和壮大，政策措施都起到了十分重要的作用。从科学规划园区分布，到集聚产业，建设平台、汇聚人才乃至提升品牌，都能找到相关具体的政策措施文件。这些文件是无锡转型发展的指路明灯，保障无锡经济按照既定的方向和目标发展。因此，中小城市在转变经济发展方式的时候应该科学制定各项政策措施，不论是宏观的还是微观的都要明确，并且保证各项政策措施不折不扣的落实下去。

（三）创新创业平台是转变经济发展方式的重要载体

“栽好梧桐树，引来凤凰栖”。无锡 Park 经济注重建设高标准、高水平的“三创”载体，使其成为海外高层次人才栖居的重要群落。当前许多中小城市对人才和项目的吸引力不强，很大程度上是由于平台建设的滞后，制约了科技创新活动的开展。学习借鉴无锡 Park 经济的经验，中小城市应着力加强载体平台建设，特别是要在实验室体系、工程技术研究中心体系、科学数据共享体系、科技文献资源与服务体系、科学仪器设备共享网络体系、科技企业孵化器体系及成果转化公共服务体系上投精力、下工夫，并力争成为国家科技基础条件平台的节点和重要组成部分，为高端人才开展创新创业活动奠定良好的基础。

（四）人才引进是转变经济发展方式的重要抓手

源于美国次贷危机的全球金融危机爆发后，我国沿海许多地方受到严重冲击，大量的外资企业减产、裁员甚至撤资，地方经济增速下降。究其原因，在于许多城市引进的项目是跨国公司的全球代工厂，处于在国际产业链的下游，面对风险时规避空间狭小。无锡 Park 经济通过实施“530”计划、政产学研合作、科技招商等引进高端人才进园区创新创业，促进结构调整、产业转型和发展方式转变。与单纯引进项目的差别在于，前者是本土化的，是具有自主知识产权的，而且是可持续的。引进低端项目不如招揽高端人才。中小城市在转变发展方式的过程中，可以学习借鉴无锡 Park 经济的模式，在抓好招商引资的同时，做好招才引智这篇文章，通过大力引进高层次人才，引领和支撑新兴产业，真正实现可持续的发展。

（五）新兴产业是转变经济发展方式的重要内容

无锡 Park 经济以新兴产业集聚为主要特征，土地占用少，资源消耗低，投入产出高。目前已形成服务外包集聚园区、制造业特色产业区、创新创意高端服务业集聚园区和特色农业示范园区四大板块，传感、服务外包、新能源、新材料、生物医药等九大战略性新兴产业在其中担当了主角。据不完全统计，新兴产业已占Park经济总量的八成以上。新兴产业尤其是战略性新兴产业代表着科技创新和产业发展的方向，体现着科学技术和产业发展的深度融合，是推动经济转型发展的重要力量。因此，对于中小城市来说，转变经济发展方式的重要内容就是要积极发展新兴产业，力争抢占新一轮经济科技发展制高点。

（六）品牌战略是转变经济发展方式的重要手段

在经济全球化的大背景下，品牌已成为衡量一个企业、一个地区乃至一个国家综合经济实力的重要标志。积极实施品牌战略，对于提高企业自主创新能力，促进产业结构优化升级具有十分重要的意义。无锡Park经济通过发现、引进、培育品牌企业，提升园区的品牌知名度，集聚起一大批新兴产业企业进入园区，形成了比较完整的新兴产业结构，从而进一步推动无锡经济结构的转变。尚德太阳能、中软通动力、药明康德等知名企业的引入及所在园区的发展都体现了这一点。对于中小城市来说，通过品牌效应集聚高新产业，实现产业结构调整，进而转变经济发展方式是进行经济转型的必然选择。

（作者单位：无锡市惠山区生产力促进中心）

参考文献：

[1] 王振中.转型经济理论研究.中国市场出版社，2006
[2] 朱建成，高玉臣.区域经济的转型与增长.山东大学出版社，2008
[3] 周振华.城市转型与服务经济发展.格致出版社，2009

中国应对碳关税贸易壁垒的法律思考

高 凛

摘　要　随着社会经济的快速发展，低碳经济已经成为实现全球减排目标、促进经济复苏和可持续发展的重要推动力量。国际贸易是在自由贸易与贸易壁垒长期博弈中发展起来的，美国等西方国家推出碳关税政策，利用了全球对气候的关注抢占道德制高点。碳关税是实现低碳经济目标的重要手段，作为国际贸易领域的新动向，征收碳关税存在着保护环境的一定合理性。为了应对这一贸易新动向，我国应积极研究相应的对策，如开发低碳技术、完善法律法规等。同时，也应采用合理的碳关税手段，在国际贸易中营造公平的竞争环境，维护我国在国际贸易中的正当权益。

关键词　国际贸易　碳关税　低碳经济　贸易壁垒

碳关税这一概念最早由法国前总统德维尔潘·希拉克提出的，目的是使欧盟国家生产的产品与没有完成或者没有减排目标的国家生产的产品能公平竞争。为了落实全球温室气体减排规则的实施，发达国家不断推出新规则。2009 年 6 月 22 日，美国众议院以 219 票对 212 票的微弱优势通过了《美国清洁能源安全法案》(American Clean Energy and Security Act，即 ACESA)。该法案的序言指出：该法案的目的在于"创造清洁工作，实现能源独立，减少温室气体污染以及向清洁能源经济的转变。"但是，由于温室气体排放污染是一个全球性的环境问题，仅仅针对美国境内企业实施碳标准无法有效达到目的。因此，该法案第 766 条规定，对于未能达到本法案第 767 条标准要求的美国进口商将采取惩罚措施，包括对没有达到第 767 条规定的国际保留额度的外国进口商提高商品价格或限制进口数量。除非该产业部门是属于美国所认为的最不发达国家或者美国认为温室气体排放量占全球排放总量少于 0.5%的国家。法案规定，美国有权对包括中国在内的不实施碳减排限额国家出口到美国的产品征收碳关税，法案从 2020 年起开始实施。

一、碳关税的内涵与性质界定

（一）碳关税的内涵分析

所谓碳关税，是在国际贸易过程中针对高耗能的产品进口征收特别的二氧化碳排放关税，主要针对进口产品中的碳排放密集型产品，如铝、钢铁、水泥、玻璃制品等产品而进行的关税征收。碳关税的征收是实现低碳经济目标的一种途径和手段，属于较为被动的事后防范的经济调节手段。碳关税是基于环境保护而征收的关税，可以说，它属于一种新型的绿色贸易壁垒，是关税壁垒与非关税壁垒的结合体。

如何看待碳关税？学界有不同的观点。主流观点认为，自然环境持续恶化，是人类生产和生活中过量的碳排放所造成，减少碳排放有利于可持续发展。非主流观点认为，没有充分证据认为气候变暖与碳排放相关，碳关税是借气候保护之名行贸易保护之实。国际上尚无对碳关税的确切定义，一般而言包括了排放配额或国际储备配额的含义。也有学者认为，现在所称的“碳关税”并不能直接译为传统意义上的关税，必须要参照收取税收的国家是出于何种方式收取才能认定其性质，所以碳关税的性质是模糊的。

（二）碳关税的合理性分析

WTO 环境保护例外的贸易条款，如 GATT1994 的有关条款、《技术性贸易壁垒协定》、《实施卫生与植物卫生措施协定》、《补贴与反补贴措施协定》、《农业协定》、《服务贸易协定》、《政府采购协定》等为在国际贸易中征收碳关税提供了合理的依据。此外，征收碳关税还存在以下合理性：（1）征收碳关税的目的存在环境保护的合理性，碳关税有利于贸易国对生产技术的提升和强化环境保护意识；（2）外部性经济原理为其提供了理论依据；（3）基于碳关税在应对气候经济方面的调节作用，征收碳关税已成为欧美等发达国家的立法趋势。因此，从长远的、全球的角度来看，碳关税有其合理性，“人类只有一个地球，自由贸易带来的环境破坏威胁每一个人的利益”，更进一步说，威胁到动物的生存环境时，自由贸易带来的财富将无所依附。

二、碳关税贸易壁垒对我国的影响

（一）碳关税对我国贸易的积极影响与消极影响

碳关税贸易壁垒是一把双刃剑，对我国的经济发展有着积极和消极两方面的影响。

据统计，2009 年中国消耗 31 亿吨煤，4 亿吨石油，GDP 的单位能耗是 2.2 倍于美国，是仅次于美国的第二能源消耗大国。从积极影响看，碳关税的征收会有效制约严重污染环境、破坏生态平衡的产品生产，防止不符合环境保护要求的商品进口，刺激企业加快绿色产业的发展，优化产业结构，促进我国资源的合理配置和利用优势资源，维护动植物和人类自身的健康与安全，维护生态平衡，实现经济和社会的可持续发展。

从消极影响看，碳关税贸易壁垒提高了我国产品开拓国际市场的难度，限制了我国产品的出口。碳关税的征收将大大增加我国出口企业的生产成本，导致我国产品的国际竞争力被削弱。

我国作为一个发展中国家，应该综合考虑国际竞争力和可持续发展的战略目标，完善相应的立法机制，以达到促进对外贸易增长和保护环境的"双赢"目标。

（二）我国征收碳关税的合理性分析

在低碳经济的大背景下，在全球贸易多元化和复杂化的趋势下，从多种角度采取措施来平衡国际贸易博弈成为各国贸易政策发展的一个方向。从我国当前所处的贸易地位和贸易环境来看，我国可以通过开征"碳关税"来平衡国际贸易博弈。

1. 采用公平的碳排放衡量标准

发展中国家与发达国家处于不同的发展时代，发达国家早已实现工业化，而中国等发展中国家尚处于工业化中期阶段。欧美发达国家在过去上百年时间里以比较粗放的能源利用技术走过了工业化，留下了对人类生存环境的破坏污染，对全球气候变化应负主要责任。目前，西方主要发达国家在制定碳关税标准时针对不同层次税率的分类方法，多采取当前碳的总排放量为标准。以 2005 年的数据来看，实际总排放量，美国最多，其次是中国。因此，中国就要为此承受较高的产品税率。但是，利用最新数据计算可知，从工业革命到 2008 年间，发达国家的累积排放量约占全球累积排放量的 55.6%，而其人口仅占全球人口的 14.8%。从当前人均排放水平看，2008 年发达国家为 3.39 公吨/人，发展中国家为 0.93 公吨/人，相差 3.63 倍。现在，以发达国家现有的低碳经济水平作为标尺，来衡量中国等发展中国家碳减排的实际成效，并要求发展中国家与发达国家共同承担减排义务，显然有失公平。

因此，我国碳关税的征收，应采用人均碳排放和历史排放作为重要的衡量标准，充分考虑不同国家的社会、历史、经济、人口等因素，平衡发达国家和发展中国家的贸易利益。同时，利用中国在世界贸易领域的影响，积极参与国际排放标准的制定，维护国际贸易中公平、自由的交易环境。

2. 敦促发达国家承担相关环境责任

从目前情况来看，发展中国家产业的碳密集度普遍高于发达国家，主要源于国际产业转移及分工。以金融业、服务业为主要支柱行业的发达国家已经步入后工业时代，百年工业进程创造了丰富的物质财富，也为人类的生存环境埋下了隐患。发达国家将钢铁、水泥、铝等高污染、高耗能的产业转移到了发展中国家，而生产高耗能产品所排放的二氧化碳比一般产品多,因此发展中国家排放大量二氧化碳在多难免。近年来,中国等发展中国家工业制成品出口发展迅速,为美国等西方发达国家提供最终产品的同时,却把污染留在了国内。发达国家既使用了最终产品,避免了本国生产最终产品所产生的碳排放,而且又要主张对发展中国家征收碳关税,这是非常不合理的。

当今国际分工的日益深化,形成了"碳消费"与"碳排放"在时空上的分离,给予发达国家更多的借口来逃避和转嫁其应负的环境责任。因此,我国应该通过征收碳关税的方式,不仅关注不同国家碳排放指标,而且还要更深层次地关注不同国家和地区最终碳消费状况,制定合理的碳关税税率,在一定程度上平衡发达国家和发展中国家的环境责任,敦促发达国家履行其环境保护的国际义务,实现国际贸易的平衡发展和经济环境效益的有机统一。

三、中国应对碳关税贸易壁垒的对策分析

(一) 完善与执行我国环境法律法规

环境保护既是发展问题,也是民生问题。近年来,我国相继出台了许多与环境保护有关的法律法规相继出台。但是,由于存在违法成本低、执法者有法不依等现象,某些法律法规如同一纸空文,得不到有效的实施和执行。其根本原因在于对法治权威的漠视、权大于法的思想在作祟,以及法律监督体系的不健全等。亚里士多德说过,法治有两个要素:一是良法,二是良法的严格执行。目前,我国环境法治存在的问题是重立法而轻执法,法多而治少,导致了环境保护举步维艰,环境权益难以得到维护,阻碍了我国经济的健康发展。我国的《环境保护法》等相关的环保法律法规、政策都较为完善,问题在于执法效果却难尽如人意。既然内部规则难以解决生存环境与发展的矛盾,或许碳关税能改变我们的思想观念和行为准则。碳关税的提出,促使我们必须加强法律法规的完善,参考国际条约以及西方发达国家的环境立法经验,建立科学的、行之有效的环境保护法律监督机制。制定我国的碳关税法律法规,修订有关税种,开征碳税、污染税等,实现产品环境成本内在化。

(二) 建立我国碳税法律制度

碳税是根据产品加工过程中所排放碳的数量征税的一种环境税,其实质就是为保护全球温度稳定这一公共产品而对排放以二氧化碳为主的温室气体的生产过程和消费征税,使其负外部成本内部化。碳税能够使企业在投资过程中,有固定的参考成本。为了应对碳关税壁垒,我国应当建立碳税法律制度,其主要内容包括:(1) 计税依据。依据世界各国征收碳税的经验和做法,结合我国的实际情况来看,我国应该采用二氧化碳的估算排放量作为碳税的计税依据。(2) 征税对象。在生产、经营和生活等活动过程中因消耗化石燃料直接向自然环境排放的二

氧化碳，作为碳税的征税对象。（3）纳税人。向自然环境中直接排放二氧化碳的单位和个人。（4）税率。碳税税率与计税依据密切相关，由于采用二氧化碳估算排放量作为计税依据，且二氧化碳的排放对生态的破坏与其数量有关，因此，需要采用从量计征的方式，即采用定额税率形式。此外，还有必要根据我国经济社会的实际发展状况和国际协调等方面的需要，建立碳税的动态调整机制，更好地发挥碳税在二氧化碳减排和节能上的重要作用。

（三）规制碳排放交易市场秩序

联合国开发计划署（The United Nations Development Programme，简称 UNDP）的统计显示，目前中国提供的二氧化碳减排量已占到全球市场的 1/3 左右，预计到 2012 年，中国将占联合国发放全部排放指标的 41%。由于我国尚处于谈交易的初级阶段，相关法律制度不健全，应进一步完善我国碳排放交易市场的法律制度，具体包括：温室气体排放许可制度、温室气体排污指标分配制度、温室气体收费制度、温室气体交易管理制度等内容。

（四）建立企业低碳环境责任制度

企业作为重要的经济主体，在将自然资源转变为社会性物质的生产过程以及其产品进入流通消费领域的过程中，都不可避免地会对环境资源造成破坏并产生污染。在低碳经济时代，应该建立企业低碳环境责任制度。该制度的内容包括：（1）节能减排是企业低碳环境责任的核心内容，是实现低碳经济的主要手段。（2）碳排放交易是企业低碳环境责任的有效经济手段，可以实现经济效益和社会效益的统一。（3）低碳经济是企业低碳环境责任履行的最终目标。企业低碳环境责任既是一种法律责任，也是一种道德规范和约束。（4）企业低碳环境责任是企业竞争力提升的重要衡量机制。企业作为社会公民对资源和环境的可持续发展负有不可推卸的责任，企业应意识到其所应承担的社会责任，使自己的行为反映公众的潮流，对其生产活动选择清洁生产模式，通过技术革新减少生产经营活动对环境造成的污染，降低能耗，节约资源，提高企业产品的竞争力。

（五）引进先进技术和履行国际减排义务

引进发达国家的先进技术，加大低碳技术的研发与投入，在吸收、仿制的基础上创新，实现国外引进和国内自主创新相结合。另一方面，寻找替代能源，要加大对现有绿色能源的投入、开发和利用，如风能、太阳能、生物技术、海水能源、安全核能等等。针对目前世界上仅有的两个碳技术国际协作渠道：清洁发展机制（CDM）和多国基金机制，我国政府应当大规模引进先进的低碳技术，发展清洁能源，加快各产业结构调整和企业转型升级，履行国际减排义务，发展低碳经济，实现社会经济的可持续发展。

四、结语

碳关税是一种边境税收调节措施，是为了保证国内外产品具有公平的竞争环境而采取的调节措施。美国实施碳关税措施的实质是，给未能承担温室气体减排责任的国家的进口产品增加一些成本，以此来美国国内相似产品创造“公平”的竞争环境。但是，对于如何应对气候变化的问题，仅依靠单边措施无法从根本上解决问题，而需要在世贸组织框架下解决。要有效地避免碳关税阻碍和影响国际贸易的发展，关键在于应构建合理的国际间的碳关税多边运行机制。我国应逐步完善应对措施，寻求有效途径，建立本国的碳关税体系，突破国外的碳关税壁垒，确保在国际贸易中的合法利益，实现环境与贸易的平衡与协调发展。

（作者单位：江南大学法学院）

参考文献：

[1] 方友熙. 贸易壁垒与碳关税政策. 哈尔滨商业大学学报，2011(5)

[2] 黄文旭. 碳关税相关概念解析. 岭南学刊，2011(1)

[3] 吕涉涉. 试析碳关税产生的国际法渊源及危机应对. 经济与法，2010(8)

[4] 方友熙. 贸易壁垒与碳关税政策. 哈尔滨商业大学学报，2011(8)

[5] 樊纲. 不如我们自己先征碳关税. 资源再生，2009(9)

[6] 李平，李淑云，沈得芳. 碳关税问题研究：背景、征收标准及应对措施. 国际金融研究，2010(9)

[7] 程会强，李新. 四个方面完善碳排放交易市场. 中国国际科技投资，2009(7)

苏北地区发展转型的方向及对策研究

魏善涛

摘　要　苏北地区是江苏省经济洼地，能否在发展中实现转型升级，能否实现振兴崛起，关系到全省实现现代化的宏伟目标。本文着重分析苏北地区当前经济结构的基本特征和存在问题，探讨该地区经济发展转型的方向、途径及对策。

关键词　苏北经济　发展转型　方向对策

苏北地区包括徐州、淮安、盐城、连云港、宿迁五市，与苏南五市相比，经济总量差距较大。2012 年江苏省 GDP 总量达 4.86 万亿元，苏北地区 GDP 总量是 1.08 亿元，占比为 22.2%，全省地方财政一般预算收入突破 5 000 亿元，苏北地区刚突破 1 000 亿元，占比约 20%。最新出炉的全国城市 GDP 五十强排名中，苏南五市有四个入选，其中，苏州第 6、无锡第 9、南京第 14、常州第 33，可喜的是，最新的排名中，苏北有徐州、盐城两市进入。但全国人均 GDP 城市排名中，苏北五市没有一个城市包括县、县级市进榜。所以，江苏省到 2020 年要实现现代化的总体目标，如何提高苏北地区的整体发展水平、经济总量和幸福指数至关重要。

一、苏北与苏南地区经济发展基本特征对比

苏南地区经济崛起的因素有三条很重要：一是苏南地区的区位优势，比邻“黄金水道”长江，东有上海市西有省会南京市的经济带动与辐射；二是苏南地区乡镇企业发展较早，尽管改革开放前十多年导致严重的环境污染，但转型升级较快，成为经济发展的主力军；三是苏南地区文化底蕴深，发展观念进步。而反观苏北地区，徐州区位优势相对较好，经济上也只是领军于苏北；有欧亚大陆桥东“桥头堡”之称的连云港市是我国第一批沿海开放城市，但是区位优势发挥的差强人意，其港口对市域经济包括苏北其它几个市的辐射带动力多年来一直未有大的显现。

上世纪 90 年代，苏北地区工业企业也曾有所发展，但因国家加强淮河流域污染治理，工业发展受到很大限制。一个地区经济能否繁荣，主要靠制造业、旅游业等。宏观来看，我国经济初期发展特别是沿海地区大多得益于制造业出口，尽管

生产效益低、环境污染重、资源消耗大，但毕竟也赚出了“第一桶金”，“中国制造”直到今天在全球经济影响还是很大，对于欧美经济甚至产生了一定的冲击。制造业的发展贡献在苏南地区的表现尤为明显，反观苏北地区，制造业多年来一直未能形成规模优势，主要还是一些中小企业。

一个地区的发展与其文化底蕴是很有关系的，即所谓文化生产力。相对苏南地区，苏北地区干部群众的文化观念落后，谨小慎微，思想解放明显滞后，这是导致发展缓慢的重要因素之一。

苏北五市近十年来的经济增长主要还是得益于如火如荼的房地产行业。房地产行业改善了人居，提高了地方政府的财政收入，但最终买单的是购房者。一方面，群众住房条件改善了，但是口袋里钱少了，消费水平势必下降。另一方面，地方政府财力增加了，而财政支出却并不科学，普遍的情况是，基础设施投入过大，而涉及民生改善的教育、医疗、社保等投入又偏少，群众幸福指数普遍偏低。近些年来，政府主要的精力主要也是放在抓经济上，而地区间经济竞争异常激烈，招商引资热度居高不下，苏北工业经济并未真正取得高速优质发展，不少地区新上项目主要还是环境污染较重、资源消耗大、科技含量不大的中低端项目，而且人力资源匮乏、产业链条不整、服务环境较差，并未形成良性发展格局，为了发展，饥不择食，急功近利的粗放式发展仍未有根本性改观。

农村发展仍然处于低水平阶段，农民收入普遍较低，传统农业经济很难让农民致富，目前苏北地区多数农民主要靠进城打工增加收入，而农村教育、医疗条件并没有根本性的进步，农民社会保障依然处于较低水准，农民生不起病、农民子弟上不起学的情况仍很普遍，改善农村环境、提高保障水平，一直是农民的心声。

二、苏北地区经济发展转型的方向

1. 从粗放式经济增长方式转向节能环保型经济增长方式

粗放式经济增长方式是以牺牲环境、资源高消耗为特征的经济增长方式，实践证明，这种增长方式完全背离造福人类的目标，不仅危及人民的生命健康，牺牲的环境、资源代价还将绵延后代，也很难持续发展下去。苏北地区坚决不能再走“先污染、后治理”的老路，否则将来的环境污染和生态破坏问题将更加严重。

2. 扭转房地产拉动经济发展的发展模式

房地产行业膨胀发展导致的泡沫已经引起国家的高度重视，近年来中央不断出重拳打压房价，但在苏北地区，在城市化的幌子下毫无节制地出卖国有土地，甚至填海造地，房地产行业方兴未艾，近年来，苏北地区房地产行业的财税收入占比很大，大部分地区甚至成为财政的主要支柱，急功近利成为一种常态。房地产行业不是不能搞，而必须有计划、有控制地发展，当前这种“摊大饼”的做法必须扭转。

3. 发展重心由城市转向农村

苏北地区低收入群体主要集中在农村，而且人口比重很大。上一轮的城市化建设力度明显大于新农村建设。政府的行政、财力资源大部分还是用在城市化建设和管理过程，而面广量大的农村地区的各种基本条件仍未有起色。教育、医疗、城镇基础设施建设仍然落后，农民与城市居民的生活完全两重天，因此发展方向必须转变。

4. 工业经济重点向中高端制造业

制造业是一个地区保持经济增长的重点行业，苏北地区过去的制造业主要还是中小企业的中低端水平，近年来，随着江苏南北产业挂钩的推进，苏北地区的制造业正在向中高端水平迈进，但产业集聚效应仍未形成，正在面临本土中高等人力资源匮乏的状况，后续发展仍面临很大挑战。随着人们消费水平的不断提高，潜力最大的是消费品市场，当前苏北地区的消费品制造业仍是弱项，需要着力引导。

三、苏北地区经济发展转型必须突破的几个瓶颈

1. 观念瓶颈

近些年来，中央高度重视"三农"问题，减免了农业税，发放农业生产补贴。但对于提高农民收入，毕竟还是有限的。苏北地区近些年来地方财政收入也在不断增加，也在搞新农村建设，但农村基本条件还是差强人意，根子上的问题还是对"三农"问题的认识不够。

农民是对我们国家的崛起贡献最大的阶层，共产党领导的革命战争的胜利实际上就是无数农民的生命换来的。上世纪五十年代末起的那几年，数以千万计的农民饿死了，而正是他们的生命奠定了我国重工业发展的基础，"文化大革命"到处混战，工人搞派系，工业生产也处于停滞状态，唯有农民还在土地上汗流浃背地劳动着，避免了国家经济的崩溃。而改革开放三十多年来，城市居民生活提高了，农民却没有享受到改革开放的成果，还在城市里到处奔波打工，城市越来越美，农民却难以在城市里安居乐业，甚至还遭受形形色色的歧视。搞新农村建设的出发点就是工业反哺农业，市民帮助农民。这样的理念亟待着力培植，需要大力弘扬，新农村建设仍需要进一步加大力度，首要的是突破观念上的瓶颈。

2. 金融瓶颈

苏北地区中小企业已成为市场主体，但是中小企业发展面临的资金难的瓶颈仍未有突破。企业资金短缺是制约企业发展主体因素。中小企业普遍反映资金短缺，流动资金不足，不少民营企业因缺少资金无法扩大生产。但是企业没有更多的资金扩大再生产，融资较难以及应收账款较多，货款的回笼周期较长都是主要原因。中小企业从金融机构融资有限，当前的贷款政策限制了企业的贷款额

度，一般情况下银行是以企业的厂房进行质押担保，相对于企业发展来说，无疑是杯水车薪。

3. 人才瓶颈

近些年来，苏北地区新上项目不少，但是本土中高端人才普遍匮乏，原因有两方面，一是苏北地区广大群众普遍希望子女“跳农门”，即便是市民，多数都不希望子女在大中专院校毕业后回到苏北来发展。二是政策方面，人才引进、培养、使用及相关配套政策还不足以吸引中高端人才。有些地方的政策甚至是“叶公好才”，全社会尊重知识、尊重人才的氛围还不浓，良好的人才生态环境还没有形成，留不住人才，特别是中高端人才，这是企业发展面临的很大困境。

四、苏北地区经济转型的对策

（一）提高农民收入的途径

1. 构建现代农业体系

苏北地区低收入最大的群体在农村，农民靠传统农业根本不可能致富，农业生产方式必须转型升级。根据国际经验，一国的经济总量人均GDP超过1 000美元之后，便进入传统农业向现代农业转变的关键阶段。但现代农业体系初期往往需要大投入，一方面需要从中央到地方的财政扶持，实质意义上就是“以工哺农”，另一方面应该出台更多优惠政策鼓励企业主、民间资金投入到现代农业体系建设上，农民一方面作为现代农业的生产者，获得报酬和养老，另一方面以自己的土地作为股本，获得分红。

2. 农民土地开发的成都经验

上一轮的城市化进程中，城市周围的农民土地不断被蚕食，失地农民越来越多。苏北地区农民人多地少，土地被开发，农民获得的补偿却很低。如何让失地农民享受到开发增值，成都市的做法值得借鉴。成都市让农村集体建设用地直接入市，而不需要经过政府征用，农民从土地“指标”拍卖上得到实惠。据媒体报道，成都市都江堰市天马镇近年来仅靠卖宅基地的“指标”，村集体和村民就挣了2.8亿元。用这些钱来搞集体住宅和基础设施建设，这个汶川大地震之后的重灾区重新焕发新颜。百姓安居乐业，真正成了城市化最大的受益者。成都市土地产权改革首开全国先河，具有典范意义，值得认真探究，真正以人为本，调整发展思路，更好地谋求民生改善。

3. 让进城打工农民在城市安家落户

苏北地区进城打工的农民很多，他们是城市里最辛苦的建设者，但却不能在城市里安居乐业，享受城市里的优质教育、医疗和优美环境资源。最近，经济学家茅于轼提出的建议值得思考。地方政府是否可以考虑多建一些廉租房，让进城民工也“安得广厦俱欢颜”，同时让民工子弟享受跟城市孩子同等的教育待遇，根本上地破除户籍限制。这个门槛应该是很容易打破的，关键在于执政为民的认识高度。

（二）持续服务苏北新上项目在发展中实现转型

从2007年开始，江苏省探索南北共建园区创新实践，鼓励苏南重大产业转移项目落户苏北，到2010年江苏深化南北合作，新批南北共建园区7个，全省共建园区增至27个，苏南开发区共派出137名各级各类干部及管理人员到共建园区工作，各共建园区开发建设公司注册资本总额达到25.7亿元，进一步推动了苏北承接产业转移的速度和力度。这些转移项目规模大、领域宽，产业层次也明显提升，除了机电、纺织、化工外，一批新能源、新材料、电子信息项目相继落户苏北。南北共建园区，苏北发展与苏南转型的"双赢"的格局正在不断形成。另一方面，中央企业十多个大型"转型"项目也先后落户苏北地区，这些新上项目无疑给苏北地区工业发展带来了生机和活力。

当前，对于苏北地区地方政府而言，更多的精力应该放在对企业发展的服务上，包括项目审批、建设、人才供给以及一些配套服务设施建设上，让这些项目在发展中实现转型，尽快落地生根，开花结果。特别是人才资源挖掘，应该更多与中高等大中专院校搞好项目人才对接，制定更具吸引力的中高端人才引进政策。

（三）地区发展战略必须进行转型

房地产行业的确创造了很大的税收和土地出让金，但是同时城市基础设施必然也随之加大，一个普遍情况是，地方政府每年财政收入都在增加，但总是入不敷出，难有节余，甚至还背上沉重的债务。郎咸平教授认为，我国很多政府早已负债累累，这是非常值得警惕的，在苏北地区，同样如此。在教育、医疗、社保等民生领域与基础设施的政府财政支出比例严重失调，城市日新月异似乎更被视为政绩，而前者总是举步不前，群众受益寥寥。这样的发展战略必须转型，支出较大的建设工程必须进行严格的项目评估。这一点，美国的制度值得借鉴，市政项目能不能做，必须进行所谓的战略环评，需要各方人士反复讨论。我们的财政支出如果毫无节制，最终背债的是政府，受害还是群众，道理很简单，财政入不敷出了，改善民生就变成了可望而不即的海市蜃楼。

（四）营造更好的中小企业服务体系促进转型

中小企业受技术、资金限制，转型很难，长期以来中小企业受到的政策歧视必须彻底改变，地方政府应该构建更好的中小企业服务体系，特别是在融资、税收政策上应该更大幅度的放宽、搞活，在新技术服务上则需要进一步加大帮扶力度，真正做中小企业的贴心人，中小企业才有可能实现转型，更好更大发展。

（五）更大力度的发展旅游业

旅游业发展对于一个地区而言是一个增值的产业，从世界来看，旅游业甚至成为不少国家和地区发展的主导行业，我国最典型的莫过于海南。苏北五市旅游资源丰富，但是近十年来其发展情况未为乐观，相较于临近的鲁南地区旅游发展，甚至有退步的趋势。旅游业对于苏北地区构建消费型经济社会的潜力很大，应该更大力度的发展。

（作者单位：连云港市市委宣传部创建办）

参考文献：

[1] 魏杰. 中国发展转型. 中国发展出版社，2011(5)
[2] 杨显惠. 先让农民崛起. 在 2012 年“中国梦践行者中大行”演讲
[3] 郎咸平. 郎咸平沈阳报告会，2011(10)

谈撤乡并镇中的无规划与产业布局不平衡现象及其对策

张洪让

摘　要　随着我国改革开放的深入进展，全国城乡的落后面貌发生了彻底改变，近年来苏北地区城镇发展尤其迅速。由于撤乡并镇与新农村建设普遍推行农民住房由原先的老宅散居平房形成了许多农民生活小区。然而，由于历史地理条件的差别，各地地方财政水平的差别，尤其是各地方政府领导人理念认识上的差别，不仅使得各地城镇发展出现不平衡，而且在许多地方出现发展无规划现象，形成严重浪费资源、浪费土地、人为造成新的环境污染等现象。为使这类问题能尽快得到遏制和扭转，不给欣欣向荣的发展大局留下阴影，笔者经过深入实地调研并提出解决问题的建议与对策。

关键词　乡镇规划　平衡发展

城镇建设的规划与发展在很大程度上反映了当地经济发展的水准。我国30年改革开放政策，彻底改变了全国城乡的落后面貌，近些年来城镇发展尤其迅速。所谓城镇发展，包括县城在内，主要反映在全国各地乡镇的市容规模建设、村民住房建设、公路交通建设和乡镇工业的发展等方面上。然而，由于历史地理条件的差别，各地地方财政水平的差别，尤其是各地方政府领导人理念认识上的差别，不仅使得各地城镇发展出现不平衡，而且在许多地方出现发展无规划现象，形成严重浪费资源、浪费土地、人为造成新的环境污染等现象。根据笔者近年来对部分地区广大农村乡镇的实地调研，这类问题若不能尽快得到遏制和扭转，势必形成给欣欣向荣的发展大局留下阴影，甚至形成危害国家和子孙后代的危机。

一、撤乡并镇与新农村建设

（一）反复折腾中的撤乡并镇、撤县建区

进入21世纪以来，各地掀起撤乡并镇风潮。以苏北地区为例，大多采取将原来历史上形成的乡，每2—3个合并为1个镇的形式，也有将原来较大的乡改变为镇的，或3个乡并为两个镇的；还有将历来并不大的乡(如仅1—2万人口的乡)统统改为镇的。有趣的是，有些地方将一个乡划成镇，时隔一两年后又划成乡，还有将1个乡划出一部分给他乡建镇，余下部分仍为乡的。凡此种种，形式多样。

与此同时，伴随撤乡并镇，各地撤县建区风潮近年中也方兴未艾。尤其是那些经济发展较快、财政收入较多的县，先是被划成县级市，可时间不长又被划为受地级市管辖的区。这种划来划去的做法，往往把当地老百姓稿的晕头转向；更是把乡镇级干部弄的人心惶惶，工作因频繁调动而无法稳定和连续。

(二) 新农村建设与赶农民上楼

据实地调研，相当多地区的新农村建设伴随撤乡并镇风潮同步进行。农民生活水平提高住上自家盖的楼房是很值得庆贺的，也是各地新农村建设带来的新气象。然而，强行将原有的村落取消，强迫农民去住5—6楼的商品房，有的农民因原有平房面积不够，为住上不得不住的商品房还要贷款。更加受苦的是农村中的老人，新住宅环境中断了他(她)们原有的庭院生活方式，无法再去邻里串门，无法再养猪养鸡，甚至农具也没地方放。发生这种情况的虽然是个别靠近公路的乡村，但群众反映强烈，没有形成推广局面。

(三) 强行拆迁引发恶性事件发生

开发区开而不发的现象一度在许多地区十分盛行，目前这种现象在乡镇一级已得到明显遏制。然而，因乡镇招商引资建厂、修路等而强行拆迁引发恶性事件近年来则时有发生，如苏北地区近年来发生的农民自焚事件、喝农药自杀事件等都曾在网上闹得纷纷扬扬。令人叹服的是事后都能被当地政府花钱摆平，大事化小，小事化了。但这类事情一旦发生多了，则肯定对当地的经济建设大局会造成重大损失的，而且其后继负面影响(如地方政府在群众心目中的威信)是无法低估的。

二、城镇发展中的无规划现象十分突出

(一) 零地价招商引资

一些经济欠发达地区的县政府，为了能使地方财政收入迅速摆脱每年只有一两个亿的困境，打起了零地价招商引资的标牌。如苏北某县政府规定凡招商引资额达到500万元以上的进驻企业，即可享受零地价建厂用地。此项政策一实施，靠近县城周围的数千亩良田便拱手白送给私企老板。笔者在不久前就曾参观过一家来自加拿大的某养殖场，其老板没花一分钱就征得了600亩土地的长期使用权。

(二) 招商引资与无规划现象

一些经济欠发达地区的县政府，为急于招商引资，对于前来投资的各类型企

业，不仅给于多种优惠政策，而且在建厂选址、土地征用等方面大开绿灯，任其选择，形成新的无规划局面。甚至形成在商业主街道上夹杂机械加工企业、屠宰加工企业的混乱景象，显得不伦不类。

（三）马路集市的再度兴起

乡镇发展了，乡村也在发展。乡镇级原本就缺少工商管理，乡镇集市带动了村落集市的发展。农民要出售自产的农副产品，也要买回生活用品和其他商品，于是马路集市的再度兴起，而且越来越大，越来越多。不乏其中一部分集市是建在省道路甚或国道上，这就对交通安全带来威胁；有的地方 10 天 4 集，交通阻塞现象屡屡发生。由此可见，乡镇规划中理所当然地需包括集市的规划，而且在规划时要有前瞻性和留有发展余地。

（四）乡村的环境污染已经凸现

零地价招商引资政策，反映了一些地方政府谋求发展地方经济时饥不择食，导致一些从经济发达地区被强令关门和取缔的污染企业纷至沓来。如苏北地区某县某镇因县里大量招商引资这类企业，很快使该镇成为不宜人群居住的化工区，甚至在几十里外即可闻见不良气味，多家化工厂释放出的工业废气令全镇终日烟雾弥漫。与此同时，一些地区招商引资引进的一些淀粉厂之类的企业，其臭味长年影响着周边众多乡村的居民生活。

除此之外，农村中农民住房的楼房化和别墅化正在快速发展，80 后 90 后等新一代农民生活方式的模仿城市化也在快速发展。于是一面是一片片漂亮的农家住房，另一面则是乱丢乱堆的生活垃圾。有时一进村庄庄头，迎接你的便是蚊蝇乱飞、臭气熏天和无人管理的露天式生活垃圾场。还有许多地方生活垃圾是扔在河沟边或池塘边，显然水源已受到污染。

三、产业布局中的不平衡现象

（一）乡镇工业与产业化的不平衡性

近年来，乡镇工业的两极分化十分突出，发展好地的企业大多被冠上某县某市的某某厂或有限公司的厂名，而发展不好（产品形不成品牌）的企业则大多倒闭。在种植养殖方面形成产业化的大多为水果、蔬菜、花卉和农副产品加工业，然而它们并非乡镇工业，而是由多种形式的农民专业合作社在领导和支配着。这种情况各地发展是很不平衡的，凡是搞得好的地方农民收入显著提高，而那些仍在以一家一户种粮食为主的地区，多数农民近年来增收不大甚或呈负增长。

（二）工厂多集中在县城周边和沿海乡镇

各地经济发展的不平衡也集中表现在有的乡镇工业或加工业发展很快，但他们大多集中在县城周边乡镇或沿海乡镇。而那些远离县城或城市的山区、丘陵地区乡镇则几乎没有工业或上规模企业，经济长期欠发达，有些乡镇尽管划来变去，仍年复一年面貌依旧。

（三）个人办厂是否需要规划

相当多的地区，农民外出打工挣到钱和学到技术后，回到到农家乡办厂。然而他们大多在自己家里办厂或在自助家的承包田里建厂，因为他们大多规模小和资金来源不足。他们无法与招商引资金外来企业相比，因此也根本谈不上要服从规划。

（四）生态园建设的兴起

事实上并非所有的乡镇都有旅游资源，也并非所有的乡镇都可以搞森林公园。在苏鲁豫皖交界地区，多的是丘陵山区，又哪来的湿地？受媒体和赶时尚的影响，为数不少的乡镇近年来兴起生态园建设新潮。花大气力人工挖掘河汉成湖，花大价钱引栽名贵树木，似乎所有的乡镇都能成为旅游景点，都能发旅游财。而且有些乡镇政府大楼本身建的档次不俗，办公楼兴建得象小天安门，休息室、小餐厅门前有奇花异草，还有小桥流水和曲径通幽处，似乎官员们在酒足饭饱之余也需休闲休闲。

（五）乡镇大办开发区的后遗症

乡镇大办开发区的现象已大多得到遏制，靠近县城的乡镇原来的开发区大多被转换为开发房地产，而那些不在县城边或公路边的开发区目仍多数被撂荒。一般多达数百亩，一撂就是好多年，着实可惜。

更多的是那些在招商引资风潮中弄虚作假的县、乡镇，建上一大圈围墙或一两排空置厂房，将一块块上百亩土地一圈就是多少年，圈内荒草萋萋。如苏北地区，此类现象竟屡见不鲜。

四、原因分析

（一）乡镇成了小而全的王国

乡镇是一级地方政府，但其不应该是也不可能是小而全的王国。在经济欠发达地区，乡镇财力十分有限，资源也十分有限；无论是发展工业还是发展旅游业，包括小城镇建设，都需量力而行。因为一件大工程的实施弄得不好则必然会影响当地民生。政府应如何切实关注民生，那种赶时尚和表面文章的做法已经害了几代人，应该引以为戒。

（二）当前的城镇发展缺少总体规划

这里说的缺少规划，不是单指某一乡镇的规划，而是就一个地区、一个县域应该有总体的城镇的发展规划。科学的规划应该体现在总体规划上，乡镇政府干部近年来走马灯似地更换，有的人在某个乡镇工作只有一两年，大多谈不上对所工作的乡镇进行认真规划。而离开了总体规划，乡镇各自为政，各自为战，其结果只能是一盘散沙，杂乱无章。

（三）城镇发展中的急功近利

由于乡镇政府干部在某个乡镇工作任期很短，又急于在任期内干出成绩来，他们大多采取急功近利的做法。如靠卖地解决办公经费不足，靠各种方法寻找专项项目经费，弄到手后则做些表面文章以应付了事。尤其是在一些经济欠发达地区，乡镇政府基本上没有财力用于镇容建设，导致年复一年面貌依旧。与此同时，倒是这几年的房地产业促进了那些傍临交通要道两边的镇和村中心的市容发展。当地有经济实力的个企老板趁机购买或自建那些具有商机位置的商业用房，在很大程度上促进了城镇的发展。

五、建议与对策

（一）以县为单位进行区域规划

县域内的城镇发展规划必须统筹安排，合理布局。无论从城镇建设、工业发展、道路建设、商业网络建设、乡村集市建设等各方面，均应以县城为中心，辐射各乡镇，甚至还应考虑到毗邻地区的协同发展。

（二）小规划服从大规划

在城镇发展规划上，乡镇是县城的星星，县城既是月亮，也是市（地区）的行星，而市（地区）则是大月亮，规划得当，方能形成众星捧月的美丽布局。吸取历史上的经验教训，坚决杜绝重复规划重复建设造成的后患显然十分重要和紧迫。

（三）规划要有利于长远发展

市县的新区建设，经济开发区建设，各种规划布局均要有利于长远发展。将当前建设与长远规划有机结合，尤其要为一个地区的长远发展，为子孙后代的福利和生存发展留有余地和空间。

（四）规划要有利于改善民生

能把河汉挖成人工湖泊，其工程量和花费的财力是相当巨大的。这几年中自然灾害给全国的农业和农民增收带来的损失还小吗？为何不能把县乡有限的财力用来搞好农田水利建设呢？尤其是经济欠发达地区，在远离居民区的河汉去挖人工湖泊，实在是劳民伤财、群众反映强烈之举。

（五）急需拉开乡镇和乡村环保的序幕

许多地区近年来的城镇建和发展已经带来一系列的环境污染问题，有的地区甚至已相当严重，当地资源已受到破坏，有些是不可逆性破坏。这就要求我们在城镇发展规划上必须把环境保护规划进去，已经遭受破坏的则要下狠心采取狠措施治理好，恢复原来面貌。环境保护的序幕应在大区域内的所有乡村拉开，那些认为乡村发展不需要环境保护的观念应彻底改变和摈弃。

（作者单位：九三学社连云港市委员会）

浅谈非公经济领域社会管理创新

丁 浩

摘 要 2005年国务院发布《关于鼓励支持和引导个体私营等非公有制经济发展的若干意见》(简称"非公经济36条"),至此,"非公经济36条"正式出台。这是共和国成立以来第一次以中央政府的名义发布的鼓励支持和引导非公有制经济发展的政策性文件,把非公有制经济与公有制经济放在一个公平的发展平台上,被誉为民营经济发展进入一个新阶段的标志。"非公经济36条"确定了"两个毫不动摇":毫不动摇地巩固和发展公有制经济;毫不动摇地鼓励、支持和引导非公有制经济发展。而践行"非公经济36条"、落实"两个毫不动摇",关键在于如何做好非公经济领域社会管理创新。

关键词 非公经济 社会管理创新

就目前我国的实际情况,狭义的非公经济,是指个体工商户和私营企业。而从广义上来讲,只要不是国家独资的或国家控股的,都被视为非公经济。另外,国务院出台的"非公经济36条"所说的个体私营等非公有制成分,主要是指国内的个体、私营经济而言,且不包括外资。我们的目标是共同富裕,为了实现共同富裕,现阶段必须大力发展非公经济。不发展非公经济,就实现不了共同富裕,只会停滞于共同贫困状态。起始时,虽然只是一部分人先富起来,但是没有这些人先富起来,就没有"先富帮后富",也不能实现共同富裕。

一、非公经济作出了重要贡献

我国的非公经济之路漫长而曲折:建国后经过社会主义三大改造,个体私营等非公经济基本消失;改革开放之初,全国有个体私营户14万户,从业人员15万人,由于多种原因,他们遭受歧视和不公正的待遇;在夹缝中生存、发展二十几年,直到2005年年初"非公经济36条"的出台。"非公经济36.条"在此历史背景下出台具有里程碑意义,极大地鼓舞了民营企业家们的信心。在落实非公经济政策、解决其不公正待遇、推动非公经济发展的同时,我们应看到非公经济在建设和谐社会方面作出的重要贡献。第一，创造财富。现在各省经济的发展都有差距，个体私营企业的数量和大小与各省 GDP 和其它统计数字是一致的，哪个省的个体私营企业发达，哪个省的经济总量就大，创造的社会财富就多。第二，提供税收。“非公经济 36 条”出台前的 2004 年年底，我国约 20%的税收来自于非公经济；而 2011 年年底，我国约 30%的税收来自于非公经济。第三，提供就业。截止 2011 年年底，我国仅农民工已突破 2.5 亿，而这些农民工主要集中于非公企业；另外，原国有企业下岗职工 65%在非公企业再就业；而且，非公企业还吸纳了大量大学生就业。第四，对形成市场机制作出了贡献，这一点往往被人们忽略。搞市场经济，如果纯粹是国有、公有，市场主体很单一，就形不成市场机制。个体私营经济有活力，把竞争机制带了进来，对社会主义市场经济体制的形成做出了基础性的贡献。第五，从长远来看，激励人们去创业，靠劳动为社会创造财富。随着个体私营经济的发展，在保护私人财产方面，国家迈出了具有历史意义的一步。个体私营企业的贡献前三个是看得见的，后两个是看不见的，但是意义更深远。

“非公经济 36 条”指出：改革开放以来，我国个体、私营等非公有制经济不断发展壮大，已经成为社会主义市场经济的重要组成部分和促进社会生产力发展的重要力量。积极发展个体、私营等非公有制经济，有利于繁荣城乡经济、增加财政收入，有利于扩大社会就业、改善人民生活，有利于优化经济结构、促进经济发展，对全面建设小康社会和加快社会主义现代化进程具有重大的战略意义。

二、制约非公经济发展的主要因素

（一）制约非公经济发展的内部因素

(1) 企业基础薄弱，总体水平较低。我国非公经济普遍存在着“小、低、散”的特点，经营规模偏小，平均注册资本低，人员素质不高，产业没有形成链条，分布较散。(2) 产业档次不高，企业缺乏竞争力。

（二）制约非公经济发展的外部因素

(1) 非公企业发展环境尚不尽如人意。一是企业发展软环境还须改善。近年来，虽然我国各级政府对抓投资软环境建设较为重视，不断推出新的举措，努力营造一流发展环境，取得了一定的成绩，但各种弊病仍未得到彻底根治，对非公企业歧视、待遇不公的现象依然存在；“吃拿卡要”，设置人为障碍，使企业办事不顺，麻烦多多的情况时有发生；各种名目的不合理收费和摊派，给企业增加负担的问题仍较严重。二是企业缺乏政府部门有力的扶持与指导。目前我国大部分非公企业都处在各自为战、自谋发展的状态，政府及相关部门对企业在生产经营和扩大发展中遇到的诸如资金借贷、人才技术、市场信息等难题帮助不多，尤其是在政策扶持、产业导向、企业推介、市场促销等方面缺乏强力支持。(2) 融资瓶颈是当前非公企业发展的最大障碍。近几年来，我国资本市场发展较快，形成了股票、贷款、债券、基金、项目融资、财政支持六大融资方式，但这些融资渠道对个体私营经济开放度较低，特别是个体私营企业由于企业规模一般较小、实力较弱、历史不长，相对国有经济的融资机会少、规模小、比重低、品种少、成本高，远远满足不了个体、私营经济的需求。特别是在作为融资主渠道的银行贷款方面，普遍存在着贷款难、担保难等问题，投资扩张的后劲不足。(3) 日趋激烈的市场竞争是制约企业发展的潜在问题。随着全球经济一体化步伐的加快，企业面临竞争的压力越来越大。一旦摆脱不了压力的干扰，变压力为动力，企业就会带上一把无形的枷锁，有如陷入沼泽的泥潭，在竞争日趋激烈的夹缝中窒息而衰亡。目前，我国大部分个体私营企业尚处在起步发展阶段，有如初生婴儿生命力还不强，如果不加以保护，有效地帮助抵御各种风险，其受危害、受影响的严重性是不言而喻的，因此，避免风险也是促进非公经济快速健康发展应考虑的方面。

制约非公经济发展的现实客观上要求我们必须做好非公经济领域的社会管理创新。

三、非公经济领域社会管理创新

(一) 落实平等待遇，实现公平竞争

尽管过去为非公企业创造平等待遇的政策也不少，但许多政策在执行时都走了样。比如在竞争性生产领域，各地在名义上都已消除所有制歧视，基本不存在准入门槛，但又普遍存在着市场“假开放”。主要表现在：“明宽暗管”现象严重，无形屏障过多。有的部门光说欢迎投资，但一涉及具体项目，哪些鼓励，哪些限制，就语焉不详，投资者无从了解市场准入门槛的高低和行业政策风险的大小。此外，国有资本存在“与民争利”的现象。尽管有些领域没有明文规定民营企业不得控股，但由于行政部门或国有企业既得利益的存在，民营企业的投资面临着要么放弃控股权、要么收购承包权的两难抉择。另外，目前制约民营企业发展的体制性、政策性障碍依然存在，相关法律法规不够完善，市场准入限制较多，有些政策不公平，企业融资渠道不畅，税赋较高，“三乱”还比较严重，侵犯企业合法权益的事件时有发生，政府管理体制和服务体系还不健全，个别国有大中型企业在市场竞争中甚至扰乱社会经济秩序，利用国家特殊政策，垄断市场，恶意竞争。为此，我们务必要进一步解放思想，深化改革，消除影响非公经济发展的体制性障碍，确立平等的市场主体地位，实现公平竞争。

(二) 完善法律法规，保护合法权益

一方面，一些制约非公企业发展的法律法规和行政规章有待废止，如《私营企业暂行条例》、《私营企业暂行条例试行办法》等；有些与宪法修正案不适应的，或者不符合宪法修正案要求的法律法规要进行修订，如《担保法》、《土地管理法》、《城市拆迁管理条例》、《公司法》、《证券法》、《破产法》。另外还要进一步完善《合同法》、《个人独资企业法》、《合资企业法》、《票据法》等，为非公企业的经营活动提供有效的法律保障；一些和非公企业发展相配套的法律法规要尽快出台和完善，如大家比较关注的《企业国有资产法》，这牵涉到非公企业怎么参与到国有企业改制、改造的问题。另一方面，支持引导非公经济发展的相关法律法规尚未完全成为具体的制度安排，我们现在鼓励、支持、引导非公经济发展的政策许多还停留在宏观层面。在具体的制度安排、法律制度和运行细则方面，同鼓励、支持和引导非公经济发展的原则有很大差距。比如，非公经济在具体的运作中财务与税收的不规范行为，在一定程度上反映了非公企业发展的门槛高、税制不合理；非公经济发展中的某些非法集资和利用不正当手段的贷款，在一定程度上反映了非公企业发展过程中的资金支持严重不足、金融体制严重不合理的问题。国务院“非公经济 36 条”《若干意见》关于废止、修订并完善相关法律法规方面明确要求，要进一步完善国家法律法规和政策，依法保护非公企业的合法权益。

（三）放宽市场准入，实行同等待遇

“非公经济 36 条”《若干意见》提出：放宽非公经济市场准入；允许非公有资本进入法律法规未禁入的行业和领域；允许外资进入的行业和领域，也允许国内非公有资本进入，并放宽股权比例限制等方面的条件；在投资核准、融资服务、财税政策、土地使用、对外贸易和经济技术合作等方面，对非公企业与其他所有制企业一视同仁，实行同等待遇。众所周知，我国很多所谓的垄断行业，如民航、石油等实际上并不属于自然垄断，而是通过行政命令形成的。一些行业之所以长期对非公企业紧闭大门，主要是因为许多政府部门职能错位，直接参与到某些行业的经营当中，由此导致对这些行业的垄断以维持高额的利税来源。垄断导致进入不充分，有效供应不足，价格向上走，也使一些垄断行业成为经济发展瓶颈，如水、电、收费公路、地铁等行业。显然，这是一种带有浓重行政干预色彩的垄断。而鼓励和支持非公企业进入垄断行业，也就必然意味着对行政性垄断的突破，能否真正把非公经济市场准入落到实处，尤其是非公经济进入垄断行业将是考验政府的关键所在。而这最重要的是思想观念要有一个转变，尤其要树立个体私营、非公经济和公有制经济是协调与和谐的理念。其实它们本身各有长处，都可以为社会服务，而不是截然对立的。目前，从上到下普遍总觉得非公是个人的，公是国家的，实际情况却是公不见得就是国家的，非公不见得就是私人的，非公企业做得越大越是社会的，公有企业如果出现内部人控制那才是真正的私有化。

（四）健全企业家制度，提供制度环境

企业家制度安排对非公经济的发展有决定性影响。企业家是企业发展的主要贡献者，是企业制度创新的推动者，是企业文化的倡导者，是企业风险的主要承担者。对于非公经济发展来讲,企业家形成的制度环境对企业生存和发展有决定性的影响。应当说,在非公经济发展的新阶段要加快建立健全企业家制度,给企业家提供一个良好的制度环境。

（五）转变政府职能,增强服务意识

“非公经济36条”《若干意见》指出,要进一步加强和改进政府监督管理和服务,为非公经济发展创造良好环境;进一步引导非公企业依法经营、诚实守信、健全管理,不断提高自身素质,促进非公经济持续健康发展。“非公经济36条”《若干意见》从市场准入、金融支持、政府服务、产权保护、引导监管等诸方面为非公经济正名正身,但其中最重要的就是加强政府服务方面的制度建设。“非公经济36条”要求政府转变职能,增强服务意识,从观念上改变对非公经济的“偏见”,使非公经济与公有经济在同一线上起跑,为非公经济的发展创造公平的市场竞争环境。在实践中,应着力清理限制非公经济发展的法律法规,但在现阶段,我们不能因为“36条”的颁布就指望在短短的几年时间内便有完备的立法,不能指望法律体系完备后再支持民营企业的发展。所以,政府首要的任务就是减少对非公经济的限制,少些管理,多些服务,少些限制,多些支持,少立规矩,多靠市场经济的客观规律来规范非公经济的发展。温家宝总理在上任的时候答记者问,本届政府是负责任的政府,我们就希望在每一个问题上都能来一个问责,政府公务员既是企业又是行政职能的垄断行业,对他们也要问责。因此,加强和改进政府服务工作,最关键的涉及政府转变职能,实行问责制,推行问责制,该你服务的事情为什么不服务,这个时候政府就要问责。结合问责制,政府在非公经济领域加强和改进政府服务工作应重点做好以下几方面:

(1) 制定导向政策,拓展发展空间。在当今社会重大变革的历史时期,企业要生存、发展、壮大,就必须顺应形势的发展要求,与时俱进,推进现代企业制度改革,坚持以市场为导向,立足大市场、抓住大产业,不断加快产业结构调整,尽快突破“低、散、小”的产业结构,实现从劳动力密集型向资金技术密集型产业的转化、从封闭走向开放的现代企业股权结构的转化,从传统家族管理向现代企业管理的转化。一要加强产业导向。引导非公经济治理或退出高消耗、高污染的行业,更多地进入高新技术产业和装备制造业,进入新能源和可再生能源领域,进入服务业特别是现代服务业,进入就业容量大的劳动密集型产业和农产品深加工业,进入有利于技术创新和人才培养、有利于资源节约和环境保护的领域等。二要积极拓展非公经济的发展空间。我国是农业大国,要利用我国农业资源优势,培育壮大一批农业产业化基地,发展加工、流通型非公企业;立足本地资源,培育非公经济在高科技产业领域的生力军作用,如新能源、新材料、新医药、环保等;推进制造业领域的改革,鼓励非公企业加大技术改造投入,按照市场需求和科技进步的要求,积极采用新技术、新工艺、新装备,开发新产品,淘汰落后生产设备、工艺和已经没有销路、没有效益的落后产品,提高市场竞争力;拓展非公资本在服务业的投资，把通讯、旅游、非义务教育、非基本医疗、文化娱乐和社区服务等新型服务业产业培育成民间投资新的投资热点和经济增长点。

(2) 优化发展环境，保障健康发展。各级政府应正确履行职责，为非公有制经济的健康发展，创造稳定的宏观经济环境、公平的制度环境和有序的市场环境，使非公经济从小到大、从弱到强，实现超常规的跨越式发展，成为促进国民经济发展和维护社会稳定的重要支撑力量。一是进一步贯彻落实“非公经济 36 条”和各级政府出台的促进非公经济发展的各项政策措施，在市场准入、金融财税、资源利用、人才培养使用、社会保障等政策上，切实以“平等准入、公平待遇”原则，使非公经济享受同等的国民待遇。二是加强舆论宣传，进一步提高全社会对发展非公经济重要意义的认识，进而营造非公经济人士在政治上有待遇、经济上有实惠、社会上有地位的人文环境氛围。三是加强政府的宏观引导和微观服务工作。各级政府要按照科学发展观的要求，立足当地实际，科学规划，合理布局产业项目，为促进非公经济健康发展提供全方位的指导和服务。四是加强和改进对非公企业的监管。一方面，严格规范行政执法行为，狠抓乱收费、乱罚款、乱摊派、乱检查等损害非公企业的违法违纪行为，建立起集管理、服务、协调为一体的工作机制，有效地发挥政府各职能部门的作用。另一方面，要着力整顿和规范市场经济秩序，严厉打击、查处假冒伪劣、偷税漏税和欺行霸市等扰乱市场经济秩序的违法行为，净化市场环境。五是全面推进社会信用体系建设，不断优化信用环境。综合运用法律、经济、宣传、舆论等手段，建立和完善社会信用的正向激励和逆向惩戒机制。同时要广泛开展企业信用等级评定工作，大力打造遵纪守法、公平竞争、文明经营的诚信企业群体，进一步营造重信用、讲信用的社会风气。六是加强和推进社会化服务体系建设，支持发展行业协会(商会)等各类市场中介组织，强化中介组织的服务功能和自律调节作用，尤其要充分发挥行业协会(商会)在联结政府、企业、市场之间的中介作用，促进公共性服务平台建设，为非公经济企业提供社会化、专业化和规范化的全方位服务，以满足企业的各种需求，有力地推动非公经济的发展。

(3) 加快融资理念创新，拓宽融资渠道。一是完善金融服务体系。坚决摒弃信贷管理“一刀切”做法，要区别不同的地区和情况，因地制宜地采取不同的信贷管理方法，力求使信贷在支持经济发展时做到结构上的优化和总量上的平衡。适度增加授信额度，减少审批环节，缩短审批时间，加快贷款审批和发放，加大对非公有制经济的信贷支持力度。二是建立投融资中介服务机构。提供投融资信息咨询、决策服务，搭建银行业与非公经济沟通的桥梁。三是大力发展直接投资。始终坚持招商引资、项目带动战略，改进招商方式，建立政府组织招商、企业自主招商、社会参与招商的良性互动机制，开展银企见面和项目推介，把银企主体作用充分发挥出来，吸引资金共同参与企业开发，特别要注意提高招商引资工作的质量和资金到位率，避免招商引资流于形式，改变年年招商不见商的现象。四是要鼓励有条件的非公企业改制上市，从资本市场直接筹集资金；允许非公企业按照规定发行公司债，为非公企业提供新的融资渠道；发展风险投资基金，为非公企业提供创业资金援助。五是充分启动民间资本。鼓励民间资本进入非公经济开发领域，可采取政府或企业与商业银行合作，由商业银行吸收民间闲散资金，加大对非公经济的扶持力度。

(4) 提高企业自主创新能力，加快科技成果转移步伐。首先，企业技术创新能力是企业自身发展壮大的根本动力。企业要从战略高度积极开展创新活动，增加研发投入，加大新产品、新技术开发力度，大力开发具有自主知识产权的关键技术，拥有更多的自主知识产权；增强品牌意识，培育和壮大一批名牌产品和驰名商标，提高企业竞争力。要依据企业实际，精心选择技术创新路径，使技术创新与技术引进有效结合，提高企业在消化吸收基础上的自主创新能力。其次，政府的各种政策导向在企业自主创新中起着十分重要的作用。一要努力营造有利于自主创新的文化氛围，企业和科研机构首先应培育员工的创新意识，倡导创新精神，完善创新机制，努力营造鼓励科技人员创新、支持科技人员实现创新的有利条件。二要制定激励企业成为技术创新主体的财税金融政策。如以税收政策激励企业增加研发投入，对国家重大科技产业化项目给予优惠贷款等。要通过基金支持、创业投资、贷款贴息、税收优惠等方式，支持企业的技术创新活动。三要建立有效的技术转移机制和政策。通过进一步完善国家知识产权保护制度，营造有利于自主知识产权产生和转移的法制环境。加大知识产权的保护力度，自觉健全知识产权保护体系，优化创新环境。发展各类科技中介服务机构，促进企业之间，企业与高校和科研院所之间的技术、知识的流动和转移；向社会开放国家科研基地和科技资源等方式，形成以市场为基础的科技成果转移、扩散机制，加快科技成果转移步伐。

(5) 围绕企业核心竞争力，提高企业整体素质。没有竞争力就没有企业活力，而企业整体素质的高低直接关系到企业竞争力的强弱。随着市场经济跨区域竞争的日趋激烈，提高企业整体素质，培育和发展企业核心竞争力已成为企业发展战略决策不容忽视的重要内容。企业要发展，在市场竞争中要处于不败之地，就必须坚持以人为本，以科学的发展观不断加强企业文化建设，积极引进高新技术人才，加强企业员工的培训，打造一支团结协作、富有战斗力的企业人才队伍，不断提高企业管理水平，提升企业的资源整合能力；就必须不断改进现有落后的生产条件，更新技术装备，加强企业信息化网络建设等；就必须保证产品质量，打造特色精英品牌，提高产品的科技含量；还必须着力提高企业的信誉，树造企业的良好形象，在拓展产品销路的同时，要加大企业的宣传推介力度，不断扩大企业的影响力。

在“非公经济36条”出台7周年之际，我们应当以此为契机，全面清理和修订与非公有制经济发展不相适应的法律法规和相关政策，保护非公经济合法权益；

消除体制性障碍，放宽市场准入，落实平等待遇，实现公平竞争；加快建立健全企业家制度，给企业家提供一个良好的制度环境；进一步转变政府职能，增强服务意识，为非公经济发展创造良好环境。由此，才能促进和推动我国非公经济发展走上真正平等竞争的发展之路。

（作者单位：江苏同益大地律师事务所）

参考文献：

[1]《关于鼓励支持和引导个体私营等非公有制经济发展的若干意见》
[2]《中华人民共和国私营企业暂行条例》
[3]《中华人民共和国个人独资企业法》
[4]《中华人民共和国企业国有资产法》
[5]《中华人民共和国宪法》

创新我省农民职业培训模式的思考

童举希　施　杨

摘　要　加大农民职业培训力度，着力培育现代农民，是江苏“十二五”规划“农业现代化工程”的内容之一，更是加快构建现代农业体系，促进农民增收，力争早日基本实现农业现代化的根本保证。针对江苏农民培训存在的问题，提出农民职业培训模式创新思路与建议。

关键词　江苏　农民职业培训　模式创新

当前，我省提出在全国率先实现基本现代化。围绕“江苏省基本实现现代化指标体系”，省委、省政府对我省经济发展、人民生活、社会发展、生态环境等方面进行了全面部署。现阶段，率先实现基本现代化对农民增收和城乡一体化发展提出了更新更高的目标和任务。江苏要继续在全国“领跑”，必须依托现有发展优势，必须创新农民教育培训管理模式，实现农民教育培训转型升级，切实有效提升农民素质与能力，促进农民增收和城乡一体化发展。

一、江苏农民职业培训取得的成绩

（一）农民培训体系不断健全

“十一五”期间，为加快推进农民培训，江苏省政府先后出台了《江苏省农民培训工程规划》、《农民创业培训实施方案》、《关于进一步做好农民工培训工作的实施意见》、《关于促进农民就业创业的意见》等一系列政策文件，为农民技能培训和促进就业提供了强有力的政策支持，有力地推动了江苏农民培训工作的快速发展。全省71个县(市、区)均成立了由政府分管领导挂帅，农业主管部门牵头，财政、教育、劳动、科技、科协、妇联、共青团等有关部门共同组成的农民教育培训工程领导小组，乡镇也成立了相应的农民培训工作领导机构，合力推进了农民培训工程的实施。各级各部门层层签订目标责任状，将农民培训工程纳入到政府目标考核，确保了培训的有序开展，为全省农业增效、农民增收、农村和谐稳定发挥了重要的支撑作用。

（二）农民培训投入稳步提高

"十一五"期间，江苏省加大农民职业培训财政支持力度，每年斥资 1 亿元专项经费，各地也积极采取财政配套，开展了多渠道、多层次、多形式的全员农民培训，使新增农村劳动力转移前均可以接受一次职业技能培训，基本完成农业从业人员轮训，全省农村劳动力整体素质明显提高，创业、就业能力得以提升。2010 年，江苏省财政还安排专项资金，为 45 个县农广校安排"农民科技培训直通车"计划，为开展农民职业培训工作奠定了较为雄厚的基础。

（三）农民培训条件持续改善

"十一五"期间，江苏涉农培训机构努力充实师资，添置办学设施，改善办学条件，提高办学水平。目前全省农广校系统有专职教师 554 名、兼职教师 4 075 人，副高级以上职称占 32%。总校舍面积 17.2 万平方米、教学示范实习基地 3.5 万亩、教学设备总值 2 253 万元、图书 3 585 千册，为农民职业培训提供了有力的保障。与此同时，从 2006 年开始江苏省各地在农业院校、科研院所和技术推广部门选聘专家、教授和具有丰富实践经验的乡土人才、创业成功人士，成立了由 7 654 名专家组成的省、市、县三级农民培训讲师团，为农民职业培训提供了强大的智力支撑。

（四）农民培训数量显著增加

按照江苏省委、省政府农村新一轮实事工程总体要求和部署，江苏大力组织实施农民培训工程。截止"十一五"末，全省累计开展农业实用技术培训 1 123.4 万人，完成目标任务的 112%。农民创业培训 53.8 万人，完成目标任务的 108%。广大农民通过职业培训，掌握了最新的生产技术，务农本领和应用科技能力得到明显提高，一批具有较高专业技能、较大生产规模和较强创业能力的现代农业生产经营者不断涌现。面对农民素质偏低、老龄化程度严重的局面，江苏省积极鼓励农村适龄人员参加职业培训，并且通过工学结合、半农半读的形式扩大招生规模。五年来全省农广校系统中等职业学校共招生 22 179 人，毕业8 248人，为农村基层输送了一大批留得住、用得上的农村实用人才。

二、江苏农民职业培训存在的困难与问题

（一）农民文化素质偏低

据统计，江苏农民文化程度较低，不识字或识字很少的占 4.3%，小学文化程度占 21.6%、初中占 59.2%、高中占 12.1%、中专占 1.7%、大专及以上占 1.1%。农民接受职业技能培训机会较少，获取职业技能资格证书的人更少。即使是经济发达的苏州市，农村劳动力职业技能状况也不尽如人意。苏州市农村劳动力 166.39 万人，其中掌握职业技能 17.5 万人，占 10.52%；具有职业技能资格等级的 10.3 万人，占 6.19%。多数农民只能依靠简单的"打工经济"，收入增长不快。

（二）农民培训机构实力不足

目前，江苏省农民职业培训工作主要依托农广校系统、各县（市）、区农民培训基地和职业学校开展。据统计，全省农广校系统只有专职教师554名，培训师资大多从有关院校、农业系统临时抽调。受经费、培训师资、基地与设施等制约，农民职业培训能力总体供给不足，民办农民职业培训机构发展缓慢，一定程度上制约农民职业培训成效。

（三）农民培训组织难度加大

据测算，按照江苏生产规模和现代化水平，还需要对300万农村劳动力进行职业培训。由于农村青壮年劳动力大部分已务工，难以坚持参加相关培训，参加培训的农村劳动力年龄普遍偏大。据统计，许多乡镇参与培训农民的平均年龄均达45岁以上。受农民年龄、文化素质、培训地点、培训效果等因素影响，许多农民培训意愿不强、开展培训组织难度加大。不少农民学习意识淡薄，参加培训的热情不高，尤其是缺乏技能储备培训的积极性，影响农民整体素质的提高。

（四）农民培训需求调研不够

目前，江苏省农民培训类型和内容由省级主管部门下达计划，县（市）、区、乡（镇）、村层层分解落实，行政意志较为浓厚。农业、科技、教育、人力资源和社会保障等部门对区域开展的农民培训需求深度调研不够，各部门之间缺乏有效沟通与协调，培训内容针对性和时效性不强。

（五）农民培训内容范畴较窄

由于农民培训组织力量和师资、经费等原因，江苏省农民培训的主要内容依然停留在务农技能范畴内，主要涉及稻麦类、园艺类、畜禽类、水产类等。培训层次大多数还停留在传统的务工和务农的技能培训层次上，现代农民必备的科技知识、经营本领、竞争能力、法律知识、创业技巧、现代农业与农业机械等培训计划不多、实施更少，对农民创业教育、学历教育等培训内容缺乏统一协调。

（六）农业职业技能鉴定进展缓慢

农业职业技能鉴定是提高农业劳动者职业技能、增强就业竞争力、促进农民职业培训工作的有效手段，江苏农业基本现代化指标体系（试行）中将持证农业劳动力（指农业从业者中持有涉农专业中等及以上职业学历教育毕业证书和农业职业技能鉴定证书的人员）占农业劳动力的比重作为农业科技进步的一项重要指标进行监测，这是反映整个农业从业者素质的重要指标。“十一五”期间，江苏省共培训鉴定农产品经纪人、农艺工、蔬菜园艺工、花卉园艺工、农资营销等32个工种4万多人，2010年该比重仅为4.3%，职业技能鉴定工作进展相对缓慢。

三、创新江苏农民职业培训的思路与建议

（一）管理模式由行政主导向专家决策转型

农民职业培训属人力资源管理范畴，涉及培训需求分析、培训规划与内容设计、培训实施、过程监管与修正、绩效评估、农民职业生涯设计等工作，专业性、技术性较强。在农民培训工作初期，政府职能部门强有力的快速推动取得了较好成绩，但浓厚的行政色彩难免带来“培训内容针对性不强、课时设计和培训模式不合理，内容重复，资源浪费、缺乏绩效评估、效能不高”等缺陷。建议江苏各级地方政府成立“农民职业培训专家咨询委员会”，选拔熟悉“三农”、人力资源管理、教育培训的专家加盟，依靠专家决策，促进农民职业培训科学化、专业化。

（二）组织方式由“指令式”向“菜单式”转型

当前，农民职业培训管理的流程一般是：根据上级文件下达本辖区农民职业培训计划，委托农业职业院校、乡镇农技服务站等培训机构实施，缺乏针对性。建议改变现行由主管部门下达培训计划、各地分解执行的做法。各市（县）、区本着“因地制宜，按需培训”的理念，组织专家科学调研，根据当地产业发展和农民需求，定期制订“培训菜单”，实现“按需培训、因材施教”，有效提升农民职业培训效能。

（三）培训类型由普及型向专业型转型

江苏经济社会发展的特性决定了农民培训工作必须超前与创新，江苏省应充分整合和挖掘教育资源，大力推进以富余农民“务工”为重点的“农村劳动力转移培训阳光工程”和以“务农”为重点的“新型农民科技培训工程”，重点培养懂经营、会管理的种养大户、能工巧匠、龙头企业管理人员等新型农民。加快农业职业技能鉴定队伍建设和职业技能鉴定工作步伐，增强农业职业技能鉴定开发能力，大力培养蓝领持证农民，即涉农中等及以上学历和农业职业技能鉴定证书农民，对通过规定的培训课程考核获得技能证书的农民按照《农村劳动力职业技能培训鉴定获证奖补办法》给予相应的待遇。

（四）培训重点由务农技能型向创业创新型转型

与浙江农民相比，江苏农民小富即安者居多，创业激情不高。加快实施江苏“农业现代化工程”和农民增收致富步伐必须加强农民创业发展教育，加快培养农村创业、创新人才。建议进一步加强江苏各市农业创业基地建设，以培养“有文化、有知识、懂科技、懂法律、会经营、会创新、善管理”的现代农民为目标，完善农业科技孵化器，定期组织对创业农民进行“充电”，发挥他们的导向和辐射作用，指导农民提升市场意识，按市场需求生产和经营。与此同时，为农民创业者提供更多的创业知识教育、配套政策指导、法律援助、资金扶植等一系列措施，培养现代农业的领军人物和从事农业附属产业专业化生产经营的农民企业家。

（五）培训层次由单纯技能培训向技能加学历教育转型

江苏是高等教育的大省和强省，各类高等院校119所，教职工人数13.22万人，其中本科院校44所，大专（高职院校）75所，5年制高职学校31所，具有服务“三农”的巨大潜力。建议根据各市、县（市）、区产业分布特征及农民培训需求，动员和部署在苏高校智力支农，送教育和科技下乡，帮助江苏农民提升学历层次。在有关高校设立农民职业培训基地，有条件的举办“农民培训学院”，大力开展中短期培训与农业专业学历教育，重点培养一批现代农业发展和新农村建设急需型、领军型人才。

（六）培训组织由简单叠加向资源整合转型

积极开展地方政府与学校、农业企业以及示范园区、现代农业基地联合，公办、民办相结合的农民职业培训组织方式。充分发挥92家江苏省农民培训基地、143家江苏省阳光工程农民培训基地的作用。进一步完善以高等院校为依托、职技校为骨干、成人学校为主体、民办培训机构为补充、乡镇农技中心为纽带、农民培训讲师团为支持的农民培训网络体系，形成“村有培训学校、镇有实践基地、市有培训中心”的培训格局，科学、合理配置农民职业培训资源。

（七）培训经费由单一向多元投入机制转型

农民职业培训是一个长期的社会工程。要使培训经费得到有效保证，单靠政府的财政投入远远不够。作为经济发达地区，江苏应运用金融、税收、奖励等激励手段，逐步建立起由政府为主，企业和个人共同承担的农民培训经费多元投入机制，提高培训经费地方财政配套比率，完善农民职业培训补贴政策，科学合理地确定培训补贴标准，鼓励企业、个人和社会民间组织投入农民职业培训事业，确保农民职业培训可持续开展。

（作者单位：常熟理工学院）

参考文献：

[1] 张坚勇. 江苏“十一五”农民教育培训工作总结[P]. 江苏省农业委员会，2011(3)

[2] 高珊，周春芳. 农村劳动力参与培训的现状及需求分析——以江苏省为例[J]. 安徽农业科学，2009(32)

[3] 李云. 教育培训与农民收入相关性的实证分析——基于江苏和湖北农村的调查[J]. 中国农业教育，2011(2)

[4] 关于下达2010年农业实用技术培训和农民创业培训任务的通知[R]. 江苏省农业委员会，江苏省财政厅，2010

[5] 江苏省政府关于促进农民就业创业的意见[R]. 江苏省人民政府，2009

[6] 童举希. 积极发挥高校在农民教育培训中的重要作用[P]. 江苏省社科基金项目研究报告，2008

[7] 关于公布江苏省农民培训基地的通知[R]. 江苏省农业委员会，2011

清洁生产是发展循环经济和实现节能减排的有效途径

——苏州市清洁生产调研报告

陆金花

摘　要　本文通过分析企业开展清洁生产活动，实现“节能、减排、减污、增效”和环境保护目的：我国环境污染严重的根本原因在于我国多数企业尚未从根本上摆脱粗放经营方式，结构不合理，技术装备落后，能源原材料消耗高、浪费大，资源利用率低。而解决环境污染的根本出路在于实施清洁生产，不断采取改进设计、使用清洁的能源和原料、采用先进的工艺技术与设备、改善管理、综合利用等措施，从源头削减污染，提高资源利用率，减少或者避免生产、服务和产品使用过程中污染物的产生和排放，以减轻或者消除对人类健康和环境的危害。

关键词　清洁生产　循环经济　节能减排

引言：进入 80 年代以后，随着工业的发展，全球性的环境污染和生态破坏越来越严重，能源和资源的短缺也日益困扰着人们。在经历了几十年的末端处理之后，以美国为首的一些发达国家重新审视了他们的环境保护历程，发现虽然它们在大气污染控制、水污染控制以及固体和有害废物处置方面均已取得了显著进展，但仍有许多环境问题令人望而生畏，包括全球气候变暖和臭氧层破坏，重金属和农药等污染物在环境介质间转移等。

一、清洁生产和清洁生产审核

(一) 清洁生产的提出

1990 年 10 日美国国会正式通过了《污染防止法》，把污染预防作为美国的国家政策，取代了长期采用的末端处理的污染控制政策，要求工业企业通过源削减，包括：设备与技术改造、工艺流程改进、产品重新设计、原材料替代以及促进生产各环节的内部管理、减少污染物的排放，并在组织、技术、宏观政策和资金做了具体的安排。“从末端治理到污染预防”这一观念的转变，对美国经济产生了巨大的影响。欧洲经济共同体国家最先实施清洁生产审核的是荷兰和丹麦，他们借鉴美国污染预防的观念和经验，结合本国文化传统、经济和工业系统，在企业推行清洁生产审核。同样取得了十分显著的环境和经济效益。德国1994年公布了《循环经济和废物清除法》；日本1991年以来先后制定了《资源有效利用促进法》、《推动建立循环社会基本法》和《容器包装再利用法》等促进实施清洁生产的专门法律。

根据发达国家推行清洁生产取得的经验，1996年联合国环境署提出了清洁生产的最新定义，即：

清洁生产是一种新的创造性的思想，该思想将整体预防的环境战略持续应用于生产过程、产品和服务中，以增加生态效率和减少人类及环境的风险；

——对生产过程，要求节约原材料和能源，淘汰有毒原材料，减降所有废弃物的数量和毒性；

——对产品，要求减少从原材料提炼到产品最终处置的全生命周期的不利影响；

——对服务，要求将环境因素纳入设计和所提供的服务中。

（二）清洁生产的含义

清洁生产就是用清洁的能源和原材料、清洁工艺及无污染、少污染的生产方式、科学而严格的管理措施，生产清洁的产品和提供清洁的服务，塑造“更清洁的工业”，实现“节能、降耗、减污、增效”的目的。清洁生产在不同的发展阶段和不同的国家虽有不同的叫法，例如“废物减量化”、“无废工艺”、“源削减”、“污染预防”等，但其基本内涵都是一致的。现在普遍使用“清洁生产”这一名称。具体来说，清洁生产主要包括三个方面的含义：

一是指自然资源的合理利用，即要求投入最少的原材料和能源，生产出尽可能多的产品，提供尽可能多的服务，包括最大限度节约能源和原材料、利用可再生能源或清洁能源、利用无毒无害原材料、减少使用稀有原材料、循环利用物料等措施。

二是指经济效益最大化，即通过节约能源、降低损耗、提高生产效益和产品质量，达到降低生产成本、提升企业的竞争力的目的。

三是指对人类健康和环境的危害最小化，即通过最大限度减少有毒有害物料的使用、采用无废或者少废技术和工艺、减少生产过程中的各种危险因素、废物的回收和循环利用、采用可降解材料生产产品和包装、合理包装以及改善产品功能等措施，实现对人类健康和环境的危害最小化。

（三）实行清洁生产的必要性

1. 实行清洁生产是可持续发展战略的要求

1992年在巴西里约热内卢召开的联合国环境与发展大会，通过的《21世纪议程》将清洁生产看作是实现持续发展的关键因素，号召工业提高能效，开发更清洁的技术，更新、替代对环境有害的产品和原材料，实现环境与资源的保护和有效管理。

2. 实行清洁生产是控制环境污染的有效手段

自1972年斯德哥尔摩联合国人类环境会议以后，环境污染和自然环境恶化的趋势并未能得到有效控制。造成全球环境问题的原因是多方面的，其重要一条是几十年来以被动反应为主的环境管理体系存在严重缺陷，无论是发达国家还是发展中国家都在走着先污染后治理的道路。清洁生产强调在污染产生之前就予以削减。这一主动行动，经国内外的许多实践证明具有效率高、可带来经济效益、容易为企业接受等特点，因而实行清洁生产将是控制环境污染的一项有效手段。

3. 实行清洁生产可大大降低末端处理的负担

末端处理是目前国内外控制污染的最重要手段，但人们也因此付出了高昂的代价。近几年我国用于三废处理的费用一直仅占GDP的0.6%—0.7%左右，即使如此，已使大部分城市和企业不堪重负。清洁生产可以减少甚至在某些情形下消除污染物的产生。这样，不仅可以减少末端处理设施的建设投资，而且可以减少日常运转费用。

4. 实行清洁生产可提高企业的市场竞争力

清洁生产可以促使企业提高管理水平，节能、降耗、减污，从而降低生产成本，提高经济效益。同时，清洁生产还可以树立企业形象，促使公众对其产品的支持。

（四）我国清洁生产的实施

1. 出台清洁生产促进法

2002年颁布了《中华人民共和国清洁生产促进法》，《促进法》第二条对我国“清洁生产”定义为：“本法所称清洁生产，是指不断采取改进设计、使用清洁的能源和原料、采用先进的工艺技术与设备、改善管理、综合利用等措施，从源头削减污染，提高资源利用率，减少或者避免生产、服务和产品使用过程中污染物的产生和排放，以减轻或者消除对人类健康和环境的危害。”

2. 规范清洁生产审核

2004年为全面推行清洁生产，规范清洁生产审核行为，根据《中华人民共和国清洁生产促进法》和国务院有关部门的职责分工，国家发展和改革委员会、国家环境保护总局制定并审议通过了《清洁生产审核暂行办法》，并于2004年10月1日起施行，在《暂行办法》中，将“清洁生产审核”定义如下：“本办法所称清洁生产审核，是指按照一定程序，对生产和服务过程进行调查和诊断，找出能耗高、物耗高、污染重的原因，提出减少有毒有害物料的使用、产生，降低能耗、物耗以及废物产生的方案，进而选定技术经济及环境可行的清洁生产方案的过程。”

企业的清洁生产往往是从实施清洁生产审核开始。清洁生产审核是对企业现有的和计划进行的生产和服务实行预防污染的分析和评估，是企业开展清洁生产的有效工具。清洁生产审核的对象是企业，其目的有两个：一是判定出企业中不符合清洁生产的地方和做法；二是提出方案解决这些问题，从而实现清洁生产。

3. 清洁生产审核是环保部门的重要职责

《中华人民共和国清洁生产促进法》第二十八条：污染物排放超过国家和地方规定的排放标准或者超过经有关地方人民政府核定的污染物排放总量控制指标的企业，应当实施清洁生产审核。使用有毒、有害原料进行生产或者在生产中排放有毒、有害物质的企业，应当定期实施清洁生产审核，并将审核结果报告所在地的县级以上地方人民政府环境保护行政主管部门和经济贸易行政主管部门。

《清洁生产审核暂行办法》规定，清洁生产审核分为自愿性审核和强制性审核。强制性清洁生产审核范围是(一) 污染物排放超过国家和地方排放标准，或者污染物排放总量超过地方人民政府核定的排放总量控制指标的污染严重企业；(二) 使用有毒有害原料进行生产或者在生产中排放有毒有害物质的企业。有毒有害原料或者物质主要指《危险货物品名表》(GB12268)、《危险化学品名录》、《国家危险废物名录》和《剧毒化学品目录》中的剧毒、强腐蚀性、强刺激性、放射性(不包括核电设施和军工核设施)、致癌、致畸等物质。实施强制性清洁生产审核的企业名单，由所在地环境保护行政主管部门按照管理权限提出初选名单，逐级报省、自治区、直辖市、计划单列市及新疆生产建设兵团环境保护行政主管部门核定后确定，同时，将名单在当地主要媒体上公布。省级以下环境保护行政主管部门按照管理权限对企业公布的主要污染物排放情况进行核查。

2010 年 5 月环保部下发了《关于深入推进重点企业清洁生产的通知》(环发〔2010〕54 号)，要求各级环保部门要做好八个方面工作：依法公布应实施清洁生产审核的重点企业名单；积极指导督促重点企业开展清洁生产审核；强化对重点企业清洁生产审核的评估验收；及时发布重点企业实施清洁生产公告；制定清洁生产推行年度计划；完善促进重点企业实施清洁生产的政策措施；充分发挥国家环境保护模范城市和国家生态工业园区的带头示范作用；加强对重点企业实施清洁生产的监督检查。

清洁生产是“从末端治理到污染预防”观念的转变，符合我国环境保护“预防为主”的方针，对当前节能减排进而改善环境质量有着积极的推动作用。

二、苏州清洁生产的现状和做法

当前，苏州正处在经济发展的重要时期和转型升级的关键阶段。苏州各县市、区环保局通过对企业实施清洁生产改造，最大程度提高资源效率，减少物耗能耗、降低经营成本，大幅度减少生产过程中污染物产生和排放量，提高经济和环境效益，促进污染物总量减排、使企业走新型工业化道路，为苏州实现“三区三城”、经济转型升级，提供有力支撑。

(一) 全面推进清洁生产审核

为贯彻执行《中华人民共和国清洁生产促进法》，加快推行清洁生产，提高资源利用效率，进一步推动区域循环经济发展和节能减排工作，根据国家“凡使用有毒有害原材料进行生产、在生产中排放有毒有害物质或潜在产生有毒废弃物、因排放污染物超过国家和地方规定的排放标准或者超过经地方有关部门核定的污染物排放总量控制指标的企业，都应依法强制实施清洁生产审核。”的规定，按照自愿与强制相结合的原则，苏州市各区自 2008 年起有组织地在全市化工、医药、电镀、造纸、电子、机械等重点行业、重点企业中逐步推进清洁生产审核工作。到目前为止，先后有三批 1 500 多家企业已完成或正在开展清洁生产审核。

（二）严格清洁生产审核和验收

为防止审核“走过场”，市环保局、发改局参照环保部《重点企业清洁生产审核程序的规定》、《重点企业清洁生产审核评估、验收实施指南》（试行），以“行之有效、突出实效、达标排放”为要求，按照清洁生产审核 7 个方面 35 个步骤，开展了卓有成效的清洁生产审核工作。

（三）推动清洁生产技术发展和应用

推行国家重点行业清洁生产技术导向目录，积极引进消化吸收国外先进技术，推动清洁生产技术和装备应用，提高清洁生产的技术水平。为此有的区还召开了清洁生产技术交流会，印发了“清洁生产审核项目技术交流介绍”，邀请开展清洁生产的企业进行现场技术交流。今后还将建立技术信息平台，通过多种形式为企业提供更多的服务。

（四）建立健全扶持政策和推进机制

近年来，国家、省市区都相继出台了发展循环经济、促进节能减排的鼓励和扶持政策。每年苏州市各县市、区发改局、环保局和财政局对开展清洁生产审核的企业中具有较高技术含量和推广示范价值的清洁生产项目，推荐申报国家、省、市级循环经济和节能扶持资金、污染防治基金以及节能和发展循环经济专项资金的扶持。对通过清洁生产审核验收的企业由区级财政奖励 3 万元。

（五）强化规范管理和全方位服务

各县市、区环保局、发改局在不断规范清洁生产审核和验收同时，还加强了咨询、指导等服务工作。严格按照江苏省 2007 年下发的《江苏省清洁生产审核咨询服务机构管理规定》和《江苏省清洁生产审核人员管理办法》，加强对清洁生产审核咨询服务机构资质和审核人员资格的监督管理，筛选了环保产业园清洁生产中心等有资质的技术咨询机构组成高质量的咨询服务队伍，聘请一批节能、环保、行业专家，深入生产现场，寻找生产缺陷，提出节能减排方案，为企业实现清洁生产提供技术支持。

三、实施清洁生产审核取得显著成效和经验

企业清洁生产从产品设计、替代有毒有害原材料、优化生产工艺和技术设备、

物料循环和废物综合利用多个环节入手，通过不断加强科学管理和科技进步，到达“节能、降耗、减污、增效”的目的，在提高资源利用率的同时，减少污染物的排放量，实现经济效益和环境效益的统一。实践证明，清洁生产是发展循环经济和实现节能减排的有效途径。

（一）取得的经济效益和环境效益

经统计，通过清洁生产审核的 1 500 多家企业都取得了明显的经济效益和环境效益。

案例：(1) 华能苏州热电有限公司利用例会、广播、黑板报、电视录像、知识讲座、组织学习、发放宣传材料等形式发动全体员工提出方案，其中采用了 42 个方案，共投入资金 1 635 万元。方案实施后给企业带来直接经济效益约为 1 365.32 万元/年。通过方案的实施减少二氧化硫排放 1 764.92 吨/年，减少 COD 排放 6.09 吨/年，节电 2 605.84 万千瓦时/年。

(2) 松下电工有限公司通过清洁生产审核提出 18 个方案，方案投入资金 163 万元，取得直接经济效益 60.85 万元。节省了自来水 34.3 万吨/年，节约用电量 334.01 万千瓦时/年，减少了废水处理后污泥的量 200 吨/年，减少甲醛排放量 726 吨/年，减少甲醇排放量 12 342 吨/年。

(3) 苏州福田金属有限公司通过首轮清洁生产审核，共提出清洁生产方案 18 个，共投入资金 343.68 万元，取得了增产、降耗、减污综合利用效益约 648.049 万元。实现了节水 28.6 万吨/年；节电 25 万千瓦时/年；减少污泥排放 166 吨/年，节约蒸汽 5 237 吨/年；减少天然气 14 516 立方米/年；减少二氧化硫排放 20 吨/年；减少 COD 排放 11.44 吨/年；烟尘 15 吨/年。

实行清洁生产不仅可以使企业取得显著的经济效益和环境效益，还给企业带来诸多其他方面的收益。例如，促进企业科学管理，提高管理人员素质；树立良好形象，提高企业竞争能力；避免或减少污染环境的风险；改善职工的生产、生活环境等等。

（二）企业以清洁生产为手段，提升核心竞争力

1. 推行清洁生产有利于企业核心价值观的转变

联合国环境署在清洁生产定义中强调的是转变观念，要用一种全新的价值观和方法论来策划产品、组织生产、提供服务。这种全新的创造性的思想，可指导企业将产品的整个生命周期看成一个整体，在产品设计中应用并实行工程设计方法，将产品生命周期的经济性、环保性、劳保性以及资源、能源利用合理性等因素有机地融入产品生命的各个阶段之中，并从产品生命周期整体角度上进行生命循环设计和优化，不断地促使企业提高生产效率；降低原材料和能源的消耗；减小产品生命周期成本和污染排放；提高产品的性能和质量，使企业由粗放型生产经营向集约型生产经营转化，从根本上提高企业的核心竞争力。

2. 推行清洁生产有利于企业的技术创新

企业的核心竞争力取决于企业核心技术的创新。企业核心技术有利于提高产品在价格上,性能上和质量上的优势。清洁生产是一项实现经济与环境协调发展的环境策略,它通过对产品生命周期全过程的污染控制,实现经济效益和环境效益双赢。其中,改进生产工艺技术和设备是实现过程污染控制的一个重要手段。通过清洁生产审核查找出在生产工艺技术和设备上存在问题的瓶颈部位,并针对这些问题进行分析,寻求解决方案,使技术改造更具有针对性,并为企业技术创新指出了方向。

3. 推行清洁生产有利于提高企业的市场竞争位势

在市场经济中,竞争力最直观地表现为:一个企业能够比其他企业更有效、持续地向消费者(或者市场)提供产品和服务,并能够获自身的发展和盈利,所具有的综合素质。企业能够实现经济上的良性循环,具有持续的良好业绩,从而成为长久生存,不断壮大的强势企业。实施清洁生产在以下几个方面可以提高企业的市场竞争位势:降低环境风险和提高产品的竞争位势;降低消耗,提高产品的竞争优势;降低末端处理的风险和费用。

4. 推行清洁生产有利于提高企业的长期竞争优势

企业要想在激烈的市场竞争中立于不败之地,唯有通过"企业文化"、"管理创新"、"人才支持"、"实施能力"四个方面确立自身的核心竞争力。而推行清洁生产,有利于促进企业深化改革,使企业由粗放型生产向集约型生产转化;有利于促进企业价值观的转变,提升企业的核心文化;加强企业的内部管理,通过创新,使其更科学、有效,从而提高企业内部的核心竞争力。例如,苏州爱普生有限公司优化生产过程控制、改善供冷供热供气运行状况、控制照明系统等措施,实施无低费方案 15 个,只投资 0.59 万元,每年带来的直接经济效益达 570 万元,并提出通过持续清洁生产取消燃油燃气而确保正常生产的目标。莱克电器股份有限公司通过改进内包装泡沫尺寸,无需投入,节约了包装材料,减少了固废产生量,降低了运输费用,可节约成本 328 万元/年,每年还发动全厂职工提出合理化建议并装订成册,公司采纳后奖励建议者,营造爱厂即爱家的企业文化。因此良好的内部管理与技术改造同等重要。另外实施清洁生产还有利于提高员工对清洁生产审核的认识,使员工积极参与清洁生产审核工作,有利于提高企业员工的综合素质和业务水平,为企业核心竞争力提供保障。

(三) 政府以清洁生产为抓手,提升区域环境质量

由于历史原因,苏州部分区域数次处于滚动开发之中。工业企业布局不合理,不少工业企业建在居民区、文教区等环境敏感区域,加重了工业和城市污染的危害,也加深了环保部门的管理难度。通过清洁生产审核,工业企业不断改革创新,采用清洁生产技术,节约和综合利用能源资源,淘汰落后设备工艺,加强污染治理,减少污染物排放,不断提高环境保护的自觉性和防范环境风险能力,在源头

控制环境污染的发生，进一步推动了全市节能减排工作，区域环境质量不断优化。

四、主要存在问题

（一）认识不到位，影响审核工作

部分企业对清洁生产认识不清，对实施清洁生产审核能否真正给企业带来经济效益心存疑虑，只注重眼前利益，怕投入，没有认识到通过清洁生产，实行资源节约、源头削减的重要性。还有的认为清洁生产就是搞环保，对生产工艺全过程控制不了解，不知从何着手。目前仍有少数企业拖延观望。

（二）企业管理水平和咨询服务水平差异，影响审核质量

一方面作为清洁生产主体的企业，有的企业管理水平偏低，技术设备不够先进，缺少资金，直接影响清洁生产方案的落实及审核产生的绩效。另一方面，清洁生产涉及面广，这就要求咨询服务机构要有一批懂审核程序、懂节能环保、懂生产工艺、具备较高的企业管理经验，又要掌握最新技术的人员来指导企业开展清洁生产审核。咨询服务水平的差异，也直接影响审核质量。

（三）企业与咨询机构缺乏配合

个别企业在审核过程中，认为审核主要是咨询机构的事，不积极配合。清洁生产审核涉及企业的生产管理、技术、设备、环保、材料供应、质量、财务等各个部门，没有各个部门的积极配合，没有企业主要领导的支持和协调，审核就不可能深入开展。咨询机构要按照国家相关规定和审核程序，帮助和指导企业开展清洁生产审核，聘请专业技术人员现场诊断，推广最佳使用技术，编制完成审核报告。

五、改进措施和建议

为确保我市清洁生产审核工作顺利进行，高水平、高质量地为企业提供技术服务，督促、指导企业实施清洁生产项目，并取得良好的经济和环境效益，防止“走过场”，提出以下改进措施和建议：

1. 加强清洁生产审核的组织、协调、指导、监督、验收工作，健全清洁生产促进机制和工作网络，完善清洁生产专家库，为清洁生产提供组织保障。

2. 建立健全清洁生产技术服务平台，多形式地开展技术咨询服务，推广应用先进的清洁生产技术以及相关标准。

3. 继续做好节能和循环经济项目申报工作，积极争取各级政府的政策和资金扶持。

4. 强化清洁生产审核的全过程监督，督促企业按时完成清洁生产审核，特别是重点企业及其污染物减排。加强对专业咨询机构的管理，筛选业务水平高、服务质量优的咨询机构，为企业提供高质量的技术咨询服务，为我市的清洁生产工

作服务。

5. 加大宣传力度，不断提高企业及其负责人和员工对清洁生产审核的认识，运用“循环经济、ISO14000 和清洁生产”三位一体的工作模式，指导企业规范自身的环境行为。

6. 将完成清洁生产审核作为企业创优评先、ISO14000 审核、出具环保证明等的审核依据，进一步推动其它环境管理工作的开展。

（作者单位：苏州市循环经济推广中心）

参考文献：

[1] 李成. 清洁生产审核及能源审核评价与最新版环境管理体系标准实施手册

[2] 雷兆武. 清洁生产及应用

[3] 国家发展和改革委员会，环境和资源综合利用司. 组织翻译污染预防和削减手册 走向清洁生产

[4] 李景龙，马云. 清洁生产审核与节能减排实践

[5] 中华人民共和国清洁生产促进法

完善江苏省农村小额贷款公司监管的若干建议

梁丽丽

摘　要　在一系列政策制度的有力推进下，江苏省小额贷款公司发展势头良好，但对其有关的监督管理仍存在不少亟待解决的问题，如：有效监管主体缺失、优秀监管人才匮乏、监管模式过于简单、监管重点不够突出、监管手段落后。因此，应从构建有效监管体系、创新监管人才吸纳机制、探索差别化监管模式、突出监管重点、丰富监管手段等方面逐步加以完善。

关键词　农村　小额贷款公司　监管

一、江苏省农村小额贷款公司监管现状

江苏省自2007年11月在全国率先启动农村小额贷款组织试点工作以来，为加强对农村小额贷款公司的监督管理，促进其规范、健康、可持续发展，先后出台了《省政府办公厅关于开展农村小额贷款组织试点工作的意见(试行)》(苏政办发〔2007〕142号)、《省政府办公厅关于推进农村小额贷款公司又好又快发展的意见》(苏政办发〔2009〕132号)、《省政府办公厅关于深入推进农村小额贷款公司改革发展的意见》(苏政办发〔2011〕8号)、《关于进一步规范农村小额贷款公司审批管理工作的通知》(苏金融办发〔2011〕5号)等一系列的制度、办法。此外，江苏省还专门出台了《江苏省农村小额贷款公司监督管理办法》(苏金融办发〔2010〕4号)(以下简称"《监管办法》")。

在这些政策制度的指导下，江苏省各级小额贷款监管机构群策群力，有力地推进了当地农村小额贷款公司的健康发展。近四年来，江苏省基本探索了一条政府组织引导、民资踊跃参与、市场接纳认可的商业化支农道路；探索了一种政策可持续和商业可持续相统一的小额信贷"江苏模式"。截至2011年6月末，全省已设立小贷公司259家，从业人员2 318人，实收资本426.46亿元，贷款余额616.62

亿元①。尽管如此，江苏省农村小额贷款公司的监管方面仍存在不少深层次的问题，值得深入研究。

二、存在的主要问题

（一）有效监管主体缺失

《监管办法》对小额贷款公司的监管机构作出了明确规定："省政府授权省金融办全面履行全省农村小额贷款公司监督管理职责，各市、县（市、区）政府应授权各地金融办负责属地农村小额贷款公司监督管理工作。暂没有设立金融办的地区，要明确具体部门代行金融办监管农村小额贷款公司的责任，以构成省、市、县三级监管体系"。"各级金融办应协助和配合工商、财政、税务、人民银行、银监局等部门在各自的职权范围内依法履行对农村小额贷款公司的业务指导和监督管理职责。各级金融办应组织和协调农村小额贷款公司的大额债权人、所在地的金融机构以及各地农村小额贷款公司行业协会积极履行外部监管职责，为农村小额贷款公司的风险管控提供帮助"。

但实际上，政策层面上的理想构架却难以解决有效监管主体缺失问题，主要原因有：一是地方各级金融办编制紧张，人手不足，监管工作难以精细化。二是各级金融办、工商、财政、税务、人民银行、银监局等部门在各自的职权范围内的业务指导和监督管理，不但难以形成合力，而且容易出现多头监管问题（此乃金融监管大忌）。三是农村小额贷款公司的大额债权人缺乏专业监管技能，监管工作难以科学化。四是所在地的金融机构若未对农村小额贷款公司融资，则根本没有监管动力。五是各地或者尚未成立农村小额贷款公司行业协会，或者虽然已经成立，但实现真正的行业自律依然任重道远，根本无法胜任"履行外部监管职责，为农村小额贷款公司的风险管控提供帮助"之职。

（二）优秀监管人才匮乏

《监管办法》还规定，各级金融办应当配备具有相应专业知识和业务工作经验的监管人员，严格执行农村小额贷款公司试点工作纪律。显然，符合条件的人员非三类人员莫属：一是有专业监管经验的金融监管机构，即人民银行或者银监会的核心员工；二是有丰富信贷实践经历的银行类金融机构在职的核心员工或高级管理人员；三是刚退休的曾是银行类金融机构信贷方面核心员工的，或者信贷高级管理人员。但问题在于：一是金融办属于事业编制，既不如人民银行或者银监局参照公务员管理的单位性质，也不如这些单位的薪酬、福利待遇好，所以很难吸引到有专业监管经验的金融监管机构的核心员工。二是小额贷款事业前途未卜，

---

① 数据来源：http://www.pbc.gov.cn/image_public/UserFiles/goutongjiaoliu/upload/File/

目前又无力提供优于银行类金融机构的稳定的薪酬、福利待遇和事业发展空间，令有丰富信贷实践经历的银行类金融机构的核心员工或高级管理人员望而却步。三是小额信贷公司方兴未艾，对刚从信贷岗位上退休的“不差钱”的银行类金融机构原核心员工或高级管理人员，并无多大诱惑力。因为难以吸引到具有丰富的监管经验和专业的优秀监管人员，所以各级金融办的专业监管技术和能力明显不足。

（三）监管模式过于简单

目前，我国仍未出台针对农村小额贷款公司的法律法规，江苏省也未出台地方性法律法规。现在执行的最具权威的政策依据就是人行、银监会出台的《关于小额贷款公司试点的指导意见》、江苏省制定的实施意见和《监管办法》，这些仅是不具备法律效力的指导性文件。因此，江苏省农村小额贷款公司监管模式主要是直接的行政控制，缺乏完善的法律依据和执法手段。除了考虑苏南、苏中、苏北的经济差异，规定差别化准入标准（苏南、苏中、苏北最底注册资本分别为 5 000、3 000、2 000 万元）和单户小额贷款的界定标准(苏南 50 万元以下、苏中 30 万元以下、苏北 20 万元以下）以外，其他方面对全省所有公司均采取“一刀切”式的监管模式，显然不妥，有必要在统一框架监管之下构建差异化的监管体系。

（四）监管重点不够突出

江苏省规定了由政府金融办、工商、财政、税务、人行、银监局、大额债权人、当地金融机构、行业协会等十余家机构组成声势浩大的农村小额贷款公司监管阵容。这势必产生上文提及的多头监管问题，以及由此带来的过度监管、监管形式化，监管重点不突出等一系列问题。事实上，自申请设立到日常经营再到升级为村镇银行甚至公司内部会计核算，事无巨细均有若干个部门虎视眈眈地密切监控，而且监管工作也是“胡子眉毛一把抓”，缺乏监管重点，必然会使小额贷款公司疲于应付，增加经营负担，从根本上制约其提升信贷技术和业务创新能力。

（五）监管手段落后

目前，金融办监管措施主要有非现场监管和现场监管。前者依靠农村小额贷款公司提供一系列财务报表、经营管理基础资料、年度工作总结，以及通过全省统一的会计核算系统、小额信贷管理系统、监管系统，实时核查业务经营情况。或者通过群众举报，查处农村小额贷款公司违法违规行为。但问题是农村小额贷款公司自行报送的资料、报表真实性值得推敲，报送的年度工作总结常常是报喜不报忧，谈及问题避重就轻，主观性太强，监管者难以掌握实情。后者通过现场核查计算机系统业务数据的真实性，询问相关工作人员，要求对有关事项作出说明，查阅、复制农村小额贷款公司与检查事项有关的文件、资料，对可能被转移、隐匿、毁损或者伪造的文件、资料，予以先行登记保存。但问题是由于存在信息不对称，数据的真实性难以核查，相关人员的说明可信程度更难以考证，而一些重要的文件、资料可能在监管部门登记保存之前，已经被不法处置了。

三、相关建议

（一）构建有效监管体系

在国家层面尚未指定专门监管机构，暂不能解决多头监管问题的情况下，首先要做好以下工作：一是在明确金融办部门和人员监管责任的前提下，配齐具有相应专业知识和业务工作经验的监管人员，全面履行对农村小额贷款公司的监管职责。二是财政、工商和人行、银监局等部门在各自职责范围内加强对农村小额贷款公司的指导、管理和服务，形成监管合力，突出联合监管成效。三是所在地的金融机构在融资、信贷和结算等方面加强与农村小额贷款公司的协作与配合，实现互利互惠，并进行有效的外部监管。四是对大额债权人进行相关业务培训，提高其专业监管技能。五是积极组建行业协会，促进行业自律，加强行业交流，避免恶性竞争，提高农村小额贷款公司管理和服务水平。

（二）创新监管人才吸纳机制

世界小额贷款之父，诺贝尔和平奖获得者尤努斯教授对小额贷款的监管忧心忡忡，曾经说过"不能把监管工作留给不了解我们工作的人"。面对优秀监管人才匮乏问题，建议成立专门监督部门，引入专家咨询和独立董事制度，加强农村小贷公司监管队伍建设，充实监管力量，提高监管水平，杜绝"外行监管内行"现象。可以考虑用有竞争性的薪酬待遇从三部分人员中选拔具有高度社会责任感的优秀监管人才：一是高等院校的资深金融专家，二是曾任银行类金融机构高级管理职务或者信贷专业工作的退休人员，三是人民银行、银监局核心监管人员，分别利用他们丰富的金融经营、风险管理、外部监管等方面的理论与实践经验，帮助地方政府加强农村小额贷款公司监督管理和风险防控职责。同时，用感情留人、用待遇留人，杜绝核心监管人才流失。

（三）探索差别化监管模式

借鉴我国商业银行法定存款准备金差别政策，积极探索农村小额贷款公司差别化监管模式。其一，加大准入政策差别化。在机构准入方面，根据所处经济环境，在保证基本安全的前提下，实行差别化的硬件设施要求，最大限度减少经营成本；在高管准入方面，应根据所处地区人员结构和经济发展水平，实行差别化的高管人员的金融从业年限和学历要求。其二，探索监管内容及措施差别化。按照注册资本、经营状况、资产质量等情况，对全省农村小贷公司开展监管评级、分类管理，根据评级结果，在税收优惠、改制设立村镇银行、融资比例、业务授权、业务准入、检查频率等多方面实行差别化监管。其三，实行监管指标差别化。在监管评级中充分考虑涉农业务因素，适当放宽资产质量指标要求，对于涉农不良贷款的占比和迁徙率可适当高于一般贷款。单独考核涉农业务的盈利性指标，适当调低资产回报率、资本回报率、成本收入比要求。给予涉农业务提取风险拨备一定宽限期，逐年提高风险拨备水平。

（四）突出重点监管

众所周知，“只存不贷”的农村小额贷款公司的风险主要是经营行为违反规例而带来的内外部损失，公众性有限。因此，小额贷款公司的监管应该抓大放小，突出重点，主推合规性监管。一是严格防控农村小贷公司的政策风险，如洗钱、非法集资、商业欺诈、违规放贷、暴力收贷、账外经营、抽逃资本金等违法、违规行为。二是高度关注农村小贷公司的经营风险，加强贷款集中度、股东贷款比例控制管理，加强贷款发放与使用的合规性、真实性检查，避免农村小贷公司在负债经营的情况下把经营风险传递到金融机构。三是密切监测贷款投向，强化“涉农性”比例的要求，警惕“挂羊头卖狗肉”，骗取财政补贴。此外，应将外部监管限制在法律明确的范围内，防止政府过度干预小额贷款公司的自主经营。

（五）丰富监管手段

一方面保留传统监管手段，加强日常监管和非现场检查，不定期开展现场检查，并将常规检查和专项检查有机结合。另一方面借鉴西方国家成熟的监管经验，采用信息化手段加强监管，积极探索风险评估手段创新。如英国金融监管局（FSA）的 ARROW 系统（Advanced Risk-Responsive Operating Framework，高级风险应对操作框架）。通过风险的评级和评估过程，分析判断一个被监管机构发生问题的概率及发生问题后的影响程度，从而计算监管密度和频率，并在对应的监管监控及响应体系中推荐可以使用的监管方式和措施，监管部门可借此配置有限的专业人员等监管资源，进一步提高监管的有效性。再如澳大利亚审慎监管局也开发并使用的 PAIRS（概率及影响评级系统），通过风险评估，确定监管策略，指导监管行动，并通过监管行为得到的信息，开展新一轮的“风险评估—确定监管策略—采取监管行动”。同时，加大失信惩罚力度，通过增加违规成本来解决小额贷款公司监管过程中的信息不对称问题。

（作者单位：宿迁学院）

参考文献：

[1] 张利. 关于我国小额贷款公司监管问题的思考[J]. 中国集体经济，2011 年(1)(上)

[2] 李丽. 我国小额贷款公司的监管政策[J]. 金卡工程. 经济与法，2010(5).

[3] 黄锰杰. 浅谈浙江小额贷款公司监管问题[J]. 金卡工程. 经济与法，2010(3)

[4] 杜小山，聂强. 小额贷款公司与监管的博弈分析[J]. 现代经济探讨，2010(9)

[5] 陈颖健. 小额贷款公司监管的法律思考[J]. 金融理论与实践，2010(3)

[6] Cull，Robert；Asli Demirg —Kunt and Jonathan Morduch，Does Regulatory Supervision Curtail Microfi nance Profitabilityand Outreach? [R]，The World Bank Development Research Group Finance and Private Sector Team，Policy Research Working Paper，June 2009(8)

关于率先打造“低碳宿迁”的建议

张雷冲

摘　要　宿迁市是工业小市，仍然处在工业化初、中期进程之中，对工业规模有强烈的扩张需求，招商引资、工业强市是实现宿迁经济突破的必然选择；与此同时，产品的“绿色壁垒”不断加剧，资源环境的硬约束力越来越强，传统的高消耗、高排放工业发展模式难以为继。因此，如何密切关注我国低碳经济政策动向，“闻风而动”、甚至“动在风前”，以在低碳经济为主流的新一轮经济结构调整中占得先机，借助率先构建“低碳宿迁”的优势，争取更多的国家和江苏省的政策、项目和资金的支持，以尽快实现宿迁经济社会的更大突破。

关键词　低碳　工业化　循环经济

国家有关“低碳经济”的产业政策将陆续落实，成为经济结构调整、转变经济增长方式的直接推手。宿迁市是工业小市，仍然处在工业化初、中期进程之中，对工业规模有强烈的扩张需求，招商引资、工业强市是实现宿迁经济突破的必然选择；与此同时，产品的“绿色壁垒”不断加剧，资源环境的硬约束力越来越强，传统的高消耗、高排放工业发展模式难以为继。因此，如何密切关注我国低碳经济政策动向，“闻风而动”、甚至“动在风前”，以在低碳经济为主流的新一轮经济结构调整中占得先机，借助率先构建“低碳宿迁”的优势，争取更多的国家和江苏省的政策、项目和资金的支持，以尽快实现宿迁经济社会的更大突破。

一、率先打造宿迁“低碳示范城市”的可比性优势

一是与全省乃至全国相比，我市的碳排放的吸收能力具有可比性优势。宿迁素有“杨树之乡”的美誉，森林面积与占比高优势明显，所辖各县、区均为全国平原绿化先进单位。根据南京林业大学阮宏华教授的提供的资料，全球森林平均净吸收 CO_2 相当于同期工业排放量的 8%，对平衡全球碳浓度取到了重要作用。如果我国将煤使用量下降 1%，尽管 CO_2 排放量可减少 0.74%，但同时会造成 GDP 下降 0.64%，减少 470 多万个就业岗位。工业减少排放 1 吨，投入成本高达数百美

元，而通过植树造林固定 1 吨 CO_2，成本仅为 19—34 元。

目前，全市有林地面积 230 万亩，高标准农田林网面积 620 万亩，四旁植树保存株数 1 亿余株，林木种苗花卉面积 40 万亩，全市森林覆盖率达到 23.51%，活立木蓄积量达到 1 000 万立方米，碳排放吸收能力明显高于兄弟城市，未来的碳汇优势明显。

二是与全省乃至全国相比，我市的工业企业的整体的低排放具有明显优势。一是由于建市之初，由于工业基础薄弱，开发区起步较晚，因而在规划过程中更加注重环保设施布局，在集中利用能源、集中污染物排放方面，与其他兄弟老城市相比，具有一定基础设施后发优势。二是由于我市的大部分工业项目是近十年引进的，国家环保标准要求高，节能减排设施要求严，加上科技进步、设备和工艺改进等因素，因而工业企业的“低碳”基础后发优势明显，企业环保能力和水平，总体上保持相对较高水平。

三是与苏南苏中相比。我市具备大规模建设低碳农村的后发优势。目前，苏南苏中分散居住格局难以改变（农村楼房已经普遍化、几十年可能不再重建）相比，我市集中居住的发展速度和规模将会呈现突破性的增长，因此未来农民低碳居住的优势明显。目前，我市农村居住条件较差，农民新建住房的需求迫切，整个农村住房正处在“升级换代”进程中。根据新农村建设的要求，新建农房统一集中，因此农民集中居住区将越来越庞大。由于集中居住，所以客观上为农村未来生产和生活的节能减排提供了较好的基础条件。另外，农村的循环经济也起步较早。

二、率先打造“低碳宿迁”的若干建议

（一）立足“动在风前”，率先营造有利于获取各项“低碳”支持的氛围

1. 充实宿迁特色的内涵，更多地融入“低碳”元素。国家或江苏省选择诸如“低碳”示范区、试验区、示范工程等样板或安排相关项目和资金扶持时，往往青睐于有一定形象力或基础条件较好的地区。如：近期江苏省中行提供 100 亿元贷款额度，支持连云港市发展新能源和新材料等低碳产业。因此，我市应“动在风前”，率打造“低碳宿迁”新形象，传播“低碳宿迁”新亮点，在省内外、国内处形成一定的影响力，以此抢占“低碳”经济发展的先机，为申报各类低碳政策、项目和资金的支持，创造有可比优势的申报条件，提供具有可比优势的说服力或理由。一是在宿迁的理念和形象设计中，融入更多的“低碳”元素，如：低碳工业、低碳农业、低碳旅游服务业、低碳城乡建筑、低碳学校、低碳机关、低碳交通、低碳生活方式等，让“低碳宿迁”成为宿迁的新名片。二是营造浓烈“低碳宿迁”的氛围，在辖内城市、县城和乡镇的主要出入口，在宿迁周边的高速公路两侧，统一设立“低碳宿迁”的公共关系形象广告。在机关、事业、企业、等单位，或各种公众聚集场所，如城市街道、

会堂、公园、集贸市场、学校、医院等场所，都要错落有致地散布“低碳宿迁”的宣传广告，让宿迁干群群众和来宿的各方宾客感受到“低碳宿迁”的浓烈氛围。建立“宿迁低碳网”或网上宿迁的“低碳宿迁”专栏，开辟大众论坛，集网民公众智慧，广泛倾听构建“低碳宿迁”的意见和建议，提升群众百姓的参与程度，营造“低碳宿迁”网络氛围。

2. 加强传播力度，扩大“低碳宿迁”的影响力。一是加大大众媒体传播，充分利用广播、电视、报刊、杂志、网络、短信平台等大众媒体，有计划、有系统地开展低碳宿迁传播活动。二是加强“低碳宿迁”的群体传播和人际传播。在对外交流活动中，无论是参加全国、全省的各种会议，还是对外参观、考察和调研，或者接待来宿的各级领导和兄弟城市来宾等，都要注重对“低碳宿迁”的形象宣传，频频递出“低碳宿迁”名片，不断提升“低碳宿迁”在省内外乃至国际上的知名度和美誉度。

（二）紧盯政策走势，以全方位争取有关“低碳”项目和资金支持来策应“支持宿迁更大突破”

3. 要加强寻求支持的政策走势研究。在全国经济结构调整的背景下同，“低碳”经济方面的各类支持，是宿迁积极主动策应江苏省“支持宿迁更大突破”的新机遇。我市要紧紧将争取“低碳”的政策、项目和资金的上级支持，与全省“支持宿迁更大突破”的政策机遇相结合，密切关注在有关低碳经济新政策的走势，跟踪相关新举措的出台、新项目的推出，捕捉时机、抓住商机、获得先机。如：新能源产业方面，跟踪分析可再生能源技术、节能减排技术、清洁煤技术、核能技术，节能环保和资源循环等的项目和资金支持；在以低碳排放方面，跟踪分析并争取有关“低碳”的新型工业、建筑、交通体系、新能源汽车、居民小区示范等方面的项目和资金支持；在信息网络产业方面，跟踪分析并全力争取有关传感网、物联网技术的国家项目和资金扶持。在新材料产业方面。跟踪分析并争取有关微电子和光电子材料和器件、新型功能材料、高性能结构材料、纳米技术和材料等方面的项目和资金支持。在农业产业方面，跟踪分析并争取转基因育种技术、农村循环经济等方面的项目和资金的支持等。

4. 加强寻求支持的领导和组织工作。各级政府相关职能部门要落实责任制，如同招商引资工作检查力度一样，使争取上级支持成为各级领导干部、特别是一把手的工作常态。要求第一时间获取信息、第一时间开展沟通、第一时间做好申报准备、第一时间获得项目或资金的支持。要提高各级干部敏锐的信息获取能力和信息分析和利用能力，不仅要“闻风而动”，更利用“前置”信息，预测“风向”，“动在风前”，真正做到超前一步，高人一筹。对成绩显著者，给予奖励和重用，对错失机遇者，给予责任追究。要建立寻求支持的信息系统，要建立系统周密的信息工作系统，将信息获取、信息传递、信息汇总、信息利用、信息反馈等功能日常化，与省相关职能部门开展“点对点”、“人盯人”的信息联系，及时获取有关“低碳”政策、项目和资金的资助信息，同时也不断反馈我市在“低碳”经济社会发展方面所做的努力和取得的成效，强力营造“宿迁主动、省市联动”的互动氛围，编织项目支持和资金支持的“信息捕捉网”、“沟通网”，努力杜绝信息疏漏、信息不敏感，尽最大努力获取上级支持。

（三）重视“林业碳汇”，抢先一步积累“以林换碳”市场潜在能力

5. 不断增加“碳汇林”面积，进一步通过绿化造林应对未来“以林换碳”的需求。09 年中央 1 号文件明确要求建立现代林业，发展林业碳汇。我市要站在战略的高度，对利用碳汇机制，“以林换取排放”的未来商机有一个清醒的认识，敏感捕捉植树造林对宿迁工业规模进一步扩张、突破工业排放“瓶颈”所发展带来比较优势和发展机遇，从而以宿迁独特的林业优势，在招商引资中争得先机，引进更多更大的工业项目。我市根据工业发展规划要求，预测未来工业排放需求的缺口，并按“林业碳汇”的原理，有计划地开展“碳汇林”规模扩张。按照市委市政府“打造宿迁‘五化’林业不断掀起造林绿化高潮”的要求，有计划有步骤地开展新的一轮植树造林运动，将经济性、观赏性和生态性融为一体，选择适合本地气候、产业和景色的优良树种，充分提高各方植树造林的积极性。同时，重视林业生态系统的建设，发挥洪泽湖湿地、骆马湖水域、运河等林业生态系统功能，可持续地增强绿化的碳汇能力。

6. 全力争取国家乃至国际森林碳汇的标杆城市。积极主动地关注碳汇市场的规划和实施动向，抢先一步向国家和江苏省表达愿望和创造条件，力争将未来的全国或全省的“林业碳汇”的交易中心平台落户宿迁，密切注意有关林业碳汇的市场走向，争取将宿迁成为国家乃至国际森林碳汇标准、碳汇计量的标杆城市。以此进一步扩大“低碳”宿迁的影响力。

（四）注重规划先行，在城镇规划中不断融入“低碳”理念

7. 推广泛绿色城市基础设施，减少总体量能耗。我市正处在快速城镇化过程中，具备大规模建设生态城市的“后发优势”。在规划土地利用、人口、设计建筑形式和密度以及配套公共交通等方面，不断融入低碳理念，对我市发展的长远可持续性和碳排放产生深远影响。城镇规划中优先发展公共交通系统，规划设计以步行或自行车为主的社区，同时尽可能让居民有便利的通道以步行或自行车的方式通往各交通站节点；改变城市园林绿化的方式，充分利用城市绿化来达到增加碳汇、吸附污染物、减少热岛效应、为建筑和行人遮阳等节能减排的效果。在交通、供水、供热、污水和垃圾处理诸方面采用节能减排新技术和经济激励政策，如直接将污水处理费返回污水处理厂与实际 COD 削减成效挂钩的办法，促进企业采用节能新技术。倡导绿色建筑和建筑节能，不断运用新理念、新技术、新材料，加强绿色建筑开发，

8. 新城镇开发建设应合理就近于已有建设区域而不是无序的城市扩展蔓延。工业开发应采用混合使用模式、提高集聚度、集聚区间利于步行，以减少居民出行的频率和距离。社区主要以混合使用、紧凑集聚式开发为主要特征，同时，减少出

行道路和局地发展需求，紧凑集聚式发展，可以减少对土地尤其是农业生产用地（或具生态价值的用地）的占用。增加土地利用强度，倡导土地使用功能的混合，增加土地利用强度，大力推广节地紧凑的发展模式。

9. 充分利用自然条件开展城乡建设。要充分利用基地现状条件，减少因使用照明、暖气和空调而消耗的能量，了解当地气候（风、气温、湿度等）。城市设计可以在建筑选址和定位时考虑到坡向、地形、风向。建筑街区和道路的选址需要合理利用潜在的微风、最大化自然采光和通风。建筑的朝向要顺应盛行风向但不能沿着微风风道形成“墙面”导致峡谷效应。提倡低冲击开发城镇模式，尽量减少对原有自然环境的地表径流量的影响。如：城市建成区至少要有 50%的面积为可渗水面积；建筑、小区、街道直至整个城市都有雨水收集储存系统等。

（五）立足节能减排，构建宿迁“低碳”企业的核心能力

10. 一着不让地继续抓好现有工业企业的节能减排工作。针对我市目前的工业企业具体情况，要有目标、有计划、有步骤地淘汰落后产能、减少污染排放。要抓住发展低碳经济机遇，驱动现有企业低碳、绿色、环保升级。支持企业低碳技术研发和引进，加强科技资金的投放和服务力度。

11. 对新上工业项目要坚持节能减排环保优先不动摇。不为引进污染企业开绿灯，不为“污染难治理、治理不达标、达标增排量”的工业项目所动，将环保底线作为宿迁经济和社会的生命线。坚决不走路“先发展、后治理”的传统工业老路。坚持将宿迁人民生活数量增加与质量提升的和谐统一，成为宿迁工业富民成果、干部政绩考核的根本准则。

12. 大力引进和积极推动新兴低碳产业的发展。机械电子、新材料、新能源、软件和服务外包以及现代服务业发展针。加大政策支持力度，加强规划引导，开辟“低碳”工业示范园区，对低碳项目的招商引资，适当降低门槛，提供服务便利和优惠政策。注重产业升级与集群，以规模化、高端化、集聚化、国际化为导向，发展战略性新兴产业，把“低碳”经济作为宿迁新一轮经济增长的引擎，特别对在我市有一定基础的生物发电、太阳能产品、电动交通工具、节能建材和外墙保温、地源热泵等新型建筑节能，光伏发电玻璃等产品和技术，要特别给予关注。如：秀强玻璃的两条光伏发电玻璃生产线和 24 条彩晶生产线，填补了我国在导电玻璃领域的空白、是国内最大也是最先进的设备，项目全部建成投产后年可实现销售收入 40 亿元以上。对这类企业，要在政策和资金上给予更大的支持，使之成为“领袖型”企业，延伸产业链，实现产业集群。

（作者单位：宿迁市政协办公室）

日本电子企业遭遇的困境及对我国企业创新的启示

刘 文

摘 要 本文首先剖析了日本电子工业企业的经营困境以及造成这一困境的主要原因，阐述了企业不断推动破坏性创新之轮的重大意义；通过对国内企业遭遇经营困境的分析，指出国内企业应从日本电子企业的困境中获得启示和教训，即只有通过持续破坏性创新才能在变化不定的市场中生存和发展。同时，本文就政府在培育有利于破坏性创新的环境方面应采取相应政策提出了建议。

关键词 困境 破坏性创新 创新环境 启示

曾经在过去很长一段时期具有强大竞争力的日本电子企业近些年来出现了业绩大幅下滑、竞争力衰退的情况。除了佳能(Canon)这样的少数特例之外，日本电子产业内其他巨头(包括索尼、松下等公司)去年财政年度的亏损预计会达到170亿美元。标普(S&P)已经将索尼(Sony)和夏普(Sharp)的信用评级降至BBB+，仅比垃圾级别高两级。说明日本企业包括电子企业业绩不佳、竞争力衰退的另一个事实是，《福布斯》杂志公布了2011年亚洲上市企业50强榜单。日本公司首次榜上无名。日本6年前有13家公司登上榜单，这一年头一次没有一家企业入选。

索尼等日本电子企业的这种困境固然有日元升值、自然灾害等外部原因的影响，但无法从根本上解释曾经向世人推出晶体管收音机、随身听、CD机和录像机的日本企业遭遇如此大的困境。

日本电子产业遭遇陷入如此困境的根本原因是什么？我国企业和地方政府能否从日本电子企业的困境中得到一些重要的启示？

一、日本电子企业陷入困境的原因分析

一种观点认为，日本企业沉迷于经营效率的提升，而没有形成独特的战略。在上世纪七、八十年代，日本企业大力投资于配备高度机械化加工装配线的大件

自动设备,追求精益生产、缩短生产周期和零废品率,推动了生产率边界的扩展。但从20世纪80年代末期开始,美国在成功模仿日本的经营方法后,也大幅推动了生产率边界的扩展,与日本企业的经营效率差距开始缩短。此外,美国公司接受了供应链管理和外部采购的概念,IT业的发展也提升了企业管理水平,使效率快速提升。日本企业经营效率方面不再具有优势,同时又缺乏独特战略:日本公司都提供一整条流程线的产品,服务于所有类型的顾客,还采用同样的垂直综合商业模式。日本公司着眼于减少制造成本,大力投资最新的车间和设备,生产同样的产品,导致了日本工业长期生产能力过剩。

波特认为,战略竞争的本质是区别于竞争对手的方法开展竞争活动。日本电子企业在战略差异化方面做得远远不够。仅拥有经营效率是无法建立竞争优势的,必须通过设计独特的战略获取竞争优势。

另一个同样有深刻意义的观点是,日本企业存在的主要问题是不能持续推动破坏性持续之轮。

索尼等日本企业陷入困境的原因是日本企业在成熟市场很有竞争力,但在开拓新市场方面日本企业的管理模式却失效了。日本通产省制定的产业发展规划只能够帮助公司或行业沿着现有的技术轨道持续创新,例如第五代计算机和第五代电视机的规划,但寻找"下一个破坏方向"时就毫无帮助了。

克莱顿·M·克里斯藤森认为,美国企业也会出现停滞不前的现象,但美国有一种孕育新的破坏性创新的环境,一些企业经理会带着破坏性的构想离开原来的企业,筹集资金,自行发起破坏性攻击。如果这些破坏者停滞不前,就会有新的破坏者对他们进行攻击。破坏之轮就这样不停地转动下去。

美国的硅谷具有孕育新的破坏性创新的环境。如英特尔是离开半导体先驱Fairchild公司的经理们建立的。而后那些经理们又离开了这个半导体公司,创建了像Xilinx Altera这样的新一代供应商。思科的一些不满经理离开了公司并创建了Juniper网络公司。

曾经实行过破坏性创新的企业出现创新停滞或困境,原因是破坏之轮停滞不前、最终被进行破坏性创新的企业所击败。克里斯滕森列举了75家实行破坏性创新的企业,绝大部分是美国企业。

实行破坏性创新的美国企业如亚马逊网上书店对传统实体书店就造成了破坏。最近Borders的破产就是由网上书店的破坏而造成的。2001年,就在网上购物开始兴起之际,Borders将旗下互联网业务转让给亚马逊,该公司直到2008年才收回Borders.com的网站。此外,Borders挺进电子书市场的时机太晚,直到去年才推出电子书阅读器Kobo和电子书店,这无疑让亚马逊的Kindle、苹果公司的iPad以及巴诺书店(Barnes & Noble)的Nook抢占了先机。

在美国,新兴技术的桂冠往往都是被新建企业摘取,它们在经济上和情感上都与老旧技术没有瓜葛。大部分引领电视或中型计算机时代的企业甚至已经不复存在。如今的美国电子产品制造商前21强中，有八家在1970年时尚不存在，还有六家在十年前规模很小，上不了《财富》(Fortune)500强排行榜。

形成对比的是，在日本，半个多世纪的时间里没有一家新企业进入最大电子产品制造商行列。每当新技术出现的时候，松下(Panasonic)、索尼、夏普、富士通(Fujitsu)或日本电气公司这些企业就会成立新的部门而没有关闭旧的产品部门，因此公司就在过去和未来之间徘徊犹豫，放慢或停止了创造性破坏的步伐。

二、对我国企业创新以及对政府的启示

(一) 企业不能只关注经营效率的提升

我国企业在经营效率方面与日美企业相比，的确存在很大的差距，例如我国企业能源利用率低于发达国家水平约9个百分点；单位产值能耗约为美国的3倍、日本的7倍；制糖行业吨产品新鲜水取水量是国际先进水平的11倍多。

因此，提高企业经营效率、降低资源消耗是我国企业面临的艰巨任务。提高经营效率固然重要，但企业还必须重视如何建立独特的战略这一问题。我国目前很多行业频频陷入价格战，一个主要原因就是这些行业内的企业没有形成独特的战略。由于战略缺失，仅依靠经营效率来开展竞争，会导致互相之间的摩擦和无情的商战，如果每一家企业提供的都是价值几乎相同的产品，顾客只能在价格上做出选择。这必定降低了价格水平，并减少了利润。波特认为战略的本质是差异化，因此，我国企业应从差异化战略角度思考自己的经营模式，通过创新，为消费者提供差异化产品和服务，避免价格战。

(二) 持续不断进行破坏性创新

企业进入某一行业时，往往以破坏性创新的方式向行业内的在位企业进行挑战，例如很多中国企业都是以低成本进入某一行业领域，将人口众多的中低收入非消费者变为消费者，完成了对某一行业的破坏性创新。但随着自己成为在位者，继续进行破坏性创新就变得困难起来。维护或扩大自己已有产品的市场份额成为主要的战略，于是与竞争者打价格战，借助不断翻新的营销手段，不断提升已有产品的销售额。由于没有继续进行破坏性创新，面临被进行破坏性创新的新进入竞争者或其它在位者企业所实行的破坏性创新所颠覆的危险。

中国的彩电行业就是一个例证。在传统CRT时代，中国彩电企业以低成本取得竞争优势，动摇和瓦解了外资企业的竞争力，国内一些彩电企业迅速发展壮大。新产品，如长虹的背投彩电是其技术能力的展现，TCL、康佳、海尔、长虹等的纯平彩电也都体现了中国企业一定的CRT技术。

但随着液晶电视时代的到来，彩电企业在CRT电视积累的能力和知识失

去了价值；由于很多企业没有掌握液晶电视的关键技术（如面板技术），加之液晶面板高昂的采购成本，国内彩电企业的盈利能力大幅下降，竞争力严重削弱。

国内汽车行业也遭遇到这样一种情况。这些企业忽略了再次或多次进行破坏性创新的必要性，破坏之轮不再转动了，吉利、比亚迪等企业可以说是这方面的代表。例如吉利要提高汽车档次，放弃低端破坏战略，沿着维持性轨道向高端市场进军。但在汽车的高端市场是跨国公司的优势所在，吉利凭借自身实力难以与它们抗衡，也无法在高端市场进行破坏性创新。吉利并购沃尔沃说明吉利缺乏进入高端市场的能力，但通过并购获得的能力很难导致破坏性性创新。破坏性创新之轮在吉利公司似乎已经停止不动了。

同样，曾经发明了半自动化、半人工化镍镉电池生产线、成功实行低成本创新的比亚迪也遭遇了困境。比亚迪以低成本创新进入汽车行业，但 2011 年 8 月 23 日，比亚迪发布的 2011 年中期业绩报告显示，比亚迪上半年实现营收 225.44 亿元，同比降 10.77%；净利 2.75 亿元，同比降 88.63%。受制于新能源汽车基础设施和新能源汽车价格高昂，以及核心动力电池技术也未取得根本性突破，比亚迪对新能源汽车的高投资并没为公司带来回报。现在随着传统型汽车市场的疲软，以及新能源汽车概念的透支，比亚迪汽车的光环效应慢慢消退。

其实，比亚迪的电动汽车还不能够说是破坏性创新，因为它根本就没有给消费者带来更大的便利性，主要是因为充电电池技术没有过关，而且也缺乏足够的充电站。国外调查机构做出过这样一个预测：中国的电动车市场要想实现真正的商业化，至少需要建设 5 万个充电站。但截至目前，国家相关电网部门在全国所建的公共充电站数量尚未超过 200 个。此外，电动车成本高昂，很难有消费者愿意花大价钱去购买。刚刚上市的比亚迪 e6 电动车，其售价高达 36.98 万元，这一价格几乎是比亚迪目前传统能源车售价的 2—3 倍，很难想象其在短时间内能走入更多的家庭。由于没有解决便利性和价格问题，比亚迪的电动汽车的销量难以提升。

很多事实说明，如果企业不能够持续进行破坏性创新，就难以避免被新竞争对手发起的破坏性创新所打击，或者由于没有破坏性创新所带来的新的增长就会陷入困境。因此，企业应当不断推动破坏性创新之轮，以保持竞争力。

（三）政府应培育有利破坏性创新的环境

从政府层面上讲，应积极营造能够激励励破坏之轮的产生的环境，问题的关键是某个国家或地区能否产生破坏之轮？

克莱顿·M·克里斯藤森指出，六种因素激励破坏之轮的产生，这些因素包括灵活的人才市场、有助于瞄准破坏性创新机会的新企业创办和成长的资本市场、不受束缚的市场，提供充足的动机和能力、有支持的基础设施、活跃的产业动力以及能够保护知识产权的研究和开发环境。无疑这些因素都与政府制定的政策和制度相关。但我国政府的很多政策规定都不利于破坏之轮的产生。例如，国家的信贷政策表面上对各类企业一视同仁，但普遍推行的信贷"双担保"政策即不动产担保和优良企业信誉或担保公司担保，使得大多数民营企业包括科技型企业基本上无缘获得贷款。此外，国家对民营企业自主创新的直接支持也非常少。民营企业申请国家火炬计划所得的资金平均只有几万元，完全无助于解决企业的科技创新投入的困难。由于缺乏风险投资，加之银行对中小企业贷款施加种种限制，中小企业大都融资难。

我国还没有形成保护知识产权的良好环境也是影响企业创新动力的一个主要因素，假冒他人产品、侵犯知识产权的现象屡屡出现。在原始创新和发明专利方面，企业为此投入了大量人力和物力、财力以及时间，一旦被他人仿冒，要么为侵权纠纷耗尽精力，要么任人仿冒，企业前功尽弃。因此，政府应有力保护知识产权，打击违法侵权行为。此外，还有其它一些影响培育有利破坏性创新的环境的问题，如我国人才的自由流动在某种程度上还受到户籍等制度的限制，在很多地方人才市场还没有发展起来；某些行业还存在一段程度的国企垄断、一些行业还不准民营企业进入，限制了竞争等等。

三、结论

曾经辉煌一时的日本电子工业企业的现实困境说明了企业停止创新、特别是破坏性创新、不再推动破坏性创新之轮将遭遇怎样的结局。我国企业应从中吸取必要的教训，认真反思过去的成功，并清楚地认识到技术的快速变革会对企业的生存和发展造成重大影响，在设法努力提高企业经营效率的同时，要避免创新惰性的生成，即一旦在行业内获得创新的成功就停滞不前，或只推行维持性创新，不再构思和研发新的破坏性创新。此外，政府应努力培育有利于破坏性创新的环境，参照克莱顿·M·克里斯藤森所提出的激励破坏之轮的六种因素，设计和制定有利于推动企业实行破坏性创新的政策和相应制度，积极鼓励企业创新，提高企业在新一轮破坏性创新浪潮冲击下的生存和发展的能力。

（作者单位：江苏科技大学）

参考文献：

[1] Richard Katz. 谁在扼杀日本的电子产业. 华尔街日报(中文网络版)，2012-4-6

[2] 2011年亚洲上市企业50强. 福布斯(亚洲版)，2011-9-12

[3][4] 迈克尔·波特. 日本还有竞争力吗. 中信出版社，2002(1)

[5][6] 克莱顿·M·克里斯藤森. 远见——用变革理论预测产业未来. 商务印书馆，2006(1)

[7] Shira Ovide. 美国连锁书店因何破产. 华尔街日报(中文网络版)，2011-4-7

[8] 左娅. 单位产值能耗为美 3 倍，我开展清洁生产审核工业企业仅 0.15%. 人民日报，2010-10-26

[9] 王丽歌. 比亚迪汽车大裁员，低成本模式走到尽头. 第一财经日报，2011-9-2

[10] 余跃. 新能源车战略“围城”. 中国经营报，2011-10-29

[11] 克莱顿 · M · 克里斯藤森. 远见——用变革理论预测产业未来. 商务印书馆，2006(1)

[12] 黄孟复. 中国民营企业自主创新调查. 中华工商联合出版社，2007(1)

促进农村小额贷款公司健康发展的建议

于立健

摘　要　农村小额贷款公司在激活农村金融，推进社会主义新农村建设等方面提供了有力的金融支持，发挥了拾遗补缺的作用，但由于成立时日尚短，再加上其自身禀赋条件和外在经济生态环境因素等影响，还有许多需要改进和完善的地方。

关键词　农村　小额贷款　问题　建议

农村小额贷款有限公司自诞生以来，秉承小额、短期、快捷、优惠、有效的经营理念，立足农村、贴近农民、服务农业，为“三农”提供融资服务，在激活农村金融，推进社会主义新农村建设等方面提供了有力的金融支持，发挥了拾遗补缺的作用。

然而，一方面由于成立时日尚短，另一方面由其自身禀赋条件和外在经济生态环境因素等影响，还有许多需要改进和完善的地方。

一、农村小额贷款公司发展中存在的主要问题

从农村小额贷款公司自身角度看，普遍存在以下问题：

1. 业务运行受限制。中国人民银行和银监会一直未对小额贷款公司身份予以明确，也使其不能像其他金融机构一样运行，无法按“银行间同业拆放利率”从银行间拆借市场及储蓄银行等机构获得资金支持，无法纳入人民银行结算系统，对公业务难以开展，无法获取人民银行征信系统中的信息。其在商业银行的存款也只能当成一般性企业存款处理。

2. 人力资源不适应。据调查，大多数农村小额贷款公司的人力资源结构表现为公司高管从业素质尚可，但客户经理能力素质有待提高，特别是其他员工整体上从业经验不足，业务技能、专业知识和风险防控能力亟待提高。这种人力资源结构严重制约了农村小额贷款公司的业务发展。

3. 内部管理不统一。这主要是指农村小额贷款公司的财务会计制度不统一。

目前相关报表中只有贷款项，既没有根据借款人性质、贷款投向分，也没有根据一级科目和二级科目分，这会带来因统计口径不同而使公司上报数据产生差异性，不利于监管。各个农村小额贷款公司在具体财务操作上，也是各行其是，随意性较大，这虽有利于农村小额贷款公司进行盈余管理，但不利于相关职能部门的监管，从而滋生金融风险的隐患。

4. 转型远景不明朗。起初规定农村小额贷款公司“只贷不存”的初衷是规避小额贷款公司吸储风险，但另一方面却限制了小额贷款公司支农业务的拓展，若允许农村小额贷款公司吸收存款，那就意味着农村小额贷款公司必须转型为村镇银行。若按现有规定转制，小额贷款公司发起人丧失了控股权，那就意味着他丧失了最大的收益，从而也就失去了自愿转制的动力。

5. 服务对象不一以贯之。成立农村小额贷款公司的初衷是引导社会私人资金流向农村、改善农村金融供求关系，促进农业、农民和农村经济发展，支持社会主义新农村建设，但农村小额贷款公司作为企业，逐利是其本能，必然会追求利润最大化。如果相关职能部门监管不到位，一些农村小额贷款公司会慢慢偏离其正常经营目标，贷款脱农化、大额化、短期化会日趋加剧。一些大额贷款名义上是发放给农户，其实是用作商业经营。一些贷款在统计报表上写的是种植业或者是养殖业贷款，实际上却是企业使用的 6 个月以下的流动资金短期贷款。

6. 小额贷款需求不足。一是农村小额贷款公司的社会认知度影响其贷款需求市场的拓展。很多人认为其是社会上有钱人开办的，可靠性不够。且其开设的网点较少，还缺乏社会认知度，故有些老百姓宁愿到门槛较高、手续较为繁琐的银行业金融机构去贷款，也不愿到程序便捷的农村小额贷款公司去借款。二是农户素质影响其贷款需求市场的拓展。不少农户认为自己文化素质、技术素质和管理能力不高，难以从事较大规模的生产经营活动，只能从事技术含量低、资金需求小的种植、养殖和小商小贩活动，进行小额贷款的主观欲望不强。三是农业生产的自然性质影响其贷款需求市场的拓展。农业生产“靠天吃饭”的局面还没有根本改观，再加上农业生产和农产品越来越受到市场因素的干扰和影响，农民担心未来价格波动可能造成损失，因此不敢去进行规模生产投资，这在一定程度上制约了小额贷款需求。

7. 外部信用环境不理想。农村诚信宣传教育工作相对滞后，社会信用文化比较缺失，农户和企业的守信意识较弱；另一方面在农村，对农户和企业的征信工作还未有效开展，尚缺乏一个统一的企业和个人信用信息数据库，相关的失信惩罚机制也尚未真正建立，缺乏对违约行为的制约措施，故目前农村中赖债、躲债现象还较为普遍，这些情况直接导致农村贷款的回收存在相当大的风险，严重挫伤金融机构向农户发放贷款的积极性。

8. 政府的政策扶持力度偏弱。目前尽管政府已出台了一些针对农村小额贷款公司的扶持政策，但从实际效果来看，政策的触及边界还显靠后，保守性较为明显。

四、促进农村小额贷款公司健康发展的建议

为了加快小额农贷的健康发展，提出以下建议：

1. 重视政府重要作用的发挥。一方面通过政府的力量来完善信用和制度体系，以提升整个社会的信用意识。可以借鉴银行贷款机制经验，对客户贷款的信用等级进行评定或建立社会信用档案，并根据评定的结果来决定其是否能够得到下一轮贷款以及贷款的最高限额。另一方面政府可通过制度的创新来支持农村小额贷款公司的发展。如在具有较为充足的财力保证的前提下，可对农村金融机构每年给予一定补助，建立涉农贷款激励制度；积极探索信贷资金与财政资金配套联动的方式和途径，积极构建农村金融组织风险担保与损失的财政补偿机制。

2. 重视农村小额贷款公司经营模式的创新。地方政府可争取主动，获取支持，创新作为，给全国作示范，从而推动农村小额贷款公司率先发展。譬如，积极引导农村小额贷款公司大力发展中间业务，提高中间业务收入，可以与银行业金融机构开展合作，签订代办理财产品和农村医保取款业务协议，一方面可以通过取得中间业务收入，壮大小额贷款公司的资产和负债规模；另一方面可有效提高公司知名度，以此拓展客户，留住客户。

3. 重视农村金融服务担保体系的建立。首先可考虑通过财政支农资金，成立政策性农业保险公司，重点覆盖政策性农保产品；其次在财力许可的条件下，成立由财政资金主导的自然灾害补偿资金，专门用于赔付因遭受自然灾害而损失的农业贷款，以降低其支农成本。在此基础上，还可以可积极探索与保险机构联动机制，重点开发与保险关联的信贷产品。再次是探索多样化、灵活的担保方式。如对急需资金却没有担保人和抵押物的借款农户，可采取用收成作担保的方式；或者利用乡村人缘地缘血缘关系，发放贷款可实行联户担保、互相担保、“薪农贷”、“公司＋农户贷”、“村委会＋农户贷”等各种担保替代形式，尝试开展应收账款、仓单质押、库存商品质押及林权抵押、订单质押等贷款，积极探索用农地质押贷款的路径。

4. 重视推进农村信用环境建设。一方面要积极开展诚信宣传教育，形成良好的社会守信氛围，增强全社会的信用意识，尤其是农户的信用意识，为金融机构的支农服务提供一个较好的生态环境；另一方面是建立健全的信用监督制度，坚决打击恶意逃废金融债务等失信行为，提高失信人的违约成本，并建立不良信用企业和个人黑名单，实行较严格的信贷制裁；最后是创新社会管理方式，领先建设统一的征信数据库，推动实现全国征信数据联网，以便金融机构和企业通过网络查询相关的信用状况。

（作者单位：丹阳恒信税务师事务所有限公司）

民间融资高风险产生的原因及其对策建议

庞云初

摘　要　民间融资是游离于国家正式金融机构之外的、以资金筹措为主的融资活动。本文从民间融资风险角度，剖析当前我国民间融资十分活跃、民间融资风险骤然增大的原因，并提出若干对策建议。

关键词　民间融资　风险分析　对策建议

近年以来，我国各地相继出现了企业主、银行管理人员涉及民间融资，因资金链断裂而“跑路”甚至跳楼的现象，其中以温州地区最为突出。有媒体报道称，2011年4—11月份，温州地区有90多个企业老板因欠高利贷逃跑，出逃企业总资产超过29亿元。专业人士分析，已经浮出水面的“跑路”现象只是“冰山一角”，如果政府不能深刻认识这一现象所隐藏的社会危害，及时采取有效措施，缓解并最终化解这一问题，极有可能产生“中国式次贷危机”，进而影响到社会稳定和经济社会的良性发展。本文从民间融资风险角度，剖析当前我国民间融资十分活跃、民间融资风险骤然增大的原因，并提出若干对策建议。

民间融资是游离于国家正式金融机构之外的、以资金筹措为主的融资活动。传统意义上的民间融资形式有：私人之间的融资、企业之间的融资、企业向个人融资、工商户之间的融资。近年来，我国相继出现了“担保公司”、“典当行”、“小额贷款公司”、“农民资金互助社”等新的民间融资形式。

这些民间融资的主要特征是：灵活简便、利率弹性大、融资主体多元化、呈现专业化趋势、融资行为渐趋理性。主要方式是民间借贷、有价证券融资、票据贴现融资、企业内部集资等。

一、民间融资的现状

2011年6月份，央行启动民间融资现状调研，针对6 300多家民间融资的资金融入方（企业）和资金融出方（民间融资中介机构）进行了专项调查。调查显示，截止2011年5月末，全国的民间融资总量约3.38万亿，其中：30％资金来源于内部职工和企业相关产权单位,19.9%来自于其它企业,19.6%来源于合法的民间融资中介机构,3%来自于未经政府任何批准,自设的从事借贷业务的机构(即地下钱庄等,约为1 000多亿)。另外,民间融资的发展状况与当地民营经济的发达程度密切相关。如江浙、福建、广东等地,民间融资规模就较其它省份明显偏高。

调查还显示:民间借贷平均利率为15.6%,而人民银行温州中心支行《温州民间借贷市场报告》显示,温州民间借贷年综合利率水平为24.4%,8月份,温州民间借贷利率单月已达17.1%。

企业融入民间资金后,60%用于流动资金,用于过桥融资和囤积原材料的比例分别为11.5%和1.8%,而温州民间借贷资金用于营运资金贷款和银行过桥贷款的比重为35%和20%,而投向房地产和民间融资中介的比例高达20%。

二、民间融资活跃的原因

民间融资作为一种资金经营方式一直存在,为什么现阶段才表现出如此活跃并危及到社会稳定?民间融资活跃的原因是什么?

一是民间资本丰沛。截至2011年5月末,全国民间融资金额达到3.38万亿,据专家预测,实际情况略大于这个数据。用于民间融资的资金一部分来源于城乡居民的闲置资金、一部分来源于从楼市、股市中撤离出来的民间资本、一部分来源于国有商业银行贷款,一部分来源于非正式金融机构贷款,各路资金的涌入保证了民间融资具备了很强的流动性。

二是国有商业银行信贷规模紧缩。在国家宏观调控下,国有商业银行实行信贷结构调整,信贷规模普通紧缩,一些中小企业受行业限制,被银行列入强行退出名单,企业为了维持生产经营,不得不通过民间融资求得生存,相当程度上刺激了民间资本市场的活跃。

三是民间融资具有短、频、快的特点。有些中小企业虽然没有被列出银行清退名单,但由于受信贷规模的影响,以及银行为了取得利润最大化而将贷款优先投放给回报高的其它企业,因此即使获得信贷审批,也未必能贷到款,而一些小额贷款公司、担保公司等民间金融机构手续简便,放款灵活,能较好较快地满足这些企业的短期资金需求,这也推动了民间融资行为的活跃。

四是国有商业银行同业竞争日剧。目前,国有商业银行以市场份额作为银行业绩的主要考核指标,迫使一些银行经营者瞄准民间资本市场,有一部分民间资本被用作银行完成时点任务的游资。受利益的驱动,少数银行管理者也直接或间接参与到了民间融资活动中,扮演了民间融资中间人的角色,一定程度上助长了民间融资越演越烈。

三、民间融资的风险

民间融资风险骤增，主要表现在：

一是投资风险。众所周知，民间融资的主要特点是高利贷，因此许多融资企业或融资人投机倾向明显，往往将融入的资金投资到高收益的行业中去，如房地产、矿产业等暴利行业。一旦国家宏观政策调控，很难全身而退，温州许多企业主或商人投资于房地产损失巨大就是很好的例证。

二是信贷风险。《温州民间借贷市场报告》显示，温州民间借贷资金银行过桥贷款的比重20%，也就是说，相当一部分民间融资被中小企业用于了向银行“借新还旧”，但由于银行头寸紧张、信贷结构的调整以及追求高回报率，事实上，有一部分企业在还掉银行贷款后，银行便以各种理由中止了对企业的续贷，导致企业资金链断裂。

三是民间金融机构经营风险。当前，各地担保公司、典当行、小额贷款公司、农民资金互助社等民间金融机构应运而生，由于这些民间金融机构由地方政府监管或主办，属于特殊的工商企业，没有纳入银监会、央行审批成立或监管，因此在监管力度和效果上，在自主经营和规避风险的能力上，都存在先天性的不足。

四是利率风险。目前，我国《贷款通则》仅仅规范银行借贷行为，对居民个人之间的借贷行为，除了借贷利率不能超过同期限银行基准利率4倍之外的法律解释外，没有任何对应的法律规范。民间金融机构方面，小额贷款公司由地方政府管理，典当行由商务部门管理，这些都可能导致其借贷行为不规范，事实上，民间借贷利率均由借贷双方商定，加上资金链的复杂性，借贷利率往往突破4倍以上，形成实际意义上的“高利贷”，高利贷有可能产生高收益，同时也必然伴随着高风险。央行温州中心支行一份相对保守的统计数据显示，今年一季度各月温州民间借贷综合利率分别为23.01%，24.14%和24.81%，单季上涨11.91%，比上季度涨幅高8个百分点。而大多数中小企业的实业毛利润不会超过10%，一旦资金链断裂，企业主被逼上绝路后就不得不“出走”。

四、民间融资高风险产生的深层次原因分析

温州、鄂尔多斯相继暴发企业主“跑路”现象，已引起了政府和社会的高度关注。温家宝总理2011年国庆期间到温州考察工作，对民间融资问题把脉，提出四项具体意见。那么民间融资出现高风险的深层次原因何在？

一是长期以来金融体制改革滞后。中央财经大学银行业研究中心主任郭田勇教授认为：由于我国尚未实现市场的利率形成机制，央行货币工具往往重准备金而轻利率，使商业银行从理论上的利率管理转向流动性管理，一旦银根收紧，中

小企业往往成为银行惜贷的主要对象。一方面大量中小民营企业急需资金却求贷无门，另一方面是负利率、楼市调控、股市低迷环境下大量资金寻求高回报投资领域。正规金融体系既不能满足企业的融资要求，也无足够吸引力将社会资金纳入其中，银行的间接融资作用大打折扣。因此，政府救市的核心应当放在金融业改革上来。

二是国有商业银行信贷规模受到限制。20世纪90年代初期为了治理经济过热，从1994年开始，中国人民银行实行货币政策的集中管理，逐步运用贷款限额、存款准备金、再贴现、利率、中央银行贷款等货币政策工具控制货币总量，调节信贷结构。一直到1998年1月1日取消国有商业银行贷款规模限额的控制，实行适应市场经济的以“计划指导、比例管理、间接调控”为主的新的信贷管理制度，但在2007年底，为实行适度货币政策，央行再度启用信贷规模限制，并按季控制，导致国有商业银行信贷规模普通紧缩，中小企业出现了“融资难”，不得不把目光转向民间资本市场。

三是国有商业银行承担的社会责任不到位。由于国有商业银行相继进行了股份制改革，追求利润最大化成了企业经营的首要目标，因而有些银行或银行经营者逐渐淡化了应当承担的社会责任。在执行国家宏观调控政策的同时，为了自身利益不惜牺牲国家利益，打政策的擦边球，并且滋长了一些不良的经营理念。比如面对国有商业银行之间的存款市场份额竞争，有些银行管理者参与或变相参与到了民间融资活动中来，充当中间人角色。营业网点存款贴水，购买民间资本时点任务的现象普遍存在，不但扰乱了正常的金融秩序，而且形成了不正当竞争，银监部门虽三令五申严禁这种行为，但屡禁不止。另外，为了追求高收益，有些银行以信贷重检的名义，对回报不高的企业实行信贷退出，导致这部分企业无法通过正式金融渠道获取经营和发展资金，从而不得不通过民间高利贷维持生存。

四是民间金融机构经营水平低，规避风险能力弱。比如小额贷款公司。银监会的《关于小额贷款公司试点的指导意见》提到，小额货款公司是由自然人、企业法人与其它社会组织投资设立、不吸收社会存款，经营小额贷款业务的有限责任公司或股份有限公司。可见，不能吸收社会存款就注定了小额贷款公司资金来源不足，经营缺乏活力。其它同类的民间金融机构也面临同样的窘境。同时，90%的小额货款缺乏相应的风险控制系统。大部分小额货款公司由当地重点骨干企业发起成立，几个人，几张椅子做几千万的业务，没有系统的管理、投入、没有权限分置，没有稽核等设置。在这样的经营环境下，民众对小额贷款公司很难有真正的信任，作为投资人注资的欲望受到限制。另外，由于小额贷款公司等民间金融机构均由地方政府金融办监管或由地方党委农工部主管，尚未纳入银行管理体系，现有的监管人员大多数并非专业出身，加上从业人员对于民间金融机构的运作缺乏经验，因而经营水平普遍不高，投资风险突出存在。

五是银行充当民间融资的二传手，少数银行管理者成了民间高利贷的助推者。著名财经评论员叶檀指出：2011 年 9 月份前半个月，工、农、中、建四大国有银行的存款比 8 月末大幅减少。从掌握的数据和一些案例来看，确实有相当资金流向了民间金融市场，以及从民间金融市场流向了高利贷企业，流向了投融资公司。清华大学中国与世界经济研究中心袁钢明强调：最近部分中小企业因融资链断裂跑路，很多都是将银行低息贷款大量投入房地产、买矿等高风险暴利行业或者以高利贷的方式转借出去而出事的。可见，银行信贷资金缺乏有效的行业准入和用途使用控制，最终导致投资方向偏离，融资资金链越拉越长，一旦投机行业出现风险，极易引爆次贷危机。另外，少数银行管理者受利益驱动，自觉不自觉地参与到了民间融资的活动中，成了民间高利贷的助推者，也是民间融资产生高风险的一个次要原因。

五、规避民间融资高风险的对策建议

温家宝总结在温州考察工作时，针对“温州现象”提出了四项具体要求：一是在信贷政策上，要求落实并完善对小微企业贷款的差异化金融监管政策，提高对小企业不良贷款比率的容忍度；二要强调银行金融机构扶持中小企业的社会责任，以及重点支持成立专门为中小企业服务的金融机构，明确银行对小微企业贷款比例和增速要求；三是加大对中小企业在财税等政策方面的扶持力度，要加强对民间借贷的监管，引导其阳光化，规范化发展，发挥其作用。有专家指出，温总理的讲话，对于稳定并促进中小企业健康发展起到了很好的鼓舞作用，同时也为我国金融业改革指明了方向。因此，对于如何规范民间融资秩序，切实规避民间融资高风险可能造成的社会危害，笔者提出如下对策建议：

一是继续深化金融体制改革。正如中央财经大学银行业研究中心主任郭田勇教授指出的，一方面金融业要最优化，要使民间资本和社会资本都能参与其中；另一方面，利率应当自由化，要从体制上解决这一问题。通俗来讲，就是要允许银行的存货款利率市场化，或者央行提高国有商业银行利率至适合市场要求的程度，让民间资本出现回流银行来补充银行的资本金，让民间投资者能够在规避民间融资高风险的同时，实现一定的投资期望值。

二是适度扩大国有商业银行信贷规模。适度扩大信贷规模，切实解决中小企业“融资难”问题，才能实现银企双赢，才能让民间资本市场逐渐规范有序，走上良性发展的轨道。央行不应再对国有商业银行信贷规模下达硬指标，而应放开对国有商业银行的信贷规模限制，让银行在宏观调控的前提下，按照市场发展规律、自身的资金实力以及实体经济的真实需求，进行信贷投放。

三是增强国有商业银行的社会责任感。温总理指出：要强调银行金融机构扶持中小企业的社会责任。其实，国有商业银行同时也应当更加全面地增强社会责任感。比如要实现行业间的公平竞争，要加强员工的职业道德教育，要合规经营，要在切实承担社会责任的前提下，追求企业利润最大化。

四是取消国有商业银行存款市场份额考核。国有商业银行自存在存款市场份额考核以来，同业间的不公平竞争就一直存在，主要表现在存款虚增，通过民间游资来冲存款时点任务，进而促使相当一部分资金来自于民间融资，不但误导了国家的数据统计，也增加了银行的经营成本，这对于国有商业银行的良性发展起到了副作用，因此取消国有商业银行市场份额考核，促使银行业通过提高服务质量、加强产品创新、加大对宏观调控的执行力，全力扶持中小企业发展，不断壮大银行自身实力，坚定地走健康发展的路子。

五是推动民间融资机构纳入正式金融体系。民间金融机构作为一种新的民间融资投资形式，以其特有的优势，对缓解中小企业资金压力，促进中小企业健康发展，具有不可低估的作用，因此加强对这些民间融资投资机构的管理和指导十分必要。建议尽快将其纳入正式金融体系，由金融专业监管机构的央行和银监会等部门参与进来或者主导整顿，国家职能部门应及时修改相关规章制度，小额贷款公司等民间融资投资机构必须经过银监会、央行审批成立和监管。

（作者单位：中国建设银行丹阳支行办公室）

参考文献：

[1] 急救温州引发众议. 南方日报. 2011-10-11

[2] 王力. 小额贷款公司风险大调查. 商界评论杂志

[3] 商业银行社会责任及其报告披露：问题与改进. 金融论坛. 2008(3)

[4] 2012—2016 年中国民间融资行业市场分析与投资前景研究报告

深化人才强市战略　促进企业转型升级

赵俊华

摘　要　人才是企业进行科技创新，实现转型升级的关键因素。而目前，政府的人才评选活动和引进对象针对的往往是高层次的、领军型的人才，却忽略了对高级、中级技术人员的引进和激励。在重视引进高层次研发人才的同时，还应做好其他相关工作。

关键词　人才　管理　科技创新

人才是企业进行科技创新，实现转型升级的关键因素。各级政府也充分认识到了这个问题的重要性，高度重视人才引进工作，并取得了较好的成绩。就以镇江市为例，近年来，共分四批引进 203 个人才(团队)，尤其仅仅 2011 年就引来 78 个人才(团队)，其中海外经历的 57 人(含外籍 27 人)，占总人数的 70％，带动引进高层次人才 269 人，其中博士 149 人，硕士 120 人，涉及两院院士 4 人。在人才(团队)带来的项目中，60％以上达到国际先进水平。而这些高层次人才的引进无疑为镇江市企业进行科技创新，加快转型升级提供了强有力的支撑和保障。

但企业的运作除了需要高层次的科技研发人才和创业人才外，还需要各方面的其他人才，如公司管理、人力资源管理、市场营销、资本运作等，只有彼此合作、取他人所长补己之短，建立一个稳定的管理团队，共同在市场中搏杀，才能取得成功。而目前，政府的人才评选活动和引进对象针对的往往是高层次的、领军型的人才，却忽略了对高级、中级技术人员的引进和激励。领军人才、创业人员有了，但是缺少干活的人，容易导致企业、特别是早期创业阶段的企业，技术开发缓慢，产品开发迟滞，失去抢先进入市场的机会。此外，重视引进人才的同时，也不能忽略对项目的后续管理和引导。海归创业项目大多不错，但成功率不高，原因之一在于，绝大部分留学生在海外往往从事的是技术性工作，不具备企业家的领导素质，即使有人从事过管理工作，也是在大型企业内部从事日常管理，缺少企业家精神。因此，我们在重视引进高层次研发人才的同时，还应做好其他相关工作。

一、加大高技能人才培养力度

（一）强化企业和行业培养高技能人才的责任意识

高技能人才是我们全社会都要尊敬的高水平、高层次、高贡献的劳动者。要牢固确立“没有一流的技工，就没有一流的产品”的理念，要全面落实尊重劳动、尊重知识、尊重创造的方针，努力排除制约高技能人才成长和发挥作用的观念和体制，要进一步强化企业和行业协会的责任意识，建立工作业绩侧重技能要素、体现创新创造的企业技能人才评价机制。大力倡导、积极推动企业在关键岗位、关键工序设立“首席技师”、高技能人才工作室，培养高技能人才。

（二）实行目标管理制度，加大考核检查和评估

全面实施高技能人才队伍建设中长期规划，强化目标责任，结合本地实际，提出分阶段、分步骤实施的方案，明确责任单位、责任部门和责任人。加大对辖市区的考核，每年市政府向各辖市区主要领导下达高技能人才培养指标，作为对辖市区绩效评估的重要依据，逐年迅速增加各辖市区高技能人才数量，做到辖市与市区同步推进，缓解全市目标压力。加大对企业的考核力度，严格按职工人员比例完成高技能人才培养目标。建立高技能人才培养情况监测指标体系和报告制度，加强对培养情况的监测评估和跟踪检查。

（三）落实高技能人才经费政策，加大资助激励力度

一是落实《国务院关于大力推进职业教育改革与发展的决定》和省委省政府办公厅《关于进一步加强高技能人才队伍建设的意见》（苏办发〔2004〕28 号文）文件精神，确保城市教育费附加中 6%及规定的专项经费，用于高技能人才培养和高技能公共实训基地建设。二是提高高技能人才培训鉴定费用资助标准，足额落实高技能人才工作专项经费，并最少应在原来标准的基础上提高一倍到二倍，而辖市区应按此标准给予配套资助。三是实行职业资格津贴制度，企业应在职工教育经费中按高级技工、技师、高级技师每月分别给予一定的定额津贴。四是完善高技能人才激励表彰机制，进一步构建以政府奖励为导向，企业奖励为主体，辅以必要的社会奖励的高技能人才奖励体系，不断提升高技能人才经济待遇和社会地位。五是大力宣传高技能人才培养的典型经验、做法和成效，大力宣传高技能人才典型人物和事迹，形成全社会关注和支持高技能人才工作的良好局面，为促进高技能人才成才成长营造良好环境。

二、加大对企业家的培训力度

企业转型升级关键在于企业家的意识和能力。因此企业家在加快企业转型升级，提升企业创新能力起着决定性的作用。

一要加快企业家队伍建设，加大企业家的培训力度，以国家级创新型企业、技术创新示范企业和工业经济“50强”企业的主要管理人员为主要对象，组织实施“创新型领军企业、转型升级重点企业企业家培育计划”，培养企业家与时俱进地正确把握发展方式和发展目标，增强战略思维，树立科学发展理念，积极承担社会责任，帮助他们掌握现代经营管理知识，提高科学决策能力，树立科技创新意识，提升企业家综合素质和能力。

二要加强对创新创业的舆论引导，组织相关企业负责人经常性地参观学习其他创新型重点企业，不断强化他们创新的意愿和动力。打破企业家对合作创新的狭隘理解，积极利用互联网建立范围更加广泛的创新网络，在全国乃至全世界搜寻具有市场价值的创意，甚至同不同地域或国家的技术人才建立联系，充分利用他们的智慧，开发新的技术或产品；同时，要加强同“领先用户”的沟通，了解他们的创新，并将他们的创新运用于自己新产品的开发中，实现技术的新突破。

三要拓宽企业家的交流平台，在不断加强行业协会管理、交沟通的基础上，更应充分发挥企业家协会的作用，政府领导应经常参加企业家协会的活动，组织相关职能部门的政府官员及经济专家和企业家进行面对面的沟通，心贴心的交流，关心企业家的工作和生活，切实帮助企业家们解决实际问题，消除对民营企业的偏见和歧视；维护企业、企业家（雇主）的合法权益，促进企业、企业家（雇主）守法、自律、发展，发挥桥梁纽带作用，协调企业与政府、企业与企业、企业与社会、经营者与劳动者的关系。应利用政府的便利条件，经常组织企业家进行行业间、城市间、国际间的交流与沟通，从而拓宽他们的视野，提高他们的认识，扩大他们的交流范围，为企业的发展打下更好的基础。

四要引导企业家树立诚实守信的企业形象，创建一个具有向心力的企业氛围，建立一个良好的企业文化氛围，营造一个舒心的工作场所，让职工们认识到自己存在的价值，把员工个人的价值与企业的价值融为一体，激发员工的主动精神和创造潜能，最大限度地调动和发挥人的积极性，增强企业的凝聚力和战斗力，从而促进企业有好又快发展。

五要引导企业家重视人才的教育培训，把企业作为人才培养的重要主体，积极地履行人才培养的义务，要把人才的教育培训纳入企业发展规划，积极履行人才培养的义务建立带薪学习制度和人才培养经费保障制度，推行公开选拔、竞争上岗和职务聘任制度，增强人才的职业竞争意识和风险意识，充分重视普通员工的作用，激发职工的终身学习需求，从而有效地培训企业需要的人才，有效的留住人才、使用人才，为企业发展打下扎实的基础。

三、加大人才的凝聚力度

一是引导企业加大对人才的投入，用待遇留人。进一步提高紧缺人才待遇，在遵循市场规律的前提下，建立起对外部人才更具吸引力、对内部员工更具激励性的薪酬体系，对紧缺人才舍得给高薪、舍得给股份、舍得给管理权、舍得给市场，企业要结合实际，根据市场行情，有针对性地制定个性化的人才引进措施，在工资福利、社会保险、收益分配等方面主动向高层次人才倾斜，实现激励效用的最大化。

二是注重加强创新创业人才载体建设，用事业留人。用自己的知识和才华干一番事业，是紧缺人才最基本的愿望和理想。政府部门要充分发挥院士工作站、博士后工作站、大学生创业园、工程中心、技术中心、技能工作室等人才载体的优势，进一步深化校地合作、校企合作，推进产学研结合和产业技术升级，加快聚集培养紧缺人才，赋予他们实职实权，为紧缺人才搭建起一个能够让他们充分施展才华的舞台。

三是积极打造企业软环境，用感情留人。要用好紧缺人才，首先要留住紧缺人才，而要留住紧缺人才就必须动之以情，用真诚之意来换取紧缺人才的报效之举。因此在工作上要放手给权，在生活上要无微不至地关心他们，让他们真切感受到政府、企业和广大人民对紧缺人才的渴求，对知识的渴求。要通过组织文化建设增强员工对企业的认同感和归属感，加强对优秀员工的人性化管理，为紧缺人才提供必要的发展空间和成长机会，真正实现感情留人。

四是营造良好人才环境，用环境留人。各地要充分发挥在经济区位、自然环境、基础设施、产业体系、就业空间等方面的整体优势，着力提升城市核心竞争力和吸引力。在科研资助、创业扶持、社会保障、住房安家、子女入学、家属安置等方面，研究制定具有突破性的政策措施，建立完善人才优惠政策体系，切实发挥人才工作的政策效应。构建政府、企业和社会三位一体的服务网络，积极实施分配激励政策，引导紧缺人才能在本地扎根，为企业发展作出贡献。利用各种新闻媒体，大力宣传推广紧缺人才开发工作的先进典型，对做出突出贡献的紧缺人才和人才工作者实行奖励。探索建立重要人才安全管理制度，依法保护涉及紧缺人才和用人单位合法权益的合同关系，加强对知识产权的保护，健全人事争议仲裁制度，切实维护紧缺人才在科技研发、项目承包、技术服务、创业、兼职、流动等活动中的合法权益，营造良好的紧缺人才保护法制环境。

四、加强对紧缺人才后续管理

1. 各级政府及企业在紧缺人才、高层次人才、领军人才的引进和评估中，应重视团队各成员的评估，从而更好地发挥团队的创业、创新、合作作用。

2. 为从海外或国内引进的创业人员提供必要的企业管理、技术提升等培训的机会，使其通过不断地学习，全面提高素质，加速成长，成为技术创新、团队协作、企业管理方面的全才。

3. 建立对引进人才、团队及项目的定期评价和考核制度，在人才、团队、项目评选之初，就要求创业团队制定详细的项目实施计划，并根据该计划对项目执行情况跟踪，了解企业、项目的运行的情况，分析项目、团队在运作过程中在工作配合、生活待遇、技术支持、资金投入方面存在的问题及解决方法，出现困难，及时协调、帮助。

4. 政府应在资金、待遇方面鼓励企业聘用高级人才，尤其对具有创新能力的高级研发人员、具有优秀技能的技术骨干和高级技师、具有卓越经营能力的经营决策人才和能驾驭企业开拓市场的高级营销人才，应在鼓励企业给予相应的待遇的同时，政府也可以出台相关政策，由政府再给予一定的薪资补贴，以减轻企业聘用高级人才的资金压力，以扶持企业的发展，减少人才的流失。

5. 督促企业及时地无条件地兑现在人才、团队、项目引进时所承诺的所有条件，鼓励企业对具有一定的创新能力、对企业转型升级起决定作用的人才（无论是本地人才还是引进人才）、团队给予一定的股权奖励，使人才对企业的贡献和收益在企业的股本中得到体现和报偿，更让他们与企业结为一体，从而能够充分调动技术人才的积极性，同时能够稳定人才队伍。

（作者单位：九三学社镇江市委员会）

澳大利亚发展中小企业的产业政策经验及其对中国的启示

李支东

摘　要　本文阐述了澳大利亚中小企业SMEs发展的一般政策背景，并从融资、技术、市场、集群及管理服务五方面考察了其促进SMEs发展与创新的产业政策，目的在于分享其政策经验并促进我们的学习。

关键词　产业政策　SMEs　澳大利亚

在过去的数十年，澳大利亚SMEs获得了飞速的发展，并在刺激经济增长、增加就业及促进科技创新等方面对社会与经济发展做出了巨大贡献。然而，由于自身受到规模小、创新与竞争力弱、资源获取困难等条件的约束，SMEs常常在竞争中处于弱势并因而难以发展与创新。为帮助SMEs克服这些约束，澳大利亚采取了一系列的产业政策来促进其发展，并因而获得了许多政策经验。根据APEC号召成员国评审各自的SMEs政策环境从而为促进其发展与创新采取合作措施的建议，我们考察了澳大利亚促进SMEs发展与创新的产业政策，目的在于分享其政策经验并促进我们的学习。

一、澳大利亚SMEs发展的政策背景

对大多数的政策措施，澳大利亚并没有指定SMEs为政策目标，而是不论企业规模，促进企业总体的发展与创新。由于大企业数量较少，SMEs实际上是政策的主要受益者或受影响者。回顾过去，澳大利亚产业政策可分为两个阶段。一个在1983年之前，以高关税保护和较少关注创新为特征。

1901年，六个殖民地组成了澳联邦。为保护幼小的工业，联邦产业政策受到保护主义思维的影响，这种思维弥漫在政府有关制造业决策的各个方面。1902年、1906年及1908年，政府先后通过关税法案，对制造业采取越来越严格的保护。1905年到1908年间Deakin政府又通过了立法，对制造业形成了“新的保护”。为进一步提高收入及减轻一战后高失业率的压力，联邦在1921年实施了《绿色关税》法案，提高了保护水平，将保护范围扩大到覆盖72%的入境货物。同年，关税

委员会成立。在其指引下，随后10年间关税保护增加非常迅速。在30年代初期，政府又增加了关税，并且禁止进口某些工业品。

二战后，Chifley力图通过产业政策重构经济。为此，政府采取了一系列广泛的产业政策，如研发激励、技术和管理咨询、税收与金融支持、贸易协助等。然而大部分的这些政策都被随后的Menzies政府所抛弃。Menzies将保护主义作为国家发展的核心平台，并于1952年实施进口配额制，一直保留到1960年。这些措施，涵盖了进口值的98%，实际上大幅提高了保护比率。

1973年，Whitlam政府当选。为促进制造业参与国际竞争，Whitlam实施了微观经济改革，强调政府主要关注产业重构和关税削减。同年，他将关税削减了25%。失去了高关税的保护，制造业遭到重创，导致大量的失业。在巨大压力下，1975年当选的Fraser政府不得不提高关税。但同时，政府也实施了一些积极措施，如刺激出口、研发补贴等。

第二阶段从1983年至今，以越来越关注创新为特征。1983年，Hawke政府当选。为解决国家的经济问题，提高国际竞争力，Hawke实施了一系列的宏观和微观改革。宏观方面，政府逐渐解除了金融市场管制，浮动汇率，解除兑换控制，促进经济参与国际竞争。同时，微观方面一系列的产业计划——主要围绕研发激励、促进出口、培训技能及促进风险资本发展等方面，也开始实施。这样，到1986年大多数的产业计划都已到位。随后，产业政策的关注点又转向支持和发展高技术产业。

1991年，Keating接替了Hawke成为总理并继续Hawke的改革路径。1992年2月，Keating发布了《一个国家》宣言，宣布创立集合发展基金以帮助SMEs获取股权资本及建立澳技术集团以促进科技成果产业化。1993年，Keating发布了《投资澳大利亚》，提出赋予通过集合发展基金取得的收益较优惠的税率折让(30%～25%)，将企业所得税从39%降到33%，加强对SMEs的金融支持。1994年，Keating又发布了《澳大利亚工作》白皮书，提出在未来4年内将注资6.3亿澳元，用于激励创新及通过鼓励创新和新技术吸收的企业协助计划打造有竞争力的企业。

1996年末，Howard自由联盟当选。在竞选政策中，联盟承诺提高澳大利亚企业研发支出占GDP比重的国际排名。然而，Howard却在1997年将研发税收优惠从150%削减到125%。不过同时，政府也采取了许多积极措施，如减少红头文件、改善小企业经营环境、提高小企业技能等。同年，Howard发布了《投资增长》政策，提出从1998—1999财年起，在4年内将拨款12.6亿澳元用于支持技术创新。2000年2月，政府与澳企业理事会召集了国家创新峰会，评议了国家创新系统，通过了《支持澳大利亚的能力——2001创新行动计划》，提出从2001—2002财年起5年内将拨款30亿澳元以支持科学和创新及建立科学与创新委员会来监督该决议的落实。基于这项决议，Howard又于2004年5月发布了《支持澳大利亚的能力——通过科学与创新打造未来》，宣布再注资 53 亿澳元，打造一个史无前例的 83 亿澳元的 10 年创新计划。

2007 年 12 月，Rudd 政府当选，承诺通过支持合作、协作和外商在澳研发投资，使创新系统真正国际化。为此，Rudd 将科学与创新预算从 2007—2008 财年的 65.6 亿澳元增加到 2008—2009 财年的 68.8 亿澳元。对于 2009—2010 财年，这个数字则增加到 85.8 亿澳元。此外，政府还于 2008 年 1 月实施了一系列广泛的对国家创新系统的评审。2008 年 9 月，评审报告《拼搏的澳大利亚——打造创新优势》发布，报告识别了国家创新系统的优势和弱势，建议对国家创新政策框架进行一系列的改革。基于对报告建议的响应，2009 年 5 月政府发布了《驱动创意：21 世纪创新议程》，其中规划了 2020 年国家创新系统远景，制定了创新系统优化的框架及详细具体的行动以实现其政策宏伟蓝图。

二、澳大利亚发展 SMEs 的产业政策

在总体的宏观政策背景下，澳大利亚政府还出台了一系列具体的促进 SMEs 发展与创新的产业政策，这些政策主要关注融资、技术、市场、集群和管理服务五个领域。

融资政策。作为市场化的经济主体，澳大利亚既不为 SMEs 提供直接融资，也不出台政策要求银行给 SMEs 发放贷款。不过，澳大利亚主要通过实施一系列的项目计划来支持 SMEs 获取融资。工业司，作为政府主要的企业计划管理机构，掌管 30 多个企业项目计划。其中，关于 SMEs 融资的项目主要包括集合发展基金计划（1992）、创新投资基金计划（1997）、创新投资后继基金计划（1998）、前种子期基金计划（2002）、风险资本有限合伙项目（2002）、早期阶段风险资本有限合伙项目（2007）。通过这些项目计划，政府大力发展风险投资，积极引导风投基金投资于 SMEs。

技术政策。在澳大利亚，SMEs 技术政策由工业司掌管，主要有研发税收优惠和研发补贴计划。前者于 1985 年 7 月出台，给予符合条件的研发支出最高 150%（现在 125%）的抵扣。2010 年以后，研发税收信用取代了研发税收优惠，给予年流转额低于 2 000 万澳元的企业 45% 的可返还税收信用（相当于 150%抵扣）。而后者，在其名下有 1999 年成立的新兴技术产业化项目、2004 年成立的商业化准备基金和医药合作伙伴基金及 2005 年成立的产业合作创新项目。通过这些项目，工业司对符合条件的 SMEs 创新予以基金支持，以积极鼓励、引导与扶持 SMEs 的创新活动。

市场政策。在市场政策上，澳大利亚也有促进出口和公共采购两方面的措施。在促进出口方面，贸易司有两个项目：贸易启动项目和国际市场发展基金。前者成立于 1998 年 7 月，其机构网点遍布澳洲全境，各网点都聘请精通国贸事务的咨

询专家帮助SMEs开展出口活动、拓展海外市场；而后者，为符合条件的出口促进活动退还最高50%的费用(但不高于15 000澳元)，从而支持SMEs开发出口市场。在公共采购方面，《财务管理与责任法案(1997)》和《联邦采购条例》要求必须有至少10%的采购值来自SMEs；对于超过2 000万澳元的ICT合同，要求向SMEs采购至少10%的硬件和20%的软件合同额。为确保公开透明，防止歧视及故意排除SMEs参与采购过程，政府要求必须公开有效要约及合同细节。受这些政策的制约，SMEs参与公共采购合同值每年都在40%左右。

集群政策。在集群政策方面，澳大利亚主要有小企业孵化器计划、合作研究中心计划及企业联结计划。小企业孵化器计划为初创的非盈利性小企业孵化器提供资助，以促进其在软硬件方面服务于小企业；对信息技术产业，在小企业孵化器计划下，澳政府在1999年6月成立了信息技术优势基金，用以培育与研发机构更强的商业化联结，从而创设基于ICT的创新企业集群，打造信息产业的优势和竞争力。合作研究中心计划成立于1990年，用以联合大学、科研机构及产业伙伴进行研发活动，促进将科学创新成功的转化为商品、服务与技术。而企业联结计划成立于2008年5月，包括制造网络与创新中心两部分，在全国拥有12个网点，各网点都聘请技能娴熟的顾问团队为SMEs提供广泛的支持。

管理服务政策。在管理服务政策上，澳大利亚也有两项措施：小企业咨询服务计划和打造小企业家计划。前者是一个4 600万澳元的项目，为符合条件的非营利性咨询机构提供最高10万澳元的资助来促进它们为小企业提供高质量的咨询服务，从而促进小企业的发展与创新。而后者在其名下又有四个项目：1）企业技能培训和指导项目，通过综合的培训和顾问服务为小企业主和管理者提供创业技能；2）接续计划项目，通过综合的培训和顾问服务帮助小企业主增加企业价值、寻求市场及提供退出战略，并确保企业的连续性；3）孵化器项目，通过发展小企业孵化器来为小企业提供孵化服务；4）小企业现场专员项目，通过60个网点为企业获取整套的政府资助项目提供一站式咨询服务。

三、澳大利亚发展SMEs的政策经验及对中国的启示

(一) 澳大利亚发展SMEs的政策效果

在1983年以来以关注创新为特征的经济政策的指引下，澳大利亚经济取得了快速的发展。据资料显示：在1996—2007年这12年间，实际GDP年平均增长3.5%，在与加拿大(3.4%)、法国(2.2%)、德国(1.5%)、意大利(1.4%)、日本(1.0%)、新西兰(3.2%)、英国(2.8%)、美国(3.1%)等国的比较中位列第一；至2010年，澳大利亚人均GDP 54 869美元，世界排名第六，G20国家中排名第一。经济的迅速发展带来了人们生活的极大富足：2010年澳大利亚职工人均周薪1 154.30澳元，约合月薪5 000澳元。繁荣的经济、光鲜的经济指标数字背后，显示

的是澳大利亚企业发展尤其是 SMEs 发展的勃勃生机：在 2009—2010 财年，分别有 35.7%的 0—4 人的微型企业、54.7%的 5—19 人的小型企业、61.2%的 20—199 人的中型企业、74.3%的 200 人以上的大型企业实施了至少一种以上的创新活动，企业总体实施创新活动率约平均为 43.8%；截至 2012 年 2 月，平均约每 5.4 个澳大利亚在职职工拥有一家企业。

（二）澳大利亚发展 SMEs 的政策经验及对中国的启示

繁荣的经济、勃勃的 SMEs 发展生机，得益于澳大利亚政府宏观经济政策及产业发展政策的指引。

1. 宏观政策经验及对中国的启示

通过本文第一节中关于宏观政策的考察，澳大利亚宏观政策经验可以总结为以下三点：一是政策鼓励创新，二是公平的市场环境，三是市场经济中“看不见的手”的引导。这三点政策经验，构成了澳大利亚经济发展的基础及政策土壤，滋润了澳大利亚经济，促进了澳大利亚企业的快速、健康发展。不过，这三点政策经验并非澳大利亚所特定的。世界发达国家过往迅速发展的实践及发展中国家艰难的发展历程从正反两个方面早已揭示：这三点政策经验是一个国家发展经济及企业的共性要求。这就启示我们中国：应继续深化经济体制改革，构建公平竞争的市场环境，让市场经济中“看不见的手”在资源配置过程中发挥主导作用（而不是政府这只“看得见的手”起主导作用），并积极引导创新。

2. 澳大利亚发展 SMEs 的产业政策经验及对中国的启示

宏观政策奠定了企业发展的土壤，而具体的产业政策则从各个方面为 SMEs 的发展提供了养分。

融资政策方面，澳大利亚主要关注市场失灵，很少依靠行政政策，常常通过实施一系列基于市场化竞争机制的计划项目来促进 SMEs 融资。从效果来看，2008—2009 财年，大约 14.7%的微型企业、23.6%的小企业、29.3%的中型企业可以成功获取融资。而情况在中国则不同，中国主要依靠行政政策，在过去的十数年里，政府出台了较密集促进 SMEs 融资的政策。不过 SMEs 融资依然比较困难，小企业和微型企业则更为严峻。全国来看，大约不到 10%的 SMEs 能够获得融资。这启示我们：在促进 SMEs 融资方面，中国应继续深化金融体制市场化改革，逐渐从体制上消除对 SMEs 的身份歧视，同时积极培育基于市场化竞争机制的基金项目。

技术政策方面，澳大利亚的政策措施主要是税收优惠和补贴资助。前者指对 SMEs 符合条件的创新支出予以一定比例的税收优惠，后者指成立基于市场竞争机制的补贴资助项目对 SMEs 符合条件的创新支出予以一定的补贴。在这方面，中国政策措施几乎与澳大利亚相同，些许不同的是澳大利亚的补贴资助项目更注重积极引导创新合作。在这点上，澳大利亚的经验值得学习与借鉴，因为现代的创新已越来越不是个体企业孤立努力的结果。

市场政策方面，澳大利亚的政策措施主要是出口促进和公共采购。在这方面，中国也有相同的措施。不过，尽管中国也通过公共采购来扶持 SMEs，但在力度上要明显弱于澳大利亚。这启示我们：中国应借鉴澳大利亚的政策经验，加大通过公共采购扶持 SMEs 的力度，并确保采购程序透明、公开。

集群政策方面，澳大利亚注重基于市场化竞争机制的计划项目，积极培育、发展小企业孵化器，同时引导企业间的创新合作。在这方面，尽管中国早已建立了各种地理集聚区及科技企业孵化器，但是中国主要依靠行政政策；而且中国更重视提供硬件，而澳大利亚更重视软件服务。在这方面，尽管中国有成功经验，但澳大利亚通过基于市场化竞争机制的计划项目积极引导企业间创新合作的经验依然值得我们借鉴。

管理服务方面，澳大利亚的政策措施主要是小企业咨询服务计划和打造小企业家计划。中国也有类似或相同的政策措施，如中小企业服务体系专项补贴和中小企业平台式服务体系专项补助基金等。从服务内容上看，两个国家的政策措施差别不大。不过，澳大利亚政策的名目要多一些，且政策的市场化力度也强一些。

（作者单位：江苏科技大学商学院）

参考文献：

［1］APEC SME Innovation Center. A Research on The Innovation Promoting Policy for SMEs in APEC：Survey and Case Studies. Korea Technology and Information Promotion Agency for SMEs，2006

［2］Cook I C. An Analysis of The Competitiveness of The Manufacturing Sector in Australia between 1983 and 1996：Implications for Manufacturing and Industry Policy. University of Adelaide，2006

［3］Glezer L. Tariff Politics：Australian Policy-marking 1960—1980. Melbourne University Press，1982

［4］Lloyd P J. Non-tariff Distortions of Australian Trade. Australian National University Press，Canberra，1973(11)

［5］Johanson K. How Australian Industry Policy Shaped Cultural Policy. International Journal of Culture Policy，2008(14)

［6］Stanford J. Industrial Policy in Australia and Europe. Sir Robert Menzies Centre for Australian Studies Institute of Commonwealth Studies，University of London，AGPS，Canberra，1992

［7］Capling A. Beyond The Protective State：The Political Economy of Australia's Manufacturing Industry. Cambridge University Press，1992

［8］Jones E. Industry Policy in the 1990s：Working Nation，its Context and Beyond. Journal of Economic and Social Policy，2005(9)

［9］ABS. Selected Characteristics of Australian Business(2010—2011)，www. abs. gov. au

协同创新科技服务现代农业园区建设的研究

——以创建“双百工程”专家工作站实施强农富民工程为例

汤国辉　汤辰雨　陈　笑

摘　要　本文主要通过南京农业大学不断创新科教兴农服务模式，在“科技大篷车”足迹遍布大江南北之后，“双百工程”在2003启动的“百名教授科教兴百村工程”之路越走越宽广之时，在2006年学校又适时在连云港各县区开始建立百名教授兴百村工程“专家工作站”平台，现以我校在灌云县伊山镇万亩设施蔬菜园区和灌云县兴云高科技示范基地建立专家工作站，实施江苏挂县强农富民工程项目，深入开展科技入园区、入合作社、入户与培训职业农民为例，探索以高等农业院校为依托的科技创新与服务三农的新模式，新机制。

关键词　专家工作站　农业园区　协同创新与服务

长期以来，南京农业大学在搞好教育科研的同时，大力实施科教兴农战略，始终把服务三农和地方经济建设作为学校办学的重要任务之一。2009年以来，在省委省政府的指导下，学校与灌云和射阳两个县在产学研合作的深度与广度上紧密对接，不断创新农科教结合新体制，产学研合作新模式，多形式、多途径、多渠道开展协同创新科技与服务，一方面实现了农民增收、农业增效、产业发展，二方面有力地促进了我校“百名教授兴百村工程专家工作站”(以下简称双百工程专家工作站)、“科技大篷车”等科技推广服务三农模式的深入开展。现以我校在灌云县伊山镇万亩设施蔬菜园区和灌云县兴云高科技示范基地建立专家工作站，实施挂县强农富民工程项目，深入开展科技入园区、入合作社、入户与培训职业农民为例，作简要阐述。

一、以建设双百工程专家工作站和实施江苏挂县强农富民工程项目为抓手，深入推进现代农业园区建设

(一) 建立校县合作推广新机制，创新服务产业园区发展与农民增收新模式

1. 围绕产业急需，以项目为抓手，农民增收为落脚点，多学科专家协同创新，

努力实现产业转型与升级，构建双百工程专家工作站合作推广新机制。百名教授兴百村工程是一项系统工程，要实现区域农业产业转型与升级，提高农民收入，涉及整个园区的农业产业化经营、产业链的拓宽和延伸、产业体系和产业技术体系的有效对接。为此，一是我校与地方政府协同创新与服务，在园区成立了南京农业大学专家工作站，为挂县强农富民工程项目的实施提供了合作推广新平台，并通过专家工作站有效地整合了园艺、资环、植保、食品、经管等学院和地方农委、科技局、科协、伊山镇、王圩村等部门的领导、地方专家和技术员、科技示范户与农民，成立了我校专家教授创新服务团队。二是制定了详细的项目实施方案，明确项目目标，成果要求，实施步骤，在灌云县伊山镇万亩设施蔬菜园区，创新了“一对六”的专家服务模式，即一位专家对接一户典型的农户、对接一户蔬菜种植大户、对接一户新的蔬菜种植户、对接一个专业合作社、对接一个龙头企业、对接一个科技示范园区，运用先试验后示范再推广的步骤，推广新品种、新技术和新产品。让典型户带动种植大户和新农户采纳新技术、新产品和新品种，由种植大户和典型户带动新种植户，从设施蔬菜种植的品种选择、育苗、栽培、施肥、灌溉、病虫害防治、贮运、保鲜、销售等各个环节上为农户和产业提供全方位的服务。三是针对蔬菜产业链的发展和健全产业技术体系的需要，每年都要选派不同专业专家和技术人员驻站。专家工作站根据项目组的需要，如 2011 年选派设施、蔬菜、园艺、病虫、推广、肥料、农药等 10 多位不同专业的专家作为驻灌云专家工作站人员，他们手把手教农民学会设施蔬菜生产的关键技术，并对工作站涉及的所有种植户进行巡回指导，就设施蔬菜产业化中新技术进行现场指导和培训。

建立了学校专家、当地技术员和农户紧密合作推广的新机制，实现了全方位服务产业发展和农民增收的新模式，提升了科技服务水平，初步形成了多方协作攻关，联合推广，优势互补，互利双赢的政产学研合作新格局，走出了合作推广一举多赢的科教服务三农的新路子。

2. 深入开展双百工程专家工作站条件建设，为持久开展科技入园区打下坚实基础。在 2008 年，时任江苏省委书记梁保华充分肯定百名教授兴百村工程的“做法很好”，指示“可以总结推广”后，2009 年江苏省农委牵头开展了挂县强农富民工程行动，南京农业大学在灌云县伊山镇万亩设施蔬菜园区和灌云县兴云高科技示范基地建立了专家工作站。依托上述 2 个基地的硬件设施条件，学校又出资 30 万元配置了必要的实验与办公设施，建设了 100 亩左右的设施蔬菜标准化生产示范园 2 个；建设农产品无害化生产监控检测室 3 个、专家工作办公室 2 个、图书室 2 个、成果产品展示厅 2 个；建立了环境观测、土壤检测、农药检测、品质分析等小型实验室；建立了同时容纳 150 余人的 2 个农民培训室，培训场地面积达 200 平方米以上，并配置了电脑、培训资料、多媒体课件、视频等相关的培训设施和材料，灌云高科技示范基地培训室与学校建立了远程网络教育，还购置了图书资料 26 个品种 500 余册，培训光盘 14 种共计 80 多盘，这些光盘视频以硬盘的形式储存，进行了程序化分类处理，用户可以根据需要随时进行视频播放、观看和学习。

3. 出台了相关政策，提高专家驻站教师的积极性。为保障技术实施到位，鼓励驻站人员能较多时间蹲点，学校和学院制定了挂县强农富民工程驻站工作人员意见和管理办法，如提高驻站人员的补助，并根据驻站天数和绩效给予适当的奖励，在职称职务晋升上优先考虑等。在这些政策的激励下，专家下乡和团队驻站时间明显延长，教师参与技术推广的积极性显著提高。

（二）深度实施挂县强农富民工程项目，实现双百工程科技入园区产学研合作双赢新格局

1. 合作示范推广新科技成效显著，通过加强新品种、新技术、新产品的示范推广力度，特色基地示范效应明显，高校技术推广的集聚效应逐步凸显，园区产业发展迅速，两县主导产业明显扩大。一是在位于灌云县伊山镇王圩村和兴云农业高科技园区，2009年始，经项目组成员的共同努力，建立和完善了展示示范温室及大棚，在专家工作站周边地区新建日光温室120多座，塑料大棚近200座，在原有面积的基础上扩大了13.6%。同时，在棚室结构与环境调控、嫁接育苗、穴盘育苗、茬口安排、整枝落蔓、促进坐瓜、延长栽培季节、病虫草害综合防治等关键技术上进行攻关，培育了以陈娟为典型的职业农民西瓜种植户：据测算，该基地仅西瓜多次整枝留瓜1项技术，就使48座塑料大棚西瓜亩产量提高了19.4%；通过日光温室西瓜吊蔓栽培技术的推广，使日光温室西瓜的平均产量提高了17.8%；通过赠送我校发明研制的“爸爱我”生物肥料，降低了西瓜的土传病害，明显促进了西瓜的长势，减少了化肥和农药的施用量；通过引进优质礼品西瓜品种“小兰”，满足了春节、元旦等节日的市场需求，亩产值提高了26.5%。

二是主要推广示范了2个设施西瓜新品种“8424”和“小兰”。“8424”西瓜品种主要适宜于塑料大棚栽培，2010年“五一”进入当地市场，成为高档礼品型西瓜品种，填补了灌云县缺乏早春礼品型西瓜品种的空白。此外，在伊山镇万亩设施蔬菜种植基地开始推广“苏椒5号”辣椒品种近50亩，专家们帮助进入市场销售，取得了良好的经济效益；在兴云农业高科技示范园从国内外引进了12个番茄品种，通过测产、品质分析，筛选出了适宜塑料大棚生产的优良品种1—2个，通过提高紫苏的栽培技术水平，提高了紫苏产品的质量和价格；指导了芦蒿的优质高效生产技术，初步实现了芦蒿的周年生产，均衡供应。等等。

三是按照产前、产中、产后产业化要求，在灌云县伊山镇建立了1个设施西瓜特色产业示范基地，在侍庄镇建立了1个设施番茄特色产业示范基地；建设了王圩村西瓜特色专业村，王圩紫苏生产专业合作社和朱胥村设施番茄专业村，目前正在积极筹建吴南村设施番茄专业村，伊芦乡玉山村设施西瓜专业村等3个专业村。在已经建成的示范基地和特色村农业“三新”技术入户率达80%以上。使伊山镇王圩村万亩设施蔬菜基地的西瓜产量和品质显著提高。西瓜特色专业村王圩村的设施西瓜种植规模占同产业的80%，该特色村从业农户户均增产16.8%，

增效 23.1%；由于主推了优良的品种和种植模式，侍庄镇朱胥村设施番茄专业村，通过引进优良番茄新品种，设施番茄的产量和产值也取得了大幅度提高。

2. 在园区合作推广新品种、新产品、新技术与新模式，带动农民增收显著，培育了一批新型农民示范户，进一步放大了科技示范效应。在灌云县伊山镇王圩科普示范基地建立了设施西瓜特色产业示范基地，2011 年 5 月 26 日，王圩西瓜节在我校挂县强农富民工程基地灌云专家工作站隆重开幕。灌云县特邀我校作为王圩牌西瓜技术依托单位。伊山镇党委书记张启银在开幕式上十分感谢南京农业大学为王圩牌西瓜产业发展和品牌建设、农民增收做出重要贡献，他说南农大专家们通过近三年的努力，培育出本次西瓜节擂台赛得主陈娟为代表的职业农民示范户，每亩收入超万元，2011 年总效益达到三十多万元。2012 年总效益达到五十多万元。

3. 培育了人才，提高了农业基层人员和农民与学生素质。协同创新，建立政产学研合作推广新型模式，逐渐形成多赢的产学研新格局。通过双百工程专家工作站平台建设和"挂县强农富民工程"项目的实施，培育了一批示范户、基层农技推广人员队伍、农业企业的骨干人员和合作社带头人，还对伊山、穆圩等 21 名大学生村官进行重点管理和技术培训，通过面对面、手把手、点对点现场指导等，初步培训了一支具有高专业技能的设施蔬菜骨干队伍，取得了显著的经济效益和社会效益，得到了当地农户及行政部门的高度赞誉。项目组专家还十分重视应用型人才的培养，着力培养大学生和研究生的实践能力和动手操作能力。如专家工作站成员孙锦副教授带领我校设施农业本科生多次赴灌云县万亩设施蔬菜种植基地实习参观，通过现场观摩、亲自动手、培训交流等方式，增强了本科生实践能力。此外，专家工作站站长郭世荣教授等五位教师又多次带领设施园艺与无土栽培研究室的硕士和博士研究生在灌云专家工作站示范基地进行实地考察和实践教学与蹲点服务，进行科技服务的同时强化了学生理论与实际结合的能力，使研究生明确了科研为生产服务的目标，提高了学生的实践能力，产出了与生产相结合研究成果。

此外，还协同创新专家服务模式，逐渐形成多赢的产学研新格局，初步形成了多方协作攻关，联合推广，优势互补，互利双赢的产学研新格局。如建立了：专家创新与服务团队＋专家工作站＋示范户；专家团队＋合作组织＋农户；专家团队＋大学生村官＋农户；挂职干部＋园区＋示范户等服务模式。

二、进一步提高双百工程专家工作站科技入园区的绩效启示

（一）协同创新，建立农科教结合，政府引导，以大学为依托的农业科技创新与推广为主体的综合服务体系势在必行

通过在灌云县伊山镇万亩设施蔬菜园区和灌云县兴云高科技示范基地双百

工程专家工作站建设，科教单位挂县强农富民工程等项目实施的实践表明：

一是建立以涉农院校为依托的农业合作推广的综合服务体系和模式势在必行，合作推广模式是我国大学服务于农业和农村经济发展的一种新型农业推广形式。它是应用农业推广的基本理论和原理，遵循现代农业发展和高校自身运行规律，在政府的指导和推动下，以市场为导向，依托大学的科技、人才、信息、设备等资源优势，以项目为纽带，整合、利用有关教育科研单位和基层农业推广资源，以农民科技示范户为切入点，农村合作组织、涉农企业为结合点，开展农业先进适用新技术示范推广和农业高新科技成果转化的新型农业推广形式。

二是构建以大学为依托的农业科技创新与推广为主体的综合服务体系，就是要构建大学服务现代农业、服务新农村的工作平台。根据大学的特有优势采取正确、有效的推广方式，与现有的农业推广体系互为支撑和补充，共同作用，促农业进步、农民增收、农村发展。包括了大学科技创新平台、成果转化平台、教育培训平台、信息服务平台的建设。将服务的公益性与经营性结合起来，将服务的经济效益、社会效益、生态效益结合起来，探索一种符合市场经济规律的大学科技、信息、成果与涉农企业、合作组织、农户和职业农民的有效对接机制，着力构建以大学为依托的综合服务体系，建立大学科技成果进村入户培育职业农民的便捷通道，提高农业科技成果转化和普及效率，加快农业科技信息的集成和传播。

（二）完善校县合作推广体系和机制，提高双百工程专家入园区的绩效

要进一步提高双百工程专家入园区的绩效，迫切需要健全校县合作推广体系和机制，在有条件的大学和周边地区实行以高等农业院校为依托的服务模式，作为现行的政府主导型农业科技服务体系的补充。在这一体系的构建过程中，我们必须从政策管理，资金投入，人才队伍建设，工作人员激励机制的完善等几个方面给出具体安排，以期实现人才培养、科技创新、服务经济社会发展和大力推进文化传承创新一体化，实现大学科技成果与农民的对接，使大学科技成果迅速传播到广大农村和千家万户。

（作者单位：南京农业大学）

江苏省纺织玩具行业应对国外技术性贸易措施调研报告

杭敏华　钱荣富　张宁芳

摘　要　随着经济全球化的快速发展，各国的技术性贸易措施也在发生着新的变化。本文通过对纺织、玩具行业出口企业的走访、调研，实地了解国外技术性贸易措施的特点和影响形式，在研究分析的基础上，提出我省应对国外技术性贸易措施的策略和建议。

关键词　技术性贸易措施　纺织玩具　认证　验厂 预警

纺织和玩具行业是劳动密集型行业，也是我省的传统出口产业。入世以来，基于劳动力红利，产品的出口量逐年攀升，在欧美日等主要海外市场的份额越来越大，受国外技术性贸易措施的影响也日趋显现，加上近年国际金融危机对国际经济的影响，2011 年江苏省纺织及玩具出口贸易出现普遍下滑的趋势。其中，纺织服装出口总额 408.7 亿美元，同比增长由上年的 25.7%降至 21.7%，回落了 4 个百分点；玩具出口总额为 9.9 亿美元，同比增长由上年的 29.9%降至 12.5%，回落了 17.4 个百分点。

针对当前国外技术性贸易措施愈演愈烈的态势，省委、省政府高度重视这一问题。张卫国副省长亲笔批示要求省质监局联合有关部门和单位要深入研究国际贸易摩擦新动向，积极主动应对贸易壁垒，为外贸企业出口做好监测预警服务。为了深入了解把握国外技术性贸易措施的新动向，摸清我省企业在出口中受其影响的总体情况以及重点受阻情况，江苏省质量技术监督局会同江苏省标准化研究院根据张副省长的批示精神，在省政府办公厅的组织协调下、在省发改委、商务厅、检验检疫局、海关等部门及相关专家的支持和配合下，开展了“江苏省纺织玩具行业应对国外技术性贸易措施影响”调研。

一、调研范围及方式

专题组依据南京海关提供的我省出口企业数据，在省纺织协会和玩具协会的协助下，按照苏南、苏中、苏北的区域布局，分别抽选了 5 家纺织企业和 5 家玩具企业。其中纺织行业的5家企业涉及纺织产业链的织造、印染、服装加工和外贸出口四个环节;5家玩具企业主要从事童车、童床以及毛绒玩具产品的生产和出口。样本的分布具有一定的代表性。

本次预调研活动采用了走访企业和发放问卷相结合的方式,于2012年2月9日正式开始,至2月29日结束。专题组先后走访了昆山好孩子集团、常熟波司登集团,常州华利达服装集团、常州老三集团、宜兴乐祺纺织集团、江苏阳光集团、南京三角洲玩具公司、扬州中华玩具公司、扬州雅伦玩具公司、大丰杉童玩具公司。调研期间,课题组听取了企业外贸情况介绍,并与企业相关人员进行了交流、探讨,同时发放了调查问卷,全方位地深入了解我省出口企业近年来遭受国外技术性贸易措施影响的状况。

二、国外技术性贸易措施对我省纺织和玩具出口的影响分析

专题组对回收的调查数据进行了统计和分析,综合考虑去年我省纺织服装及玩具出口总量,及相关产品出口受阻的数量、金额等因素,对2011年全省纺织服装及玩具出口受国外技术性贸易措施影响所导致的损失(包括直接损失和因成本增加而产生的间接损失)进行了估算。结果表明,我省2011年度纺织和玩具出口其损失总额大约为17.38亿美元,占两者出口总额的4%左右。主要有三个方面的原因造成了我省纺织、玩具出口企业的损失。

(一)人身健康安全和节能环保成为各国技术性贸易措施关注的热点

技术法规和标准对国际贸易的影响由来已久。但近年来,技术性贸易措施逐渐从单纯对产品质量的要求,发展到在满足产品质量的基础上还要关注人类及动植物的健康、安全和节能环保方面的要求,特别是一些发达国家,不断修订、更新这方面的技术法规和标准,使要求越来越严格。2011年WTO各成员在新发布TBT通报中,有1 113项与安全和健康有关,占通报总量的60.19%;有177项涉及环境保护,占总量的9.57%。

如欧盟发布实施的新玩具安全指令,将金属迁移指标由原来的8项增加到了19项。美国则针对儿童用品不断提高铅含量限值要求,规定从2009年2月10日起,所有儿童产品中的铅含量不得超过600 ppm;从2009年8月14日起,不得超过300 ppm;从2011年8月14日起,不得超过100 ppm。美国消费品安全委员会还作出规定,要求按照玩具安全标准(ASTM F963)对儿童玩具进行强制性第三方测试。

此外,发达国家近年来还制定了一系列针对环境保护的技术法规和标准,如生态标签、化学品注册评估、碳足迹评定等等。这些技术法规和标准让我省出口企业应接不暇,甚至难于逾越。

针对国外繁杂众多的技术法规和标准,一些规模大、技术实力雄厚的企业都

能自如应对。通常这些大型企业拥有自己的研发团队和实验室，能主动跟踪国外先进技术及最新技术法规和标准的发展动态。例如江苏阳光集团，借助其技术和人才优势，从英国人手中接过了国际标准化组织纺织品技术委员会（ISO/TC38）秘书处的工作，使我国的纺织行业在国际标准的制定中掌握了主动权，确立中国企业在国际纺织界的地位，在技术上领跑国际纺织行业。昆山好孩子集团每年研发投入达 1.25 亿元人民币，如今已拥有国内外专利 2 000 余项，其产品占据欧美市场的半壁江山。这些拥有实力的企业，由于注重科技创新和自主知识产权，可以比较从容地面对国外技术性贸易措施。

但大多数中小企业，由于技术实力薄弱，或受人力、财力等的限制，或者企业自身对技术创新和研发的重视程度不够，在应对国外技术性贸易措施方面明显力不从心。很大一部分出口企业根本不关注国外技术性贸易措施的变化信息，生产中所使用的标准均依靠外商提供。贸易中客户有什么要求企业就按什么标准执行，完全处于被动应付的状态。这一情况在玩具企业以及贴牌生产的服装企业内部表现得尤为明显，可能与国内企业没有形成自主品牌有很大的关系。

（二）检验测试费用占企业出口成本的比例较高

为满足目标市场对产品的新要求，出口企业需要对产品进行测试、检验、认证、注册，或改进产品生产技术、更换产品包装及标签或办理其他手续。这一切导致企业出口成本提高，进一步挤压了企业本来就不大的利润空间，致使小企业的经营举步维艰。

根据问卷调查统计数据推算，我省纺织和玩具出口企业花在检验测试方面的费用大约 1.21 亿美元，占出口总额的 0.25%。很多企业因为没有相应检测设备而只能依赖第三方测试。而国内的第三方检测机构由于国际公信力低，得不到国外检测机构的认可，因此国外客户通常要求出口企业委托国外知名检测公司进行产品测试，有的甚至要求将产品送往国外检测，于是检测成本不断攀升。如常州老三集团，每年出口约 1 亿美元，产品以中低档服装面料和成衣为主，目标市场主要是日本。日本客户对产品质量要求特别严格。但企业因为缺乏过硬的检测技术和设备，加之对国外技术法规和标准的要求了解不及时、不全面，常常因此受制于人，每年要花费两三百万元委托第三方测试。特别是当不同的实验室出具的检测结果不一致时，企业更是无所适从。宜兴乐祺纺织集团、大丰杉童玩具等企业也反映了不同检测机构所出具的测试报告不一致的问题。检测机构对产品的重复测试大大增加了企业的出口成本。此外，很多国外客户要求对产品实行批批检验，更让出口企业苦不堪言。

（三）国外“客户验厂”成为影响我省纺织和玩具出口的新的贸易壁垒

客户验厂一般分为三种类型：“质量验厂”、“人权验厂”（或称社会责任审核）以及美国的“反恐验厂”。验厂过程复杂，涉及面广，出口企业稍有差错，便有可能失去订单。

"质量验厂"是指通过对工厂整体状况的评估来判定其质量控制能力。日本客户对质量验厂十分重视,要求几近苛刻,在下订单之前,首先对工厂的软硬件设施进行评级,属于D级的工厂,肯定不合作;属于C级的,列入考察范围;属于B级的,可以先下50%的订单进行试合作;只有A级工厂才能让其放心合作。在合作过程中,客户还要三天两头来现场验厂,一旦发现问题,处罚极其严厉,除了动辄上百万金额的罚款外,还必须当场全部销毁该批产品。

"人权验厂"即社会责任审核。主要是欧美拥有国际品牌知名度的大客户,如美国的WALMART、NIKE,欧洲的ADDIDAS、PUMA、BURBERRY等。他们十分注重本企业的社会责任,在下订单之前都要委托国际机构对中国的代工工厂进行验厂,要求工厂在员工工资福利、社会保障、安全健康、环境保护等方面符合社会责任标准。国内出口企业要成为其供货商,必须通过验厂才能具有获得订单的资格。

"反恐验厂"出现在美国"9·11"事件之后,主要是美国政府为了打击国际恐怖分子,要求所有出口到美国的工厂必须严把安全关。具体要求是工厂必须在反恐方面加大投入,配备足够的安全设施,实施严格的管理制度,比如加高围墙、安装摄像头、加强对工厂员工的背景调查等等。

"客户验厂"是一把双刃剑,一方面对我国企业持续稳定发展产生了一定的正面影响。中国的一些企业确实在经历过几轮外商的客户验厂后,认识到了企业不能仅以盈利为终极目标,还应塑造良好的社会责任形象,考虑工人的利益,重视环境保护,减少资源的占用和浪费。

另一方面,"客户验厂"也给企业带来了很大的负面影响。1. 验厂标准各不相同。即使同一个客户,因委托的第三方审核机构不同,或具体的审核人员不同,其验厂标准也常常不相一致,甚至相互矛盾,使企业左右为难。2. 验厂频率太高,一般都是每半年或一年审核一次,审核员通常以飞行检查或隐藏身份的方式进入工厂,企业疲于应付。3. 企业每年要投入巨资用于工厂设备及环境改造,并建立和完善相应的管理制度,生产成本因此急剧提高。

三、应对国外技术性贸易措施中存在的主要问题

(一) 缺乏自主知识产权使企业产品出口受制于人

在接受调研的企业中,只有少数拥有自己的品牌,大多数企业是以来料来样加工或贴牌生产为主,技术上受制于人,面对国外客户严格甚至苛刻的标准及检验,只能逆来顺受。事实上,这类出口企业只仅仅是外商的生产加工场地,以廉价的劳动力换取微薄的利润。据常州华利达集团介绍,企业为英国博柏利(Burberry)等国际知名品牌加工服装,其利润十分微薄,比如超过万元一件的高档服装,加工费与普通服装相差无几。这与我国某些高新技术产业(如IT等)为境外品牌

公司打工同出一辙。由于没有自己的品牌，国内企业只能在整个产业链中分得很少的一杯羹，一旦出现市场波动或价格波动，便很难生存。

（二）企业面对“客户验厂”无可奈何

面对客户验厂，为了争取订单，许多企业只有顺从之份，没有争辩之权。根据调研情况分析，其中存在两方面的原因。一方面是客户的要求严格，甚至苛刻，企业无法适应和满足其要求。另一方面，由于多数企业的利润空间小，特别是中小型纺织及玩具企业，利润率极低。受价格波动、工资上涨等因素影响，这些企业在社会责任方面确实存在着一些问题和不足，如管理不善、少缴社保等等。

（三）企业获取国外技术性贸易措施的渠道不畅

大部分企业没有建立相应的技术信息收集渠道，主动去跟踪研究国外技术性贸易措施，其信息来源主要由客户提供。一些企业对国外技术法规和标准变化情况茫然不知，更不知道我省拥有专门针对国外技术性贸易措施的研究机构和信息发布机构。

（四）一些企业对目标市场的技术法规和标准的研究和学习不够

只有少数公司比较注重对国外技术法规和标准的学习研究。通过对国内外标准的比较、分析，进而作出技术上的调整或改进，使企业在国际竞争中列于不败之地。但也有一部分企业对技术法规和标准的学习研究不很感兴趣，只是外商提供什么标准，就按什么标准执行，处于被动应付的状态，很少主动跟踪研究。

四、对策建议

纺织服装和玩具是我省传统的也是重要的出口商品。为了更好地开拓国际市场，我们提出以下几点对策和建议：

（一）建立我省技术性贸易措施联合应对体系

鉴于严峻的国际贸易形势，建议在省政府的统一领导下，建立由省质量技术监督局牵头，省农委、省商务厅、省科技厅、江苏检验检疫局、南京海关等相关部门和单位共同参与的应对国外技术性贸易措施联合应对机制。整合政府部门、科研机构、行业协会以及企业等各方面的力量和资源，形成江苏省技术性贸易措施应对体系。要重点加强对贸易中新问题、新动向的研究，特别是要充分利用WTO赋予的权利，针对可能严重影响我省对外贸易的国外技术法规草案，及时组织行业专家和学者开展评议，提出符合我方利益的合理主张和意见。

（二）设立技术性贸易措施应对专项资金

鉴于目前应对国外技术性贸易措施机构及队伍力量薄弱、资金不足等状况，建议设立江苏省技术性贸易措施应对专项资金，用于国外技术性贸易措施的专题研究、预警监测、通报评议、宣传培训等，使我省的应对工作上台阶、增实效。

（三）构建政府层面的技术性贸易措施信息服务平台，为纺织品和玩具出口企业提供预警和监测服务

针对调研中企业反映的信息渠道不畅问题，建议开发建设江苏国外技术性贸易措施信息服务平台，从政府层面及时发布国外技术性贸易措施信息，并着重对重点产品和敏感产品的出口情况，被扣留和召回情况等进行跟踪分析，减少国外技术性贸易措施对我省纺织品和玩具出口带来的影响。

（四）强化检测机构建设，提高产品质量检测水平

要加强检测机构建设，增加检测设备的投入和检测人员的技术培训，努力提高产品质量检测水平。同时要加强与国外知名检测机构的交流和合作，建立测试报告的国际互认制度，以方便企业的检测，降低出口成本。

（五）积极参与国际标准化活动，争取国际标准制修订的话语权

鼓励有技术实力和条件的企业要积极主动参与国际标准的制修订，争取话语权，打破由发达国家制定标准而形成的技术壁垒。尤其要加强对国外先进标准的学习，尤其要重视其中对纺织品和玩具的致癌物质、重金属等有害物质的控制。

（六）强化品牌意识，重视自主知识产权产品的孵化、扶持和保护

建议政府加强对企业的品牌意识引导，通过政策鼓励、税收优惠等手段来孵化、扶持和保护我省拥有自主知识产权的品牌产品。出口企业更应具有品牌竞争意识，要以品牌求生存、求发展。

（七）针对国外“客户验厂”过程中的一些不端行为，要采取适当措施予以制止

针对审核人员在审核过程中索取红包等不端行为，企业及相关部门应采取适当手段进行干预、制止，不能让其任意妄为。要从产业发展和外贸战略的高度认识这一问题，并采取有效措施保护我国企业的正当权益。

（作者单位：江苏省标准化研究院）

参考文献：

[1] 海关统计. 江苏月报 2011. 1 - 12. 中华人民共和国南京海关

[2] 世界贸易组织网站. www. wto. org

核苷酸的利用价值

王应铨

摘　要　核酸是生物体遗传信息的携带者，对生物体的生长、遗传变异等都起着极其重要的作用，核苷酸则是核酸的基本结构单位。本文介绍了核苷酸对植物生长的促进作用，将其施用于不同植物效应的试验研究以及使用方法。

关键词　核苷酸　用途　施用

核苷酸是核酸的基本结构单位，它由碱基、戊糖和磷酸三部分组成，碱基和戊糖缩合成核苷，核苷上的戊糖再与磷酸结合，即成核苷酸。核酸是一种重要的生物高分子化合物，是生命的最基本物质之一，它是由单体核苷酸通过3′，5′-磷酸二酯键聚合而成的长链，分子量在25 000左右，较大的核酸分子可由几万个单核苷酸分子组成，分子量高达数百万。核酸是生物体遗传信息的携带者，对生物体的生长、遗传变异等都起着极其重要的作用。

一、生理功能多，用途价更高

根据组成核酸的核苷酸中戊糖种类不同，可将核酸分成两大类：核糖核酸(RNA)和脱氧核糖核酸(DNA)，它们均由不同性质的嘌呤碱和嘧啶碱含氮物质及磷等物质组成，它们存在于生物的细胞核内，分布不均一。“春风杨柳吐新芽，骋目芳茵绣宇涯”根据国内外科学研究报导，业已探索显示核苷酸能够促进植物生长发育，并已利用生物工程技术，将核苷酸制成浓缩剂：粉剂或液态，施用于各种植物，彰显出如下生理功能。(1) 能迅速为植物吸收，并合成有机物质。如在无光照条件下，施用七小时后，即为植物根茎叶直接吸收入其组织中，合成有机体必要组成成分而显出效果，而氨基酸、维生素、色素、有机酸等营养物质，只能在植物利用光能条件下，经过一定相应时间，才能被利用而合成营养物质，从两者吸收和合成的生理代谢过程速率与效能看，可谓大巫见小巫了。(2) 在夜晚植物休眠时期，一般暂停止吸收营养物质，而这时施用核苷酸营养物，还能被植物吸收利用，进行合成作用，故施用不择时，促使有机体充满生长活力，生机盎然。(3) 缓解或增强植物的抗逆性，使生长势得到回复与更新。自然环境中有关因素，对植物生长过程正常与否，影响最为显著，一年四季，气候常出现异常变化如阴雨偏多，光照不足，光线不强，影响到有机体光合作用进行，合成养分偏少，影响到根茎叶的正常生长；夜晚温度高，夜短，昼长，使有机体营养消耗常大于积累，导致植物生育自然不正常；低温时长，会影响到生理代谢与养分的吸收利用。其次由于化肥农药施用技术不当，土壤微生物活动平衡遭受抑制与破坏，碳素、氮素生理循环过程不能正常进行，供应营养不足，植物长势受阻，凡此等等，均可通过施用核苷酸，在不良条件下，能促进正常开花结实，适时成熟丰产，障碍因素迎刃而解。

二、施用时期把握盈，满园春色艳人间

核苷酸生理功能显著，但要把握关键时期使用，获效益彰。按近年来所作核苷酸施用于不同植物效应的试验研究，植物对核苷酸营养需求量，生殖生长阶段要比营养生长阶段大得多，一般约 10—15 倍。稻麦作物于分蘖及孕穗期，各喷施液态核苷酸一次，能够增加千粒重，其增产幅度，水稻为 6.8%～7.5%；小麦为 5.2%～5.6%；果树作物一般在营养生长末期、初花期与结实期，以葡萄为例，在此生育时期喷施核苷酸，不仅果实甜度增大，增产亦较高，一般为 10%～15%；蔬菜作物在营养生长阶段，如卷心菜、洋葱等经喷施核苷酸后，增产量为 19.2%～22.5%；花卉植物，宜在营养生长时期、花芽形成期与开花初期，如月季花等花卉植物核苷酸后，在早春季节，花芽发生早，较对照早 3—5 天，花芽量亦多于对照约 20%—30%，开花较对照早 2—3 天，且花期持续时间长，花朵大，色泽鲜艳，开花次数亦较对照为多，提高了经济效益与观赏价值；食用菌宜在菌丝生长阶段与子实体形成阶段，如平菇等食用菌于此阶段施用核苷酸，菌丝浓密，子实体单体重而数量多，增产8.7%～13.6%；藤蔓作物宜在牵蔓阶段喷施，如红著等则可增产 10%左右；此外将核苷酸掺拌于饲料中喂养蛋鸡，能使产蛋量提高至 3.3%，蛋黄色度增深，维他命 A 量增加，营养价值提高。

三、植物类型多，实施方法异

一般使用的核苷酸，为液态浓缩剂，施用时需用水稀释，用作叶面喷施或浇根，不同作物稀释倍数不同，施用方式亦各异。兹将稻麦类作物、果树蔬菜作物、花卉植物的稀释倍数和施用量列表如下：

作物名称	稀释倍数	使用量(斤/亩)
稻麦作物	1∶600—1 000 倍	80—100
果树类	1∶700—1 000 倍	80—100
蔬菜类	1∶700—1 000 倍	60—80
花卉类	1∶1 000—2 000 倍	60—80

注：施用方式：稀释后喷施

“科学无止境，攻关探硕果。只在有心人，悠幽可知处”近年来，随着国内外有关科研机构，如生物工程尖端技术，开展核苷酸对植物生理代谢功能的研究，有如雨后春笋涌现出来，其成效业已引起人们注意。特将有关核苷酸的生理特性与功效的试验成果，择其精要撰写成文，惟水平有限，敬请方家指正。

（作者单位：苏州市农村干部学院）

加快酒精行业循环经济技术推广促进形成新增长极

李士林

摘　要　本文以连云港市为例，简述了沿海酒精生产企业生物质能开发现状，介绍了“酒精行业沼气、废渣锅炉混烧及循环经济推广技术”木薯废渣能源化利用四个环节和链条锅炉的燃气改造技术关键点，分析改造后企业经济效益和社会效益，提出了构建沿海酒精生产产业群设想。

关键词　酒精行业　沼气、废渣混烧　循环经济技术　推广

江苏省位于我国沿海中部，长江下游，是我国的经济大省。近年来，江苏经济一直持续、快速、健康地发展，成为中国东部最具经济活力的地区之一。江苏省和长三角地区又是我国耗能最多的地区，也是能源资源紧缺的地区，迫切需要建立大型能源基地，解决能源匮缺制约经济发展的这一瓶颈问题。发展沿海新能源产业，不仅能缓解域内能源紧缺问题，而且能够形成新的经济增长极，促进区域经济发展，对江苏全面实现小康社会具有重要意义。

一、江苏沿海发展生物能源的迫切性和地理优势

近年来，随着我国经济社会的快速发展，能源需求的巨大缺口已成为我国经济社会可持续发展的“瓶颈”，石油供给压力空前增大。因此，作为石油替代性产品的生物质能得到了较快的发展，其中燃料酒精是生物质能产业中发展最快、规模最大的生物能源。据统计，目前我国生物乙醇汽油的消费量已占全国汽油消费量的 20%，成为继巴西和美国之后的第三大燃料乙醇生产国。根据我国发改委发布的《酒精行业清洁生产技术推行方案(征求意见稿)》，预计在 2012 年，全国酒精总产能 694 万吨。《可再生能源中长期发展规划》预测，到 2020 年生物燃料乙醇年利用量将达到 1 000 万吨、非粮原料燃料年替代成品油约 1 000 万吨。

从全球粮食安全方面来看，作为非粮生物质能原料，木薯是诸多非粮作物中最为理想的一种。首先，木薯对土质的要求低，耐旱、耐瘠薄，符合“不争粮，不争

(食)油，不争糖，充分利用边际性土地(指基本不适合种植粮、棉、油等作物的土地)”的粮食发展战略。其次，从经济效益来看，木薯在同类非粮作物中生产成本最低而产能较高。据估计，以生产1吨酒精计，需要不同原料的单耗为：甘蔗17吨、马铃薯9吨、红薯8.7吨、鲜木薯7吨(或木薯干片2.8吨左右)；在产能方面，木薯较甘蔗等的土地酒精产率更高、其净能比高达3.56，而甘蔗的净能比最高只达到1.7。因此，用木薯制成的燃料乙醇，不仅被称为可替代汽油的环保型“绿色汽油”，而且是最经济可行的生物质能，必将成为未来优先发展的能源作物之一。

以连云港市为例，该市凭借港口优势和拥有进口木薯便利的条件，近内来从泰国、越南等地进口木薯干作为酒精生产原料，酒精企业不断投产，企业规模不断壮大，目前共有酒精生产企业17家，锅炉31台，单台蒸发量15 t/h以上。灌云万运酒精厂，赣榆食用酒精厂，东海顺泰酒精厂，东海山口左酒精厂，连云港东城酒业，连云港易达酒业，金山化工等均为酒精产能较大的企业。年可生产发酵酒精100万吨，占全国酒精行业中1/7以上。2011年木薯进口占全国的1/3，港口独特的地理优势，促成了连云港地区酒精行业现阶段的产能规模和综合经济效益。

二、江苏沿海酒精生产企业生物质能开发进展

以连云港为例；五年多来，酒精产量从不足5万吨产能发展到今天的100万吨产能，在此期间各酒精企业始终围绕节能减排这个涉及企业生存发展的主线，总体上是分以下两个发展阶段。

第一阶段及建厂初期。各酒精企业在加强能源管理、调整工艺参数的同时，对酒精废醪的处理利用是先行进行固液分离，然后采用清液厌氧发酵技术在降低废液COD的同时附产生物质能(沼气)作为锅炉燃料，原煤与沼气的比值为8∶2。吨酒精消耗原煤平均550 kg。

第二阶段各酒精企业的工作重点放在环保厌氧处理上，采用厌氧接触法(ACP)将原先固液分离后的清液厌氧改为全糟厌氧发酵，然后再进行固液分离，固液分离后的清液再进行二次厌氧发酵，由于酒精废醪固形物有效成分得到充分利用，使沼气的产量可提高3倍以上。就此锅炉的燃烧燃料原煤与沼气的比值可控制在2∶8。吨酒精原煤的消耗平均为150 kg，取得了较好的节能减排效果，但固液分离后的废渣仍无利用价值。

三、发展和建立江苏沿海酒精生产产业群技术支撑

江苏省特种设备安全监督检验研究院从2008年开始进行了以木薯为原料的酒精生产系统技术的跟踪研究，结合各酒精企业的特点(技术力量薄弱、非规范性扩建等)，在锅炉系统、酒精工艺换热系统、沼气厌氧发生系统、沼气燃烧系统实施

有效监检并给予企业技术上的支持。2010年江苏特检院和连云港易达酒业合作，启动了国家质检总局项目"酒精行业沼气、废渣锅炉混烧及循环经济推广技术"的研究工作，探索酒精行业现有锅炉改造并安全、高效利用沼气的方法和酒精行业木薯废渣在现有锅炉高效燃烧的方法，实现酒精生产锅炉用煤的零消耗节能目标。2011年又在连云港东城酒业10万吨新建项目中对锅炉和木薯废渣进行改造，目前江苏特检院已全部完成了项目的研究任务，完全实现了预期目标，解决了酒精行业现有锅炉安全改造、高效利用沼气和废渣问题，已具备了对酒精锅炉提供系统技术支撑和指导的能力。近期，该技术被国家质检总局列入《关于公布2011年高耗能特种设备节能技术与产品推广目录的公告》。具体做法是：

(1) 废渣的能源化利用

木薯废渣预处理工艺共分以下四个环节：分离；脱水；烘干；成型造粒。图1。

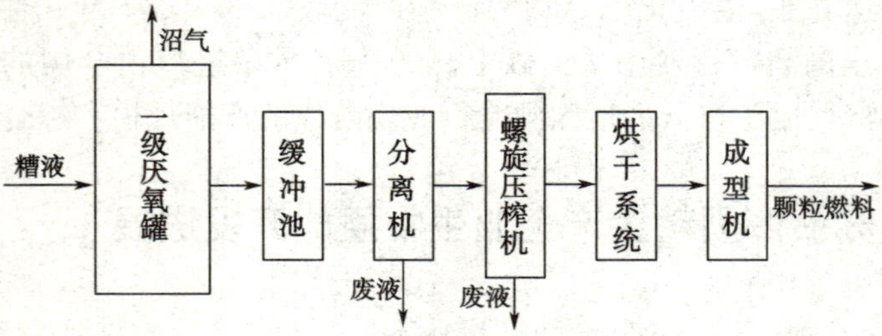

图1

1. 为了将酒精生产中所产生的固体废弃物充分合理利用，课题组研发并已申报国家专利的"厌氧后木薯废渣分级分离机"。该分级分离机能够有效分离一次厌氧后废醪液中的粗纤维，滤去无机灰分等杂质与溶液的混合物。使得分离后的木薯废渣具有高灰熔点的特性，具备作为锅炉燃料的特质。

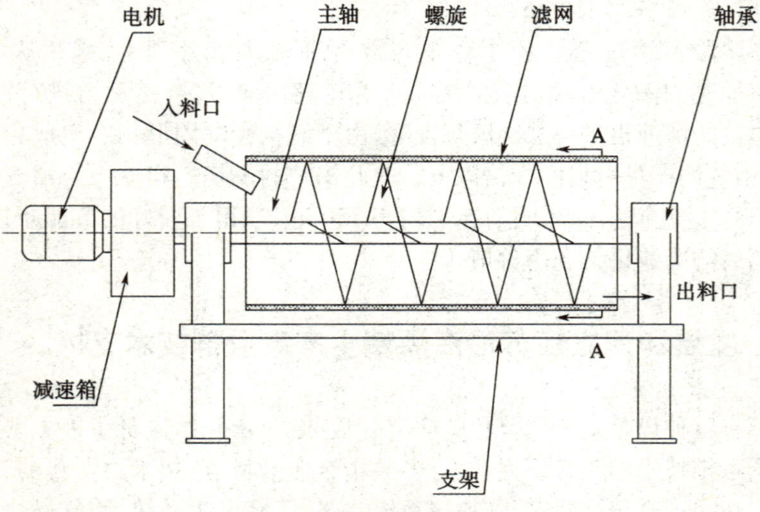

图2 木薯废渣分级分离机

通过对分级分离后木薯废渣进行理化实验，获取了如表 1。

表 1　生物质碱金属含量

	稻秆	稻壳	麦秸	分离后木薯渣
K_2O/%	12.30	3.74	25.60	1.02
Na_2O/%	0.96	0.21	1.71	1.00
合计/%	13.26	3.95	27.31	2.02

从表 1 可知，相较于常见的生物质，预处理后的木薯废渣在 K 元素含量上，远低于稻草、秸秆，稻壳的 K 元素含量 ，可见木薯渣屑经长时间浸泡处理，对去除木薯本身的大部分 K 元素起到非常大的作用。

分级分离后木薯渣灰熔点采用 GB/T219—2008 实验方法经行测定，得到预处理后废渣的灰熔点各参数均大于 1 400℃，与其他生物质比较，其灰熔点各项指标更高，且高于大多煤种。

2. 分离后的木薯废渣虽然已经去除大量水分，但含水率仍达 85% ，低位热值低，因而需将分离后的木薯废渣进行脱水、干燥处理，提高燃料品质。为了降低木薯废渣脱水、干燥环节能量消耗的同时尽量减少木薯废渣的出料含水率，采用了机械挤压与高温烘干两种方式相配合。首先分级分离后高含水率废渣(含水率 85%)进入机械脱水设备(木薯废渣螺旋压榨机)脱除其中的大量水分，然后再进入烘干流程，进一步降低废渣含水率。

木薯废渣螺旋压榨机能够适应粗纤维的物性，分离后的废渣 经木薯废渣螺旋压榨机处理后，含水率可控制在 60%～65%。

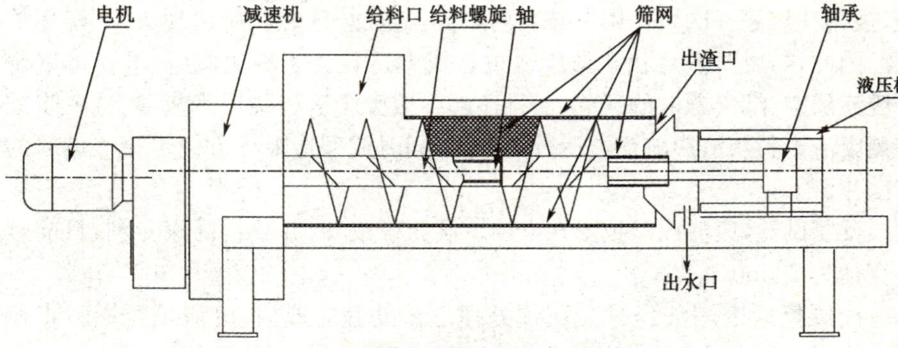

图 3　木薯废渣螺旋压榨机结构示意图

3. 压榨后的废渣呈散片状固体，无黏性、粒径小、比表面积大。需要采用高温气流干燥技术对废渣进行干燥。高温气流干燥系统由烘干炉、螺旋进料器、旋风气流干燥器、多管旋风除尘器、星型出料器、引风机及烟囱组成。

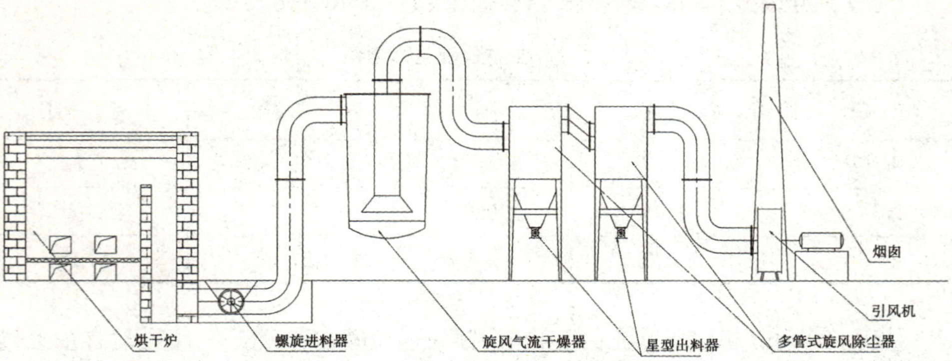

图 4　木薯废渣干燥系统示意图

烘干炉燃料以煤或预处理完成后的木薯废渣为燃料，提供 750～900℃的高温烟气，螺旋压榨后的湿渣被螺旋进料器送入高温气流干燥系统热风道，在高温气流作用下，进入旋风气流干燥器进行剧烈的干燥过程后，废渣在多管旋风除尘器中俘获，通过星型出料器排出系统。螺旋进料器可定量、均匀的将湿渣送入高温气流烟道；旋风气流干燥器可有效降低高温气流干燥系统的高度；(陶瓷)多管旋风除尘器具有除尘效率高、耐磨、耐腐的优点，使用两级除尘可更大限度的获取干燥后废渣，减少排入环境中的废渣量，避免扬尘；星型出料器可避免室外空气被吸入除尘器，影响除尘效率；引风机采用高压风机。

高温气流干燥装置的热效率高，技术可靠，适合木薯渣＜65%水分时无黏性、颗粒小、比表面积大地物理特性，烘干后木薯渣含水分 30%左右。

4. 废渣成型

当散片状木薯废渣被送入链条炉炉排时，由于散片状的木薯废渣的沉降速度较慢，极易在炉底一次风作用下被吹离炉排，造成炉床燃料层出现火口，烧坏炉排现象。因此，需要对散片状木薯废渣进行成型造粒。废渣成型后，不仅可以避免木薯废渣随空、烟气飘散的现象，而且还起到减少废渣燃烧后飞灰量，进一步减少或避免废渣燃料灰渣影响锅炉运行的作用，同时成型造粒还方便了废渣燃料的输运和储存。

经反复试验，废渣成型技术在全国首次获得成功，并获得国家专利，目前颗粒燃料直径为 20 mm 左右。

一次厌氧后废醪液经过废渣预处理工艺处理完成后，废渣颗粒燃料直径为 20 mm，含水率＜30%，废渣灰熔点＞1 400℃，颗粒燃料低位热值约 12 600 kJ/kg，具备了送入链条炉燃烧的条件。

(二) 链条锅炉的燃气改造

1. 酒精生产工艺用蒸汽的特点

酒精生产线运行初期(约 20 天)环保系统无沼气、废渣生成，而工艺上需消耗蒸汽。这就要求酒精生产用蒸汽锅炉必须能使用煤作为系统启动期间的能量供应。

2. 锅炉改造目标

(1) 实现单台锅炉的燃烧多功能性。既能烧煤又能烧废渣、沼气的特征，减少常规布置情况下酒精企业的锅炉数量(常规使用三台锅炉，一台沼气锅炉、一台燃煤锅炉、一台废渣锅炉)；

(2) 单台锅炉为热电联产选型锅炉参数及系统效率的提高创造条件；

(3) 提高锅炉效率(改造后锅炉效率提高 10 个百分点以上)；

(4) 提高锅炉安全性(完善防爆门及沼气燃烧器控制系统)。

3. 沼气燃烧系统

锅炉的沼气燃烧器左右对称布置在炉膛前墙，位于前拱上方(图 5)，距炉排面 4 米，减少沼气燃烧产生的高温火焰对炉床废渣颗粒燃料层的辐射传热，降低废渣燃料层燃烧温度，实现分区燃烧。在前拱并排布置两个燃烧器喷口，提高沼气燃烧火焰在炉膛的充满度，降低炉膛上部及炉膛出口处的平均温度。燃烧器风门为比例调节风门，可根据燃气量进行比例调节，保证了燃烧效率，采用多级配风，旋流风与直流风比例通过挡板调节，避免火焰冲刷受热面的现象发生。燃烧器采用高压点火气枪点燃主火焰，并配有紫外火检对火焰进行监控，并配置完善的点火保护、熄火程序等安全保护系统。

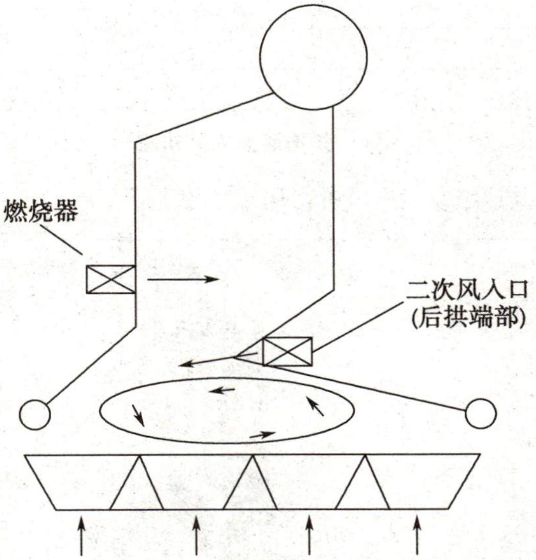

图 5　改造后锅炉示意图

4. 改造后炉膛的数值模拟

使用 fluent 软件对炉膛进行二维模拟，主要入口边界条件如表 2。

表 2 入口边界条件

参数	边界条件
炉排面风速	见表 7
炉排温度	1 273 K
燃烧器 * 入口风速	85.92 m/s
燃烧器 * 入口风温	1 273 K
二次风流速	35 m/s
二次风温度	390 K

* 直流燃烧器未模拟燃烧过程(实际锅炉改造中,选用旋流燃烧器)

表 3 炉排面风速

炉排位置	LP1	LP2	LP3	LP4	LP5	LP6	LP7	LP8	LP9	LP10
流速 m/s	1.173	1.817	2.131	1.888	1.339	0.911	0.695	0.579	0.451	0.198

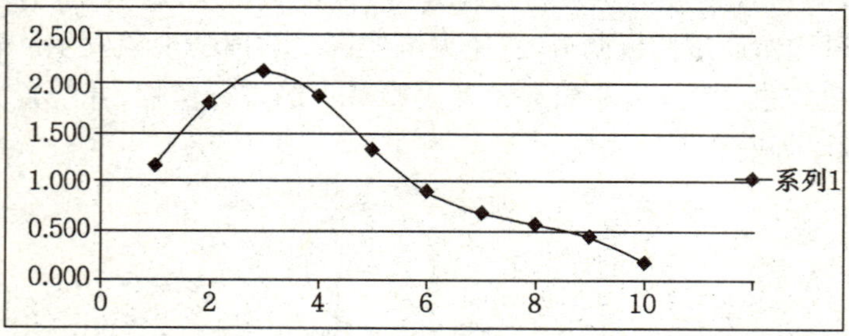

图 6 炉排面速度分布图

根据炉膛流速模拟结果(图 7)可得出以下结论:

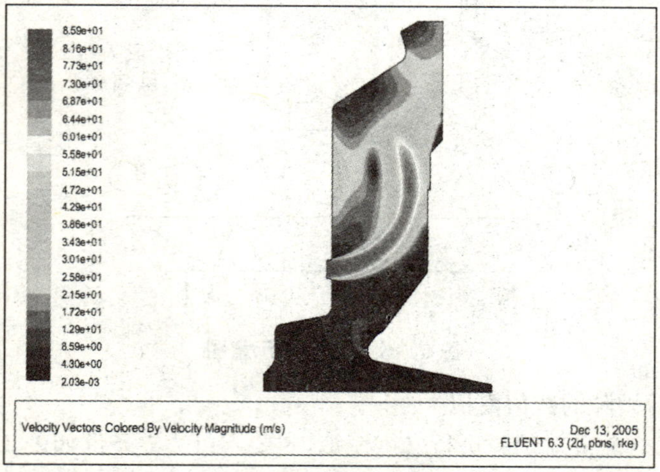

图 7 流速分布